苏州大学“211工程”三期建设经费资助

苏 南 学 校 与 区 域 发 展 研 究 丛 书

学校发展的理论与实务

——以苏南地区中小学为例

陈羿君 等著

苏州大学出版社
SOOCHOW UNIVERSITY PRESS

图书在版编目(CIP)数据

学校发展的理论与实务:以苏南地区中小学为例/陈羿君等著. —苏州: 苏州大学出版社,2013.1
(苏南学校与区域发展研究丛书)
苏州大学“211 工程”三期建设经费资助
ISBN 978-7-5672-0287-0

Ⅰ.①学… Ⅱ.①陈… Ⅲ.①中小学-学校管理-研究-苏南地区 Ⅳ.①G637

中国版本图书馆 CIP 数据核字(2013)第 010478 号

学校发展的理论与实务
——以苏南地区中小学为例
陈羿君 等著
责任编辑 周建国

苏州大学出版社出版发行
(地址: 苏州市十梓街 1 号 邮编:215006)
南通印刷总厂有限公司印装
(地址: 南通市通州经济开发区朝霞路 180 号 邮编: 226300)

开本 700 mm×1 000 mm 1/16 印张 18.25 字数 343 千
2013 年 1 月第 1 版 2013 年 1 月第 1 次印刷
ISBN 978-7-5672-0287-0 定价: 42.00 元

总序

“苏南”主要是指苏州、无锡、常州所在区域，这里地处长江以南、太湖之滨，面积将近18 000平方公里，常住人口约2 000余万。

当下的苏南，正处在一个天翻地覆的巨变时期。苏南曾经被称为上海的“后花园”，高官巨贾从名利场上撤下来，多隐居于此，置屋筑园“退思”静养。而如今，苏南早已从“后花园”一跃而成改革开放的前沿阵地，成为投资开发的热土，成为城市化、工业化的样板，各级政府、各行各业争先恐后地宣示着“全面实现小康”、“基本实现现代化”的宏伟目标，各路英豪也纷至沓来在这里大显身手。苏南久经吴文化的浸染，吴人注重耕读传家、诗礼传家，性情温良恭俭让，生活上小富即安，平和安详。而如今，苏南人正以敢为天下先的气魄，以只争朝夕的紧迫感，不断地创造出“苏南模式”、“新苏南模式”、“张家港精神”、“昆山之路”、“华西奇迹”，创造出GDP的新高。苏南也是得天独厚的鱼米之乡、宜居之地，这里曾被描绘成良田万顷绿野遍地，小桥流水曲径通幽。如今经过三十多年的跨越式发展，苏南早已旧貌换新颜：连片式“开发区”势如燎原，各类“城市综合体”拔地而起，“东方曼哈顿”、“欧洲城”之类争奇斗艳。苏南正处于深刻的社会转型、文化嬗变、环境日新的历史巨变过程之中。

在这样一个历史转折的过程中，苏南的教育同样也发生着深刻的变化。

吴地具有崇尚人文、尊师重教的优良传统，苏南教育有着悠久而辉煌的过去。苏南古代堪称“状元之乡”，现当代又堪称“院士之乡”。苏南历史上曾出现过诸多名校，官学如苏州府学、太仓州学、武进县学，书院如紫阳书院、东林书院、南菁书院，私学如盛泽镇学、钱氏家塾、无锡国专。苏南也曾是教育家辈出的地方，古代如言偃、范仲淹、顾宪成、顾炎武，近现代如唐文治、顾颉刚、钱基博、叶圣陶，都是名垂青史的大教育家。更重要的是，苏南人懂教育，善教育。范仲淹认为，所谓教育，就是“敦之以诗书礼乐，辨之以文行忠信”；顾炎武将教育归结为“博学于文，行己有耻”，主张“成德达材，明先王之道，通当世之务”；叶圣陶说：“教，是为了不教”；连吴江退思园的楹联，也似乎在昭示着教育的真义：“种树者必培其根，种德者必养其心。”

经过最近三十多年的发展，苏南教育同样今非昔比。苏南已经高水平地普及了九年义务教育，有的地方甚至已经普及了高中教育，高等教育早已超越了马丁·特罗所定义的“大众化高等教育阶段”而开始迈入“普及化高等教育阶段”；苏南的学校，有着精美的建筑、先进的设施，有的堪称豪华；苏南的学校，有着大批优质的师资，他们学历高、知识新、见识广，此外，众多学校还能凭借其地域优势吸引各地的良师来任教；苏南的学校，有着一代更比一代强的生源，他们在入学前大都受到良好的家庭教育和早期教育，入学后还有各种形式的社会教育作补充。苏南教育与苏南社会一样，近几十年来发展迅速，变化巨大，成绩骄人。人们有理由认定，苏南教育在国内已处于“率先”的位置，也有理由要求苏南教育向着更高的“教育现代化”目标挺进。

然而，苏南教育毕竟是中国教育整体的一部分，它既有中国教育共同的优点，具有自身的种种独特优势，但是它在许多方面，却也同样摆脱不了当下中国教育特有的内在缺陷，也同样面临着一系列深层次的挑战。我们如何才能摆正“目的”和“手段”的位置，使得我们的教育不再是以升学率而是以学生个体全面而自由的发展作为一切工作的出发点和归宿，以“人的现代化”作为最终的鹄的？我们如何才能在德育和智育之间取得平衡，真正地教人向善，教人求真，教人诚信，教人过平实而幸福的生活？我们如何才能实现教育的公平和正义，保持教育起码的尊严，使一切权力和金钱在我们面前无路可通？我们如何才能利用好资源优势，多“雪中送炭”少“锦上添花”，切实解决好“办学校”与“办教育”的关系，使教育回归其本真和朴素？我们如何才能营造出适宜新一代教育家辈出的土壤和机制，让教育家的成长成为一个自然的发展过程，而不是随心所欲地为他们贴上种种时髦标签进行包装？诸如此类深层次的矛盾，当然不是一地的问题，甚至也不单纯是教育的问题，而是一个全局性的、社会性的问题。但是，对于多方面“率先”的苏南教育而言，如果我们真诚地想“办教育”，真诚地要实现“教育现代化”，那么，我们就必须“率先”直面这些深层次的问题，并且一如既往地以敢为天下先的精神，勇于改革，有所突破。这才是“教育现代化”的要旨所在，也是苏南“人民满意的教育”的本义所在。

本丛书是苏州大学“211 工程”三期项目“生态型区域（苏南）经济与社会治理研究”第三方向之子项目“苏南学校与区域发展研究”的成果。各书著者从不同的角度对苏南教育的发展道路及其相关理论进行研究，既总结经验，又探讨问题，自成体系，各有特色。笔者作为子项目主持人，对各位著者的辛勤工作及其学术贡献表示诚挚的谢意，同时也恳请业内外各位读者批评指正！

周 川

2012 年 5 月

前言

教育乃立国之本，中小学教育为教育之基础，中小学教育的重要性与家长以及社会对学校发展的关注程度成正比。本书主要介绍了学校发展与管理所涉及的重要内容，如校长领导、学校组织文化、学校组织的发展与运作、学校发展规划与人力资源管理等；在理论的基础上，详细介绍了所调查的苏南地区中小学发展现状，了解其发展的区域特征、优势与不足以及发展前景，并系统分析影响学校发展的因素，以及各因素间的关系，结合定性与定量研究对中小学学校发展的效能与机制进行探讨，并展望苏南中小学之改革与发展前景。全书旨在为中小学学校的管理与发展提供借鉴和参考。

本书具有以下特点：

1. 立足于苏南地区。苏南处于我国经济发达地区的核心区域，其深厚的文化底蕴与强大的经济实力为教育的发展提供了温床，苏南地区中小学学校的发展水平代表了我国经济发达地区中小学学校的发展水平。在经济发展方面有苏南模式，在教育方面，苏南地区亦独具特色，而目前国内外皆尚未有较为系统全面地介绍苏南地区学校发展的书籍。

2. 选取中小学教师与校长作为研究对象。前期访谈以校长为研究对象，校长作为学校的领导者和管理者对学校发展的各方面皆较为了解；其后的问卷调查选取教师为研究对象，教师作为学校各方面工作的第一线，是学校工作的直接施行者和受益者，其对学校与校长的评价往往比校长自评更为客观真实，更具可信度。目前国内外同类书籍大多单独以教师或校长为研究对象，较少有同时选取教师和校长为研究对象的书。

3. 定性研究与定量研究相结合。质性研究部分，本书较为全面引入相关的概念、理论以及研究现状，然后介绍相应的访谈内容，主要集中于苏南中小学校的发展规划、办学理念、学校特色、教师管理、组织结构与运作，以及校长在学校发展中所扮演的角色与作用、校长的权力与自我管理等。量化研究部分，本书介绍自编的《校长领导能力量表》《学校组织文化量表》《学校发展量表》，三份量表皆具有良好的信度和效度，能够较为深入地了解苏南地区中小学教师对校长领导能力、学校组织文化与学校发展的认知现状，同时较深入探究了苏南地区中小学校长领导能力、组织文化与学校发展之间的关系，以及各方面的影响因素。国外关于学校发展的研究质性与量化皆较多，且其具体方法较丰富，而目前我国的同类著作以思辨性与个案研究为主，量化研究较少，质性与量化相结合的研究更少，与之相比，本书的研究方法更为科学、合理和有效。

本书每一章都凝聚了苏州大学教育学院参与编写的所有作者的共同努力和艰辛付出，各章具体作者如下：

陈羿君负责规划、建构与编辑本书的整体内容；第一章：陈羿君、肖婷、陈波、胡娜、陈宏；第二章：陈羿君、陈波、肖婷、张秋菊、胡娜、陈宏；第三章：陈羿君、肖婷、陈波、张秋菊、朱江容；第四章：陈羿君、陈波、肖婷、顾艳、万静；第五章：陈羿君、肖婷、陈波、胡娜、朱江容；第六章：陈羿君、陈波、肖婷、陈洁琼、朱江容；第七章：陈羿君、肖婷、陈波、张秋菊、陈宏；第八章：陈羿君、陈波、肖婷、张秋菊、万静；第九章：陈羿君、肖婷、陈波、胡娜、朱江容；第十章：陈羿君、陈波、肖婷、张秋菊、万静；第十一章：陈羿君、肖婷、陈波、王晓晓、陈翠、张秋菊、陈宏；第十二章：陈羿君、陈波、肖婷、吕京京、胡娜、陈翠、朱江容；本书最终由陈羿君统稿、定稿。

陈羿君
2012年10月
于苏州大学

目录

第一章　我国中小学学校发展现状分析

随着知识经济时代的来临，社会对人才的需求大量增加，世界各国也都在努力推动教育改革，培养优秀人才，以供产业发展需求。所以教育改革的根本目的在于最大限度地满足社会教育的需求，为国家培养中长期发展所需要的人才，因此良好的学校发展规划是学校向效率学校（School of Effectiveness）发展的重要基础。

学校发展是指学校在原有基础上的提升。从发展的主体来看，学校发展包括学生发展、教师发展、学校领导者发展等；从发展的具体内容来看，学校发展包含学校的硬件发展与软件发展，硬件发展主要有校园建筑和环境的建设、教学设施的更新与提高等，软件发展主要有学生与教职员工素质的提高、学校形象的提升、学校品牌的打造与影响、校园文化的建设等；就发展的方式来看，学校发展可以分为规模发展与内涵发展；就发展的性质而言，学校发展可以分为渐进式发展与跨越式发展（陈丽，2004）。

在世界教育管理改革风潮的影响下，我国的基础教育改革也在不断推进，为适应学校管理现状和改革过程的需要，我国中小学教育改革开始走进学校发展的实践中。良好的学校发展，需要政府与学校的领导者作好全面的规划，有效的学校发展规划将提高学校的办学水平，并对学校管理效能产生积极的影响。

学校发展规划（School Development Plan）主要是通过制定和实施发展规划以实现学校教育的发展与提高，是政府间接管理学校的较好方式之一。学校通过自下而上的方式，和社区制定学校未来发展方向的规划，包括硬件发展目标和软件发展目标，硬件方面如校舍的新建与改建、购置教学仪器或设备等，软件方面如教师素质的提高、教学方式的改变、学生成绩的上升及教学管理的改善等（陶剑灵，2011）。

中小学学校发展规划是为了实现中小学学校发展的目的，审时度势，提出新颖的学校发展对策或创意，并制定具体实施方案的创造性活动。中小学学校发展规划通过对中小学的内外部环境进行有效分析，制订合理的发展计划，使得中小学学校发展保持良好的态势。其重要的现实意义包括:有利于教育政策规划的制定与落实,从而促进教育管理体系的完善与发展,提高教育事业的整体水平;有利于中小学学校办学机制的改革,促进学校整体的发展与变革,使学校在原有基础上走特色化发展之路;有利于实现校长管理专业化、提高教师业务水平以及增强学生参与意识等。

科学的发展规划应该具备全局性与前瞻性的特点。一套良好的学校发展规划不仅能推动学校不断进步,约束学校的办学行为不偏离办学方向,而且能使学校根据自身发展的需要和特点,朝着适合自己的发展目标前进。有效的学校发展规划能够提升校长的领导素质,形成独具特色的办学理念和专业化的管理模式,并能更好地发挥学校组织文化的导向、凝聚和激励功能,进而借助健全和完善的组织文化来优化学校发展规划。

教育发展水平是衡量国家发达程度的重要内容,而学校办学水平是衡量教育发展的重要指标。中小学学校发展规划首先要分析中小学学校发展的现状,本章将从我国中小学学校发展的内涵出发,先介绍现阶段我国的教育发展现状,各级学校在办学理念、学校资源配置、教师队伍建设等方面的现状,进而以苏南地区中小学的发展现状为案例,分析其学校发展的优势、面临的挑战及发展规划内容。

一、我国中小学教育发展现状

改革开放以来,中国教育事业实现了历史性的跨越式发展。义务教育成果得到切实的巩固和提高,农村教育发生深刻变化,职业教育发展步伐加快,高等教育实现了又好又快的发展。目前,我国已建立起世界上规模最大的教育体系,成为了人力资源大国(郑国洪,2008)。

在义务教育方面,到2006年底,我国实现"两基"(普九、扫盲)验收的县(市、区)累计达到2973个(含其他县级行政区划单位205个),占全国县级行政区划单位总数的96%,"两基"人口覆盖率达到98%。在办学条件方面,全国普通中小学的办学条件得以改善,其中小学校舍建筑面积58039.80万m^2,体育运动场(馆)面积70235.89万m^2;普通中学校舍建筑面积41653.0万m^2,体育运动场(馆)面积达标校数38191所,教学用计算机384.96万台,图书藏量146971.05万册,电子图书15444150.25GB(中华人民共和国教育部,2009)。

高中阶段教育发展也较快,办学条件得以提高,校舍建筑面积39057.69万m^2,体育运动场(馆)面积达标的学校有11577所,体育器材配备达标的学校有11603所,音乐器材配备达标的学校有10936所,美术器材配备达标的学校有11093所,理科实验仪器达标的学校有12232所,建立校园网的学校有

10812所。

但是，中国目前的教育发展仍不能满足广大民众对于良好教育的迫切需求，还不能适应构建社会主义和谐社会的总体需要，因而，学校发展显得十分重要。

(一) 我国基础教育现状分析

1. 学校办学理念与机制建构逐渐完善

办学理念是学校整体发展的理性认识和价值追求，是教育思想的集中反映与特殊表达，是学校精神的内核，是办学的根本。学校办学理念的合理性与科学性是学校发展的动力、导向和保障。理念与实践是相辅相成的，理念引领学校办学实践，实践丰富办学理念。国家全面推行素质教育的理念使得学校充分发展，学校贯彻执行素质教育的实践又能丰富和完善国家有关的办学理念。而学校能够执行学校发展规划的重要手段则是依靠健全的办学机制，它将学校的各种力量聚集在一起，共同勾勒学校发展的使命、愿景和目标。因此，要作好学校发展规划，需要科学合理化的办学理念及革新与完善的办学机制作基础，才能实践中长期的学校发展规划，达到效能学校经营管理的目标。

(1) 全面提高素质教育

面对知识经济时代的来临，全面实施素质教育，提高国民科学文化水平是实现经济社会发展战略的重要基石。

传统的"应试教育"模式是把学校作为社会人才选拔的筛子，片面追求升学率，其教学以灌输为主，结果是"千军万马过独木桥"，这种以大多数人失败换取少数人成功的教育模式显然违背了教育面前人人平等的原则。时代不断地向前发展，需要一种根本的、非歧视性的全民教育模式，这一教育模式必须日益关注所有儿童与青少年是否能够最充分发展。素质教育正是基于这一理念而确立的，其目标是使每个学生都能充分发展（徐玉斌、刘筠、陈友全，2001）。

素质教育的推行，需要教育改革作先锋。首先，调整和改革课程体系、结构和内容，建立国家课程、地方课程和学校课程相结合的新课程体系，改变原来过分强调学科体系、脱离时代和社会发展以及学生实际的状况，加强课程的综合性和实践性，促进教材的多样化。其次，加快改革招生考试的方式和内容，改变过去"一考定终身"的状况。考试内容注重能力和综合素质的考查，命题范围遵循教学大纲而又不拘泥于教学大纲，试题设计应增加应用性和能力性的因素（徐玉斌、刘筠、陈友全，2001）。对已实现普九的地区，可实行小学毕业生免试、就近入学的办法。再次，改革学校评价制度，改变过去以升学率作为唯一评价标准的传统，鼓励社会各界、家长和学生以适当的方式参与对学校工作的评价。最后，要大力提高教育技术手段和教育信息化程度，使教育科研网络逐步进入中小学课堂。目前课程改革实验的县、区已达1642个,占全国所有县、区总数的57%。从2001年起,42个国家级课程改革实验区中有29个已经启动了义务教育新课程实验,47万中小学生进入新课程实验项目,课程改革实验的范围逐年扩大,到2008年全国全部使用新课程(人教网,2003)。

(2)深入改革办学体制

学校办学体制的改革,使得国家各种办学理念得以实施,有助于满足群众的多元教育需求,也有利于促进学校在教育和管理方面的发展。因而我国积极鼓励发展各类民办学校,颁布《中华人民共和国民办教育促进法》和《民办教育促进法实施条例》,为民办教育提供法律和制度保证,促进办学体制多样化,形成以政府办学为主、社会各界共同参与的多元化办学体制,形成了公立学校、民办学校共同发展的和谐局面。

(3)完善招生、收费和毕业生就业制度

应试教育体制下,学生升学压力大,学费高,毕业时就业难。随着新教学理念的引导以及教育体制的变革,上述情况有所改善——高校招生规模持续扩大,高考升学压力总体上有所缓解;高校在政府财政的支持下,改善学校资金状况,有能力实施学生适当缴费的制度,建立起完善的奖(助)学金、勤工俭学制度,并对家庭经济困难的学生实行减免学杂费制度;毕业生就业制度改革经过多年探索,目前已经建立起市场导向、政府调控、学校推荐、学生和用人单位双向选择的机制。

2. 学校资源配置优化

优化学校资源配置,实现教育均衡发展,是眼下社会关注的热点,也是目前教育改革的难点。国家在改善学校资源配置上作出巨大努力,2008年在党的十七届三中全会上通过的《中共中央关于推进农村改革发展若干重大问题的决定》中,政府决定继续深入推进教育公平,优先发展和投资教育,巩固和促进教育发展。在农村,基础教育阶段实行免费义务教育,并提高农村教师待遇、解决农村代课教师问题,保证城乡义务教育均衡发展;高中阶段重点加快发展农村中等职业教育并逐步实行免费,同时要健全县城职业教育培训网络,加强农民技能培训,广泛培养农村实用人才。同时,中央和地方政府加大财政投入力度,更加关注教育民生,积极回应并解决教育中的突出问题。具体举措有以下几个方面:

(1)优先发展和投资教育

随着社会对优质教育的需求加大,国家大力提倡学校发展,财政教育经费大幅增长,优先发展和投资教育。全国教育经费仅2007年便达12148.07亿元,比2006的9815.31亿元增长23.77%,国家财政性教育经费占国内生产总值比例为3.32%，比上年的3%增加了0.32个百分点(郭文，2010)。此外，义务教育经费已经全面纳入公共财政保障范围，实现了城乡全部免费的义务教育。2008年中央财政的教育支出预算为1561.76亿元，比上年增长45.1%，大大高于中央财政收入预算14%和支出预算15.4%的增长幅度(陈玫，2009)。

(2) 城市实行免费义务教育

为了实现教育公平和教育资源优化配置，同时帮助城市贫困人口解决子女“上学贵”等问题，继2007年农村义务教育免费之后，城市免费义务教育于2008年秋季正式实行。在惠及40万所农村中小学近1.5亿名学生后，义务教育的免费将再帮助城市2.59万所中小学近2821万名学生(周存生，2010)，大力解决了教育民生问题。

具体来说，免除城市义务教育学杂费的标准，是各省级人民政府制定的城市义务教育“一费制”中的杂费标准，每位学生每年可免交190~350元不等的费用。在城市民办学校就读的学生和进城务工人员随迁子女，都与当地义务教育阶段的学生一样享受这一政策待遇。对享受城市最低生活保障家庭的义务教育阶段学生，在免除其学杂费的同时，还免费提供教科书，并对确需寄宿且家庭经济困难的学生补助生活费(姚金霞，2009)。

(3) 提升城市农民工子女教育公平

近年来，各地政府逐步扩大教育公共服务，以改善农民工子女的教育状况，是政府保障教育公平、改善教育民生一大举措。截至2007年年底，国内义务教育阶段的农民工随迁子女已有765万人，小学、初中分别有77%和80%的学生在公办学校就读，有23%和20%的学生在已被批准的民办学校就读。以上海和北京地区为例，截至2007年9月，上海市接受义务教育阶段流动人口子女有38万人，在全日制公办中小学就读的约22.1万人，占农民工子女总数的58.2%，剩余的41.8%的流动儿童在238所农民工子弟学校就读；截至2008年5月，北京义务教育阶段流动儿童共有40万人，其中26.6万人在公办学校就读，约占这类儿童总数的66%(中国网，2009)。

之后，上海市教委于2008年也针对农民工同住子女的教育问题提出了新的政策：义务教育阶段的公办中小学接收农民工子女的比例力争达到70%左右；初中阶段的适龄农民工子女全部纳入公办学校就读。将符合基本条件的农民工子女小学纳入民办学校管理，到2010年年底基本完成这一工作，不再新设农民工子女小学。同时，尝试向农民工子弟开放城市中等职业教育。此外，安徽省、广东省、石家庄市和无锡市已经打破户籍限制，向农民工子女敞开高中教育大门。如广东省规定，流动人口子女只要在广东读满3年高中，就可以和当地户籍考生一样，就地高考，平等录取(中国网，2009)。

3. 教师队伍的变化

随着新课程改革的提出，不仅是教育理念、课程设置和教学方式以及评价标准等发生了变化，教师队伍也随之发生了巨大的变化。具体变化表现如下：

（1）教师队伍配置合理化与多元化

在中央和地方各级党委、政府的高度重视以及全社会的关心支持下，一系列加强中小学教师队伍建设的举措取得了新的成效，教师队伍整体面貌发生了新的变化，教师队伍配置更趋合理化和多元化。截至2007年，全国普通中小学专职教师1052万人，其中小学561.3万、初中346万、高中144.3万，小学师生比1∶18.8、初中师生比1∶16.5、高中师生比1∶17.5。年龄结构上，35岁以下的小学、初中、高中教师分别占44.1%、55.8%和58%，45岁以下的小学、初中、高中教师分别占70.9%、86.3%、90.3%。职称构成上，具有中高级职称教师的比例有较大提高，小学、初中、高中具有中高级职称的教师分别为48.2%、48.7%、55.1%。同时，随着教师资格制度全面实施，教师来源逐步多元化（全国教育科学规划领导小组办公室，2009）。

（2）教师队伍整体素质进一步提高

教师素质对于课堂教育以及学校管理有着重要的作用，高素质的教师在业务上有思想、有能力，有助于学校教学质量的提高。同时，高素质的教师对学校管理能更好地理解并提出有价值的建议。在中小学教师队伍建设工作开展之后，教师队伍素质在以下两方面得到显著提高：一方面是教师队伍的学历合格率显著提高——2007年，小学、初中、高中专职教师的学历合格率分别达99.1%、97.2%、89.3%；另一方面是高学历教师比例逐年提高，在新增教师中，具有专科、本科学历的教师成为主体；近年来教师的教学能力和教育水平也不断提升（全国教育科学规划领导小组办公室，2009）。

（3）完善教师待遇改革

由于义务教育阶段教师工资低，加上农村经济发展一般来说相对慢些，所以农村教师数量不足、质量较低且不稳定，这一现象长期困扰着农村基础教育的发展。自公务员“阳光工资”实行之后，教师发现与公务员原有的工资差距较大，川渝两地部分区、县中小学甚至出现了教师停课的现象，且蔓延到其他地区。国家决定对义务教育阶段的教师实行绩效工资制度，确保义务教育阶段的教师平均工资水平不低于当地公务员的平均工资水平，其绩效工资所需的资金，按照“以县为主、经费省级统筹、中央适当支持”的原则加以划拨。同时对义务教育的学校离退休人员发放生活补贴，切实提高教师特别是广大农村教师的工资待遇，完善教师待遇改革（中国网，2009）。

4. 国内学校发展面临的问题与挑战

随着新课程改革的开展，国内中小学学校发展的办学理念、办学机制都取得长足的发展，教师队伍逐渐合理化，待遇也有所提高，但其发展仍面临不少问题与挑战。

（1）教育体制缺乏时代性

教育体制只有紧跟时代的发展才能符合实际需求，主管部门和研究者只有了解先进教育的特色以及现有教育的不足，才能及时解决体制内所出现的问题和矛盾。先进教育理念不再以学术型教育作为“修成正果”的唯一途径，因为理论与实践相结合的方式才是培养优秀人才的最佳途径。在整个劳动力市场上，职前职业教育、继续教育、在岗培训、转岗培训，从高职高专到专业学位研究生的培养，都显现了职业和专业教育培训的扩张趋势。且在知识经济的今日，人力资源分工越来越细，就业与雇佣结构逐渐趋向“网格化”与“扁平化”（高焰，2006）。但是，因受我国传统教育模式的影响，家长、学校和社会用人部门都缺乏足够的前瞻意识，人才培养模式缺少多样性和灵活性，致使部分职业学校和高等学校在办学方针、教学宗旨、学科专业设置及师资配备等方面，盲目趋同或墨守成规，缺乏主动适应社会需求的动力和活力。有些地区产业吸纳能力有限，加上用人部门的非理性化，已出现所谓“知识性失业”“过度教育”的问题（贾春风，2006）。而这些问题都与教育制度缺乏时代性、无法与经济社会发展趋势相匹配有关。

（2）片面追求升学率

近年来，全国范围内实施素质教育，这在许多方面取得了新进展，如课程改革、教师队伍建设、教育信息化、农村办学条件改善等。但是，素质教育的普及与落实也面临着重重困难，在相当一部分地区，教育偏好知识灌输和传授，忽视个性发展和能力培养；偏重选拔性考试，忽视评价的多样性；过分强调正规学习，忽视非正规学习的价值……这些现象仍比较严重，在社会、学校和家庭甚至地方政府形成了片面追求升学率的问题。这既有教育思想、内容和方法上存在的问题，也有教育结构、体系和制度方面的缺陷，还有就业竞争压力巨大的因素，以及社会用人制度过度学历化倾向等外部体制性障碍（贾春风，2006）。整体而言，在家长和学校及社会皆重视学历胜过于能力、片面追求升学率的情况下，国家人力资源的整体能力无法提升。

（3）城乡学校资源配置不均衡

因学校教育资源配置不均，导致农村教育经费欠缺、农村教师收入低下，严重影响了教育公平，不利于教育民生的改善。近年来全国教育经费预算中用于农村义务教育的仅占35%左右，教育仍存在明显的城乡“二元结构”；同时，义务教育阶段的教师工资收入城乡差距依然较大（引自资讯，2009）。那些未完成初中学业而辍学外出的少年，暴露出农村所初步普及的九年义务教育体系仍十分脆弱，巩固和发展农村基础教育任重道远。我国农村义务教育在取得成绩的同时，仍存在诸多问题，集中表现在以下三方面：

① 农村义务教育经费审计不严

农村义务教育经费目前仍不充足，在部分贫困地区还处于欠缺状态。义务教育经费应该用在“刀刃”上，为农村教育创造更大价值，因而对农村义务教育经费使用的审计工作就显得十分重要。2008 年 7 月，审计署公布在 16 省 54 个县对 2006 年 1 月至 2007 年 6 月间农村义务教育经费使用的审计调查结果，发现部分地区义务教育经费的使用存在严重问题：一是自立项目向学生收取明令禁收的费用和违规代理收费，总计 1.6 亿元；二是资金拨付不及时，在被审计调查的 54 个县中，有 29 个县的财政、教育部门未按规定期限划拨经费并支付到相关中小学校去，合计金额 1.1 亿元，占同类经费总额的 45.32%（耿勇，2010）。其中有 13 个县的资金滞留时间平均超过 6 个月，最长的超过 1 年；三是占用、挪用义务教育经费的情况严重，八成以上被调查县存在挤占和挪用教育经费的现象，审计调查的 54 个县中，有 46 个县的中小学学校和教育、财政部门挤占和挪用公用校舍维修改造等专项经费共计 1.15 亿元；四是农村基础教育债务负担沉重，平均每县负债 4978 万元。可见，近年来农村义务教育经费投入虽然增长很快，但仍是杯水车薪，仅能满足农村义务教育的基本需求（耿勇，2010）。

② 农村教师待遇较差，教师人数欠缺

农村相对艰苦的工作和生活环境，低水平的工资收入与不断上涨的生活成本，致使教师经济拮据，不利于农村教师队伍稳定，从而损害了农村义务教育的质量。据《国家教育督导报告（2008）》，由于教师津贴补贴尚未完全得到落实，教师工资收入水平依然偏低。抽样调查显示，近 50% 的农村教师和县镇教师反映没有按时或足额领到津贴补贴（王立林，2009）。目前，中西部农村学校的教师严重不足，进不去、留不住的问题突出。2006 年，全国有 508 个县每县平均 5 所小学不足一名外语教师；西部山区农村小学平均 10 所学校才有一名音乐教师。中西部贫困地区、少数民族地区农村初中的音乐、美术、信息技术三门学科教师平均每校都不足一人，致使部分学校无法正常开设规定课程（陈力坤，2009）。由于农村地区环境差，待遇低，学校正式老师人数欠缺，学校便采用代课老师代替。至 2007 年，全国中小学有代课人员 37.9 万人，87.8% 以上分布在农村地区（张雪艳，2009），这些数据都显现了农村教师因工资待遇差，导致教师严重不足。

③ 农村学校的“集中化”和“空壳化”,家庭经济负担加重

近年来,农村学龄儿童大量减少,政府大力调整农村学校布局,大量撤并乡村学校,农村学校渐趋集中。据调查,1998 年全国小学在校生数为 1.39 亿人,2007 年则为 1.06 亿人,9 年间减少了 3300 多万人。随之而来的是乡村小学数量的锐减,1985 年,全国有 83 万所乡村小学,至 2007 年已撤并至 34 万所,20 余年间减少了五分之三。中小学布局调整,引出了一些令人关注的问题,由于乡村学校撤并过多,学校过于集中,加剧了学校向城镇、城市集中的倾向,造成了一定的负面影响。有些地方提出“初中进乡、高中进城”的口号,甚至已经出现了“初中进城”的局面,农村不再有学校。在山西河曲县,60% ~ 70% 的中小学生都已集中在县城,县城的平均班额高达 80 人,实验初中平均班额达 92 人,严重超额(农村教育调研报告,2008)。

同时,由于城乡学校教育质量差距加大,造成大量“教育移民”和农村学校的“空壳化”。学生上学太远,家长不得不接送,甚至有家长到县城或中心学校附近租房陪读,加重了学生家庭经济负担,出现了新的失学或辍学现象。

大量兴建农村寄宿制学校,成为农村中小学建设的新内容。农村寄宿制学校的建设虽能提高校舍和硬件水平,集中资源办学,有利于提高教育质量,对农村留守儿童、单亲家庭儿童的监护养育也具有积极作用,但同时也存在一定的问题:一是学校办学条件和基础设施难以满足寄宿生活的需要,宿舍拥挤,条件艰苦,生活设施不全,餐饮困难。农村寄宿制中小学校教师编制不足,有的学校没有生活教师编制;二是增加了学校的办学成本和学生家庭的教育成本。学校办学成本明显增加,却没有增加相应的运行经费。学生家庭的经济负担明显上升,因寄宿而额外增加的费用,在中部农村学校为每学期 657.3 元,西部地区学校为每学期 787.8 元,大致结构为住宿费占 10%、伙食费占 77%、交通费占 12%(中国网,2009)。这对于农村家庭来说是一笔不小的开支,在很大程度上抵消了免除学杂费的价值。解决这一问题的关键,是纠正农村教育的方向,因地制宜、从实际出发办教育。且学校布局调整切忌“一刀切”,避免盲目追求学校规模,学校过度集中而造成学生上学难、失学和辍学。主管部门应该通过提高农村教育的质量,使农民能够放心让孩子在家门口上学。农村需要自己的学校,农村学校的价值不仅仅在于青少年的学历教育,它应当在新农村建设中承担重要功能,成为农村文化发展的中心。

(4) 义务教育均衡难以推进

虽然城乡义务教育实行了免费,但学校间所存在的教育质量的差异,加上基础教育总体上仍处在“应试教育”的高压之下,“择校热”一直存在,变相的重点学校制度不仅造成了高昂的择校费和教育费用,同时因学校过度集中造

成的班级超员，严重影响教育正常发展和教育质量的提高，义务教育的均衡性难以真正实现。

高昂的教育费用加剧了学生家庭的经济负担。据北京师范大学课题组对18个省、市、自治区2万多个家庭的教育支出调查，义务教育阶段家庭教育支出占家庭总支出的比例，城市为24%，县乡村为23%。家庭教育支出中，校外支出占77%，是校内支出的3倍（中国网，2009），而择校费用也占据很大比例。虽然在义务教育阶段收取择校费是明确违法的，但大多数城市的学校，都存在高昂的择校费，小学和初中的择校收费基本处于失去监管的状态。2008年的一项调查发现，北京市平均择校费用，高中阶段最高，为27518.34元；其次是小学，平均为19637.83元；初中阶段收费低于小学，为13694.85元（王帅，2011）。就高中生择校费用而言，此费用已占了家庭年收入的一半以上。

（5）教师师德问题备受争议

近年来一系列突发事件引发了"师生关系"和"师德"问题的讨论，使之成为社会热点。这些偶发的恶性事件，反映出教育生活中某种失序的状态使教师的道德状态呈现出复杂性。2008年的教师节前夕，教育部公布新修订的《中小学教师职业道德规范》，新增"保护学生安全，关心学生健康，维护学生权益"；并将"不以分数作为评价学生的唯一标准""自觉抵制有偿家教""终身学习"等写入教师职业道德规范。社会舆论争论的焦点是，在校园安全事件中教师是否应当承担无限责任，以及教师的道德规范应定在合理、合法的层面，还是定位于道德楷模的高度。同年11月，最高人民法院、最高人民检察院联合发布《关于办理商业贿赂刑事案件适用法律若干问题的意见》，将医生、教师吃回扣定性为受贿，再次引起社会热议，折射出公众对教师群体道德状况的矛盾心态。可见，教师的师德问题备受关注与热议，社会层面希冀通过一系列法规使教师的师德水平有所规范和提高，以建构安全的校园生活和良好的教学环境。

二、江苏中小学教育发展现状

江苏教育底蕴深厚，自古就是人文荟萃之地，名校、名师辈出，在全国推进素质教育的实践中时有创新之举。而今，江苏经济总量位居全国第三，作为经济大省的同时也是教育大省，并正向教育强省迈进。2006年，江苏基础教育全面落实科学发展观，围绕提高基础教育普及水平、实施素质教育、扩大优质教育资源和加强农村教育四个重点，努力促进全省基础教育事业在新的起点上又好又快的发展，为基本实现教育现代化打下良好的基础。近年来，省内基本普及15年基础教育，各学段教育事业呈现健康协调可持续发展的良好态势。全省共有小学5668所，在校学生429.18万人，适龄儿童入学率为99.55%。现有小学专任教师25.8万人，教师学历达到国家规定的合格学历比例为

99.57%，其中专科以上学历占74.27%；初中2255所，在校学生298.18万人，在校学生年巩固率为98.88%。现有初中专任教师19万人，教师学历达到国家规定的合格学历比例为97.5%，其中本科以上学历占53.6%。初中毕业生升学率95.72%，高中阶段毛入学率达到85.7%，所有县（市、区）的初中毕业生升学率均已达到或超过90%；普通高中781所，在校学生153.12万人。全省基本普及了高中阶段教育，同时学前三年教育普及率达95.2%，全省普通高等学校数达120所，在校生数156.88万人，均位居全国第一。此外，农村教育也得到新发展，义务教育均衡水平有所提高，优质教育资源建设进一步加强，全面实施素质教育，基础教育的办学质量和水平有了新的提升（江苏教育网，2011）。

虽然江苏省教育总体水平位列全国前茅，但教育投入不足仍然是教育发展面临的突出问题。苏南农村地区教育发展的总体水准是较高的，但由于历史上促进教育发展的众多举措，都采取了“不均衡”的拉动战略，其结果是义务教育的不均衡性从区域内部对比来看，其总体程度竟高于全国其他地区，具体反映在乡镇之间、校际之间、不同群体之间。因此，如何促进义务教育均衡发展确实应该成为教育改革与发展的一项必须重视的重要内容。只有把此问题作为义务教育的重要课题来研究，并把解决这一问题作为长远的奋斗目标来追求，以此作为一种带有根本性的观念和思想来指导教育实践，均衡发展的理想才有可能实现。

另外，优质教育资源供给不足是教育与社会发展不相适应的主要矛盾。随着现代化建设的快速发展和物质生活水平的提高，家长对子女的教育期望值不断提高，对于优质教育的需求越来越突出。同时，教育优先发展的社会环境有待进一步完善，有利于全面推进素质教育的宏观环境和社会氛围还没有完全形成，片面追求升学率和应试教育的倾向仍然没有得到有效遏止（陈海东、陈亚丽、木子，2006）。

总而言之，素质教育的全面实施，要求学校确立起科学发展、和谐发展、可持续发展的理念；要求细化学校管理、稳固学校课程、提高教学效率、丰富学校内涵、提升文化品位；要求教师的专业理论和教学实践以深厚的历史积淀为基础。而江苏在长期的办学实践中形成了一批具有深厚文化传统和鲜明办学特色的名校，这类学校具有优质的教育资源，有利于素质教育的全面实施，有助于学校长足发展。因此，有理由期待，江苏的中小学会向更丰富多样、更具特色、更高品位的方向发展。

三、苏南中小学教育发展现状

正如前文所述，自古以来江苏的经济、文化、教育等都位居全国前列，特别是苏南地区，其经济发达，人文底蕴深厚，教育资源充裕，优化教育、发展学校这一目标的提出是该地区的必然趋势。此地区在办学实践中，学校以教师为主导，以学生为主体，以提高学生全面素质为核心，总结出一套适应学生身心发展规律、促进学生身心健康发展的办学指导思想，使学校面貌发生了根本的变化。

(一) 苏南中小学教育所具有的优势

苏南地区的中小学作为目前教育发展的"领头羊"，引领我国中小学学校各方面的发展，其所具有的各项教育优势如下。

1. 区位与经济优势

教育发展的规模和速度与社会经济的发展成正比。学校教育的产生与发展是以社会经济发展所提供的剩余产品和剩余劳动力的数量和质量为前提，经济的发展为教育的发展提供一定的客观需求，同时也为教育各个方面的发展提供了可能的物质条件。苏南是江苏经济最发达的区域，也是中国经济发展最快和最发达的区域之一，其经济、地理位置的优越，是学校招生的优势所在。

2. 人口密度大

城市经济发展的本身带动了城市空间的拓展和人口分布的变化，苏南地区人口密度高，总人口规模仍在不断扩大，人口密度的增加对优质教育提出了新的要求。为社会提供优质教育资源也是苏南地区能够成为教育先进地区的重要动力。

3. 理念优势

从教育自身的发展规律来看，苏南许多中小学校率先做到解放思想、与时俱进，坚持发展为主题，坚持特色立校，谋求素质教育的新突破，不断丰富办学内涵，探索多种办学模式，充分体现多元化、多渠道、多种社会力量办学的精神，能从容应对教育发展过程中的各种变数，而且大部分学校是九年一贯制学校，这有利于各年级段的衔接和教育理念的统一。在先进的办学思想指导下，苏南地区多数学校各项工作创造了高水平的绩效，已经结出累累硕果。

4. 师资优势

苏南大部分中小学教师都具有专业的理论知识，力量精干；同时又具有丰富的教学经验，敬业精神强。此外，教师年龄结构比较合理，多为中青年教师，他们有较大的热情和发展潜力。苏南中小学教师所具有的这些优势，能够保证学校的教学质量，落实学校的办学理念，达到国家的教育目标。

5. 合作优势

学校单靠自身力量难以吸收优势，发现问题，扬长避短，因而苏南地区许多学校积极开展与校外机构的合作，比如与各大学相关院系所举办的科研拜师活动，就能够提升教师在理论与实务教学方面的相互促进。有些学校经常邀请大学教授来校与教师共同探讨教学工作、改善课程设置，使学校的课程、教学和科研工作的品质得到持续的提升（俞伟娟，2008）。

6. 学校特色优势

每个学校都有自己的历史传统、现实资源及特色，现代教育改革与发展必然要求学校创建自己的特色，体现自身的核心竞争力。因此，苏南许多学校在制定发展规划时，在学校发展目标和学校优先发展项目上重点考虑学校特色，与时俱进地寻找自我的生长空间，形成特色教育（俞伟娟，2008）。

7. 文化历史优势

传统文化对教育有着极为深远的影响。江苏历史悠久，人文荟萃，其文化所蕴含的思维方式、价值取向、行为准则、教育理念等内容，都具有强烈的历史性、民族性，必然影响后人的生活及教育等方面。因而，在优秀文化的传承历史中有助于苏南地区的学校形成自身特色及特有的价值理念，进而推动学校发展。

8. 家长优势

在知识经济的时代背景下，广大家长对优质教育资源的需求比以往更加旺盛。小学和初中是孩子人生求学的基础阶段，是孩子成长的启蒙阶段和关键阶段。苏南地区外资产业进驻，经济发达，吸引了大批中高学历水平的人才定居，因为这些家长接受的教育水平较高，所以对孩子的教育和成长较为关注，他们支持学校发展，推动教育质量的提升，愿为苏南地区中小学教育出钱出力。

（二）苏南教育发展所面临的挑战

苏南地区的教育具有诸多的优势，拥有良好的发展前景，但是放眼未来，仍面临诸多的挑战，具体分析如下：

1. 生源的竞争

苏南地区优质民办学校的崛起与发展，使各学校招生面临更大竞争。民办学校由于缺乏政府的连续性政策支持，存在一定风险，而为了能够在公办学校的夹缝中生存，民办学校不得不想方设法与公办学校争夺资源，如师资、生源等，这在一定程度上加大了公办学校招生的压力。而对于公办学校来说，由于长期以来我国重视重点学校建设，导致教育资源分配不平衡，产生了一批教育力量相对薄弱的学校。在教育资源不足的情况下，这些薄弱学校难以与新兴的私立学校争夺生源，其未来处境将更为艰难。

2. 硬件设施有待完备

在硬件建设方面，有些学校硬件设施不够完备，加之处于市区，地皮难以向周边扩展，所以校内活动场所少，难以满足师生课余活动需求；图书馆藏书数量不足且质量不高，难以满足师生的阅读需求；此外，电脑与多媒体等配备不足，未能充分配合学校的发展计划。

3. 名师资源不足

目前，尽管苏南地区教育资源处于国内领先地位，但由于社会对优质教育资源的需求大，且教育资源存在的不均衡性，使得名师资源相对不足。

在师资建设方面，教师队伍的综合素质还不能满足社会发展对学校教育的需求。高级教师比例偏小，青年教师亟待培养，急需造就名师。

在教学方面，学生学习能力的培养和综合素质的提高还有上升的空间，部分青年教师的教学能力有待提高。且如前文所述，多数乡村学校和部分市区的民办学校，相较于公办学校，在外语教学方面力量稍弱。

在德育方面，传统的师道尊严仍然或多或少地左右着教师的思想，这使得师生之间始终横亘着一条无法逾越的代沟，致使新型的师生关系难以建立，科学的育人方法不能真正落实到位，理论与实践出现了反差与脱节现象。

4. 学生闲暇时间少，压力大

学校片面追求升学率，带给了学生很多课业负担，造成学生心理上压力较大。对江苏省约2000名中小学生的问卷调查研究发现，目前中小学生的闲暇生活存在时间短缺、场所不足、活动单一等问题，而且不同学生群体之间还存在差别。改善中小学生的闲暇生活状况势在必行，这需要学校、家庭和社会共同作出努力。

四、苏南学校发展要素

在新的历史时期，江苏正向教育强省迈进，苏南地区经济发达，教育底蕴深厚，是推进素质教育的关键地区，其教育发展具有很大优势。但与此同时，苏南基础教育的发展也面临着新的问题，通过分析研究可知，促进苏南基础教育的发展可从教师队伍建设、特色教育、学校管理建设和校园文化建设等方面着手。

1. 教师队伍建设

邓小平曾经指出："一个学校能不能为社会主义建设培训合格人才，培养德、智、体全面发展的有社会主义觉悟的、有文化的劳动者，关键是教师。"教师作为教育诸要素中最为能动的要素，是学校教育质量持续提升的关键。新课改的核心、重点及难点也在于教师，所以苏南地区要提升"苏南品牌"、优化教育资源，教师队伍建设显得尤为重要。

教师职业比任何其他职业都更加需要学习，对于教师而言，不断学习不仅仅是谋生的需要，更是为了自身精神成长、提升生命质量的需要。学校可通过以下途径加强教师的学习与培训：

（1）组织教育理论沙龙

为使教师具备和更新现代教育理论，并在一线教学中积极有效地领会和贯彻基础教育课程改革的精髓，学校必须根据因地制宜、因时制宜的原则，组织教师对新一轮的课程改革纲领性文件、教育教学的前沿理论、经典教育论著等进行研读和交流，让教师在相互切磋、相互启发中保持思维的活力，体验思考的乐趣。教育理论沙龙既可以由学校组织，更加欢迎教师自己组织，无论是学校组织还是教师自发组织，学校都要在场地、经费上给予必要的支持和保证。

（2）举办专题讲座

根据学校实际情况和需求，邀请高校、教育科研机构以及其他社会机构的知名专家、学者为教师开办关于教育理论的前沿讲座、学科教育教学讲座、学科专业知识讲座等一系列学术报告，拓宽教师的教育理论和学科知识的视野。

（3）加强教师培训

培训将以理论性学习为主，除了学校的工勤人员外，要求每位老师都必须参加学习。培训内容既要包括教师所必须掌握的知识，如《基础教育课程改革纲要》、各学科的新课程标准等，又要包括教师不甚了解却又十分重要的技能，如学生心理问题的发现与防治、如何有效缓解工作压力和避免陷入职业倦怠误区、教学论文撰写方法等。通过学习，让苏南地区的教师摒弃陈腐观念，以先进的理念、前瞻性观点看教育，并将之运用于自己的教育教学实践。对新参加工作未满三年或调入苏南工作未满两年的教师进行有针对性的培训，主要学习学校的有关规章制度，了解学校历史、现状和发展方向、领会学校的办学理念和办学宗旨，尽快熟悉学校的一切，为自己在学校找准定位。对于新工作的教师，要加强教学理念、教学实践知识的培训，让他们尽快掌握教育教学的基本技能和技巧。

（4）建立和完善心理健康咨询服务

建设一支优秀的教师队伍首先必须确保队伍中的每一位成员都有健康的身体和心理状态。苏南各中小学要把关注、维护和促进教师的身心健康作为一项重点工作来抓。在学校设立和完善心理咨询中心，并与相关的专业部门合作，以开展健康和卫生讲座、宣传等形式，强化教师的身心健康意识，对教师的心理压力进行有效的疏导和排解。让教师在提高自身修养的基础上，通过专家的指导，学会采用多种方式，如环境调节法、陶冶性情法、宣泄释放法、心理防卫法等，摆脱烦恼，减轻不安，化解压力，恢复情绪的平衡与稳定，以更大的激情投身于教育事业。同时，学校要努力创建良好的工作氛围，消除环境中容易使人产生压力的因素,使学校教师始终置身于健康和谐而又奋发向上的大集体中,并从中汲取化解压力的力量和勇气(王开屏,2005)。

(5) 充分发挥教研组的交流平台作用

加强学习交流是领会课程改革精髓、把握课程改革理念、更新教育观念的有效途径。为此,学校要竭力为教师创造交流学习的氛围和平台。教研组是学校教学研究的基地,其主要作用有:研究提高本学科的教学质量,安排教师进修和培养青年教师,传递处理教育教学信息。应该充分发挥教研组在教师群体中的"战斗堡垒"作用,加强教研组教师之间的沟通交流,尤其是要完善教研组内老教师帮带新教师的互助制度,让新教师学习和领会老教师的教学经验和临机处事的能力,同时也让老教师感受新教师的新思维、新观念。学校要帮助教师建立合作互助的共识,养成交流的习惯,增加教师间的集体备课、相互听课和共同议课,在校园中营造合作交流的文化氛围,让教师从相互学习中分享经验,共同提高。

(6) 提供学习资源,领会课改精神

要想提高教师的教学能力,使教师成为课程改革的弄潮儿,就必须给教师提供足够的学习资源,以利于其更好地更新观念、提高素养。为此,学校不仅要举办专题讲座,还要丰富学习资源,提供足够的图书、杂志资料,增添阅览室的各类书刊报纸,鼓励教师养成良好的阅读和学习习惯。此外,学校还应创建电子阅览室,利用计算机网络系统实现教学过程优化与教师知识更新的结合。

(7) 实施骨干培训与学历提升计划

骨干教师是学校教学工作的中坚,是提升"苏南品牌"的支柱。学校要在图书利用等硬件上向他们倾斜,多为他们创设有利的条件。学校要把培养骨干教师与提升学历层次相结合,鼓励大专和中师毕业的青年骨干教师在职修读本科课程,使他们在提高学术理论修养、教育教学水平以及专业能力的同时,也能提升自身的学历层次。要积极为老师创造有利的工作、学习条件,同时要做到人尽其才,最大限度地发挥各级各类名师和学科带头人的指导与示范作用,从而整体性提高学校教师的能力和素养。

2. 特色教育

苏南地区中小学学校由于所属地区经济发达,教育发展环境好、历史长,因而学校发展水平较高。学校为了能够更好发展,单纯从教学方面着手是不够的,各校必须发展自我特色,扩大教研力度。

(1) 确立合作取向的教育科研特色

为使苏南各中小学的教育科研更加具有前瞻性、科学性和有效性,学校可以采取"中小学—大学"合作的教育科研模式,加大与大学教育科研机构的合作力度,学校提供生动的课堂教学现场给大学科研机构研究,而大学可提供教育科学的前沿理论给学校老师作参考和咨询,各取所需,共同发展,在合作中尝试建立一种长期的伙伴关系,作为本校教育科研的特色。与此同时,加强与兄弟学校和其他教育机构在教育科研方面的合作与交流,通过合作的课题研究、学术讲座、现场观摩、挂职学习等多种形式,取长补短,彼此增益。

(2) 确立教育科研制度

探索和完善学校教科室、年级组或教研组(备课组)、教师个体三个层次相结合的学校教研制度,积极鼓励教师之间的合作研究以及不同学科教师间的跨学科研究。

随着教育改革的深入发展,教育科研终于走出象牙塔,走进基层学校的日常教学实践,给基层学校的教育观念、教学内容和教学方法等带来了巨大的变化。但是基于一线的教学实践,不得不承认,目前的教学、培训和科研之间存在着不小的断裂带,不少学校还没有让科研走出"花瓶"和为学校扬名的误区,教学和科研"两张皮"的现象依然存在(魏隽如,2000)。为了杜绝上述情况,真正实现科研为教学服务,科研应从学校教学实践中来,又反哺于学校教学实践,形成双向循环促进,这样才能推动苏南学校的内涵式发展,摸索建立教学、培训和科研一体化的系统。

3. 学校管理

学校管理工作并不是直接的教育教学活动,但它既统率着学校的教育教学活动,又保障着学校教育教学活动的正常进行。学校管理活动既要维持学校教育教学秩序,确保教育教学活动得到正常的开展,还要协调教育教学活动中的各项工作,以期提高教育活动的整体效率。为此,在分析学校管理实践的基础上,结合学校诸项工作对学校管理的诉求,并考虑学校管理自身的发展,按照"协调为用,和谐为本"的原则,力图让学校管理制度逐步完善且执行有力,管理团队协作有力,管理机构设置相对合理,民主管理与参与管理体现明显。

(1) 确立学校管理基本理念

学校管理基本理念是学校行政领导对学校管理的基本价值认识,是一所学校管理制度的灵魂。随着教育改革的深入开展以及二期课改的全面推进,确立和更新学校管理的基本价值理念显得尤为重要。在确立和更新这一理念的过程中,有以下几点值得注意:

① 关注人本

在学校诸多管理工作中,应能关注人本,以人为中心,站在老师、学生的角度上制定学校基本管理理念,这样才能确保学校管理与教学工作的有效开展,提升老师与学生的自身能力和对学校的满意度。

首先,苏南各中小学要树立"以师为本"的管理思想。在学校管理的所有要素中,教师管理是第一位的,因此,树立"教师为本"的管理思想是学校管理中最重要也是最基本的理念,要明确提出并真正贯彻到具体的管理工作实践中。这样一方面可以激发教师的主人翁意识和工作责任感,发挥其主动精神和创造意识,提高教师的自我价值感,增强工作效率;另一方面因教职工的参与,增加了学校管理的透明度、可信度和认同度,使全体教职工对学校的管理更加具有信任感和归属感,从而更加积极地参与学校各方面的工作(徐吉志,2009)。

其次,要树立"以生为本"的观念。要把学生真正看做是一群充满活力的生命体,而不是学校达到某种目的的工具,更不是一群供机械操练的玩偶,并切实将这种认识用于指导日常的管理实践之中;要把学生看做是发展中的人,适度容忍学生的错误,怀着宽容的心关爱学生的发展,将之培养成身心健康、全面发展的人。

② 立足校本

随着新课改的推进,那种突出政府和教育主管部门的外控管理的传统的僵化模式已经逐渐被淘汰,学校应将管理的重心落到"校本"上。在课程开发方面,继续开发校本课程;在教师培训方面,继续根据校情开发适合教师发展的校本培训教材,加大校本教师培训的力度,增强培训的实效;在教育科研方面,坚持校本研究、行动研究,鼓励教师立足本校教学、管理工作的实际来进行研究,有效地实现教学和科研工作的顺利转化。

③ 坚持能本

坚持能力本位的学校管理,实现人员能进能出,职位能上能下的流动性管理。为学校教师充分展示自己的才能提供相对平等的舞台、机会和条件,同时引导教师把个人的发展目标和学校的发展要求统一起来,使学校和教师形成责、权、利相统一的共同体,形成危机感、责任感、主体感和成就感,促进教师个人和学校的共同发展。

(2) 完善学校的管理制度,增强管理制度的执行力

学校的管理制度,是学校管理经验的沉淀,是学校各方对办学意见的综合与统一,是学校由经验管理走向制度管理,并由制度管理走向民主、科学管理的基本保证。为了强化课程、教学和科研的核心地位,也为了让相关的工作有章可循,应制定适合学校实际的"课程管理制度""教学常规管理制度"以及"教研活动制度",促进学校的内涵式发展。与此同时,必须增强管理制度的执行力。如果仅有制度而未能保障其执行,那么这些管理制度终将是一纸空文,

因此,学校应建立各项相关措施以确保管理制度顺利执行。

(3) 优化管理团队,强化成员的学习与进取精神

管理团队是学校办学的灵魂,其工作时的精神状态,直接影响着学校师生员工的工作或学习的精神状态,进而影响着学校整体工作的状态与发展预期。为此,学校应进一步优化管理团队,并结合全校的发展,提高学校管理团队的管理素养与教育理论素养。

① 促进管理团队的协作

一所学校的成功,远非个人英雄式的行为管理,它需要的是团队的协作。为此,学校应继续加强管理团队成员之间的协作互助。不但要体现在具体的管理行为上,还需要学校管理团队内部能够有比较一致的管理愿景,对学校的办学目的和未来发展有比较一致的理念,使学校管理团队内部首先在思想上协作,然后才能够在管理行为与管理事项上形成默契。

② 提高管理团队的管理素养和教育理论素养

面对不断更新的教育理念、不断革新的教育环境以及新的课程改革,学校管理团队自身的提高与优化也是学校管理所面临的重要问题。在现阶段,学校管理团队自身的提高与优化,可以从三个方面来展开:一是要定期开展学习,针对当前最新的教育理念与管理方法组织学习,吸收新的教育思想与管理理念;二是要定期或者不定期地接受相关教育理论与管理理论的培训,不断提高管理团队驾驭学校教学与管理的理论水平;三是可以定期向教育专家或学校管理专家咨询或者征求意见,通过与他们的沟通交流,借鉴他们处理问题的方法与策略。

4. 校园文化建设

广义的校园文化包括物质层面、制度层面和精神层面三个部分,狭义的校园文化仅指精神层面的校园文化,它包括奋斗目标、价值观念、态度作风、行为方式、礼仪习俗、人际关系等校园内所有精神形态的概念(徐辉、黎万和,2006)。校园文化建设是学校教育的重要内容,它能使个体在积极参与校园文化建设的过程中获得知识、陶冶情操、健康成长,对于提高学生的思想道德素质和科学文化素质而言,校园文化建设具有春风化雨式的教化作用(卞其春,2009)。

(1) 继续开展学生社团建设,丰富社团文化

社团是学校文化建设的重要组成部分,是育人的重要舞台,它能丰富学生的业余文化生活,培养多种能力。因此,学校要精心培育和发展学生社团,更大程度上发挥社团在学生中的文化引领和带动作用,让百花齐放的社团活动成为学校文化建设的一道亮丽的彩虹,为学生提供培养兴趣、展示才能的舞

台，丰富学生的业余生活，同时也发展学生的特长。

（2）开展“团”“队”活动，丰富学生生活

开展丰富多彩的共青团和少先队活动，为学生搭建充分展示个人才能的平台，让共青团员和少先队员能够在“团”“队”里体验到“家”的温暖和集体的关怀，在“团”“队”活动中形成自信自主、关爱他人、互帮互助、团结协作的校园文化氛围。

（3）塑造学校礼仪，形成良好校风

学校礼仪，是指学校按照一定传统习俗创立并在长期学校生活中要求教职员工和学生共同遵守的礼节以及举行的固定性文化仪式，是集中的、形象化的文化实践活动。在这种特殊的文化情境中，全校师生员工都必须遵循学校礼节的要求。实质上，校园礼仪是在学校目标、价值观念和精神作风的指导下，通过沿袭而形成的学校文化传统形式，是礼节性的、仪式化的价值观念。此外，还要加强对学生日常礼仪的训练，包括见面互致问候、穿校服、戴校徽、少先队员佩戴红领巾、共青团员佩戴团徽、唱校歌等，以激发学生的礼仪文化意识。

（4）开发校园隐性课程，陶冶学生的性情

按形态载体的表现形式，可将课程划分为显性课程和隐性课程。从对人的影响角度讲，隐性课程对学生的身心发展有着重大作用，是人思想意识形成的重要诱因。不重视隐性课程的教育不是真正的教育。苏霍姆林斯基说过：我们的教育应当使每一堵墙都说话。校园文化建设中，学校应认识到隐性课程的重要性，要充分利用黑板报、广播站、少先队、共青团等宣传阵地，营造出一种崇尚科学、刻苦钻研、尊师爱生、团结互助的氛围，让校园的每一处环境都充满教育意义，愉悦师生身心，净化师生心灵。

综上所述，苏南基础教育的建设应该立足于自身的优势，找到自己的不足，在教师队伍建设方面，需要加强对教师人力资源的管理和学校管理，需要加强对领导者和管理团队的培养，加深领导者对学校办学理念、学校特色、学校发展规划、校本管理等方面的理解与运用，在校园文化建设方面需加强各层次文化的建构，进而全面推动苏南基础教育向更高水平发展。

第二章　校长领导能力

“一个好的校长就是一所好的学校”,这句话揭示了校长对学校、教师、学生发展所具有的影响力的内涵、特质与水平。校长对于一个学校的影响体现在校长是一所学校的灵魂,而校长的“灵魂”作用,又取决于校长的领导力,可见校长领导力的强弱左右着学校发展的兴衰(黄香琴,2010)。校长作为学校的管理者、领导者、决策者,肩负着学校发展的重大使命。在不同领导类型、领导能力的校长领导下,学校的发展水平也千差万别。因此,对中小学校长领导力发展的研究,无疑具有十分重要的理论和实践意义。

本章基于领导的相关概念与理论,通过对苏州地区十位中小学领导者的深入访谈,了解校长的角色与作用、校长的权利、领导风格与自我管理,同时通过笔者自编的《校长领导能力量表》分析苏南地区校长领导能力及其类型的现状。

一、校长领导相关概念与理论回顾

经济的快速发展伴随着社会对高质量人才的大量需求,人们在日益关注教育功能的同时也轰轰烈烈地展开了对学校效能的追求。从1985年我国实行校长负责制以来,随着经济的改革与发展,学校的发展也趋向全球化与多元化,同时由于素质教育的提倡、新课改的推行、学校自主办学权的不断扩大,校长在学校发展过程中所起的作用更显重要。校长是学校的灵魂人物,代表着学校的形象。学校的办学理念与校园文化、人力资源管理、各级组织的运作与发展乃至日常校务工作都离不开校长的领导与管理,一所好的学校必然有一位优秀的校长,校长的领导能力是学校发挥高效能、获得长久发展的重要因素。

(一) 概念界定

1. 领导

有关领导的定义,管理学家、组织行为学家、心理学家都有不同的看法,尚没有形成一个统一的定义,综合众多学者对领导的定义,可以归纳为以下四种具有代表性的概念类型:

(1) 行为说

行为说将领导定义为一种使他人达成共同目标的行为;

领导是指导一群人达成共同目标的行为（Hemphill & Coons，1957）；

领导是经由沟通的程序在特定情况下发挥人际的影响力以达成特定的目标（Tannenbaum，Weshler & Massarik，1961）；

领导是企图影响一人或团体的行为（Hersey & Blanchard，1974）；

领导是改变部署、创造可实现的远景目标并建立明确的达成途径（Bass，1985）。

（2）影响说

领导是指一个人对其他人的影响（Gibb，1969）；

领导是超越组织例行指导之机械式顺从的影响力（Katz & Kahn，1978）；

领导是影响人们跟从着去达成一个共同目标（Koontz & Donnell，1979 ）。

（3）能力说

领导是针对组织目标并完成目标而影响群体活动的能力（Stogdill，1950）；

领导是一种说服他人热心于一定目标的能力（Davis，1972）；

领导是指影响团体达成目标管理的能力（Stephen & Rubbins，1990）。

（4）过程说

领导是在某种情况下，影响个人或群体达成目标行动的过程（Scott，1994）；

领导是一个程序，使得人们在选择及达成目标上受其指挥、引导与影响（Haimann & Scott，1974）；

领导是一种影响组织团体朝向目标达成的一种过程（Rauch & Behling，1984）；

领导是给与成员一个有意义的目标，促使他们为达成目的而努力，再将这些努力予以集结起来的一种过程（Jacobs & Jaques，1990）；

领导是一个影响他人以此达到目的的过程（Yulk & VanFleet，1992）。

综上所述，领导是指引导和影响个人或组织，在一定条件下实现目标的行动过程。

2. 领导能力

同上文领导的定义有不同的角度和类型一样，由于研究角度的差异，领导力的定义各不相同，如从能力的角度进行定义、从领导者与被领导者关系的角度进行定义等。James Kouzes 和 Barry Posner 从领导者所具备的能力方面界定领导力为“领导者如何激励他人资源在组织中作出卓越成就的能力”（李昌明，2005）。而王修和从领导者与被领导者双方互动关系的角度定义领导力为“领导者运用领导权力影响和非权力影响在实现符合规律的领导实践中，与被领导者工作作用于客观环境并产生相应的物质力量与精神力量的总和”（刘明辉，2005）。领导的目标是组织目标的实现，领导者首先必须具备一定的能力，因此，领导本身就意味着领导力（即领导能力），本研究主要从领导者需具备的能力的角度来考虑校长的领导。

3. 校长领导能力

领导能力是校长能力最直接的表现，也是决定校长领导效果的关键因素（李玉芳，2009）。关于校长领导能力的定义和构成，各研究者观点不一，国外学者认为成功的学校领导就是要起到目标导向作用，为学校所有师生员工的成长提供机会与支持，甘愿为学校与教育事业奉献（Drysdale, Ford, Gurr & Swann, 2003）。又有学者根据领导力的对象和方式，将校长领导能力分为技术（Technical）领导力、人际（Human）领导力、教育（Educational）领导力、象征（Symbolic）领导力和文化（Cultural）领导力五个层次（Sergiovanni，1984）。

由于信息化和知识化的发展，社会对校长领导能力提出了新的要求，如窦贵君（2007）认为现代校长必须具备前瞻性的教育理念引领能力、战略思考的创新决策能力、科学艺术的经营管理能力、见微知著的文化培育能力、人才强教的队伍建设能力、知人善任的团结凝聚能力等，这些是对培养现代校长领导能力所提出的挑战。校长领导能力的增强意味着校长不仅要提高其知识、品德、人际关系等方面的能力，还应提高其对权力、角色、领导风格以及自我管理等方面的认知能力。邱心玫（2008）在 Chapman 等人以及中科院“科技领导力研究”课题组（2006）的研究基础上指出中小学校长必须具备五种关键的领导能力：领悟力、前瞻力、决断力、感召力、执行力。可见现代社会对校长的领导能力要求越来越高，越来越具有挑战性。

（二）领导理论的研究综述

1. 领导特质理论（Trait Theory）

特质理论是 20 世纪最流行的领导理论。它的研究依据和方法是从优秀的人物身上寻找共同的特征，讨论为什么他们能够成为领导者？什么是领导力的决定因素？最初特质理论的研究重心在于对领导者或伟人特质的鉴别，其后，转向强调特质在有效领导中的重要性。特质论主要集中于研究领导者的个性、外貌、社会背景、智力和能力，认为领导者与生俱来的某些特定的气质让他们成为有效的领导者（Taylor, 1994）。特质论在领导理论研究领域兴起时间最早，也被应用得最为广泛。

特质论可分为传统特质论和现代特质论。传统特质论认为领导的特质主要不是来自于遗传而是在后天培养、锻炼出来的。其代表人物是美国学者 R. M. Stogdill，他在 1948 年和 1974 年分别列出了领导者应具备的特性：

(1) 1948 年列出的特性：
① 智力，包括判断力与运用语言的能力；
② 在学术和体育运动方面取得过成就；
③ 情感的成熟性与稳定性；
④ 参与社会的能力与适应各种情景的能力；
⑤ 对个人身份与社会经济地位的欲望。
(2) 1974 年列出的特性：
① 才智；
② 强烈的责任感与完成任务的内驱力；
③ 坚持追求目标的性格；
④ 大胆创新的精神；
⑤ 自信心；
⑥ 合作性；
⑦ 敢于并乐于承担决策与行动的后果；
⑧ 能忍受挫折；
⑨ 社交能力；
⑩ 处理事务的能力。
(3) 两次的区别：
① 前者偏重于外显因素，后者偏重于内隐因素；
② 前者的五条特性适用于各类优秀人才，而后者则是围绕领导这个特定角色提出的，更加具有针对性，也就更加完善。

尽管特质论通过心理测量描述了优秀领导者的若干品质，对于选拔领导有一定启示。但也受到不少质疑，因为领导的有效性不仅与其品质有关，还与其行为(工作方式)是否与情景相吻合有关。对此，Stogdill 提出，领导者与非领导者之间的特质差异在各种场合中并不是固定不变的，一个具备领导特质的人，在某个场合可能成为领导者，而在另一个场合则不一定还能成为领导者(彼得·诺斯豪斯，2002)。

现代特质理论则认为领导是一个动态过程，领导者的特质在实践中形成，可以通过训练和培养加以造就。如 Hackman 和 Johnson (2000)列举了有效领导者的三个特征，分别为人际关系因素、认知因素与行政管理因素。其中人际关系因素包括正直、自信、沟通能力、冲突管理能力等；认知因素则与领导者处理问题、做决策的能力以及批判性思维和创造性思维等有关；行政管理因素即领导者为满足其追随者的需求与任务而具备的计划、组织与执行能力。为了满足实际需要，选择领导者要有明确的标准，培训领导者要有具体的方向，考核领导者要有严格的指标，各国学者根据本国的具体情况提出了合格领导者应该具备的特性条件。例如：日本企业界要求领导者应该具备10项品德和10项能力，10项品德是：使命感、责任感、信赖感、积极性、忠诚老实、进取心、忍耐心、公平、热情和勇气；10项能力是：思维决定能力、规划能力、判断能力、创造能力、洞察能力、劝说能力、对人理解的能力、解决问题的能力、培养下级的能力和调动积极性的能力。

尽管这些研究对认识领导者的基本特质有所帮助，也可作为评估领导者领导行为的参照，但难以将此作为衡量领导者领导行为的统一标准。因为成功的领导者需要具备多方面的能力和特质，没有一种特质足以独自支撑成功的领导者，因此，从20世纪40年代开始，有关领导的研究转向了对其行为风格方面的考察。

2. 行为理论（Behavior Theory）

行为理论集中考察领导者在现实中做什么以及如何做，主要在于通过研究领导者在领导过程中所采取的的领导行为以及不同的领导行为对职工的影响，以期寻求最佳的领导行为。

（1）四分图理论

1945年，J. K. Hemphi 和 A. W. Halpin 等编制了"领导行为描述问卷（LBDQ）"，创新地将领导行为分为两个维度：结构（任务）维度（initiating structure）与人际（关怀）维度（consideration），详见图2-1。结构（任务）维度重视决策任务分配、目标的界定与实行；人际（关怀）维度中领导者更尊重和关注员工的看法与情感，更愿意建立相互信任的关系。

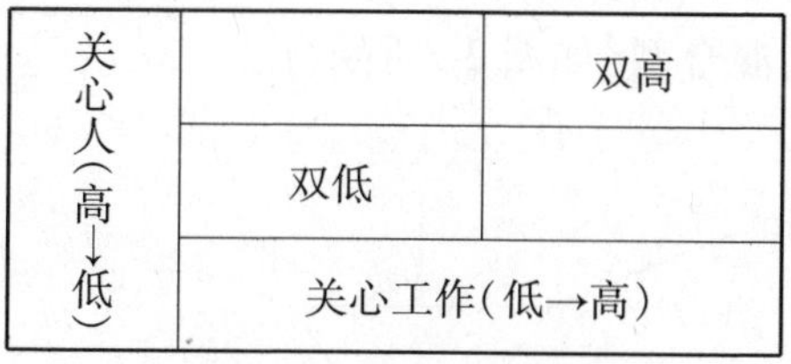

图2-1　二维领导类型

四分图理论以"绩效"和"满意度"为评判领导者好坏的标准，得出上图所示结论，其研究显示，在结构和关怀方面均高的领导者更能使追随者取得较高的工作绩效和满意度，即"双高"的领导最优秀，反之"双低"的领导最差。

（2）管理方格图理论

1964年由 R. R. Blake 和 J. S. Mouton 发展了领导的二维观点，提出了管理方格论（Managerial Grid），在"关心人"和"关心工作"两个维度上分别划分出9个等级，从而产生了81种不同的领导类型，其研究基础与上述研究类似（如图2-2所示）。

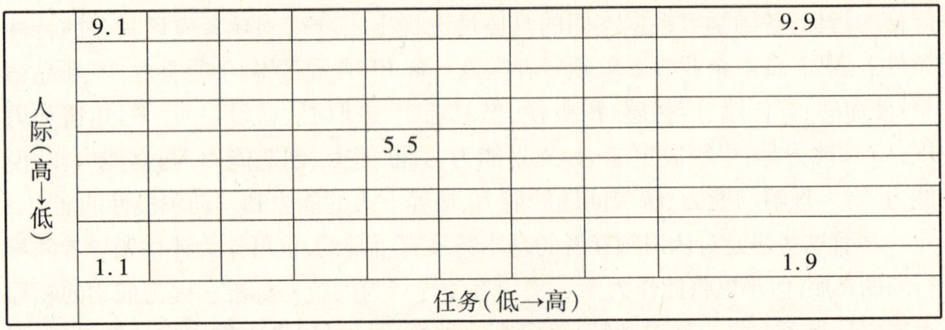

图 2-2　管理方各论

管理方格图将领导分为五种风格类型：1.9 任务型，只抓生产不关心人；5.5 中庸型，既关心人也关心生产；9.9 团队型，让群体成员广泛参与为所涉目标而奋斗的活动；9.1 俱乐部型，重视同事及上下级的关系而不惜使生产受损；1.1 贫乏型，既不关心生产也不关心人。显然这一模型认为既重视人也重视生产才是最佳领导风格。

（3）作风理论

作风理论主要研究领导者工作作风的类型以及不同工作作风对职工的影响，以期寻求最佳的领导工作作风。该理论创始人是勒温，他把领导者在领导过程中表现出来的极端作风分为三种类型：专制型，权力定位于领导个人手中；民主型，权力定位于群体；放任型，权力定位于每个职工手中。勒温认为在实际工作环境中，三种极端的工作作风并不常见，大量领导人的作风属于处在两种极端类型之间的混合型（如图 2-3 所示）。

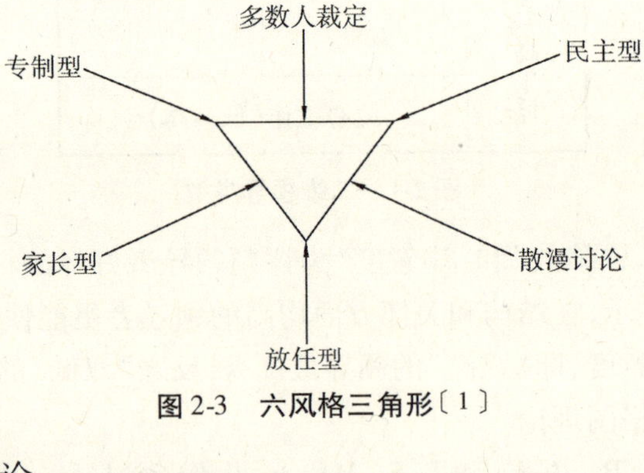

图 2-3　六风格三角形〔1〕

（4）权变理论

有不少管理学家认为领导的效率如何，既不取决于领导者个人的品质、能

〔1〕 吴岩. 领导心理学. 中央编译出版社，2002：58.

力，也不取决于领导者某种固定的领导行为，而是由领导者所处的具体环境决定，如被领导者的条件、工作性质、时间要求、组织气氛等。经过长期探索，这类研究者们提出了权变理论（“权变”的意思就是权宜应变）。权变理论认为不存在一成不变的、普遍适用的最佳领导理论和方法，也不存在到处都适用的领导原则，领导效能主要受领导者、被领导者、情境等因素影响。

Fiedler是第一个把个性测量和情景分类联系起来研究领导效率的心理学家。他于1951年提出了菲德勒权变模型（Fiedler Contingency Model），认为领导者个人的领导类型是由其人格特征所决定的，这种人格特征形成是很难改变的，因此与其让领导者改变其人格特征，还不如让领导者了解何种领导类型适应何种情景。他总结出三项情境因素，即领导者职权：领导所处地位的固有权力以及员工对领导者的支持程度，分成强和弱；任务结构：某一组织的目标是否明确，领导者与员工是否知道自己该做什么以及怎么做，分工是否明确；上下级关系：领导者与员工之间的关系，领导者被员工接受、认可、尊重的程度，分好与坏（见表2-1）。当这三种因素的组合与领导者的行为取向匹配时，便能实现良好的领导效能。

表2-1　菲德勒权变模型〔1〕

上下级关系	好				差			
任务结构	高结构		低结构		高结构		低结构	
领导者职权	强	弱	强	弱	强	弱	强	弱
期待领导风格	1	2	3	4	5	6	7	8

研究者通过调查发现，任务取向的领导者适合的情境有：领导者与员工关系较好、任务结构比较高以及职位权力比较强的情境，领导者与员工关系比较差、任务结构低及职位权力弱的情境；而关系取向的领导会在中等条件下取得较好的工作绩效。

（5）领导生命周期理论

美国俄亥俄州立大学的Kaman教授提出了领导生命周期理论。该理论认为，有效的领导行为应该把工作行为、关系行为和被领导者的成熟程度结合起来，要根据不同的下级年龄，不同的成就感，不同的责任感等结合起来采用不同的领导行为。他指出，随着年龄的增长、技术的提高，职工逐渐由不成熟到成熟，领导行为也按图2-4所示的形式逐渐推移。

〔1〕［美］彼得·诺思豪斯著，吴荣先等译．领导学：理论与实践．江苏教育出版社，2002：50．

研究发现:A. 当员工的平均成熟度低时(如新进校不满 1 年的青年教师),高任务低关怀的命令式领导类型最有效;B. 当员工的平均成熟度为初步成熟时(如工作 1 年以上、不满 5 年的青年教师),应采取任务和关怀都较高的说明式领导类型;C. 当员工的平均成熟度比较高时(如工作 5 至 15 年的中青年教师),应采取较低任务高关怀的参与式领导类型;D. 当员工的平均成熟度高时(如工作 15 年以上的老教师),低任务低关怀的授权式领导类型最有效。

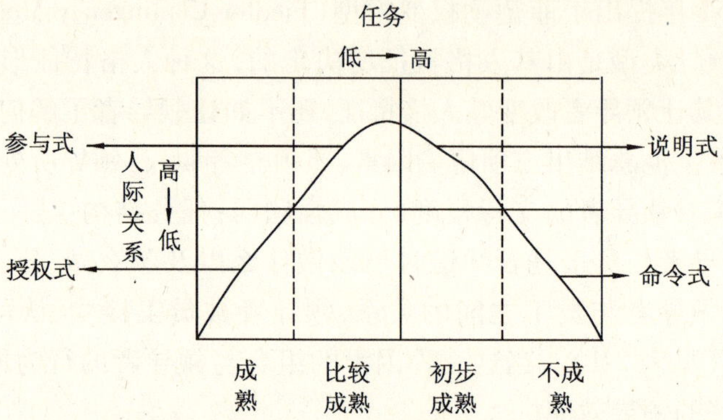

图 2-4 生命周期论

(三) 领导理论新进展

20 世纪 80 年代以后,一些研究者从领导者与下级的关系以及领导者是否有远见卓识等方面提出了一些新的领导理论(杜娟、米加宁,2005):

1. 领导—成员交换理论

这种理论认为领导者和下级之间的关系各不相同,领导者根据自己和下级的关系亲疏而采用不同的领导风格。领导者和下级之间的关系可以分为两大类:一类是圈内人关系,领导者对这类下属给与较多的关心和支持,对他们更加信任并为其提供较多参与决策的机会;另一类是圈外人的关系,他们之间只是职务上的正式关系,而没有密切的私人友谊。这种“圈内”和“圈外”的关系往往在早期就确定,而且一旦确立很难轻易改变。

2. 领导归因理论

领导归因理论主要用于了解原因与结果之间的关系。领导的归因理论分析了领导者在解释绩效信息和判断下属能力与动机时的认知过程。研究者发现人们倾向于把领导者描述成具有这样一些特质,如智慧、随和的个性、很强的言语表达能力、进取心、理解力和勤奋等。领导归因的主要过程是:领导者根据对后进下级的行为表现及其所处的环境的观察,做出分析的归因和判断,在根据归因结果作出相应的领导行为反映。

3. 领导魅力理论

早在20世纪初,德国社会学家就提出领导者的“超凡魅力”,近年来,又有不少研究者提出了领导魅力理论。领导者的魅力是天生的还是后天形成的,很少有人认为领导者的魅力是生而具有的,大部分认为是后天形成的。因此,有研究表明一个人可以通过以下三个阶段的学习变成具有领袖魅力的领导者:首先,个体要保持乐观态度,使用激情作为催化剂激发他人的热情,运用整个身体而不仅仅是言语进行沟通,通过这些方面开拓其领袖魅力的范围;其次,个体通过与他人建立联系而激发他人跟随自己;第三,个体通过调动跟随者的情绪而开发他们的潜能。

4. 转变型领导理论

所谓转变型领导者是指能激励下级把组织的利益置于个人利益之上,对下级有巨大影响力的领导者。它具备魅力型领导者各种特征,但与魅力型领导者又有不同。区别在于魅力型领导者只要求下级认同自己的理念,而转变型领导者却鼓励下级对领导者的理念提出质疑。

5. 超越型领导理论

1991年Manz和Sims首先提出超越型领导的概念。他们认为超越型领导会帮助下级最大限度地发现并发挥自己的能力,他们会授权下级对组织作出新的贡献。这种领导方式关键是要求下级进行自我领导,把下级培养成自我领导者。显然,超越型领导理论的出现依赖于领导者观念的转变,领导者不再是强迫下属应该干什么,而是激发被领导者的智慧把被领导者培养成自我领导者。

综合对领导能力理论的阐述,可以看出关于领导能力问题的研究在不断发展。首先是领导者的特性理论把有效的领导行为与领导者的个人特质联系起来。后来研究者提出行为理论,其研究重点在于领导者应该做什么,研究领导过程中所采取的领导行为以及不同的领导行为对职工的影响,以及寻求最佳的领导行为。之后应变理论的研究重点在于探讨有效的领导方式,进而提出有效的领导依赖于情境因素。近年来研究者提出新型领导理论,通过研究领导者与下级的关系以及领导者是否有远见卓识等方面知识,对先前的领导能力理论做出重要的补充和发展。

二、苏南地区中小学校长领导能力的调查研究

校长所扮演的角色、权力、领导风格及自我管理等都深刻地影响到学校的发展,本研究从以上四个方面对苏州地区十名中小学管理者进行深入访谈,以较全面地了解该区域中小学校长领导能力的现状。

(一) 研究对象

苏南地区是中国高水平教育的代表,而其教育得以发展的主要原因是有

一大批优秀的校长。本研究选取了苏州地区十所中小学的校长、副校长或书记等学校领导作为访谈对象，进行结构式深度访谈，按小学、初中、高中分层随机抽取学校。访谈对象的具体情况见表2-2：

表2-2　访谈对象资料

类别	受访者职务	受访者性别	受教育情况	学校概况
小学	教导主任	男	教育管理学士	实验小学
	校　长	女	历史教育学士	实验小学
	校　长	男	教育管理学士	九年制学校
初中	副校长	女	物理学学士	省级示范中学
	校　长	男	政治大专	普通初级中学
	校　长	男	数学学士、教育硕士	实验初级中学
高中	副校长	男	数学学士、管理学硕士、艺术学博士	四星级高中
	校长、党支部书记	男	历史教育学士	四星级高中
	党委副书记	男	生物硕士	四星级高中
	校　长	男	历史学学士	三星级高中

（二）访谈提纲

除访谈者的基本资料外，对学校管理者（含校长本人）进行正式访谈的问题如下：

1. 对所在学校校长的权力认知如何？

2. 对所在学校校长在学校发展过程中所扮演的角色认知如何？

3. 所在学校校长是属于哪种领导风格？（民主型、管家型、公仆型、魅力型）

4. 所在学校校长的自我管理情况如何？

（三）访谈实施

本研究采用深度访谈法，具体步骤如下：

1. 访谈前，研究者先与各个学校的领导联络，进行联系沟通，说明访谈目的，将访谈提纲的电子稿在访谈前以电子邮件的形式发给受访者，并约定具体的访谈时间、地点；

2. 访谈地点为学校领导的办公室，可以保证访谈的质量，每次访谈的时间为一个小时左右；

3. 访谈过程中访谈者根据实际访谈情况，调整问题顺序及其遣词用字。可适当使用追问（如果被访者在访谈过程中说出了其他有价值的信息，可进行追问）、探测（让被访者以举例的方式描述、解释问题，并说明对学校的影响）等技术以获得更丰富及完善的信息；

4. 在经受访者同意后，研究者将访谈内容录音，并转化为电子文档，以备编码、分析。

（四）资料处理

在将录音档转为文字稿以后，按照访谈大纲中的分类，归纳并找出重点，再通过演绎回顾来检视原始资料，以确保所归纳的结果符合原始资料的本义，再按不同类别进行编码记录。在系统地整理完编码资料之后，研究者汇总和诠释所有资料，并将结果与研究内容进行比较，然后反复阅读原始资料，最终进行相应的归纳、总结、分析。

（五）研究结果

1. 校长的角色与作用

校长所扮演的角色决定了其领导行为，Sherman（2000）提出校长的角色应是心理学家、教师、设施管理者、外交官、社会工作者、导师、教练、啦啦队长等。而我国有学者指出中小学校长是行政工作的负责者、教育改革的探索者、学识渊博的指导者、言传身教的教育者、全校师生的服务者、公共关系的协调者、学校文化的建设者等（张建兵，2007）。

研究结果表明目前苏州中小学校长扮演的角色主要分为引领者、服务者和协调者三类，具体如下：

（1）引领者

约50%的校长认为自己是学校发展的引领者，用宏观的教育理念带领学校发展，包括学校文化建设、教师的专业成长和学生的学习。同时，也应引领地区教学。苏州地区经济发展与教育现状皆位居全国领先水平，校长在文化以及教学等方面的领导力是影响领导效能的重要因素，该区域的中小学校长认为具有较强的全局观和引领意识是学校领导必备的素质之一。

（2）服务者

约30%的校长认为自己在学校发展过程中的主要角色是为学校、师生和家长服务。此类校长会更多地为师生和家长着想，尽量了解和满足他们的合理需求。如有校长表示自己最大的作用就是“为学校全体师生构建一个和谐的环境和良好的条件，帮助师生发展和成长”。已有研究也认为校长在学校发展过程中应为学校师生服务，应是营造学校环境的服务者（杜复平，2007）。此外，认为权力即服务的校长倾向于扮演服务者的角色。

（3）协调者

约20%的校长认为其工作主要是处理与学校发展有关的各种关系。校长是学校法人代表，在学校发展过程中需要代表学校协调各种社会关系，如与政府部门、教师、学生、家长、兄弟院校、社区等方面的关系，尤其是与政府部门的关系。校长必须协调好校内外各种关系，充分调动和利用一切有利的因素，以形成集体的合力，确保教育目标的实现（张建兵，2007）。在重视人情与关系的社会文化影响下，校长协调人际关系的能力更显重要。

综合以上内容，苏州地区中小学领导者认为校长所扮演的角色主要有引领者、服务者和协调者（见图2-5）。此外，还有校长认为其角色应是学校发展的促进者、特色文化的传递者等，尽管校长的角色已从单纯的监督者、保守的管理者，演变为开拓性的经营者（谢逸，2001）。随着计划经济向市场经济发展的转型，尤其是1985年校长责任制实施之后，中小学校长的角色已逐渐由传统的单一的角色朝多元化方向发展，且趋于多种角色的整合（张建兵，2007），但受国内客观环境的影响，如办学理念的相对保守、社会将学习成绩作为对学校效能的唯一衡量标准等现实的种种约束，校长难以合理地定义自己的角色，纵使是经济较为发达、思想较为开放先进的苏州地区，中小学校长的角色总体上而言仍略显单一。

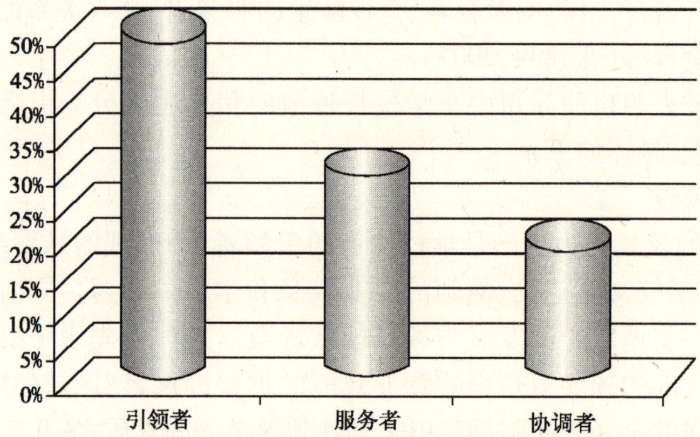

图2-5 苏州地区中小学校长角色分布

正因为整体而言苏州地区中小学校长角色仍较为单一，所以校长应重视教育者的角色转变。随着教育改革的深入进行，校长的教学领导能力亦备受关注，校长在教学领域的成就对激发教师的工作热情、带动教学科研的发展有重要意义。长期以来，教育者被认为是校长的基本角色之一，好校长首先应是好教师，尽管苏州地区校长已具有较高的专业水平，但重视培养教学领导能力、践行教育者的角色仍需继续努力。同时，校长应重视培养沟通能力以改善人际关系，因为校长的人际关系是影响学校发展的重要因素。一位与教育部门、学校师生之间人际关系不良的校长很难及时达到管理目标，这也会影响教师的工作绩效，降低其工作满意度。所以校长应该尊重教师，积极与教师沟通，多了解师生的需求和感受、认真听取其意见和建议，为教师营造良好的工作氛围。

2. 校长权力

关于权力的定义学术界有不同的说法，Max Weber 认为权力是“一个人或一些人在社会行为中，甚至不顾参与该行为的其他人的反抗而实现自己意志的机会”（Dennis，2001）。权力是一种通过强制支配他人，有目的地对他人施加控制影响而产生的一种广泛的、一般性的影响力（万力维，2005）。

校长是学校的管理者，其职位本身具有一定的权力，与其影响力一起在决策管理过程中发生作用。校长的权力按其来源可分为职位权力和个人权力，前者是法律意义上由职位所决定的权力；而后者是内在自授的权力（关鸿羽，2003），也可以是机构设置权、认识管理权、经费使用权、教育教学管理权、校舍校产管理权（冯海志，2005）。中国的教育管理体系与西方不同，因为有党的领导，所以权力的运用会呈现不同的状态。通过对苏州地区 10 位中小学管理者的深入访谈，发现中小学校长的领导权力具有以下两个特点：

（1）权力即服务

大部分受访者认为校长的权力就是为师生和家长服务，教学则被看做是体现其服务的重要途径。有校长表示其权力就是为师生服务，“只有先成为一名好教师然后才能是一名好校长”，校长只有直接接触教学才能更好地了解课程要求、教学动态及学生需求，以便及时地对领导工作做出调整从而更好地为师生服务。受访校长中就有 70% 的人兼任不同程度的教学任务，他们会和其他老师互相听课、交流教学经验。

（2）权力受限

少数受访校长认为校长的权力受到上级主管行政部门的约束，缺乏自主权，致使很多工作无法按自己的理念、计划来实施和进行，不利于校长的专业成长和学校发展。校长负责制实施多年后仍有校长认为其管理和发展学校的权力受限，究其原因，一方面，校长的权力不可能无限，必然受到一定的限制（吴志宏，谢旭红，周彬，1999），有国外研究者也认为尽管校长的角色几近独裁，但他们仍然认为自己权力太小，有责无权是他们的共同抱怨（Jones，1987）；另一方面，这可能是因为目前我国对学校的监督和管理权仍集中于各级教育主管部门，一定程度限制了校长与学校的自主发展。

通过以上分析可见，苏州地区中小学领导者大多认为校长的权力就是为师生和家长服务，少数认为其权力受限。对此，学校可以加强民主与监督体系的建设。我国教育法第 30 条明文规定：“学校及其他教育机构应当按照国家有关规定，通过以教师为主体的教职工代表大会等组织形式，保障教职工参与民主管理和监督。”可见，学校应充分利用教代会等民主监督体系，加强学校的民主建设，从而有利于校长对权力的全面认识，也有利于学校形成和谐的环境与文化氛围。

3. 校长领导风格

领导风格一般指习惯化的领导方式所表现出来的特点，是在长期的个人经历、领导实践中逐步形成的，并在领导实践中自觉或不自觉地且稳定地起作用，具有较强的个人色彩（邹枫，李昊，2010）。关于领导风格分类相当多元，早在20世纪30年代，Lewin等人将领导风格分为专制型、民主型和放任型。近年来，领导类型出现三分法、六分法，划分角度、内容等各有不同。校长领导风格对其人际关系的建立、教师的专业成长有着重要意义，并与校长的管理决策密切相关。通过对苏州地区十名中小学管理者的深入访谈发现，苏州中小学校长的领导风格主要有以下几种类型：

（1）民主型领导

研究结果发现，约有60%的校长属于此类型。他们强调教师与校长间的民主平等，认为校长应平易近人，能以开放的心态积极听取师生的意见，鼓励教师参与学校的重大决策，与教师积极互动，营造民主的学校氛围。民主能有效地分解校长的权力，有助于教师参与学校的决策与管理，这样一来就更能保证学校决策与管理的科学性（李镇西，2010）。所以，在追求民主与平等的社会中，该类型的校长往往深得民心。

（2）公仆型领导

苏州中小学校长中约30%属于公仆型领导。Greenleaf（1970）认为公仆型的领导者能设身处地为员工着想，充分信任员工，具有敏锐的洞察力，能以身作则，为员工树立榜样。公仆型的校长强调以员工为中心，具有仁慈、耐心、尊重等品质，重视教师情感的归属，且能设身处地地为教师着想，尽量满足他们的需求。比如有校长表示，不安排有子女参加当年高考的老师带毕业班，让他们多点时间陪陪孩子，这让教师很感激，也能让校长赢得教师的信任感。

（3）魅力型领导

访谈结果发现约有10%的校长属于此类型。魅力型的领导者具有亲和力、创新精神，且有较强愿景规划能力和业务能力，他们对教师的影响力主要通过个人魅力得以实现，而非仅仅通过权力或权威达成，这种个人魅力或影响力主要来源于领导者富有魅力的性格、高尚的品质、坚定的信念、非凡的勇气和良好的个人素质。这类领导明确提出要追随者接受其价值观和信念，他们倾向采取非常规的领导行为，具有强大的变革力和向心力，例如有校长能借鉴国外先进的管理模式，敢于改革创新，开创学校发展的新局面。

综上可知，苏州地区中小学校长以民主型最多，服务型次之，魅力型最少，民主型领导已成为该地区校长领导风格的发展趋势（如图2-6所示）。同时，

40%的校长指出自己会在不同的情境中表现出不同的领导风格，以适应不同的人、事、物与环境。与其所扮演的角色相对应，苏州地区中小学校长的领导风格也呈现多元化发展，且趋于整合性。

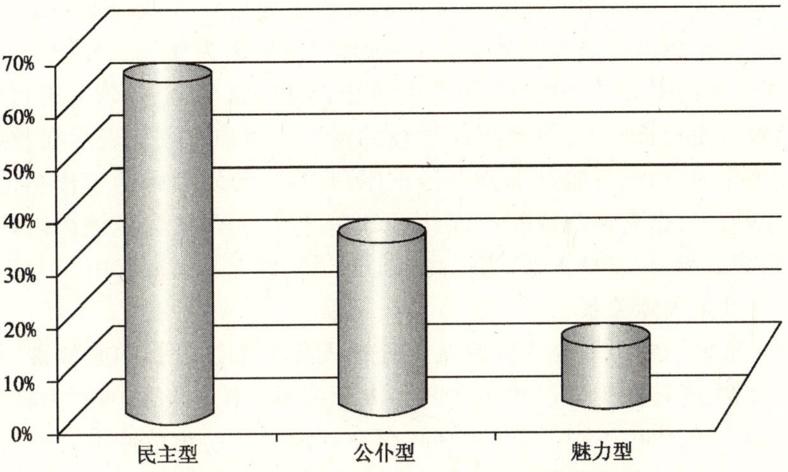

图 2-6　苏州地区中小学校长领导风格类型分布

4. 校长自我管理

管理者是一个组织者、指挥者和资源控制者，为充分发挥这些功能，管理者应加强对自身功能的管理（包括对自身时间、技能和态度的控制），从而能有效地应对压力，指导其努力的方向并促进能力的发展（Everard, Morris & Wilson, 2007）。而校长的自我管理方面，有学者认为主要包含校长对思想、时间、权力、形象等方面的管理（甘鹏，2006）。

通过对苏州地区十名中小学管理者的访谈我们发现，苏州地区中小学校长自我管理意识较强，他们会通过多种途径加强自身的能力与素质，这可能是因为该地区经济发展迅速，竞争激烈，校长只有不断提高自身的能力与素质，才能跟上时代的发展，才能领导学校与时俱进。校长的自我管理主要表现为如下三方面：

（1）提高专业水平

苏州中小学校长非常重视自身专业水平的发展，尤其是教学领导能力的发展，将其作为自我管理最重要的部分，这可能是因为管理者皆表示专业水平高的校长更具权威性，更容易让教师信服。故该地区校长不仅通过阅读报刊书籍、浏览网络文章等方式来获取专业知识，也非常注重与本校或其他学校优秀教师之间进行教学经验的学习交流，促进专业成长，同时若校长也是学校的骨干教师，那么他不仅在学校内乃至区域内都具有一定影响力。随着课程观、教学观的改革，特别是新课改的推行，校长在课程与教学方面的领导能力对学生学习成绩以及教师发展等方面的影响力明显增大,这也是为何苏州地区校长将提高专业水平作为自我管理之首的关键因素。

(2) 修炼道德素养

苏州地区的中小学校长将修炼道德素养作为自我管理的重要部分,平时都比较注重思想道德修养尤其是政治觉悟的提高,因为作为一校之长,位高权重,掌管学校的财务、人事等权力,在管理中会面临诸多诱惑,若缺乏自制力则难以有效行使校长权力,将会阻碍学校的发展。例如有校长表示在教师的评优评先工作中,校长若能秉承公平公正原则,将会激发教师的工作热情,增强学校的凝聚力,提高学校效能。因此,该地区校长大多认为应该严以律己、公正恭谨、廉洁奉公、以身作则,为提高教师的道德修养起模范作用。

(3) 处理人际关系

苏州地区的中小学校长普遍认为处理人际关系是校长的必修课,从学校内部而言,主要是指校长与教师之间的人际关系。校长与教师因为社会所赋予的职责不同、角色不同,不仅使其间存在一定的社会角色冲突,而且使校长一人对教师多人的领导与被领导的垂直关系显得有些错综复杂(龚彩福,2005),一方面,校长要妥善处理与教师之间的人际关系,另一方面,要处理好与中层干部与副职之间的关系(孙军,2010)。总之,校长作为学校的最高领导者能否建立和谐的人际关系,与教育目标的执行、学校发展规划的制定、师生的管理等密切相关。在主张人性化管理的背景下,越来越多的校长提倡以人为本,能与教师融洽相处,重视情感关怀,比如有的校长表示平时会多与师生交流,以及时了解并尽力满足师生的需求。

可见,苏州地区中小学校长大多具有较强的自我管理意识,其管理以提高专业水平为主轴,辅之以道德素养的修炼与人际关系的处理。就全国的基础教育而言,苏州地区的办学处于高水平,但研究发现该地区中小学校长们的领导角色较为单一,所以建议当地政府应出台政策,鼓励中小学校长们接受更高层次的学习以提升他们的教学和管理能力,帮助他们更有效地解决在学校教学或管理中遇到的问题和困难,以提升其领导能力。

三、校长领导能力量表

校长的领导能力直接关系着学校组织目标能否顺利实现,直接影响着基础教育教学改革的成败,影响着整个国家教育事业的提升。因为校长是学校的行政首长,具有领导地位;是当家人,具有管理地位;是教师之师,具有教育地位;是设计师,具有改革地位;是师生的服务员,具有公仆地位;是对外联络者,具有法人地位(吴恒山,2005),校长的众多角色对其领导能力提出了更高的要求,使得校长与学校发展的联系也更加紧密。可见,校长领导能力的强弱对学校发展有着至关重要的作用(Edmonds, 1979; Purkey & Smith,1983;吴清山,1998b)。

对于校长领导能力的测量,多数研究者主张通过对校长的领导效能与领导行为进行测量来获得。然而,因各研究者所选取的衡量校长领导效能的指标不尽相同,所以形成不了一致的结论及连续性的研究。因此,有研究者认为尚无兼具周延性与完整性的量表(王莉萍,2006)。目前较为流行的量表有以下三种:

(1) 多因素领导问卷(MLQ)

在校长领导行为测量方面,主要有 Bass 编制的《多因素领导问卷》(MLQ),随着变革型领导理论的不断成熟,该量表先后被英国、澳大利亚等地引进。之后,Bass 与 Avolio 在 1992 年编制了 MLQ 减缩版——MLQ-6S。该量表中将变革型领导分为四个维度:领导魅力、感召力、智能激发和个性关怀。后来,我国研究者范国睿(2003b)、李超平(2003)、孟慧(2003)、李剑萍(2005)等人先后采用该量表对校长的领导行为进行研究,并标明该量表具有良好的信效度。

(2) 领导行为描述问卷(LBDQ)

以 J. K. Hemphil、A. W. Halpin 及 R. M. Sttogdill 为代表的美国俄亥俄州立大学的研究者编制了"领导行为描述问卷(LBDQ)",经过竞速分析,得到两个基本的领导行为维度,分别命名为"体谅"和"主动结构",经后续研究演变为"任务型领导"和"人际关系型领导"。

(3) 绩效维系量表(PM 量表)

绩效维系量表的编制是基于 20 世纪 60 年代初期日本学者三隅二不二创立的以领导职能为标准对领导行为进行研究的 PM 理论,其中 P 是绩效(Performance),M 是维系(Maintenance)。前者主要考察领导者为提高组织的工作绩效所作的努力,后者则强调维系、强化团体的作用。绩效维系量表的编制经历了长期的过程,经多次因素分析最终保留 60 个题项,其中 10 条为 P 职能,10 条为 M 职能,40 条为情境因素。中国科学院心理研究所 502 课题组在徐联仓的领导下,自 1981 年起引进了 PM 分析方法,对其进行了修订,并将其进行推广应用。之后,冯伯麟(1996)、于博(2001)采用该量表对中学校长的领导行为进行测量,李剑萍(2005)采用该量表对高中校长的领导行为进行调查。

(一) 研究方法

1. 题目收集与问卷编制

本研究在文献回顾的基础上,对苏州地区 10 位中小学校长进行结构式深入访谈,涉及校长在学校发展中所扮演的角色与发挥的作用、校长的权力、校长的领导风格以及自我管理等方面。在 Hackman 和 Johnson(2000)提出的有效领导者需具备三方面的能力的基础上,结合访谈的结果,初步将校长领导能力分为五个方面进行量表的编制,具体为:专业能力——校长在校务管理、财务管理、课程教学等方面的能力;身心健康——校长的情绪管理、个性特征等;工作动机——校长制定学校发展的愿景并为之努力的程度;人际关系——校长处理与教师、学生之间关系的能力;管理能力——校长行使权力、处理突发事件等能力。采用李克特五点量表计分方式,从非常不同意—非常同意,计分方式相应为 1—5 分;若为反向题,则计分相应为 5—1 分,共 35 个题项。

2. 研究对象

为了初步考察自行发展问卷的结构和检验各项目的质量,本研究先进行了小规模的预试。采用随机整群抽样的方法,选取苏南地区 6 所中小学教师为研究对象做前测,发放 300 份前测问卷,回收有效问卷 152 份,有效回收率为 50.6%,有效问卷的答卷者中小学教师 45 人,初中教师 55 人,高中教师 52 人,女性教师占 65.8%,明显多于男性教师;教师年龄 30—53 岁。

正式施测采用立意抽样方式,抽取了苏南地区 18 所学校的教师为研究对象,共发放问卷 680 份,回收 629 份。严格剔除无效问卷后,有效问卷为 345 份,有效回收率为 50.7%。参与问卷调查的教师中,小学、初中、高中教师人数比例相差不大,约各占 30%。其中,女性教师占 66.1%,明显多于男性教师,约为男性教师的 2 倍;年龄方面,30—35 岁的教师最多;职位方面,未兼任行政职务的教师占 84.3%;学历方面,本科学历的教师最多(76.8%),硕士及以上学历的教师最少,仅占 5.8%;工作年限方面,工作 6 年以上的教师最多,达 78.2%,其中工作 11 年以上的占 47.8%,而工作 1—5 年的教师最少,仅占 18.3%。

3. 统计处理

本研究先由项目分析、探索性因素分析初步构建校长领导能力的理论模型,继而进行验证性因素分析,对量表的理论模型进行验证,从而确定正式量表的结构体系,然后对量表进行信度分析。其中项目分析、探索性因素分析与信度分析采用的计算工具为 SPSS15.0,验证性因素分析采用 AMOS 7.0。

(二) 结果与分析

1. 问卷各项目分析

对预测问卷结果进行统计分析。在进行探索性因素分析前,对问卷进行项目分析。计算各题项的 CR 值(Critical Ratio,临界比率),即将各题得分从高分到低分排列,选取前 27% 为高分组,后 27% 为低分组,对两组平均数进行差异显著性检验,得到 CR 值。接着进行偏态和峰度分析,将偏态绝对值大于 1

者及峰度绝对值大于 2 者删除，后再删除鉴别度不显著及与总分相关不显著的项目。结果显示，每个题目与总分之间的都呈显著相关，故未有删除题目。详见表 2-3。

表 2-3　校长领导能力量表的项目分析与效度分析结果（N = 152）

构面	题　目	偏度	峰度	鉴别度	与总分相关系数	因素载荷量	解释变异量
校长管理能力	35. 校长能妥善配置资源并适时节约成本	-.670	1.100	11.09**	.72**	.787	61.13
	33. 校长会激励员工，以完成任务	-.189	-.617	16.73**	.84**	.746	
	34. 校长推动团队合作，调解员工间冲突	-.370	.047	11.81**	.79**	.743	
	14. 校长在工作中能达成自己设定的目标	-.413	-.010	14.79**	.86**	.742	
	30. 校长能划分权责，并做到充分授权	-.144	-.420	13.01**	.82**	.710	
	31. 校长能通权达变，按任务需要做修正	-.109	-.606	13.45**	.84**	.650	
	16. 校长办学相当有思想，有理想且坚持	-.504	-.281	12.37**	.78**	.640	
	28. 学校的问题，校长能整体客观的分析	-.084	-.359	12.27**	.82**	.639	
	15. 校长积极推动校务，带动学校发展	-.430	-.160	12.07**	.82**	.614	
	32. 校长参与重大决策，与教师一起工作	-.394	-.029	12.07**	.79**	.506	
校长专业能力	7. 校长能建立愿景，洞悉学校发展的利益和趋势	-.341	-.417	10.64**	.75**	.751	4.76
	1. 校长管理经验丰富，处理校务面面俱到	-.164	-.597	10.59**	.74**	.703	
	9. 校长能清廉自持，处理事务公平公正	-.334	-.192	14.39**	.82**	.701	
	2. 校长能掌握教育潮流，适时调整与创新	-.211	-.622	12.02**	.76**	.699	
	8. 校长身心健康、情绪稳定、不易动怒	-.390	-.507	11.35**	.70**	.687	
	6. 校长熟悉财务规划，能及时变通方案	-.291	-.426	10.68**	.70**	.680	
	3. 校长对教育目标及课程内容相当了解	-.096	-.653	12.48**	.76**	.661	
	10. 校长为人真诚守信，热诚而有爱心	-.545	-.361	13.53**	.78**	.598	
	12. 校长对于公私之间划分清楚	-.666	.045	13.13**	.82**	.560	
	5. 校长能不断进修，扮演教学领导的角色	-.329	1.498	10.19**	.71**	.520	
	4. 校长关心学生学习，以经验解决问题	-.411	-.480	10.36**	.73**	.518	
校长人际关系	25. 校长有亲和力，教师喜欢接近、跟随他	-.261	-.708	10.51**	.74**	.826	4.71
	26. 校长能够和教职工打成一片	-.201	-.561	11.17**	.75**	.753	
	24. 校长能倾听教师想法，接纳不同意见	-.424	-.091	11.30**	.80**	.698	
	27. 校长能与教师相互信赖，提升工作满意度，奖惩合宜	-.393	-.335	14.30**	.83**	.672	
	11. 校长个性风趣，能化解教师间纠纷	-.183	-.879	14.02**	.76**	.643	
	19. 校长常给予教师与学生支持与鼓励	-.107	-.820	14.16**	.83**	.609	
	29. 校长能让教师参与学校重要决策	-.447	.009	9.92**	.72**	.602	
	21. 校长肯牺牲奉献；对教师与学生的利益愿意承诺；评估与回应不同的需求	-.331	-.623	16.26**	.83**	.570	
	22. 校长观察力敏锐，能了解教师的需求	-.356	-.313	11.54**	.79**	.527	
校长领导力总量表							70.60

注：** $p < 0.01$，p 为机率值（Prob-value）。

2. 校长领导能力量表的效度分析

(1) 探索性因素分析

为检验调查数据是否适合做因素分析，对152位教师的初始问卷数据进行 Bartlett 球形检验，检验值为5442.930，显著性水平为0.000，说明变量间有共享因素的可能性。同时样本适应值 KMO 为0.957，表明样本适合做因素分析，先采用主成分分析法抽取公共因子，求得初始负荷矩阵，再用最大变异法求出最终的因素负荷矩阵。根据 Cattle 所倡导的特征图形的陡坡检验，以及各因子的5个题目数不能低于3个（陈红、冯文锋、黄希庭，2006），同时为了获得一个更为有效的测评工具，删去了因素负荷小于0.5的5个题项：13、17、18、20、23，剩余30题。考虑到删除题项后，整个因素结构可能会改变，再进行一次因素分析，发现 KMO 系数为0.954，4564.725（$df=435, p<0.001$），特征值大于1的因素有3个，3个因素的贡献率分别为61.13%、4.76%、4.71%，解释总变异量为70.60%（详见表2-3）。量表由之前的5个因子变成3个因子，所以具体题项皆有变动，但校长管理能力、校长人际关系两个因子栏内的题项变化不大，而校长身心健康与工作动机皆有删除题项，且将剩余题项分别归入校长专业能力与人际关系，同时新划分出来的3个因子基本保留了校长专业能力、校长管理能力、校长人际关系的题项，故仍以此命名。

此外，从碎石图看，从第3个因子以后，因素变异量由陡坡开始转变为平坦，平坦以后的共同因素去掉，故抽取的3个因子较为合适（详见图2-7）。

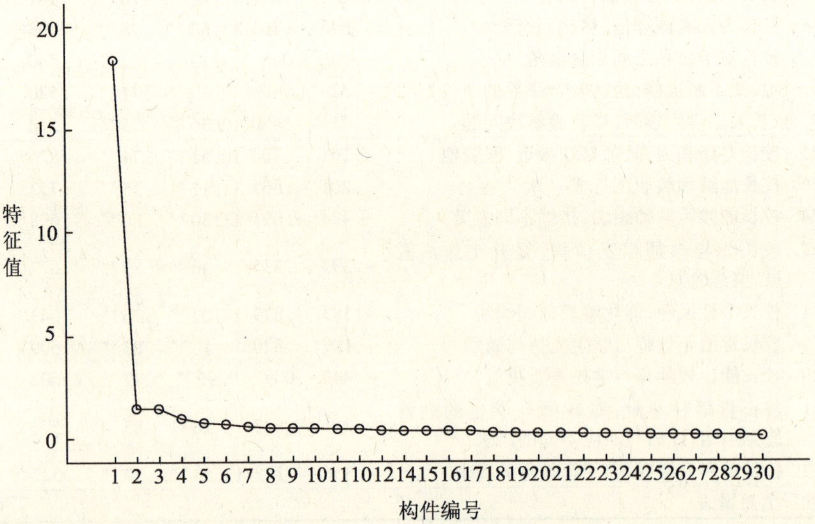

图2-7　校长领导能力量表的碎石图

(2) 校长领导能力量表与各因素间相关分析

本研究通过各因子之间及各因子与总量表之间的相关以检验量表的结构效度。由表2-4可知,各因子间均具有显著高度相关,相关系数介于0.86~0.87($p<0.01$)之间,这说明三个因子既方向一致,又存在不可替代的差异。校长领导能力总量表与管理能力、专业能力、人际关系均达到显著正相关,相关系数介于0.95~0.96之间,为高度相关,这表明各因子与总体概念一致。由此可见,该量表编制的结构体系和效度符合研究校长领导能力的总体要求。

表2-4 校长领导能力量表与各因子之间的相关系数表(N=345)

研究变量	1	2	3	4
1. 校长领导能力总量表	1			
2. 管理能力	.96**	1		
3. 专业能力	.96**	.87**	1	
4. 人际关系	.95**	.86**	.86**	1

注:** $p<0.01$,p 为机率值(Prob-value)。

(3) 校长领导能力量表的验证性因素分析

由以上分析得到校长领导能力量表以管理能力、专业能力、人际关系三个维度为其基本结构,在这一框架下,将经过项目分析和探索性因素分析所保留下来的30个题项组成正式问卷进行施测,并对施测结果进行验证性因素分析。

为了考察构想模型与实际模型拟合度,以及项目与各因子之间的关系,对该模型的指标适配度、整体模式适配度及模式内在适配度三方面加以评量。在众多的拟合性指标中,x^2 与自由度一起使用可说明模型正确性的概率,x^2/df 是直接检验样本协方差矩阵与估计协方差矩阵间相似程度的统计量,x^2/df 越接近1,表示协方差矩阵和估计的协方差矩阵之间的相似程度越大,模型的拟合性越好。实际研究中,x^2/df 接近2,则认为模型的拟合性比较好(冯廷勇、苏缇、胡兴旺、李红,2006),本研究中 x^2/df 的值为1.274,表明该模型的拟合度良好。此外,CFI=0.979,大于0.900;RMSEA=0.043,小于0.080,均达到理想标准,这表明三个因子模型可以和复测数据项拟合。因此,校长领导能力量表模型包括三个一阶因子,即管理能力、专业能力、人际关系,共30个项目。

为了得到更精确的模型,进一步分析三因子的二阶模型(见图2-8)。该模型的参数分别为:$x^2=440.862$,$df=346$,$x^2/df=1.274$,RMSEA=0.043,小于0.080;NFI=0.910,IFI=0.979,TLI=0.973,CFI=0.979,皆大于0.900(详见表2-5),表明该模型能达到理想的拟合。

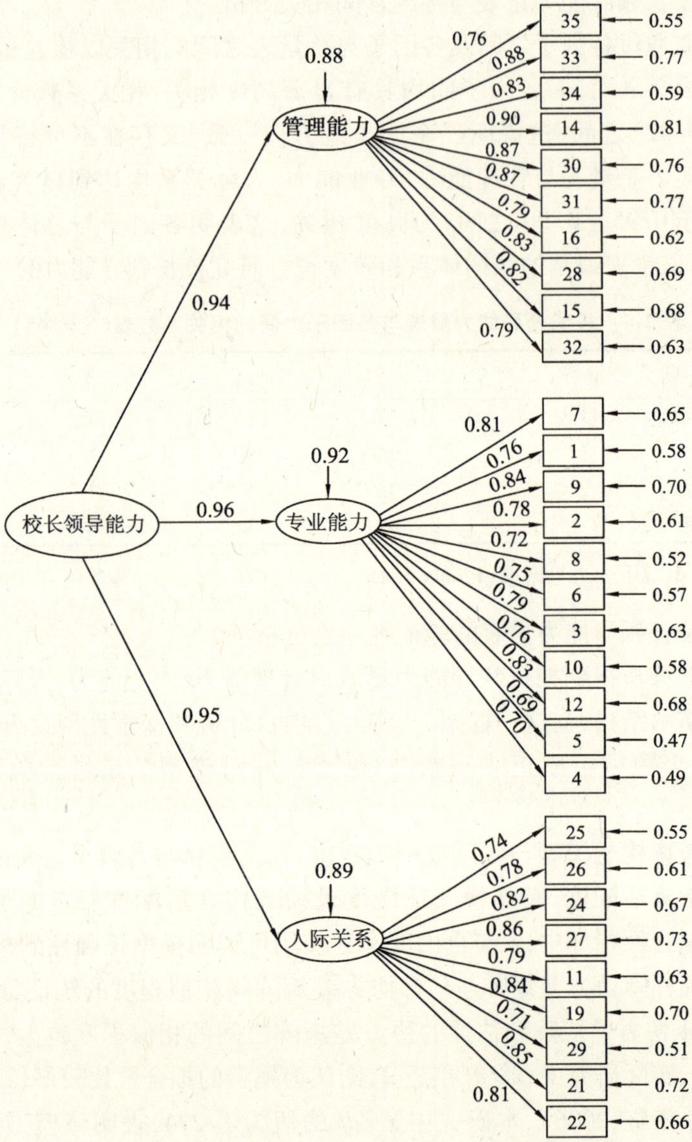

图 2-8　校长领导能力量表二阶验证性因素分析标准化路径图

表 2-5　校长领导能力量表的验证性因素分析模型主要拟合指数（N =345）

模型	CMIN	DF	CMIN/DF	NFI	RFI	IFI	TLI	CFI	RMSEA
一阶模型	1004.926	402	2.500	0.796	0.779	0.866	0.854	0.865	0.100
二阶模型	1004.926	402	2.500	0.796	0.779	0.866	0.854	0.865	0.100
二阶修正后	440.862	346	1.274	0.910	0.887	0.979	0.973	0.979	0.043

校长领导能力模型及标准化路径系数见图2-8。

(4) 校长领导能力量表的信度分析

将量表进行内部一致性分析，透过内部一致性系数的观念求算 Cronbach's α 系数，以确认本量表内部结构一致性与同构性，结果显示总量表的 Cronbach's α 系数为0.977，一般认为，$\alpha < 0.35$ 为低可靠性；$0.35 \leqslant \alpha \leqslant 0.75$ 尚可；$\alpha > 0.75$ 为高可靠性（殷小川、薛祖梅，2009），表示其内部一致性水平较高。校长领导能力量表三个因子的信度分别为0.958、0.942、0.945；折半信度分别为0.932、0.908、0.906，均达到良好水平，显然该量表及各构面都具有可靠的信度（具体见表2-6）。

表2-6　校长领导能力量表信度（N=152）

项目	Cronbach's α	折半信度
管理能力	0.958	0.932
专业能力	0.942	0.908
人际关系	0.945	0.906
校长领导能力总量表	0.977	0.940

（三）讨论

1. 校长领导能力量表的信效度分析

量表的编制方面，本研究经查阅国内外相关文献后，依次通过开放式问卷调查、个别访谈和征求专家意见，力求在以往研究基础上更全面系统的了解校长领导能力的定义及内涵，进而编制了校长领导能力初试问卷。经过小样本施测、分析并修改后形成正式的校长领导能力量表。正式量表共包括30个项目，分为管理能力、专业能力、人际关系三个因子。每一个因素项目都含义清楚、可解释性强，表明量表的结构效度较好。

同时，本研究考察了量表的内部一致性信度，结果表明各因子与总量表的α系数符合要求，其中专业能力的α系数最低，管理能力的α系数最高，各维度均达到可接受的水平，说明量表具有较高的信度。此外，校长领导能力量表与管理能力、专业能力、人际关系均达到显著正相关，相关系数介于0.937～0.947之间，且各因子间均达到显著相关。因此，该研究对于了解校长领导能力具有全面性、科学性和实际性，研究的步骤和构思也比较正确、客观和合理，基本能够得出实证的科学结论。

2. 校长领导能力量表的结构

在教育行政管理领域中，校长一职比校内的任何其他职位对促进学校发展都更具有潜力（Sergiovanni，2004）。同时作为学校教育管理的专业人员，校长的专业能力不仅影响着学校管理活动的目标、过程及方式，还决定着学校的特色及未来发展的方向。因此，校长首先必须具备一定的专业能力，这里所说的专业能力，除了指具备相应的专业知识外，还要具有战略思维能力、决策能力、评价诊断能力、学习反思能力(陈玉琨，2005)。其次，管理能力是校长专业知识、综合素质的外在表现，是能够把各种有利于学校发展的因素进行合理的组织与协调的能力。此外，良好的人际关系能够在校内营造出和谐融洽的氛围，有利于学校成员的交流与合作，能够调动教师工作积极性，提升工作效率。校长能否在这三方面取得卓越的成效，是其能否实现高效能的领导并引领学校发展的关键所在。

校长的专业能力主要包括专业精神、专业知识、专业伦理、自我专业意识等(褚宏启、杨海燕，2002)，这在提高校长领导能力中起着重要的作用。校长能否不断进修以提高其专业知识，能否清廉自持、公平公正处理问题，能否把握时代潮流适时创新等，都直接关系到学校未来的发展，都是提升校长领导能力的必要前提。校长的组织管理能力直接影响其胜任力(李大健，2000)，胜任力是绩优者所具备的知识、技能、能力和特质(McClelland, 1973)，是领导管理能力的切实体现。校长能否积极推动校务，构建和谐的学校组织文化，能否从整体立场客观地分析与解决学校问题都可体现校长的胜任力，展现校长的领导能力。人际关系是在社会交往中形成的个体间的心理联系(郑全全、俞国良，2005)，是心理上的相容，表现为校长与教师之间工作上相互支持、帮助。良好的校长人际关系能在校内营造出一种心理融洽的气氛，有利于调动教师的工作积极性，鼓舞士气，提高工作效率和满意度，实现校长的教育思想和办学理念。三方面基本涵盖校长领导能力的主体内容，也意味着校长若在这三方面有出色的表现则表示其具有相对较高的领导效能。

可见，本量表能够较全面地了解校长领导力的相关内容，且本量表中各题项表意清晰，较符合教师的语言习惯，题项得分越高表明教师对自己校长相应能力的认可度越高。但本研究也存在一些局限，一方面，量表的被试样本均来自苏南地区的中小学，是否适用于其他地区的中小学，相应的信效度还需要后续研究的进一步支持，这势必会影响量表的推广；另一方面，受有限的样本量影响，量表包含的三个方面(管理能力、专业能力、人际关系)所涉及的内容能否全面而有效地反映校长领导能力的真实情况，还有待于后续研究进一步验证和补充支持。

四、苏南地区中小学校长领导能力分析

经济的快速发展伴随着对高质量人才的大量需求，社会在日益关注教育功能的同时也轰轰烈烈地展开了对学校效能的追求。从1985年实施校长负责制以来，随着经济的改革与发展，社会经济文化发展呈现多元化与全球化，学校发展也趋向全球化与多元化。加之素质教育的提倡、新课改的推行、学校自主办学权的不断扩大,校长在学校管理中的主导地位日益彰显,这使得校长处于有效管理的核心,校长的领导能力势必会影响到学校成员的表现(Block, 2003; Deal, 1995),其管理能力影响学校长久而稳定的发展(Bolman & Deal, 1991)。作为学校的最高领导者,校长是具有决策功能的关键人物。从学校的办学理念与文化,到学校人力资源管理、组织的运作与发展乃至日常校务工作都离不开校长的领导与管理,一所好的学校必然有一位优秀的校长,校长的领导能力是学校发挥高效能、获得长久发展的重要因素。

本节主要介绍了苏南地区中小学校长领导能力的现状、不同背景的教师对其校长领导能力的认知差异与影响,最后探讨校长领导能力类型的现状,以及不同背景的教师对校长领导能力类型的认知差异,以期在了解苏南地区中小学校长领导能力的基础上为校长在学校管理实践中提供参考意见,并为理论研究者提供具体的实证事例和理论分析。

(一) 苏南地区校长领导能力及其类型的现状分析

苏南地区中小学教师对校长领导能力的认知水平较高,平均数皆在4以上或接近4,其中,中小学教师对校长人际关系的认同度最低($M=3.97$, $SD=0.64$),对其专业能力与管理能力认同度一致且较高($M=4.12$, $SD=0.56$; $M=4.12$, $SD=0.58$),具体见表2-7。

表2-7 校长领导能力量表的描述性统计

项目	平均数(M)	标准差(SD)
校长领导能力总量表	4.07	0.56
校长专业能力	4.12	0.56
校长管理能力	4.12	0.58
校长人际关系	3.97	0.64

研究采用非阶层式集群分析法(Non-hierarchical method)对校长领导能力进行分群(见表2-8),首先,以华德法(Ward's method)求得集群凝聚系数以及系数递增率,发现系数递增率在分成三群时最佳,再以非阶层式K平均数法(K-means methods)分成三群,亦经变异数分析(ANONA)以及Scheffe多重检定。最后,为了验证集群分析的有效性,本研究采用了鉴别分析(Discriminate Analysis),结果显示,鉴别分析的正确率高达96.2%(见表2-9),故确定将教师所认知的校长领导能力分为三群,各集群的命名以教师对校长领导能力的认知度高低为依据,将教师对校长领导能力评分最高的命名为高领导能力型(类型Ⅰ),评分最低的命名为低领导能力型(类型Ⅱ),居中的为中领导能力型

(类型Ⅲ)。

从表2-8可知,苏南地区教师所认知的校长领导能力类型中以中领导能力类型为最多(50.7%),所占比例已超过一半,而以低领导能力类型最少(18.8%),高领导能力类型次之(30.4%)。

表2-8 中小学校长领导能力的集群分析(N=345)

平均数	专业能力	管理能力	人际关系	族群命名(人数)/(百分比)
集群1	4.75	4.79	4.68	类型Ⅰ:高领导能力型(105)/(30.4%)
集群2	3.34	3.28	3.07	类型Ⅱ:低领导能力型(65)/(18.8%)
集群3	4.03	4.02	3.89	类型Ⅲ:中领导能力型(175)/(50.7%)
F值	536.47***	850.91***	528.14***	
Scheffe	两两都有差异			

注:*** 表示 $p<0.001$, p 为机率值(Prob-value)。

表2-9 校长领导能力类型的鉴别分析表

集群分析结果		鉴别分析之分类结果		
群别	样本量	类型Ⅰ	类型Ⅱ	类型Ⅲ
类型Ⅰ	105	101	0	4
类型Ⅱ	65	0	56	9
类型Ⅲ	175	0	0	175
Wilk's Lambda=0.468***			鉴别分析之正确率(%)=96.2%	

注:*** 表示 $p<0.001$, p 为机率值(Prob-value)。

总体来看,苏南地区中小学教师对校长领导能力的认同度皆较高,其中对校长专业能力和管理能力的认同度最高,而对校长人际关系的认同度最低。同时,教师所认知的校长领导能力类型中,中领导能力类型的比例略过半数,其次为高领导能力类型。故苏南地区中小学教师对其校长领导能力的认同度属于较高水平。这可能是苏南是中国经济发达地区之一,其教育水平在我国已达较高水平,优厚的薪资、多元的进修培训渠道、政府对人才的重视等都培养或吸引了大批优秀的校长。访谈中我们也发现,苏南地区的中小学校长大多具有良好的表达能力和亲和力,且有丰富的教学与管理经验,有的校长同时也是学校的教学骨干;被访教师大都认为其校长教学经验丰富,能积极推动校务,保持创新,适时调整与变革学校的发展思路,可见校长本身水平较高是教师对其认同度较高的重要原因。然而,教师对校长人际关系的认同度最低,可能是因校长在学校的运作与发展中扮演多种角色(Sherman, 2000),事务繁杂,导致其与教师相处的时间减少,沟通欠缺,难免会产生误会,影响教师对校长人际关系的认同。

(二) 不同背景的教师对校长领导能力认知的差异分析

本段主要探讨不同教师的人口变量在对校长领导能力认知方面是否有显著差异。其中,教师的人口变量包括学校类别、性别、年龄、职位、学历、工作年限、任教学科、职称、学校特色九项,使用单因子 ANOVA 分析,以检验其差异性,最后进行事后比较(Scheffe 比较)。

1. 不同学校类别的教师对校长领导能力认知的差异分析

研究结果显示,不同学校类别的教师在校长专业能力、管理能力分量表上产生显著差异(p 分别为 0.046、0.047,均小于 0.05)。从平均数来看,初中教师对校长的专业能力、管理能力的认同度最高,但事后比较并不显著(详见表 2-10)。

表 2-10 不同学校类别的教师对校长领导能力认识的差异分析

因素名称	学校类别			*F* 值	*P* 值	*Scheffe* 比较
	a:小学 *N* = 110	b:初中 *N* = 108	c:高中 *N* = 127	*Wilks'Lambda* = 0.969, p = 0.097		
专业能力	4.01	4.19	4.15	3.10	0.046*	◎
管理能力	4.01	4.18	4.16	3.08	0.047*	◎
人际关系	3.90	4.01	4.01	1.21	0.300	
校长领导能力	3.98	4.13	4.11	2.57	0.078	

注:◎表示经 *Scheffe* 检验,任两群体间皆无显著差异;* 表示 $p < 0.05$,p 为机率值(Prob-value)。

2. 不同性别的教师对校长领导能力认知的差异分析

研究结果显示,不同性别的教师在校长专业能力、管理能力、人际关系分量表及校长领导能力总量表上都产生显著差异($p < 0.05$)(详见表 2-11)。从平均数来看,男性教师对校长管理能力的认同度最高,但事后比较并不显著。

表 2-11 不同性别的教师对校长领导能力认知的差异分析

因素名称	性别		*F* 值	*P* 值	*Scheffe* 比较
	a:男 *N* = 117	b:女 *N* = 226	*Wilks'Lambda* = 0.977, p = 0.047		
专业能力	4.21	4.07	4.60	0.033*	◎
管理能力	4.22	4.06	6.03	0.015*	◎
人际关系	4.11	3.90	7.71	0.006*	◎
校长领导能力	4.18	4.01	6.61	0.011*	◎

注:◎表示经 *Scheffe* 检验,任两群体间皆无显著差异;* 表示 $p < 0.05$,p 为机率值(Prob-ualue)。

3. 不同年龄的教师对校长领导能力认知的差异分析

研究结果显示,不同年龄的教师在校长专业能力、管理能力、人际关系分量表及校长领导能力总量表上均未产生显著差异($p>0.05$)。从平均数来看,29岁以下年轻教师对校长的专业能力认同度最高(详见表2-12)。

表2-12 不同年龄的教师对校长领导能力认知的差异分析

因素名称	年龄				F值	P值	Scheffe比较
	a:29岁以下 N=82	b:30-35岁 N=121	c:36-40岁 N=65	d:41岁以上 N=75	Wilks'Lambda = 0.974, p=0.434		
专业能力	4.19	4.12	4.13	4.05	0.77	0.512	
管理能力	4.18	4.13	4.09	4.06	0.67	0.571	
人际关系	4.07	3.95	3.95	3.96	0.73	0.538	
校长领导能力	4.15	4.07	4.06	4.02	0.68	0.567	

4. 不同职位的教师对校长领导能力认知的差异分析

研究结果表明,不同职位的教师在校长人际关系分量表及校长领导能力总量表上产生显著差异($p<0.05$)。从平均数来看,兼任行政职务的教师对校长专业能力、管理能力的认同度最高。事后检验发现,不同职位教师对校长人际关系及领导力的认知并不显著(详见表2-13)。

表2-13 不同职位的教师对校长领导能力认知的差异分析

因素名称	职位		F值	P值	Scheffe比较
	a:普通教师 N=281	b:教师兼行政 N=54	Wilks'Lambda = 0.985, p=0.171		
专业能力	4.09	4.24	3.35	0.068	
管理能力	4.08	4.24	3.72	0.055	
人际关系	3.93	4.14	5.03	0.026*	◎
校长领导能力	4.04	4.21	4.39	0.037*	◎

注:◎表示经*Scheffe*检定,任两群体间皆无显著差异;*表示$p<0.05$,p为机率值(Prob-value)。

5. 不同学历的教师对校长领导能力认知的差异分析

研究结果表明,不同学历的教师在校长管理能力分量表及校长领导能力总量表上产生显著差异($p<0.05$)。事后检验发现,拥有专科学历的教师对校长的专业能力、管理能力的认同度高于拥有本科学历的教师(详见表2-14)。

表 2-14　不同学历的教师对校长领导能力认知的差异分析

因素名称	学历			F 值	P 值	Scheffe 比较
	a:专科 $N=43$	B:本科 $N=265$	c:硕士及以上 $N=20$	Wilks'Lambda = 0.961, $p=0.046$		
专业能力	3.93	4.16	4.08	2.92	0.055	
管理能力	3.87	4.16	4.13	4.99	0.007*	a < b
人际关系	3.80	4.01	3.98	1.88	0.155	
校长领导能力	3.87	4.11	4.07	3.42	0.034*	a < b

注：* 表示 $p<0.05$，p 为机率值(Prob-value)。

6. 不同工作年限的教师对校长领导能力认知的差异分析

研究结果显示，不同工作年限的教师在校长专业能力、管理能力、人际关系分量表及校长领导能力总量表上未产生显著差异（$p>0.05$）（详见表 2-15）。从平均数来看，工作 1—5 年的教师对校长的专业能力的认同度最高。

表 2-15　不同工作年限的教师对校长领导能力认知的差异分析

因素名称	工作年限			F 值	P 值	Scheffe 比较
	a:1－5 年 $N=63$	b:6－10 年 $N=105$	c:11 年以上 $N=165$	Wilks'Lambda = 0.986, $p=0.599$		
专业能力	4.23	4.09	4.08	1.62	0.199	
管理能力	4.22	4.08	4.07	1.65	0.194	
人际关系	4.11	3.92	3.94	2.17	0.116	
校长领导能力	4.19	4.03	4.04	1.97	0.141	

7. 对学校特色认知不同的教师对校长领导能力认知的差异分析

通过研究我们还发现，对学校特色认知不同的教师在校长专业能力、管理能力、人际关系分量表及校长领导能力总量表上的认知均产生显著差异（$p<0.05$）（详见表 2-16）。事后检验发现，认为学校有特色的教师对校长专业能力、管理能力、人际关系及领导能力的认同度显著高于认为学校特色不明显及没有特色的教师。

表 2-16　对学校特色认知不同的教师对校长领导能力的差异分析

因素名称	对学校特色认知			F 值	P 值	Scheffe 比较
	a:有 $N=251$	b:不明显 $N=73$	c:没有 $N=16$	Wilks'Lambda = 0.875, $p=0.000$		
专业能力	4.23	3.84	3.64	21.50	0.000***	a > b, a > c
管理能力	4.22	3.85	3.59	20.71	0.000***	a > b, a > c
人际关系	4.08	3.73	3.38	17.03	0.000***	a > b, a > c
校长领导能力	4.18	3.81	3.55	21.85	0.000***	a > b, a > c

注：*** 表示 $p<0.001$，p 为机率值(Prob-value)。

本研究表明，不同学历、不同学校特色认知的教师对校长领导能力的认知存在显著差异。拥有专科学历的教师对校长的专业能力、管理能力的认同度高于拥有本科学历的教师，这可能是由于专科学历教师因为自身学历不高对学校管理的专业知识较欠缺，进而趋于认同校长的专业能力及管理能力，而本科教师的学历层次较高，有一种优越感，所以降低其对校长领导能力的认知。此外，对学校办学特色认知不同的教师对校长领导能力各方面的认知存在显著差异。认为学校有特色的教师对校长领导能力的认同度高于认为学校无特色的教师和认为学校特色不明显的教师。特色是学校的形象代表之一，也是衡量校长领导能力的重要指标之一，对学校办学特色的认同即是对校长领导能力的认同、对学校的认同，以质量求生存，以特色求发展，已经成为学校发展的共识（关鸿羽，2003）。因此，学校应该努力建设适合学校发展的办学特色，塑造学校良好的形象以增强教师对学校领导者的认同度与满意度，从而推动学校的全面发展。

（三）教师的背景变量对校长领导能力的预测力分析

以教师的背景变项（如所在学校类别、性别、职位、年龄、学历、任教学科、工作年限、职称、对学校办学特色认知）为自变量，对校长领导能力进行复回归分析，发现能显著预测校长领导能力（$R=0.909$，$R^2=0.823$，$F=268.255$，$p<0.001$），并能解释校长领导能力13.3%的变异量。

校长领导能力的主要预测变项为性别（男）、职位（教师未兼行政）、办学特色（明显），此三个变项能显著预测学校发展，其中认为学校办学特色明显的教师比认为办学特色不明显或无特色的教师对校长领导能力的认同度或满意度更高（$t=3.321$，$p<0.001$）；其次男性比女性对校长领导能力有更高的认同度（$t=0.163$，$p<0.01$）；而未兼任教师行政职务的教师比兼任行政职务的教师对校长领导能力有较正向的认知（$t=-2.255$，$p<0.05$）（详见表2-17）。

表2-17　教师背景变量与其所认知的校长领导能力复回归分析表

进入变项	标准化回归系数（β）	t值	多元相关系数R	调整后决定系数R^2	F值
			.181	.133	3.782***
性别（男）	.163	2.968**			
职位（教师未兼行政）	–.120	–2.255*			
办学特色（明显）	.328	3.321***			

注：$^{*}p<0.05$，$^{**}p<0.01$，$^{***}p<0.001$，p为机率值（Prob-value）

（四）教师的背景变量与校长领导能力的路径关系分析

本研究进一步对校长领导能力的影响路径作检验，假设模型为：不同背景的教师对校长领导能力的影响主要通过校长人际关系对专业能力与管理能力产生影响。对测量模型的参数估计和检验采用协方差结构模型的极大似然法，经修正后得到最终的模型如图 2-9，其拟合指标如下：x^2/df = 2.185，RMSEA = 0.059，NFI = 0.982，CFI = 0.990，GFI = 0.984。根据拟合良好模型的标准，即 x^2/df 小于 5，RMSEA 小于 0.08，NFI、CFI 和 GFI 皆大于 0.90（温忠麟，2004），可以发现该测量模型拟合较好。

由图 2-9 可知，教师人口变量直接影响对校长领导能力的认知。其中，性别（男性）、学历（本科）、工作年限（1—5 年）对校长领导能力的认知具有正向影响，其影响系数分别为 0.15、0.17、0.12，表明男性教师相比女性教师对校长领导能力的认知更具影响力；拥有本科学历的教师相对于专科、硕士及以上教师对校长领导能力的认知更具影响力；而工作 1—5 年的教师较工作 6 年以上的教师对校长领导能力的认知更具影响力。同时，与未兼任行政职务的教师相比，担任行政职务的教师对校长领导能力的认知具有负向影响，其影响系数为 -0.13，表明未担任行政职务的教师对校长领导能力的认知具有更大影响力。

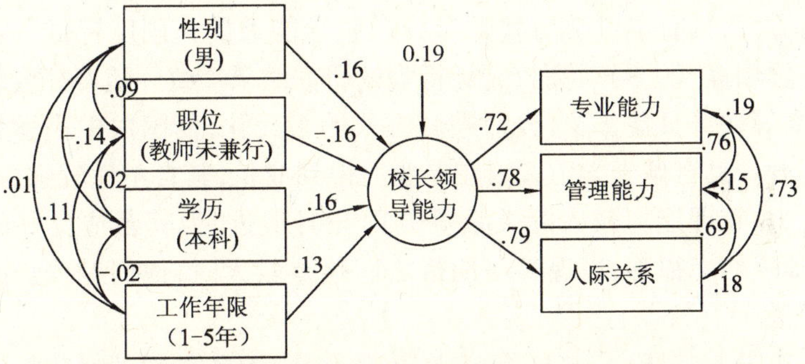

图 2-9　教师背景变量对校长领导能力的路径分析图示

不同学校类别、性别、学历与对学校办学特色认知的教师对其校长领导能力的认知皆存在显著差异；不同性别、职位、办学特色认知的教师对校长领导能力具有显著预测力；不同性别、职位、学历与工作年限对校长领导能力有直接影响力。具体而言：

学校类别方面，不同学校类别的教师对校长领导能力的认知存在显著差异，一方面可能受到我国教师发展机制的影响，目前我国很多地区的小学教学成果优秀者能调到初中，初中教学优秀者有机会调至教高中；另一方面则可能是受高考升学率的影响，高中教师教授的对象是自主性、独立性都逐渐加强的中学生，因此压力较初中和小学教师大很多（马云献，2010），校长作为教师的服务者，若不能适当舒缓教师压力，则可能致使教师较大的情绪波动和认知差异。

性别方面，男性教师对校长领导能力的认同度高于女性，这与林淑芬(2001)和罗锦财(2001)的研究结果一致。男性教师看待问题较积极乐观，较能从宏观层面把握问题的来龙去脉(马云献，2010)。他们倾向于依据校长对重大事件的决策以及学校整体发展趋势来评价校长的领导能力，而女性教师则更关注校长的日常工作，往往因细节方面的不完美而影响其对校长领导能力的评价。此外，性别认同感会影响教师对校长领导能力的认知——所调查学校中，男性校长明显多于女性，男性教师会对男性校长有较高的认同度。所以，性别差异会导致男女教师对校长领导能力认同度的不同。

不同职位方面，未兼任行政职务的教师对校长领导能力的认同度低于兼任行政职务的教师，这与罗锦财 (2001)的研究结果一致。沟通的多寡会影响教师对校长领导能力的认同度，未兼任行政职务的教师专注于日常教学，与校长沟通机会较少，难以准确理解校长的领导理念与行为；而平时兼任行政职务教师直接参与学校的日常管理，与校长的沟通相对较多，更了解校长的办学理念与领导行为，因此，兼任行政职务的教师对校长领导能力的认同度更高。

学历方面，具有本科学历教师对校长领导能力的认同度皆低于大专学历者。这与贾瑞磊(2009)对高校领导行为的研究结果一致。随着社会教育事业的发展，高等教育日益普及，教师进修方式的多元化，使国内中小学教师的学历不断提升。具有硕士学历者因在专业上得到成长，其自主性较强，期待校长在专业能力、管理能力及人际关系等方面与时俱进，为其营造良好的工作环境，提高师生的幸福感，当现实与期待之间落差较大时，他们对校长的认同度也随之降低。

工作年限上，对比工作 11 年以上者，工作 1—5 年的教师对校长领导能力的认同度较高，这与贾瑞磊(2009)对高校领导行为的研究结果相反。一般而言，新进教师较为年轻，对学校的发展有较高的期待，因而会关心学校的运作。他们为尽快适应新环境，即使存在异议也可能因对校长权力的服从与敬畏而认同其教育理念与育人目标(武艳霞，2009)，从而倾向于认同校长的领导能力。而工作 11 年以上的教师因工作时间较长、资历深厚，对学校的发展有较深刻的了解，与新进教师相比难免会挑剔校长的专业能力与管理水平，所以他们对校长领导能力的认同度会低于工作 1—5 年的教师。

教师对学校发展特色的认同度不同，对校长领导能力的认知也存在显著差异。特色是学校的形象代表，一所有办学特色的学校，管理者的领导能力必然具有相当成效，从这个角度来讲，教师们对学校办学特色的认同度即是对领导能力的认同度。所以，学校应该努力建设适合学校发展的办学特色，塑造学校良好的形象以增强教师对学校领导的认同度与满意度。

由上可知，女性、专科学历、工作11年以上、未担任行政职务、对学校特色认同度较低的教师对校长领导能力的认同度相对较低。对于女性教师，校长应更多地关注和了解其需求，在生活和工作上给予更多的支持与鼓励；对于学历较低的教师，应给予其继续深造学习的机会和条件，为他们提供进一步发展的空间；对于工作11年以上、未担任行政职务和对学校特色认同度较低的教师，学校应多关注其心理状态，多观察与了解他们的想法与需求，才能提高他们的工作积极性，为学校作进一步的努力与贡献。

（五）不同教师背景与其所认知的校长领导能力类型的关系分析

本研究为了解教师所认知的校长领导能力类型与其背景之相关。以校长领导能力类型为依变项，以交叉表进行卡方检验（Chi-square Test），以检测两类别变项之差异性及其分布情况。对照表2-18分析得知：

不同性别、学历、对学校办学特色认知的教师对校长领导能力类型的认知存在显著差异，三种类型中均是女性、本科学历、认为学校办学特色明显的教师为最多，男性、硕士及以上学历、认为学校无办学特色的教师为最少。

不同学校类别、年龄与工作年限的教师对校长领导能力类型的认知不存在显著差异。其中，不同校长领导类型中不同学校类别的教师分配为：类型Ⅰ与类型Ⅱ皆以高中教师为最多，类型Ⅲ以小学教师为最多，类型Ⅰ以小学教师为最少；不同年龄的教师分配为：三种领导能力类型都以30—35岁的教师为最多，而类型Ⅰ中36—40岁与41岁以上的教师一样少，类型Ⅱ中29岁以下与36—40岁的教师都较少，类型Ⅲ中36—40岁的教师为最少；不同工作年限的教师分配为：三种类型都以工作11年以上的教师为最多，以工作1—5年的教师为最少。

教师的性别、学历、对学校办学特色的认知不同，对校长领导能力类型的认知皆存在显著差异，且教师所认知的三种领导能力类型中，以女性、本科学历、认为学校办学特色明显的教师为最多，以男性、硕士及以上学历、认为学校无办学特色的教师为最少。但这可能受被试样本量的影响，填答问卷的教师亦是以女性、本科学历、认为学校办学特色明显的教师为最多，以男性、硕士及以上学历、认为学校无办学特色的教师为最少。同时，该状况也与目前我国教师的总体性别和学历大致相符，以女性、本科学历的教师居多。

从中小学教师对校长领导能力的认知现状得知，他们对校长人际关系的认同度较低，而校长人际关系是影响学校发展的重要因素，与学校教师人际关系不良的校长很难及时达成管理目标，这也会影响教师的工作绩效。所以校长应该积极与教师沟通,认真听取教师的意见和建议,积极参与学校活动并起良好的带头作用。另外从以上分析可知,学校办学特色关乎学校形象,学校是否有明显的办学特色会影响到教师对校长领导能力的认知,且在办学特色明显的学校工作的教师往往有更强的归属感,在工作中会表现出较高的满意度,也乐于与同仁建立良好的人际关系,所以学校应在对自身情况有充分了解的基础上,在先进教育理念指导下建构学校的办学特色。

表 2-18　教师背景与其认知领导能力类型之卡方交叉分析表

人口变量	题目	校长领导能力类型			总和	X^2
		类型Ⅰ	类型Ⅱ	类型Ⅲ		
学校类别	小学	24	23	63	110	7.086
	初中	37	16	55	108	
	高中	44	26	57	127	
	合计	105	65	175	345	
性别	男	49	17	51	117	10.847^{**}
	女	56	48	122	226	
	合计	105	65	173	343	
年龄	29 岁以下	29	13	40	82	1.702
	30—35	36	23	62	121	
	36—40	20	13	32	65	
	41 岁以上	20	15	40	75	
	合计	105	64	174	343	
学历	大专	9	15	19	43	10.407^{*}
	本科	88	45	132	265	
	硕士及以上	5	2	13	20	
	合计	102	62	164	328	
工作年限	1—5 年	24	9	30	63	3.498
	6—10 年	27	22	56	105	
	11 年以上	47	34	84	165	
	合计	98	65	170	333	
办学特色	特色明显	88	31	132	251	33.066^{***}
	特色不明显	14	26	33	73	
	无特色	1	8	7	16	
	合计	103	65	172	340	

注:有效样本数为 345;* 表示 $p<0.05$,** 表示 $p<0.01$,*** 表示 $p<0.001$,p 为机率值(Prob-value)。

综上分析可知,苏南地区中小学教师对校长领导能力的现状及其类型的认知特点可以概括如下:

1. 苏南地区中小学教师对校长领导能力的认知相当高。具体而言,苏南地区中小学教师对校长的管理能力、专业能力方面具有较高的认同度,而对校长人际关系的认同度相对较低。

2. 不同学校类别、性别、学历的教师以及对学校办学特色认知不同的教师对校长领导能力的认知存在显著差异。其中女性、硕士学历者、认为学校无办学特色者对校长领导能力的认同度较低,故校长在平时管理活动中应多关注该群体的需求。

3. 不同性别、职位、对办学特色认知不同的教师对校长领导能力具有显著预测力,男性教师、担任行政职务和对学校办学特色认同度较高的教师对校长领导能力的认同度也较高。

4. 不同性别、职位、学历与工作年限对校长领导能力有直接影响力,男性教师、担任行政职务的教师、本科学历以及工作 1—5 年的教师对校长领导能力的认同度相对较高。

5. 背景不同的教师对校长领导能力类型的认知存在差异,其中性别、学历不同的教师对校长领导能力类型的认知存在显著差异。

第三章　学校组织文化

组织文化的理论研究起步较晚，直到上世纪六七十年代，随着管理学研究的不断深入，人们才日益认识到企业生产效率的提高，不仅仅依赖于硬性的技术层面，更多的是依赖长期以来形成的企业文化，于是，对组织文化的研究也由此产生。近年来，人们开始从经济学、政治学、文化学等多个层面研究组织文化，组织文化的定义也由此变得宽泛，它泛指任何形式的社会组织文化。学校是文化传播的场所，学校组织文化是社会组织文化的重要组成部分，更是学校实现可持续发展的重要保障（徐兴,2010）。学校组织文化直接影响教师与学生的发展，进而影响学校组织的规划与运作。不同学校的教师与学生会产生不同的感受和心态，良好的组织文化能促进学校的变革与发展，不良的组织文化则会制约学校的发展。因此，研究学校组织文化对学校的发展具有极为重要的意义。

本章首先对组织文化的相关理论进行追溯，介绍了学校组织文化的分类、特征以及国内外对学校组织文化的相关研究。然后探讨学校组织文化的建构，并着力介绍本研究自编的学校组织文化量表，在访谈及问卷的基础上分析苏南地区中小学学校组织文化的发展状况，旨在为中小学建构良好的学校组织文化提供参考。

一、学校组织文化的相关理论与研究

“文化”一词在社会学、哲学、心理学以及人类学中出现得很多，关于文化的定义众说纷纭，于是也就形成了形形色色的文化观。最早对文化做出定义的是“人类学之父”英国人泰勒（Tyler，E. B.），他在其著作《原始文化》中提出：从广义的人种论意义上说，文化或文明是复杂的整体，包括知识、信仰、意识、道德、法律、风俗以及作为社会成员的人所具有的其他一切能力和习惯（次珍,2009）。随着社会的发展，由于成长经历、生活背景的不同，人便会形成各自的性格，社会的不同组织受到环境和社会文化的影响也会形成不同的组织文化。组织文化在管理中的作用非常突出，马斯洛需要层次理论的提出正是根据员工的不同需要使其得到不同的满足来提高员工工作的积极性，在这种和谐、温馨、团结的文化氛围中,员工会有更强的归属感,组织才能收到更好的经济效果,达到有效管理的最终目的,这就是组织文化的强大作用。

(一) 组织文化的定义

对于组织文化的界定,不同的学者有不同的看法。西方学者具有代表性的观点有(梁陆卿,2005):

1. William Ouchi 在《Z 理论——美国企业界怎样迎接日本的挑战》(1981)中将组织文化描述为:组织文化就是一套象征物、仪式和传说,借着这一套象征物、仪式和传说,组织将基本价值和信仰传输给成员。

2. Chester I. Barnard(2009)形容组织文化是人们赋予工作和生活意义的虚构。

3. Peters 和 Waterman 在《追求卓越——美国杰出企业成功的秘诀》(1982)中认为:组织文化是一套富有支配性与连贯性的共享价值,组织借助故事、传说、传奇、口号、轶闻和神仙故事等象征性手段将这一套共享价值传给组织成员(范国睿,2003b)。

4. Terrence E. Deal 认为,组织文化就是与组织成员相互作用且共享的价值和信仰系统、组织结构,并能产生行为规范的控制系统(陈天红,2006)。

5. 美国学者 Stephen P. Robbins 认为组织文化是指组织成员的共同价值观体系,它是组织独具特色而区别于其他组织的根本(褚福靖,2003)。

6. Schein (1984) 提出组织文化是一种基本假设的模式,它是随组织在应对外部适应和内部整合问题时创造、发现和发展的,且被认为是完全有效的。因此,它也被看做在处理知觉、思维和情感这些问题的关系上具有的正确方式,可用于教育新成员(褚福靖,2003)。他把组织文化描述为由三个不同而又紧密联系的概念所组成,是对一个团体始终奏效的解决组织内外问题的众多方法,因而作为如何看待、考虑和感受这些问题的正确方法传授给新成员(范国睿,2003b)。

中国学者对组织文化具有代表性的定义有(梁陆卿,2005):

1. 三层次说。持这一观点的学者认为,组织文化可分为三个层次:外显层——指企业组织中的厂房、设备等;制度文化层——指组织的规章制度、公约和纪律制度形态等;精神文化层(即核心层)——指组织的价值、理念、信念等精神形态。

2. 二元说。认为组织文化包括物质文化和精神文化。物质文化又称外显文化,指设备、机器等看得见的物质层面的事物;精神文化又称隐形文化,指组织中的共同的价值观、信念和传统等。

3. 精神文化说。认为组织文化以价值观为核心,包括信念、作风、行为规范在内的各种精神形象。它存在于物质形态之中，并受其影响和制约，但却不能把物质形态的事物包括在内。

尽管中外学者对组织文化的定义众说纷纭，对它的理解和解释各有侧重，但总体说来，各国学者都把价值观作为组织文化的核心。为此，结合中西方各学者的观点，可以这样认为：组织文化是组织在长期的生存和发展中以及组织成员在相互作用的过程中所形成的、并能影响其行为的价值观、信念、行为规范等。

（二）组织文化的理论基础

Deere 和 Kennedy 在 1982 年所著的《企业文化》一书中指出，企业文化是一套围绕做事的方法，是由价值观、神话、英雄和象征凝聚而成，这些价值观、神话、英雄和象征对员工具有重大的意义，并把组织文化分为硬汉文化、尽情享乐文化、长期赌注文化和过程文化四种。其中，硬汉文化风险很高，在决策时赌注高，冒大风险，充满竞争气氛，组织成员的合作精神差，不重视长期投资，很难建立稳固的组织文化；尽情享乐文化是一种“行动文化”，要求工作时干劲十足，精力充沛，工作之余尽情玩乐，即工作与玩乐并重；长期赌注文化是一种风险很大反馈缓慢的文化，需要员工接受长久的考验且要有坚强的自信；过程文化是低风险、慢反馈的文化，其员工的工作井然有序，完全照章行事，因而也容易抑制员工的创造性，产生僵化体制和官僚主义。

Robbins 认为组织文化是组织成员的共同价值观体系，可从 7 个方面描述组织文化的本质，即创新与冒险、注重细节、结果导向、人际导向、团队导向、进取心、稳定性。

Schein 在已有研究成果的基础上指出文化是群体在解决适应环境和内部团结的问题时习得的、成体系的一系列基本预设（Basic Assumptions），这些预设在实践中卓有成效，被当做解决问题时感知、思考和感觉的正确方式教给新员工（于显洋，2001）。最终 Schein 提出了组织文化的三个层次：第一层次是人造品，包括组织的架构和各种制度、程序；第二层次是价值，包括使命、目的、行为规范等；第三层次是各种下意识的信念、观念和知觉，是基本的对某一特定情境中适宜行为与反应的无意识的假设。

Hofstede 在 1980 年指出组织文化是心灵的集体行动方案。他认为组织文化存在四个层次：① 符号，这是最外层的，只能由组织内部成员确认的有特殊意义的物体；② 英雄，组织中被公认为具有较高价值的特征；③ 仪式，是一系列活动的重复；④ 价值，是组织文化的核心。另外，他还提出了一个观察文化的较好方式，即心理程序（高霞、张俊娟，2004）。如图 3-1 所示。

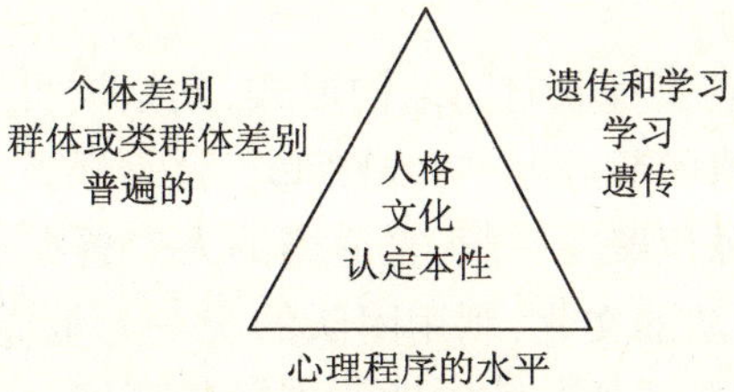

图 3-1　心理程序

Hofstede 还对组织文化的差异进行了研究。经过调查发现文化差异主要表现在四个维度上:① 权力距离,是对社会上不平等程度的测量,通过权利、威望和财富进行比较,也是对文化中不平等现象的象征事物的重要测量;② 不确定性回避,关注的是个体对模糊性和不确定性的忍受程度;③ 个人主义和集体主义,关于社会结构松散性和紧密性程度的偏好倾向;④ 男性化和女性化,是在文化中占主导地位的价值观,男性文化中的主导性价值观是决断、支配、挑战和优越;女性文化中的主导性价值观是合作、关心和安全(高霞、张俊娟,2004)。

Harrison 在他的组织文化理论中从不同的角度对组织文化进行了分类,具体分为以下四类(高霞、张俊娟,2004):

1. 权力文化

权力文化的结构像一张蜘蛛网,中心是权力源泉,从中心放射出权力射线和影响,并由职能的或专家的"绳子"相联结。适应这种文化的组织,依赖信任和感情取得效率,依靠"心灵感应"和个人交谈而相互沟通。这类组织只有很少的规则和工作程序,不太讲究规范化的形式。基于权力文化的组织对于威胁和危险能很好地做出反应,但它能否前进,前进的方向是否正确,都取决于处于中心地位的人物——领导者的素质在组织中极端重要。组织规模的大小对于权力文化来说是重要的问题。

2. 角色文化

与此相适应的组织结构可用希腊的庙宇来描绘,角色文化是按逻辑和理性来运行的。该组织把它的力量寄托在支柱——职能或事业上。支配支柱运行及与它相互作用的因素有:① 为角色制定的程序,如职务描述、职权定义;② 为交往而制定的程序;③ 为解决争端而制定的规则。在这种角色文化中,角色或职务的表述通常要比担任职务的人更为重要,主要权力来源是职位原因,规章制度是主要发挥作用的手段,角色的效率取决于工作和责任分配的合理性,而不是依赖于个性。角色文化感觉到改变的需要是缓慢的,角色文化给个体提供了安全和可预期性,其安全过分依赖于组织而很少依赖于个人能力。

3. 任务文化

任务文化是职务或项目取向的结构形式，其结构可用网络表示，许多权力和影响位于网络的缝隙和节点上，“矩阵组织”就是任务文化的一种结构形式。任务文化把适当的资源积聚在一起，将适当的人安置在适当的位置上，并让其放手工作，以此作为团队的文化，利用团队的统一力量提高效率。这种文化适应性极强，适合于需要灵活性和敏感性的市场与环境。在任务文化的组织中，实行控制较为困难，它本质上属于不稳定的文化，是一种强调专家权力、奖励工作结果、把个人与群体目标结合进来的文化。

4. 人的文化

在该文化中，个人是中心点，与其相适应的结构式组织只是为了服务和帮助其中的员工个人。组织成员的心理契约表明，组织建立于个人基础之上并依赖于个人而存在，具有个人取向的员工是不易管理的，也难以对其施加影响。

1990年Peter M. Senge教授撰写的《第五项修炼——学习型组织的艺术与务实》提出了学习型组织理论的概念，极大地推广了学习型组织的理念，为以后“学习型政府”“学习型社会”“学习型企业”的提出奠定了基础。

Senge认为学习型组织是能够设法使各阶层人员全心投入，并有能力不断学习的组织。Senge认为，如果组织要生存就必须转变为学习型组织，从而意识到生存面临的威胁和继续成长的机会。他提出了建立学习型组织的五项修炼：自我超越；改善心智模式；建立共同愿景；团体学习；系统思考。在实践这些修炼时，人们互相学习且努力提高做事的效率（高志朋，2007）。

近二十年来我国学者也从以下几个理论视角研究了学校的组织文化（季诚钧、肖美良，2006）：

（1）社会学视角：将校园视为独立的社会系统，研究该系统的构成要素及要素之间的关系，该系统与社会其他系统之间的关系等。此类研究以校园主体社会化问题为研究核心。

（2）教育学视角：运用教育学的基本原理研究学校组织文化的产生与发展，阐述学校组织文化的含义、特性及功能等，此类研究的著作较为丰富。

（3）文化学视角：将学校组织文化作为文化学的一部分，运用文化学原理考察学校文化的现象。通过考察校园文化与社会文化的互动关系，运用文化冲突论考察中外文化在校园中出现的诸多现象，结合文化分层理论及文化形态学来分析学校组织文化的结构类型和功能。

（4）现象学视角：主要从考察校园的一些热点现象入手，探讨学校组织文化的大致流向。

(5) 德育(思想政治工作)视角:研究者把学校组织文化作为学校精神文明建设的一部分而进行研究,旨在强化学校文化导向机制,培养"四有"新人。

(三) 学校组织文化的含义

通过了解中外各国学者对组织文化的不同见解,可见学校组织文化的含义也有不同的说法。最早对学校组织文化进行定义的是美国学者 Waller,他于 1932 年在其著作《教学社会学》中提出:学校组织文化是在学校中形成的特别文化。这种文化一方面借助不同年龄的儿童将成人文化变成简单形态或借助儿童游戏团体保留成人文化;另一方面由教师设计、引导学生活动文化而形成。学校中的各种仪式是学校组织文化的组成部分。

Owens 在《教育组织行为学》中将组织文化描述为:作为权威载体的"组织文化"是告知人们什么可以接受,什么不可以接受的规范,组织最珍视的主导价值观念,组织成员认同的基本假设和信念,要与雇员相处并接受为成员必须遵守的游戏规则,指导组织与雇员和顾客友好相处的理念等(吴清山,1992b)。

我国学者朱颜杰(1988)认为:所谓学校组织文化,是指一所学校内部形成的为其成员共同遵循并得到同化的价值观体系、行为准则和共同的作风的总和。

王书金(1990)的观点基本与此相同,他也认为学校组织文化是指一所学校内部所形成的为其成员共同遵循并得到同化的体系行为规则和共同的思想作风的总和。

范国睿(2003b)教授在其著作《学校管理的理论与实务》中将学校组织文化概括为:学校长期的教育实践和与各种环境要素的互动过程中创造和积淀下来的,并为其成员认同和共同遵循的信念、价值、假设、态度、期望、故事、轶事等价值观念体系、制度、程序、仪式、准则、纪律、气氛、教与学的行为方式等行为规范体系,以及学校布局、校园环境、校舍建设、设施设备、符号、标志物等物质风貌体系。

季苹(2004)教授在《学校文化自我诊断》一书中通过案例和现象呈现对学校组织文化的界定,并提出一些有关学校组织文化的理论思考,即学校组织文化的核心是内隐规矩和内隐概念;学校组织文化是无形的、隐性的组织,对教师行为有很重要的影响;学校组织文化决定学校是否能够成熟;学校组织文化是学校的社会资本,具有整合、积聚、倍增其他资本的作用,并且具有不可转移性。

也有学者将学校组织文化界定为学校全体师生员工在长期的管理、教育教学实践中形成的支配其行为的价值观念、管理思想、群体意识和管理制度、行为规范、人际模式等(次珍,2009)。

根据上述学者对组织文化的探讨,可对学校组织文化作出以下定义:学校组织文化是指学校中全体师生在长期的学习和工作实践中所形成的信念、价值观、行为规范等,并以此影响师生的行为习惯。学校组织文化在学校中是一种无形的力量激励着全体成员的热情,既能约束全体成员的行为、维持学校的正常秩序,又是群体价值观的物质载体。如"一切为了学生,为了学生的一切"的宗旨是教师在长期的实际教学工作中的不断总结,一切"以学生为中心"的观念使教师逐渐成为学生的知己,促进了学生的全面发展。美丽洁净的教室环境、干净整洁的办公条件、浓厚的学习气氛,良好的精神状态和轻松愉快、健康和谐的氛围,加之教师过硬的业务素质以及不断学习新知识、新理念,使其能力和新的工作内容能更好地衔接,等等,都是学校组织文化的体现。

(四) 学校组织文化的分类

组织文化对于学校的发展至关重要,现实需要学校管理者构建良好的学校组织文化以促进学校发展,但在此之前,我们首先要弄清楚组织文化的分类。

早期组织文化的分类有多种,William Ouchi 提出的"Z 理论"认为,组织文化有三种类型,即 A 型文化、J 型文化和 Z 型文化。早期的公司文化的研究者迪尔(Deere)和肯尼迪(Kennedy)提出四类组织文化:长期赌注文化;硬汉文化、过程文化、尽情享乐文化(杜增杰,2008)。

Jeffrey Sonnenfeld 提出了标签理论,他确认了 4 种组织文化类型:学院型文化、俱乐部型文化、棒球队型文化、堡垒型文化(杜增杰,2008)。

此外,根据组织文化的内容与结构可以将组织文化分为物质文化、精神文化、制度文化和行为文化四部分。如图 3-2 所示:

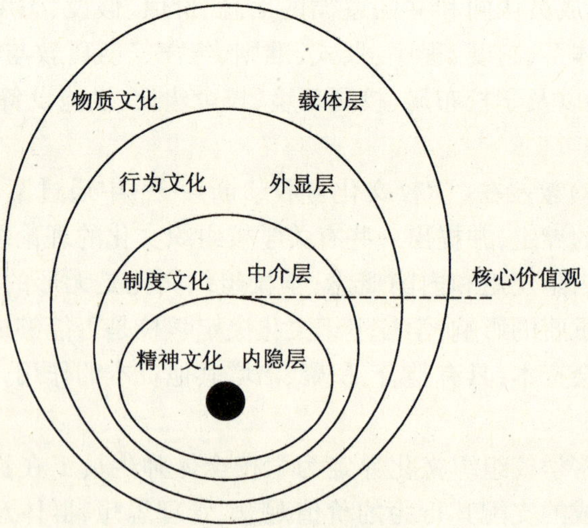

图 3-2 组织文化内容

物质文化、行为文化、制度文化和精神文化构成了表里一致、相互渗透的有机整体。其中，物质文化是组织文化的外在标志和基础；行为文化是外显层，是组织文化主体的具体体现；制度文化则是中介层；精神文化是组织文化的核心和精髓，可称之为组织精神，它蕴含于物质文化、行为文化和制度文化之中，并通过三者体现出来（陈文海，2008）。

学校是特殊的社会组织，具备社会组织的一般特征，所以我们也可以将学校组织文化分为物质文化、行为文化、制度文化和精神文化。学校组织的物质文化即"物文化"是指学校组织内部的设施设备等构成的物文化，是学校组织文化的外在标志；学校组织的文化行为文化也是学校组织文化的具体体现，由学校全体成员的各种文化活动、日常行为等构成；学校制度文化具有约束和制约作用，是保障学校日常运作的准则和规范，是维持学校正常活动的重要环节；学校的精神文化则是组织文化的核心和灵魂，是学校维持正常发展的关键。学校组织文化的四个方面相辅相成，相互渗透，相互制约，各司其职，共同构成学校组织文化的整体。

（五）学校组织文化的特征

学校组织文化的好坏直接影响到学校的发展和学生的成长，因此学校组织文化对学校管理起着潜移默化的作用，它具有以下几个特征：

1. 独特性。学校是社会组织的重要组成部分，每个学校的组织文化由于办学历史、学校经历及学校的实践活动不同，导致其组织文化也有各自的特点，无论是教师的工作热情，还是校风学风等方面都具有独特性。

2. 渗透性。学校组织文化是一种无形的力量，它能渗透到学校师生的信念、价值观及行为规范中，指引着他们朝共同的目标而努力。

3. 共有性。学校组织文化渗透于学校全体成员的言行中，为他们在心理和行为上所共同接受和遵守。

二、学校组织文化的建构

（一）学校组织文化建构的影响因素

影响学校组织文化建构的因素众多，但总体而言有内因和外因，其中内因起主导作用，外因通过内因起作用。在构建学校组织文化的过程中应充分发挥积极因素的作用，避免消极因素，以便更好的促进学校发展。

在影响学校组织文化的因素中，内部因素主要有以下三个方面：

1. 学校教师的素质

教师素质的好坏将直接影响到学校组织文化建构，如果教师具有较高的专业素质，那么他们在工作中将能更积极热情的参与学校各项活动，有一股"牛"劲儿，并且有较高的团队精神和冒险精神，有利于激发教师的创新能力。

如果员工的专业素养不高，在工作上则没有“闯”的精神，没有激情和热情，没有冒险精神，只能机械地应付教学，缺乏创新能力，进而可能影响学校组织文化的建构。

2. 学校领导的领导方式

领导在组织文化构建中起着引领的作用，许多组织的文化是由领导一手创建的。此外，领导的领导方式、领导艺术都会对组织文化的构建产生重要的影响。海尔文化一直是中国企业文化管理的旗帜和骄傲，而海尔集团的总裁张瑞敏正是海尔文化的创造者、设计者和推广者，海尔文化中也深深地打上了张瑞敏的烙印，“激活休克鱼”“OEC 管理”“斜坡理论”等都体现了海尔掌舵者的文化理念（杜增杰，2008）。同样，学校是一个特殊的社会组织，学校领导的领导方式也将影响学校组织文化的建构。若学校领导积极贯彻施行“以人为本”的理念，将会得到学校师生的拥护和爱戴，提高学校领导的威信，从而在领导者进行管理时，师生会积极地配合学校各项工作，为实现学校的共同目标服从领导的安排，并且工作上尽职尽责，做出最大的努力。相反，如果学校领导者不民主，事事不考虑师生的感受，不能体谅下属，一味的利用职权强制下级做事，那样，师生不但会工作懈怠，没有激情，而且更会有抵触情绪，使学校领导者的管理任务不能顺利进行。可见，学校领导的领导方式也会影响到学校组织文化建构。

3. 学校的历史因素

历史是文化沉淀的基础，学校的历史是学校组织文化的基础，从学校建立伊始就有着浓厚的学习氛围的学校在以后的发展过程中组织成员也将继续保持学校良好的学习氛围，艰苦奋斗，勇于创新，不断学习和实践。所以学校历史因素是学校组织文化构建的影响因素之一。

影响学校组织文化构建的外部因素主要有以下两个方面：

① 中国的传统文化

中国有着五千年的文明史，传统文化都来源于各个组织或群体的文化沉淀和积累，是民族精神文化的提炼，对学校组织文化的构建有着重要的影响。比如某学校组织文化中“厚德博学、日新笃行”的校训便是受到中国传统文化的熏陶。

② 社会因素

社会因素包括学校成员的习惯、爱好、价值观等，直接影响到学校组织文化的建构。学校组织的管理理念要与学校成员的要求相匹配，如果学校全体成员民主意识较强，学校管理者就要采用民主、公开的管理方式。相反，如果学校组织成员的民主意识薄弱，学校管理人员更适合采用集权式的管理方式。因此说社会因素也会影响到学校组织文化的建构。

学校组织文化受到众多因素的影响,在建构学校组织文化过程中应当充分利用其积极的影响因素为构建合适的学校组织文化添砖加瓦。

（二）学校组织文化建构的原则

学校组织文化构建需要遵循一定的原则,掌握这些原则可以更好的构建学校的组织文化,从而发挥学校组织文化的最大作用。

陈文海(2008)提出学校组织文化建构的原则有整体性原则、教育性原则、开放性原则、结合性原则和创新性原则。

杜增杰(2008)指出学校组织文化构建的原则包括全员性原则、人本原则、从实际出发原则、特色原则。

吴永满(2009)指出高校校园文化建设的基本原则是显性文化与隐形文化并重原则、人文精神与科学精神并举原则、现代文化与传统文化共进原则、兼容并包与突出个性结合原则。

综合各方面研究,学校组织文化的建构主要应遵循以下几点原则:

1. 以人为本

以人为本是学校组织文化建构的核心。从根本上讲,学校组织文化构建的目的是促进人的全面发展,提高学校全体成员的工作积极性和效率,发挥全体师生的创造性。同时,学校组织文化构建的目标是为学校成员提供团结、互助的工作与学习氛围,增强学校师生的归属感。从这个意义说,学校组织文化构建必须遵循以人为本的原则,为组织成员考虑,构建和谐、健康的学校组织文化(杜增杰,2008)。否则,学校成员便不能受到鼓舞,也没有良好的组织氛围,在工作上缺乏热情,不能为实现学校共同目标奉献自己的一份力量。

2. 从实际出发

凡事都要注重实践,注重一切从实际出发,如同我国的社会主义建设需要从国情出发一样,学校组织文化建设也要明确学校的实际情况,深入了解学校的物质文化、各种规章制度、全体师生的个性与共性、信念与价值观等。只有明确并依据学校的实际情况才能建构适合学校发展的组织文化。

3. 显性文化与隐性文化并重

学校的组织文化也可以分为显性文化与隐性文化,不同的学校有着不同的显性与隐性文化,最终形成学校的特色。显性文化是由学校管理者与教师共享的价值观和行为规范产生出的、组织成员所进行的一系列象征性活动。外在的物质、制度和行为等因素都是显性文化,是体现学校价值目标、审美意向的外在有形载体,它主要包括校名、校训、校歌、校徽、校旗、校报、校刊、校服、校容校貌、标志性建筑、广场、雕塑、文化长廊、自然景观、文化机构、社团组织、校园文体活动等。显性文化可以起到调节情绪、控制行为、陶冶情操和启迪智慧的作用。隐性文化主要包括办学理念、价值取向、精神、校风、传统文化、心理状态等,是影响全校师生行为模式的根本,也是学校组织文化的力量和源泉(吴永满,2009)。显性文化与隐性文化都能作为一种力量激励组织成员的工作热情和信心,为学校创造更多的财富。因此,在学校组织文化建构过程中要遵循显性文化与隐形文化并重的原则。

4. 创新性

在学校组织文化建构中要充分考虑创新性的原则,创新是一个民族进步的不竭动力,更是学校发展的动力源泉。以往一些学校总是千篇一律的效仿名校和老牌学校,无论在管理方式、教育体制还是对师生的态度上,都使学校师生被动地接受,师生员工没有主动性而言,更缺乏创造性。这不仅不能促进师生工作、学习热情,反而易使其形成惰性。其实,每个学校的具体情况各不相同,有着不同的传统文化、办学历史、周围环境、成员结构,这就要求学校从实际出发,根据自身的实际情况,结合自身的特点,创造性地建构属于自己的组织文化。只有这样,学校才能蒸蒸日上,才能激发教师和学生的工作、学习热情。由此可见,创新性是学校组织文化建构中所要遵循的必不可少的原则。

5. 教育性

学校不仅是社会组织,更是教育机构,培养学生应当是学校最重要和最根本的任务。在建构学校组织文化的过程中,学校要倡导积极文化,注意利用好积极的、先进的组织文化来鼓舞和教育学生,同时要主动抵制消极文化的不良影响。

6. 整体性

学校组织文化是一个自成体系的整体,建构学校组织文化时要注重整体性原则,这涉及到学校组织文化的物质层、制度层、行为层和精神层。学校组织文化的物质层包括各种机械设备、教学工具等硬件设施及文化环境的营造、文化设施的建设;学校组织文化的制度层包括学校的各种规章制度的改革;学校组织文化的行为层包括学校全体成员的各种行为规范;学校组织文化的精神层包括思想舆论导向、校风、学风等。在这些方面都要进行整体规划设计,纳入学校总体发展战略,使学校组织文化建设有目的、有计划、有组织地展开。整体性原则要求学校从较高层次上认识学校组织文化建构的作用,树立前瞻意识、责任意识和精品意识,要加强领导和规划,使其系统、全面而又协调发展。学校全体成员都要齐心协力,齐抓共管,对学校组织文化进行长期的规划和建设,作出统一合理的安排,并从人力、物力和财力上予以保证。

(三) 学校组织文化建构的策略

正如前文所言,学校组织文化可分为物质文化、行为文化、制度文化和精

神文化。因此,可从这四个角度有针对性地对学校组织文化进行构建,具体策略如下:

1. 物质文化的建构

在学校组织文化建构过程中,要考虑到学校的一切物质文化,使物质文化映衬学校的办学理念、学校精神。首先,学校的物化环境为学校提供了良好的育人氛围,是学校组织文化得以生存的土壤。所以学校的物化环境要能体现学校的价值观、办学思想、教育理念等。如校园中的花园、草木、亭桥水榭、石雕木刻等,都要富有意蕴、教育性和学习性,而不单单是追求外表的富丽堂皇,使人产生华而不实之感;其次,学校购买仪器设备的机制标准也能体现学校组织文化建构的优良。众所周知,计算机现在已不是神秘的高科技产品,而是成熟的大众化产品。在购买计算机时,品牌机与兼容机的区别也早已不是性能和质量上的本质区别。相反,兼容机性能通过合理的搭配远远超过品牌机,这是业内人士及计算机专家的共识。学校是教育、科学研究的地方,对于计算机性能的需求是其"特性",是为满足教学、科研实验,试验的某种特殊需要而特别设计与配置的,而这正是品牌机做不到的。有些学校的经费很不宽裕,因此学校需要的是较高"性价比",而不是重服务或重显示身份地位的"品牌"。所以在仪器购买上要考虑到"性价比"的问题,这也是学校组织文化建构体现在物质文化上的重要方面。

2. 行为文化的建构

行为文化主要是指学校师生在一定学校组织文化的熏陶影响下表现出的行为模式、工作情况以及个人言谈举止等。行为文化是学校组织文化的外在表现,有什么样的组织文化也就会有什么样的行为文化。因此,从行为文化层面进行学校组织文化的建构有很大的必要性。

(1) 校长要做好学校组织文化建构的掌舵者

美国管理学家 Edgar 曾说过,领导者所要做的唯一重要的事情就是创造和管理文化,领导者最重要的才能就是影响文化的能力(李芹,2003)。可以说,校长的主要职能之一就是建构学校的组织文化。

首先,校长对学校组织文化的构建要有正确的认识,把学校组织文化建设放在整体办学方向、教育培养目标和学校发展定位的高度上,加强对学校组织文化的理论研究。如果校长对学校组织文化缺乏认识,势必导致在管理实践中"重教学,轻文化",使得学校失去办学特色,进而失去学校发展的内在动力。所以,校长对学校组织文化的认知程度影响着学校组织文化建设工作的开展(张英姿,2007)。

其次,校长要引导好学校组织文化的建构。教师个体所持有的价值观,具有个体性和不公开性，在没有受到触动的情况下，学校的核心价值观就不能真正地转化为教师个人的行为，也必然造成学校先进的办学理念与教育教学行为的分离，使学校组织文化游离于教师之外，成为毫无作用的概念。因此，校长要引导好学校组织文化，通过创造一种"共同的信仰和期望"，使外显的文化和教师的隐性价值观相统一，达到教师真正自觉自愿地与学校共同成长。校长要想引导好学校组织文化的建设同时要做好以下几点：一，校长首先要加强文化修养。校长的知识、学识、胆识往往决定着学校组织文化品位的高低；二，校长要具有长远的战略眼光和敏锐的洞察力，在充分了解学校现实的基础上，对学校发展路径有清醒的认识，并不断发现学校的各种文化亮点，使之成为一种新风尚，并努力将这种新风尚内化为自身的行为标准，在工作实践中扩大自身影响力而使教师信服且参与到学校组织文化建设中去。

(2) 教师是学校组织文化建构的主力军

教师在学校组织文化建构中要发挥其主力军的能动作用，学校要赋予教师主动参与学校建设的权利，使教师的行为规范与学校的共同目标相一致。

首先，学校要尊重教师，赋予他们主动参与学校管理的权利，使他们以主人翁的身份参与学校组织文化建构。只有让教师参与学校的各种活动，包括参与学校决策、学校管理、学校办学目标的确定，鼓励教师在教学之余，自发地组织形式多样的学校文化活动，鼓励教师积极参与学校教育教学改革等活动以提高教师的综合实力。只有在实践活动中发挥教师的能动作用，才能充分激发教师的主人翁意识，教师才会真切地感觉到其对学校决策所起的作用，意识到他们的工作与学校发展目标直接相关，教师这种真实的体验获得成功后，就成为其为学校发展而奋斗的动力，学校的价值观就顺其自然、潜移默化的进入教师的价值体系中，由此学校就形成了和谐的氛围，管理者的管理就寓于无形之中了(陈天红，2006)。

其次，教师要加强自身的行为示范作用。教师作为教育的实施者，对学生进行着各种正面教育，如教师会从升学、就业的角度要求学生刻苦学习，考取好成绩；教育学生要有集体荣誉感，为集体贡献自己的力量；等等，这当然无可厚非。"言传"固然重要，但"身教"会更具说服力，教师的举止行为是学生规范自己行为的"参照系"(张英姿，2007)。教师要做到为人师表，树立学生学习的榜样，就要求教师要做好以下几点：一，提高教师的自主学习能力。教师要实现从"教书匠"到"研究员"、从"施教者"到"指导者"、从"独奏者"到"协奏者"等方面的转换。不断学习以接受新知识，加强自主创新的能力，提高自身的专业素质；二，教师之间要坦率做事，真诚合作。教师之间的真诚合作有利于学校教学质量的全面提高，有利于实现学校的整体发展目标。但是许多老师都表示，如果自己辛辛苦苦研究的独特教学方法不加保留地传授给同事，自己便失去了“看家的本事”，也就没有了教学特色，所以多数教师之间缺乏真正的精诚合作。教师平时总是教导学生之间要相互沟通，相互帮助，共同提高，可是，教师自身都没有做到又如何要求学生做到呢？因此，教师间的真诚合作对于教师的发展、学生的进步都是至关重要的。

再次，教师要积极争取平等的话语权，为学校组织文化建构提供建议。任何人都有发表自己看法的权利，都可以发表自己的意见或对别人的意见表示反对，可以对不同见解的言论、观点提出质疑或反驳。学校要充分给予教师发表言论、建议的机会，在学校组织文化建设中允许甚至鼓励教师提出独特的见解。教师也要努力争取自己的话语权，主动提供建议，关心学校的发展和建设。只有教师积极献计献策，才能让管理者了解教师的真实想法，了解其真正想要什么，也才能真正促进学校的发展。

(3) 进行“校本培训”促进学校组织文化建构

校本培训是学校根据自身的发展需要，由学校发起、规划并组织实施，旨在满足每个教职工需要的培训活动(高霞，张俊娟，2003)。校本培训不仅仅是一种知识技能的培训，更重要的是为了激发教师工作的热情，提高教师的教学实践能力而开展的。校内开展校本培训具有以下两方面的功效：

首先，丰富教师的课余文化生活，以形成良好的学校组织文化气氛。田宝、李灵(2006)探讨了学校组织气氛对教师工作倦怠的影响，指出学校组织气氛对教师工作有显著影响，要形成良好的学校组织气氛，就要求完善学校的各种社团活动(如教师的体育社团活动)，在活动中让教师锻炼其组织能力和交际能力，同时要考虑活动的多样性、新颖性，不仅能为男教师提供活动，也要考虑女教师的需要。这样，学校通过开展有特色的社团活动，让教师体脑结合、劳逸结合，保持和谐健康、积极向上的精神状态，从而形成良好的学校组织气氛。

其次，夯实教师的职业技能，提高教师的专业素质。教师是“传道授业解惑”者，学校通过组织教育教学活动增强教师的专业素质显得尤为重要。如在教学活动中，让教师经常相互交流教学经验、教学心得，并让教师参加教学研讨，在总结讨论中不断地提升个人素质。学校还可以组织教师评优活动，以此来激励教师争先创优的工作热情。

(4) 学校组织文化建构与课程改革并行

苏鸿(2003)认为学校组织文化重建是学校整体改革的命脉，也是课程改革的深层因素和重要目标。事实上，学校组织文化重建与课程改革同等重要，且两者在某些方面是相通的。一所学校如果能够建构一套适合学校发展的、先进的组织文化，必然有利于课程改革的推进；反之，如果一所学校能够把课程改革搞的很好，按照课程改革的要求培养教师队伍，落实学校的基本理念，那么学校的组织文化建设也将是生机勃勃的。因此，学校组织文化建构与课程改革应当并行。如果只进行学校组织文化建构而不考虑学校的课程改革、教育理念和改革目标等，那么学校的组织文化也不是先进的、适合学校发展的文化。

（5）学校的组织文化建构要重视全员参与

学校组织文化建构不仅仅是学校领导者和管理者的战略目标，也不单单是学校部分成员的任务，而是学校全体成员的任务，是所有成员都必须参加的一项工作。

学校领导是组织文化建构的主导者和引领者，没有领导者的支持和肯定，学校组织文化建构不可能实现，所以学校领导要认识到学校组织文化建设的意义并引导其建构。在建构过程中，学校领导要给予一定的资源支持，包括资金、人力、精神等支持。此外，校长作为领导者要重视集体智慧和力量的运用，以创造有利于学校发展的和谐氛围。

教师在组织文化建构中发挥着关键的作用。在实践中，教师作为校长和学生之间的枢纽，承担着承上启下的作用。教师的思想、价值观念，为人处世的方式会对学生的世界观和价值观产生直接的影响。因此，在学校组织文化的建构中，教师应让学生不断接受学校组织文化的熏陶，接受先进的教育理念等，为建设先进的学校组织文化奠定基础。因此教师第一要重视学校组织文化的作用，不能认为学校组织文化只是一种形式；第二，由于教师主要工作是教学，几乎所有精力都用于教学技术改进，故而没有精力研究和探讨学校组织文化构建问题，这样也只能把学校组织文化的建构流于形式，因而，教师应有部分精力研究和投入组织文化的建构；第三，教师也要提高自身素质和能力，这样才能准确理解学校组织文化。总之，教师是学校组织文化构建过程中非常关键的一环，教师只有做好以上几点要求才能有效地参与学校组织文化的建构。

学生也是学校组织文化建构中必不可少的因素。学生的主要任务是学习，而学习主要是以班级形式实现的，因此要培养学生养成良好的学习习惯，使其乐于学习、勤于学习，就要加强班级建设。首先，要使学生明确班级的战略目标和学生的个人目标，加强班级凝聚力。在班主任的帮助下通过分析学生的个人爱好，性格特点，气质类型，价值取向等确定学生的个人目标，激发学生学习的热情。同时，根据学校的长远目标确立班级的共同目标，以此加强班级的战斗力和凝聚力；其次，要形成班级特有的学习和文化氛围。良好的学习环境和氛围能够使学生在学习上保持轻松愉快的心情,有利于加强学生之间的交流与合作;再次,要建立和保持和谐的人际关系,这是学生安心学习、稳步发展的基础和保障。

总之,学校组织文化的建构需要领导者、教师和学生的共同参与、共同努力,每个人都要真正把学校的发展当做自己的责任和义务,通过规范自己的言行举止创造良好的组织文化。

3. 制度文化的建构

学校制度文化是保障和维持学校正常运作的准则与规范,体现着校长的教育思想和价值观念,学校制度制定是否合理将直接影响教育和学校的发展,如果学校制度与社会发展脱节,那么学校组织文化的建构将会受影响。因此,从制度文化上分析和着手学校组织文化的建构也至关重要。

首先,学校受到教育行政部门的控制和管辖,但如果教育行政部门死死抓住学校管理权不放,学校只是一味的接受和执行上级部门的命令,缺乏自主管理的权利,那么,学校就会只为了应付上级部门的检查而开展备课、评课或其他教研活动,完全失去了主动性。长此以往,学校的组织文化建构就不能顺利开展,也不能适应学校的发展。因此,要构建学校组织文化,教育行政部门就应给予学校更多的自主权,那样,学校就可以根据自身的实际情况,选择合适的方法建构组织文化。

其次,我国学校的制度体系有三个方面的特征及缺陷(苏鸿,2003):第一,追求效率;第二,强调服从;第三,注重统一。学校管理中强调制度而非人,盛行着繁琐、刻板、整齐划一的规章制度,从一般的学校常规到课堂的提问,寝室就寝等,事无巨细,均在学校常规的严密控制之下,这样的制度文化会阻碍学校的发展。要构建学校组织文化,必须改革学校的规章制度,使之更加具有人性化。具体如下:一,要以人为本,传统的学校规章制度只是强调人遵循制度,从不注重制度适应人的需求,缺乏人性化。因此,要从制度文化上建构尊重人权利的学校组织文化,积极倡导以教师、学生的发展为本,全面促进人的发展。如在改革中要给师生自主发展预留足够的空间,不要只是让学校制度流于形式,适度的弱化形式等。二,在改革学校规章制度时要有民主性和时代性的特征。制定规章制度要考虑到全体成员的意见和建议,鼓励全校师生积极参与。同时,学校的规章制度还要跟上时代的步伐,缺少时代性的规章制度跟不上学校的发展,只能在学校制度文化建构中起反作用;三,注重研究。以往学校只重教不重研,而如今的社会要求不断创新,学校要鼓励教师不断学习,注重研究。因此,在制定规章制度时也要倾向于建立一个学习型、研究型的制度,将学校构建成为学习型组织,建立和完善教科研制度等。

4. 精神文化的建构

学校的精神文化是学校组织文化的灵魂与核心,是学校整体精神面貌的体现,是学校生存发展的原动力,是学校成熟和内涵发展的反映,创建良好的学校精神文化也是提高学校整体办学水平和教学质量的重要途径。学校精神文化主要体现在办学理念和价值观上,有什么样的办学理念和价值观就有什么样的教学模式和教学质量。因此,在学校组织文化建构过程中要树立正确的办学理念和价值观。

首先,要改变传统的育人理念。传统的育人理念通常表现为只重视知识的传授,学生只能被动的接受,教师重视优等生、尖子生,把成绩的好坏作为评价学生的唯一标准。这种理念与目前推行的素质教育完全背离,素质教育强调学生学习的主动性,注重学生的能力和素质,尊重学生,平等地对待每一位学生,只有这样才能真正促进学生的全面发展。为了改变传统的育人理念就要改变传统的教学模式,传统的教学模式是一种"填鸭式"的教学,学生只能被动地接受,而素质教育的教学模式要求学生在课堂上大胆探索知识,变"要我学"为"我要学",鼓励学生积极参加各种社会实践活动,教师要从主导地位变为辅助者的地位,放手让学生主动学习。同时,学校还要注重学生的个体差异,重视学生的个性发展,为学生提供丰富多彩的校园文化生活,给学生提供自由发展的空间,培养学生的个性,发展学生的特长,让每一个学生都有机会创造自己的一片新天地。此外,学校更要关心学生的切身利益,一切以学生为本,要处处体现人本主义精神,以学生利益为根本出发点和落脚点去解决问题。

其次,要树立正确的价值观。价值观是一定社会群体中的人所共有的对于区分好与坏、正确与错误、符合或违背其意愿的观念,是人所特有的,应该希望什么和应该避免什么的规范性见解,表示主体对客体的一种态度(高霞,张俊娟,2003)。有些学校缺乏正确的价值观,学生缺乏自主学习、主动学习的精神,教师没有树立正确的学生观,把学生当做机器进行教育,不利于学校和师生的共同发展,更不利于组织文化的建构。可见,树立正确的价值观势在必行。学校树立正确的价值观就是要建立终身学习、团体学习的理念,使学生成为知识的创造主体,而非简单的传播器,学生要主动学习、自主学习。要充分激发师生工作学习的积极性和主动性,使学生学会学习,而不是简单的背书、考试,提高学校对外部环境变化的应变能力和内部环境的创新能力。为了树立正确的价值观,首先要深入分析学校现有的目标和价值取向、教师的教学观及学生观、学生的学习目的和习惯,以找出师生错误的价值观;其次通过各种途径向师生宣传正确的价值观念,即终身学习、团体学习的观念,并促进广大师生接受和认可,如通过教师经验交流会、校园网络、校园广播及学校校报等形式来开展宣传活动。

综上所述，为了构建能够有效促进学校发展的组织文化，学校在构建过程中，必须根据自身的内外条件，考虑学校发展的方方面面，结合各种原则整体把握，全面系统地开展建构工作。

（四）学校组织文化建构需要注意的问题

上文已说过，学校应该根据自身实际情况建构属于自己的组织文化，而判断学校组织文化优劣的关键是看能否促进学校组织的健康成长与发展、师生是否有高涨的士气和紧密协作的团队精神。因此，为了构建高效能的组织文化需要注意以下问题：

1. 全面而充分的把握学校组织文化内涵

学校组织文化的内涵是什么？如果在建构学校组织文化时不能正确把握，而是想当然地认为学校组织文化不过是一种课外活动而已，那么，学校师生虽然受其影响，并能够按照一定的方式处理问题解决事情，可他们却无从察觉学校组织文化建构的意义，也没有把学校组织文化建构的任务放在学校建设的首位，这样一来，学校组织文化在学校的发展中便不具有传承性。因此，不能简单而片面地把组织文化当做学校活动，要全面把握学校组织文化的真正内涵才能充分发挥其在学校建设中的重要作用。

2. 构建畅通有效的沟通渠道

学校组织文化的建构需要全体师生的参与，在建构过程中的沟通协调工作就显得尤为重要。学校领导者要做好上传下达的沟通工作，保证信息的有效传递，以达到良好的沟通效果。只有做好沟通工作，才能使全体成员积极参与到学校组织文化的建构中，最终建立学校的共同愿景。

3. 校长要树立权威

校长在学校组织文化建构中起着举足轻重的作用，虽然学校组织文化建构需要全员的共同参与，每一位成员都是必不可少的，但校长作为学校的领导者、管理者，管理着学校的一切事务，他的管理理念及领导风格决定着其他成员在学校组织文化建构中的热情、信心和作用的发挥，校长只有树立起自己的威信，全校师生才能同校长齐心协力，共享学校信念和基本价值观，为实现学校的愿景而共同努力。

4. 充分体现学生的主体性

有些学校在建构组织文化时缺少人文精神，未充分体现学生的主体性，过分强调学生适应和服从学校的各项规章制度，忽视学生积极发展个体素质，忽视社会消极因素的影响。如在制度文化建设上，学校非常注重将社会规范和学校的规章传达给学生，把培养学生的良好行为习惯与学习习惯作为制度文化建构的重点。这原本并无不妥,但是,一旦这些工作的出发点被确定为“规范”和“预防”,学生无权参与学校教育教学规章制度建设,而且由学校单方面制定的各种规范制度,常常只有禁令条款和“扣分”细则,而没有确立一个美好目标、明确具体的实现步骤、可行的激励措施,只规定义务,不明确权利。那么这就偏离了学校组织文化建设和素质教育的方向,从而严重打击了学生追求美好目标的积极性(史兰萍,2010)。另外,在诸如校园建筑的布局与色调搭配,校园的绿化与美化,校舍内部的陈设布置,以及校训、校徽、校旗、校歌、校服的设计等校园文化建设上,学校很少甚至根本就没有征求学生的意见和建议,一切由上级部门和学校领导说了算。这就显然缺少以人为本的人文精神,违背了一切以学生为主体的原则(胡静,2008)。

三、学校组织文化量表

学校作为培养社会发展所需人才的场所,是振兴国家的园地,而学校组织文化作为学校处理内部与外界互动中所形成的产物,影响着校内教师的行为表现。拥有良好组织文化的学校,教师间能够和睦相处,共享专业理念、知识与技术;提高教学效率,促进学校发展(谢翌,2005)。在西方,最初的组织文化来源于公司文化与企业文化,随着研究的不断深入而被应用于一切社会组织中。在20世纪80年代,组织文化的概念被正式引入教育研究领域,人们借用组织文化研究的成果来分析学校组织的特性(季诚钧、肖美良,2006),为促进学校发展提供更好的建议。

学校组织文化是学校发展的精神指标,是一所学校区别于另一所学校的内部特征(Hoy & Miskel,2005),且能够影响学校成员的行为方式,也是一种软约束力。学校组织文化的产生受到内外各种不确定力量的影响,它能无形中告诉人们应如何行动,对形成校园凝聚力起到黏合剂的作用(Hanson, 1996)。而学校的发展就是要形成良好的校园文化(赵欢君、陶李刚,2001),积极的、强有力的组织文化能够调节和控制组织行为,是促进学校发展的深层动力(朱国云,1997;吴增强,2003),同时,和谐的学校氛围和组织文化是优秀学校的重要特征(Water, Marzano & Mcnulty, 2004)。伟大的组织之所以能够长久生存下来,最主要的条件并非组织结构形式或管理技能,而是被称之为信念的精神力量及其对组织成员的感召力(Peters & Waterman, 1982)。可见,良好的组织文化是提高学校效能、促进学校发展的重要途径。

学校组织文化是无形的、隐性的,它对教师行为有很重要的影响,决定学校是否能够成熟;也是学校的社会资本,具有整合、积聚、倍增其他资本的作用,并且具有不可转移性(季苹,2004)。学校组织文化建设的目的就是要在先进教育理念的指导下,集中并挖掘各种资源潜力,有力地促进师生自由、全面、和谐地发展,最终实现学校的整体发展。学校组织文化的表现形态主要有环境文化、制度文化、组织文化、课堂文化、课程文化、教师文化和学生个性文化等(钟启泉,2002b)。根据文化的主体不同学校组织文化又包括教师文化、学生文化、课程文化(牛志娟,2008),而按照由浅入深、由表及里的标准,也可将其分为物质文化、行为文化、制度文化和精神文化(白同平,2000;赵中建,2004;季苹,2004)。可见从不同的角度探讨学校组织文化的构成得到的结论也存在差异。而影响组织文化的因素主要包括组织的规模、组织的严密性、部门单位间的相互依赖、组织的年龄及成立历史与环境等(Masland, 1985),在优秀的学校组织文化中教职员工能够充分参与学校的发展决策、学校成员之间能够有效沟通、具备公正合理的考核机制等(Kelley & Robert, 2005)。

国内外皆不乏对学校组织文化的量表研究,且学校组织文化量表大多基于组织文化量表而产生。现将其整理如下:

表 3-1　学校组织文化测量量表

问卷	作者	年份	维　度
文化测量量表	Hofstede	1990	包括实践和价值观两大部分,共六个维度,即过程导向与结果导向、员工导向与工作导向、狭隘的角度与职业的角度、开放系统与封闭系统、宽松控制与严格控制、规范标准与实用标准。
组织文化量表	Denison	1995	分四个维度:参与性、一致性、适应性和使命感。
组织气氛描述问卷	Halpin & Croft	1962	包括校长行为与教师行为两部分,校长行为分为关怀、以身作则、疏远、强调成果四个维度;教师行为分为隔阂、工作精神、同事情谊、阻碍四个维度(苑承伟,2005)。
小学组织气氛描述问卷	Hoy & Clover	1991	对组织气氛描述问卷进行改编,分校长与教师两部分,校长行为分支持性、监督性、限制性;教师行为分为同僚性、亲密性、疏离性(苑承伟,2005)。
学校组织气氛问卷	Dellar & Giddings	1991	问卷分六个维度:学校承诺、同僚凝聚力、专业投入、决策参与、成员自主、革新。
学校组织问卷	谢鸣凤	2001	问卷分为学校承诺、参与决策模式、同僚凝聚力、专业投入及革新四部分。

综合以上几类学校组织文化量表,本研究认为测量学校组织文化可从组织氛围(主要为教师参与决策)、组织凝聚力与组织承诺三个方面予以考察,故主要借鉴 Dellar & Giddings (1991)的学校组织气氛问卷(School Organization Climate Questionnaire, SOCQ)及谢鸣凤(2001)的学校组织问卷,再结合前期访谈,我们编成新的《学校组织文化量表》,旨在为更全面、深入地了解中小学学

校组织文化提供科学的研究工具。

(一) 题目收集与问卷编制

本研究前期在文献回顾的基础上,对苏州地区10位中小学校长进行深入访谈,涉及组织文化在学校发展中的地位与发挥的作用、学校决策中教师参与情况、教师的凝聚力、学校的组织承诺、教职员工的主人翁意识等方面。然后反复仔细研究访谈资料并结合已有的研究理论资料,将中小学学校组织文化分为三个方面进行量表的编制,具体分为:组织氛围——学校决策教师的参与度,教师对学校的满意度,学校鼓励教师提出创新想法与建议,学校制定各种奖励措施以激励教师等;组织凝聚力——教师之间的人际关系、合作程度、信任感等;组织承诺——学校组织结构、制度与职责权力归属、层级划分、制度管理等。量表共计26个题项,采用李克特五点量表为计分方式,从非常不同意—非常同意,计分方式相应为1—5分,若为反向题,则计分相应为5—1分。

(二) 研究对象

为了初步考察自编量表的结构和检验各项目的质量,本研究先进行小规模的预试。采用随机整群抽样的方法,选取苏南地区中小学教师为研究对象做前测,发放300份前测问卷,回收有效问卷152份,有效回收率为50.6%,有效问卷的答卷者中小学教师45人,初中教师55人,高中教师52人,女性教师占65.8%,明显多于男性教师;教师年龄30—53岁。

正式施测采用立意抽样方式,按小学、初中、高中分别抽取了苏南地区18所学校的教师为研究对象。共发放问卷680份,回收629份。严格剔除无效问卷后,有效问卷为345份,有效回收率为50.7%。在参与问卷调查的教师中,小学、初中、高中教师人数比例相差不大,约各占30%;性别方面,女性教师占大多数(占66.1%),约为男性教师的2倍;职位方面,以未兼任行政职务的教师为主(占84.3%);学历方面,本科学历的教师最多(占76.8%),硕士学历教师最少,仅占5.8%;工作年限方面,近一半的教师都工作11年以上(占47.8%),而工作1—5年的教师最少,仅63人(占18.3%)。

(三) 统计处理

本研究先由项目分析、探索性因素分析初步构建学校组织文化的理论模型,继而进行验证性因素分析,对量表的理论模型进行验证,从而确定正式量表的结构体系,然后对量表进行信度分析。其中,项目分析、探索性因素分析与信度分析采用的计算工具为SPSS 15.0,验证性因素分析采用AMOS 7.0。

1. 问卷各项目分析

对预测问卷结果进行统计分析。在进行探索性因素分析前,对问卷进行项目分析。计算各题项的CR值,即将各题得分从高分到低分排列,选取前

27%为高分组,后27%为低分组,对两组平均数进行差异显著性检验,得到CR值。然后进行偏态和峰度分析,将偏态绝对值大于1者及峰度绝对值大于2者删除,后再删除鉴别度不显著及与总分相关不显著的项目。结果显示,每个题目与总分之间的都呈显著相关,故未有删除题目。具体情况见表3-2。

表3-2 学校组织文化量表的项目分析与效度分析结果(N=152)

构面	题目	偏度	峰度	鉴别度	与总分相关系数	因素载荷量	解释变异量
组织氛围	17. 学校鼓励教师提出创新想法与建议	-.302	.043	11.22**	.75**	.808	55.19
	11. 教师们都能认同学校的教育目标	-.314	.250	11.06**	.77**	.761	
	12. 学校领导与教师合作的程度很高	-.298	.032	9.27**	.75**	.737	
	16. 学校制定各种奖励措施以激励教师	-.409	.409	11.58**	.79**	.731	
	18. 学校鼓励教师参加各种进修活动	-.024	-.504	11.97**	.75**	.712	
	20. 学校的日常工作有完整的制度说明	.063	-.637	16.46**	.82**	.705	
	19. 在学校服务能让人感觉很有安全感	-.143	-.470	11.73**	.78**	.687	
	14. 教师对学校的发展有一致的观点	-.086	.014	9.52**	.77**	.680	
	13. 校长能沟通以使教师认同其愿景	-.249	.492	9.65**	.73**	.607	
	8. 教师在专业发展上有相当的自主权	.063	-.563	12.49**	.76**	.566	
	9. 教师能接受改革措施,并配合执行	-.129	-.367	10.71**	.76**	.503	
	25. 学校选聘新教师,重视其专业能力	-.636	.855	8.30**	.73**	.500	
组织凝聚力	2. 学校同事间能彼此关怀	-.405	.744	7.92**	.66**	.865	10.51
	4. 教师之间表现出高度的合作精神	-.590	.474	10.91**	.79**	.859	
	1. 教师间相处融洽,具有高度信任感	-.658	.744	10.02**	.73**	.850	
	3. 教师遇到困难会相互协助解决	-.396	.134	8.61**	.72**	.847	
	5. 学校教师间的人际关系良好	-.502	-.022	10.29**	.75**	.836	
	6. 教师间会分享生活经验与工作成果	-.217	-.452	10.48**	.73**	.809	
	7. 教师乐于帮助学生解决学习、生活上的困难	-.672	.962	10.83**	.68**	.629	
	10. 完成学校任务后教师会分享成果	-.147	-.269	11.69**	.78**	.562	
	15. 全体成员会为学校发展不断努力	-.201	-.139	9.23**	.72**	.433	
组织承诺	23. 学校校务工作重视分层负责	-.367	.310	8.68**	.68**	.825	5.16
	22. 学校组织层级与职位划分明确	-.073	-.327	10.71**	.74**	.823	
	24. 学校行政组织结构完整	-.158	-.277	9.76**	.72**	.816	
	26. 大多数教师具有良好的专业知识	-.109	-.433	8.94**	.71**	.759	
	21. 学校工作制度化,权责归属明确	-.415	.723	10.79**	.71**	.685	
学校组织文化总量表							70.86

注:$^{**}p<0.01$,p为机率值(Prob-value)。

2. 学校组织文化量表的效度分析

(1) 探索性因素分析

为了检验调查数据是否适合做因素分析，对152位教师的初始问卷数据进行了Bartlett球形检验，检验值为3853.676，显著性水平$p=0.000$，说明变量间有共享因素的可能性。同时样本适应值KMO为0.936，表明样本适合做因素分析，先采用主成分分析法抽取公共因子，求得初始负荷矩阵，再用最大变异法求出最终的因素负荷矩阵。根据Cattle所倡导的特征图形的陡坡检验，以及各因子的题目数不能低于3个的原则（陈红、冯文锋、黄希庭，2006），发现旋转后的因素负荷量最低为0.433，故未删除题项。特征值大于1的因子有3个，贡献率分别为55.19%、10.51%、5.16%，解释总变异量为70.86%（详见表3-2）。

此外，碎石图显示在第4个因子处开始形成碎石，且前3个因子的独立性非常明显，故抽取3个因子较为合适，分别命名为"组织氛围""组织凝聚力""组织承诺"（详见图3-3）。

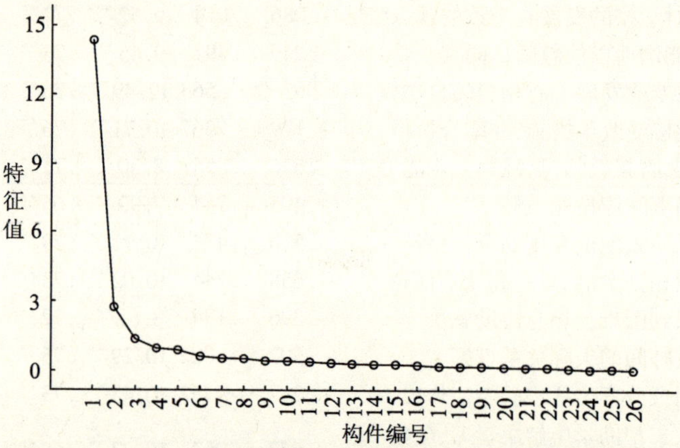

图3-3 学校组织文化量表的碎石图

(2) 学校组织文化量表的验证性因素分析

由以上分析得到学校组织文化量表以组织氛围、组织凝聚力、组织承诺三个维度为其基本结构。将经项目分析和探索性因素分析所保留下来的26个题项组成正式问卷进行施测，并对施测结果进行验证性因素分析。

为了考察构想模型与实际模型的拟合度，以及项目与各因子之间的关系，对该模型的指标适配度、整体模式适配度及模式内在适配度等三方面加以评量。在众多的拟合性指标中，x^2与自由度一起使用可以说明模型正确性的概率，x^2/df是直接检验样本协方差矩阵和估计协方差矩阵间的相似程度的统计量，x^2/df 越接近 1，表示协方差矩阵和估计的协方差矩阵之间的相似程度越大，模型的拟合性越好。实际研究中，x^2/df 接近 2，则认为模型的拟合性是比较好的（冯廷勇、苏缇、胡兴旺、李红，2006），本研究中 x^2/df 的值为 1.592，说明该模型的拟合度良好。此外 RMR = 0.041；NFI = 0.903，IFI = 0.962，CFI = 0.961，皆大于 0.900；RMSEA = 0.063，小于 0.080，均达到理想标准，这表明三个因子模型可以和复测数据项拟合。因此，学校组织文化量表模型包括三个一阶因子，即组织氛围、组织凝聚力、组织承诺，共 26 个题项。

为了得到更精确的模型，进一步分析三因子的二阶模型（见图 3-4）。该模型的参数分别为 $x^2 = 397.885$，$df = 250$，$x^2/df = 1.592 < 3$，RMSEA = 0.063 < 0.080；RMR = 0.041；NFI = 0.903，IFI = 0.962，CFI = 0.961，皆大于 0.900（详见表 3-3），表明该模型能达到理想的拟合。

表 3-3 学校组织文化量表验证性因素分析模型主要拟合指数

模型	CMIN	DF	CMIN/DF	RMR	NFI	RFI	IFI	TLI	CFI	RMSEA
一阶模型	887.269	296	2.998	0.048	0.784	0.763	0.845	0.829	0.844	0.115
二阶模型	887.269	296	2.998	0.048	0.784	0.763	0.845	0.829	0.844	0.115
二阶修正后	397.885	250	1.592	0.041	0.903	0.874	0.962	0.949	0.961	0.063

学校组织文化模型及标准化路径系数见图 3-4。

3. 学校组织文化量表的信度分析

将量表进行内部一致性分析，透过内部一致性系数的观念求算 Cronbach's α 系数，以确认本量表内部结构一致性与同构性，结果显示总量表的 Cronbach's α 系数为 0.967，一般认为，α < 0.35 为低可靠性；0.35 ≤ α ≤ 0.75 尚可；α > 0.75 为高可靠性（殷小川、薛祖梅，2009），表示其内部一致性水平较高。学校组织文化量表 3 个因子的信度分别为 0.949、0.944、0.923；分半信度分别为 0.924、0.862、0.863，均达到良好水平，显然该量表及各构面都具有可靠的信度（具体见表 3-4）。

表 3-4 学校组织文化量表的信度

项目	Cronbach's α	分半信度
组织氛围	0.949	0.924
组织凝聚力	0.944	0.862
组织承诺	0.923	0.863
学校组织文化总量表	0.967	0.889

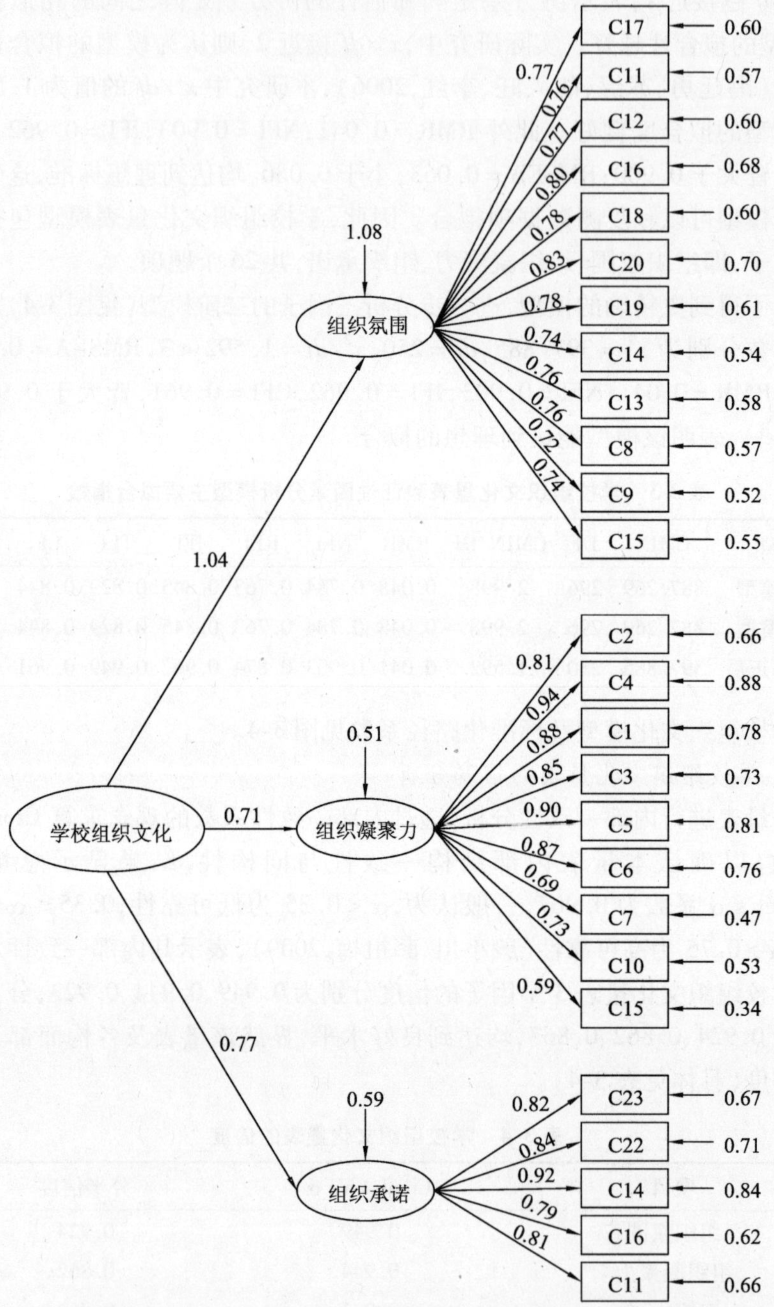

图 3-4 学校组织文化量表二阶验证性因素分析标准化路径图

(四) 讨论与分析

1. 学校组织文化量表的信效度分析

量表的编制方面，本研究查阅国内外相关文献，依此通过开放式问卷调查、个别访谈和征求专家意见，力求在以往研究的基础上更加全面、系统的了解学校组织文化的定义及内涵，进而编制学校组织文化初试问卷，经小样本施测、分析并修改形成正式的学校组织文化正式量表。量表共包括 26 个题项，分为组织氛围、组织凝聚力、组织承诺三个因子。每一个因素项目都含义清楚、可解释性强，表明量表的结构效度较好。

同时，本研究考察量表的内部一致性信度，结果表明各因子与总量表的 α 系数符合要求，其中组织承诺的 α 系数最低，组织氛围的 α 系数最高，各维度均达到可接受的水平，说明量表具有较高的信度。此外，学校组织文化量表与组织氛围、组织凝聚力、组织承诺均达到显著正相关，相关系数介于 0.841 ~ 0.969之间，且各因子间均达到显著相关。本研究的步骤和构思比较正确、客观与合理，因此，本量表能够较为全面地了解学校组织文化的实际情况，基本能够得出实证的科学结论。

2. 学校组织文化量表的结构

经项目分析与探索性因素分析得知，量表的构面与构想相一致，分别为组织氛围、组织凝聚力、组织承诺。通过分析文献与访谈结果能够发现，组织氛围、组织凝聚力、组织承诺是影响学校组织文化的三个主要因素，其中组织氛围包括教师参与决策、学校鼓励教师提出创新想法与建议、学校领导与教师合作程度、教师对学校的发展状况有一致的观点等题项。这与 Hoy & Miskel (2005) 对学校氛围的定义相符，即一个学校区别于另一个学校的内部特征并能够影响学校成员的行为方式。学校组织凝聚力是一个动态过程，主要体现为团队在追求其目标的过程中团结一致，并保持一体性的趋势（Carron, Widmeyer & Brawley, 1985），是教师对学校的认同感、忠诚度及全方位的投入（陈忠卫、贾培蕊，2004），而本研究中组织凝聚力主要包括教师间彼此关怀、具有高度信任感、相互协助解决困难等题项，这些题项能准确表达组织凝聚力的内涵。组织承诺代表员工对组织目标和价值的接受度，并努力工作代表组织的愿景及员工留在组织中的渴望（Allen & Meyer, 1990）。本研究中组织承诺包括校内日常工作责任明确、学校行政组织结构完整、学校组织层级与职位划分明确等题项，能较有效地得知教师对组织目标和价值的接受程度，并反应其留在组织中的意愿程度。综合考察三个因子的各题项得知，本量表能够较全面地了解学校组织文化的相关内容，且量表中各题项表意清晰，较符合教师的语言习惯，题项得分越高表明教师对学校组织文化的认可度越高。但是，本研究也存在一些局限，一方面，量表的被试样本均来自苏南地区的中小学，这是否适用于其他地区的中小学，相应的信效度还需要后续研究的进一步支持，这一情况势必会影响量表的推广；另一方面，受被试样本量影响，量表包含的三个方面（组织氛围、组织凝聚力、组织承诺）所涉及的内容能否全面而有效地反映学校组织文化的真实情况，还有待于后续研究进一步验证和补充支持。

四、苏南中小学学校组织文化现状分析

（一）苏南中小学组织文化的现状

苏南地区中小学教师对学校组织文化的认知呈较高水平，平均数皆在4以上或接近4。其中，教师对组织承诺的认同度最低（M=4.04，SD=0.55），对组织氛围的认同度最高（M=4.14，SD=0.62）。且高中教师对组织文化的认同度最高（M=3.99，SD=0.60），小学教师最低（M=3.86，SD=0.44）（详见表3-5）。

表3-5 学校组织文化量表的描述性统计

研究变项	平均数（M）				标准差（SD）			
	小学 N=110	初中 N=108	高中 N=127	总计 N=345	小学 N=110	初中 N=108	高中 N=127	总计 N=345
组织文化总量表（26题）	3.86	3.98	3.99	3.94	0.44	0.46	0.60	0.51
组织氛围	4.01	4.20	4.20	4.14	0.52	0.54	0.74	0.62
组织凝聚力	4.00	4.04	4.09	4.05	0.47	0.54	0.61	0.54
组织承诺	3.98	4.08	4.07	4.04	0.49	0.51	0.63	0.55

总体来看，教师对学校组织文化的认同度较高，其中对组织氛围的认同度最高，而对组织承诺的认同度最低，对组织凝聚力的认同度次之。这可能是因为苏南地区的经济优势，该区域学校会制定各种奖励措施以鼓励教职员工投入工作，在访谈中了解到不少学校对教师的激励措施多种多样，有优秀教师、先进教师等多方面的荣誉称号，还有教师奖教金等物质上的奖励，同时，大部分学校都积极鼓励教师进修，参加各种教学竞赛，鼓励教师在各种培训和竞赛中获得成长，加上有较为优厚的薪资待遇，这些都让教师认为在学校工作很有安全感。所以，苏南地区中小学教师对组织氛围的认同度较高。

组织承诺是组织成员对特定组织及其目标的认可，努力做出代表组织的意愿并且希望维持组织成员的身份的一种心理现象（Allen & Meyer，1990），高的承诺对提升组织竞争力有积极影响力（Beck & Wilson，2001），也是健康组织文化的重要特征（Sergiovanni，2006）。苏南地区中小学教师对学校组织承诺认同度较低可能是因为教学任务较多，同时也面临科研等方面的压力，加之未兼任行政职务的教师可能对学校行政组织工作了解较少，所以影响其对

组织承诺的认同度。

（二）不同背景的教师对学校组织文化的认知差异分析

1. 不同学校类别的教师对学校组织文化的认知差异分析

研究结果显示，不同学校类别的教师对学校组织氛围的认知存在差异（$p=0.037$，小于0.05），但事后比较不显著。从平均数分析可知，高中教师对学校组织文化的认同度高于初中和小学教师（详见表3-6）。

2. 不同年龄的教师对学校组织文化的认知差异分析

研究结果显示，不同年龄的教师对学校组织凝聚力的认知存在显著差异，其中29岁以下教师对组织凝聚力的认同度显著高于41岁以上者，不同年龄的教师对学校组织文化的认知存在显著差异，但事后比较不显著（参见表3-7）。

在前期访谈中了解到，校长们大多认为年轻的教师工作积极，有冲劲，因为他们刚参加工作，无论是对生活还是对工作都充满了热情和信心，对周围的人和事多表现出积极融入的态度，容易看到人际氛围中积极向上的一面，而年龄在41岁以上的教师大多拥有丰富的教学经验，其职业发展已处于一定高度，面临或即将面临自身职业发展的高峰期，难以寻求更大的突破，而其职业发展的局限极有可能导致对学校组织文化产生较低的认同感。

表3-6　不同学校类别的教师对学校组织文化的认知差异分析

因素名称	学校类别			F值	P值	*Scheffe* 比较
	a：小学 $N=110$	b：初中 $N=108$	c：高中 $N=127$	*Wilks'Lambda* $=0.96, p=0.069$		
组织氛围	4.01	4.20	4.21	3.327	0.037	◎
组织凝聚力	4.00	4.04	4.09	0.806	0.448	
组织承诺	3.98	4.07	4.08	1.116	0.329	
组织文化总量表	3.86	3.98	3.99	2.214	0.111	

注：◎表示经Scheffe检定，任两群体间皆无显著差异。

表3-7　不同年龄的教师对学校组织文化的认知差异分析

因素名称	年　龄				F值	P值	*Scheffe* 比较
	a：29岁以下 $N=75$	b：30－35岁 $N=63$	c：36－40岁 $N=121$	d：41岁以上 $N=82$	*Wilks'Lambda* = $0.95, p=0.203$		
组织氛围	4.02	4.08	4.18	4.26	2.240	0.083	
组织凝聚力	3.93	3.99	4.06	4.19	3.407	0.018	a > d
组织承诺	3.95	4.03	4.04	4.15	1.844	0.139	
组织文化总量表	3.83	3.89	3.96	44.06	2.866	0.037	◎

注：◎表示经Scheffe检定，任两群体间皆无显著差异。

3. 不同学历的教师对学校组织文化的认知差异分析

研究结果表明，不同学历的教师对学校组织氛围的认知有显着性差异，其中本科学历教师对组织氛围的认同度显著高于专科学历者（详见表3-8）。

不同学历的教师对组织氛围的认知存在显著性差异，一方面可能是由于大专学历教师知识水平低于本科的教师，对组织文化的了解与关注度相对较低；另一方面可能是学历高的教师往往职位上也处于领导地位或者有机会与领导者密切接触，有较多的机会沟通和参与决策，因此，他们更了解组织价值观以及发展方向，对学校组织文化的认同度较高（马云献，2010）。但同时国外有研究显示，在教育程度上，高教育者的倦怠状况更严重（Maslaeh，Schaufeli & Leiter，2001），若果真如此，则学历越高的教师对组织文化的满意度理应低于学历低的教师。因此，不同学历的教师对学校组织文化的认知差异仍有待进一步研究。

表3-8　不同学历的教师对学校组织文化的认知差异分析

因素名称	学　历			F值	P值	Scheffe 比较
	a：专科及以下 $N=43$	b：本科 $N=20$	c：硕士及以上 $N=265$	Wilks'Lambda = 0.96，$p=0.095$		
组织氛围	3.90	4.06	4.18	4.121	0.017	a < b
组织凝聚力	3.92	4.06	4.10	1.319	0.269	
组织承诺	3.91	4.01	4.06	1.351	0.260	
组织文化总量表	3.77	3.91	3.97	2.919	0.055	

4. 不同工作年限的教师对学校组织文化的认知差异分析

研究结果显示，不同工作年限的教师对学校组织文化的认知上也存在显著性差异，其中工作1—5年的教师对学校组织文化及各维度的认同度皆高于工作11年以上者，且对组织凝聚力的认同度也高于工作6—10年者（详见表3-9）。

表3-9　不同工作年限的教师对学校组织文化的认知差异分析

因素名称	工作年限			F值	P值	Scheffe 比较
	a：1－5年 $N=165$	b：6－10年 $N=105$	c：11年以上 $N=63$	Wilks'Lambda = 0.96，$p=0.136$		
组织氛围	4.06	4.13	4.31	4.013	0.019	a > c
组织凝聚力	3.97	4.02	4.23	5.453	0.005	a > b；a > c
组织承诺	3.98	4.02	4.20	3.822	0.023	a > c
组织文化总量表	3.87	3.92	4.11	5.171	0.006	a > c

不同工作年限的教师对学校组织文化及其各方面的认知存在显著差异，

工作1—5年的教师在学校组织文化方面的认同度皆高于工作11年以上的教师,同时,这两个工作年限时段的教师对组织凝聚力的认同度高于工作6—10年的教师。这可能主要是受教师年龄及职业倦怠心理的影响,工作6—10年的教师可能大部分处于职业发展的稳定期,最易产生职业倦怠心理。据了解,职业倦怠已经成为教育中一种非常显著的现象(Tomic & Elvira,2008),因为教学毕竟是一种要求很高的工作,诸多要求往往伴随着教师与校长之间及教师与学生、家长之间人际关系的紧张,每年都有很多教师感觉难以继续他们的工作(Flowers,2004; Herman & Marlowe,2005; Liu & Li ,2005; Weber, Weltle & Leder,2005),所以教师的职业倦怠是值得关注的问题之一。本研究所得这一结果与胡咏梅(2007)、马云献(2010)的研究结果相似,他们的研究显示,教龄在5年以下的年轻教师与教龄在15年(或26年)以上的老教师的满意度较高。

5. 对学校特色认知不同的教师对学校组织文化的认知差异分析

从研究结果可知,认为学校办学特色明显的教师对学校组织文化及其各维度的认同度皆高于认为学校办学特色不显著及无特色者(详见表3-10)。

表3-10　对学校特色认知不同的教师对学校组织文化的认知差异分析

因素名称	对学校特色的认知			*F* 值	*P* 值	*Scheffe* 比较
	a:学校特色不明显 $N=73$	b:学校无特色 $N=16$	c:学校特色明显 $N=251$	*Wilks'Lambda* = 0.84, $p=0.000$		
组织氛围	3.73	3.74	4.29	30.168	0.000	a > b;a > c
组织凝聚力	3.75	3.77	4.15	19.430	0.000	a > b;a > c
组织承诺	3.74	3.84	4.15	17.945	0.000	a > b
组织文化总量表	3.60	3.62	4.06	29.721	0.000	a > b;a > c

在学校组织文化各方面,对学校办学特色认知不同的教师对其认知也存在显著差异。除组织承诺外,认为学校有特色的教师对其认同度高于认为学校无特色的教师和认为学校特色不明显的教师;在学校组织承诺方面,仅表现为认为学校特色明显的教师对其认同度高于认为学校特色不明显的教师。特色是学校的生存指标和形象代表之一,也是学校组织文化的外在显现,对学校办学特色的认同即是对学校组织文化的认同、对学校领导的认同、对学校的认同,以质量求生存,以特色求发展,已经成为学校发展的共识(关鸿羽,2003)。因此,学校应该努力建设适合学校发展的办学特色,塑造学校良好的形象以增强教师对学校文化、学校领导以及学校发展的认同度与满意度。

综上分析可知,苏南地区中小学教师对学校组织文化的整体认同度较高,这也一定程度验证了苏南是我国最为发达的地区之一,经济与教育水平皆属于较高水平。但中小学教师对组织承诺的认同相对较低的现象应引起足够重视。目前我国中小学学校官僚文化特征突出,较强调制度性与规范性,强调等级关系,且对升学率的追求也一定程度上导致人际关系的疏远和淡漠,教师承诺感较弱,对其教学工作之外的事务缺乏关注和参与,影响学校整体工作的开展,进而可能影响学校的长远发展。此外,不同年龄、学历、学校特色的教师对学校组织文化的认知存在显著性差异,故学校管理者在日常工作中应重视对学校组织文化认知低的那部分群体的需求与发展,尽量满足他们的需求,给予他们更多关心。

第四章　学校组织发展与运作

学校本质上作为一种组织形式，有着独特的组织特性。组织变革与发展涉及到组织如何适应形势的变化和发展要求，整体上对组织加以调整以达到组织效能的最佳发挥。因此，研究学校组织发展与运作，有助于我们更深刻地认识学校发展机制和模式的选择，从而提升学校组织的生命活力，发现并树立真正具有创造性的学校（贾慧，2006）。同时，学校不同于其他企事业单位，学校是培养人才的社会组织，是为学生成长与发展奠定良好品德和科学文化知识的摇篮。因此，学校组织运作的顺利与否将影响人才的培养与成长，影响学校的长远发展。本章在追溯组织、组织目标、组织要素与组织模式等理论的基础上，重点介绍了学校组织结构、学校组织存在的问题及学校组织诊断的相关内容，而后推出自编的学校发展量表，并通过访谈及问卷调查结果探讨学校组织的发展与运作现状。

一、组织发展与运作概述

（一）组织

Bowers 在《组织系统：人力资源》一书中对组织作了形象的表述："组织不是一个实实在在的工厂及其设备，不是一大群职位的排列，不是填补这些职位的人的简单聚集，也不是一连串的工作任务或操作。肯定地说，它是以上这些的总和，可起的作用却不止这些。组织的基本结构是团体，由管理者和他所直接负责的下属组成。组织最基本的组成是团体结构，一层一层的成员连接在一起形成一个金字塔，工作就通过这个金字塔结构川流不息的进行。"可以看出，Bowers 将组织视为一个封闭的系统（Owens，2001）。但目前更多的人把组织看成是一个开放的社会协作系统，从这类社会系统的组织观来看，组织具有如下几个特征（程奇，2004）：

首先，组织是由人的行为构成的系统。它不仅是个体、团体、整体之间的一个结构性关系系统，而且还是组织成员之间具有交互行为关系的行为系统。

其次，组织是一个开放的社会系统。组织与社会环境之间相互依存、相互影响，从社会环境中接受输入信息，并对之进行加工，再输出给社会。组织的有效性就建立在对来自内部和外部环境的压力的适应上,过分强调内部的作用,而忽视外部环境对终端产品的影响;或者过分注重输入和输出,而忽视有效的内部加工,同样都会导致系统不能正常发展与运转。

再次,组织是一个协作系统。组织是一个能够使成员通过合理分工和相互协作、以达到共同目标的结构系统。组织的本质是领导和协调人力资源,利用集体的智慧和能力来实现组织的目标,以发挥组织的基本功能。

(二) 组织目标

组织目标有广义与狭义之分,狭义上的组织目标也称战略目标、具体目标、指示性目标、成功标准等。学校是一个特殊的组织系统,以其独特的组织目标为背景进行经营管理。Everard、Morris 和 Wilson(2007)通过访谈发现,领导多把建立组织目标和保持学校运转视为最重要的任务,制定学校的总体目标是校长任职期间的首要职责。然而,学校组织的目标设置必须注意一点,那就是适用于组织各部门和成员的目标必须与学校目标保持一致,故学校目标最好是由学校各部门与成员以及相关利益者(如学生、社区、家长、政府、地方教育局等)共同参与制定,最终由学校管理者决定。

(三) 组织要素

若单从结构层面考虑组织则有失偏颇,因为结构仅是组织的要素之一。组织由以下四个独立的要素组成(Everard, Morris & Wilson, 2007)(参见图4-1):

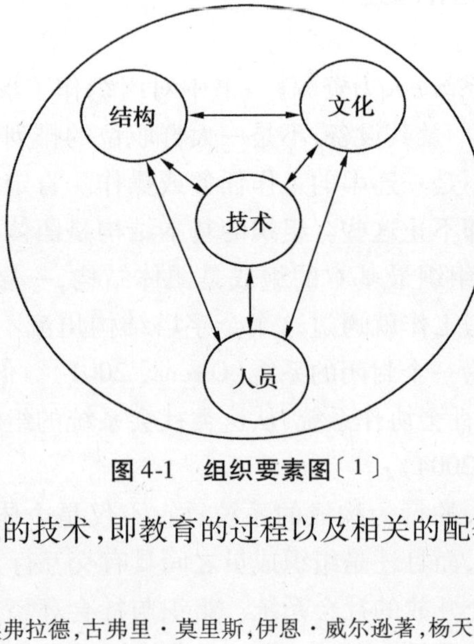

图4-1　组织要素图〔1〕

技术:学校组织的技术,即教育的过程以及相关的配套设施;

〔1〕［英］伯蒂·埃弗拉德,古弗里·莫里斯,伊恩·威尔逊著,杨天平译.有效学校管理.重庆大学出版社,2007:131.

结构:学校组织结构,最常见的包含学校组织图表、委员会、部门、角色、等级层次、权威机构、员工的工作程序和时间表等;

人员:学校组织中的成员,主要包括教师及其专业水平、知识、经验、技能和态度,也包括学生、职工、管理者等;

文化:学校组织文化涵盖了如品味、价值系统、审美标准、人际关系、习惯、未成文的行为准则和教育评价实践等隐性资产。

组织管理的过程即为组织各要素互动与平衡的过程。

(四) 组织模式

组织是一个复杂的实体,没有一种"正确"的固定模式,在学校管理过程中,学校需要有一个较为稳定的模式以应对各种不同的情况。下面介绍几种不同的组织模式(Everard,Morris & Wilson,2007)(详见表4-1)。

1. 古典模式

古典模式强调理性、高度分工、集中、指挥系统、层级分明、有力的垂直沟通、严格控制、僵硬的程序和专制的方法。古典模式与某些效益较差的企业和学校有着类似之处,但与效益较好的企业组织方式形成鲜明对照。

2. 人本模式

人本模式尊重个人和他人的价值,其特征包括工作广度、咨询、集体意见、分权、宽松的设计组织、灵活的工作程序、多方面交流、目标管理以及参与管理。这一模式更接近优秀企业或学校的组织方式,但其也有可能引导成员低估组织完成任务的价值、降低目标完成的效率,同时也有可能使管理者觉得无能和失控。

3. 系统模式

系统模式在工业领域十分盛行,对那些不得不快速使用改革的组织尤为有效。系统模式由 Stafford Beer 于 1971 年提出,主要包括实行、联络、控制、发展、综合管理五个系统,他将这五个系统对应人类的中枢神经系统,通过比较来诊断组织的弱点或较弱的子系统,并对其加以增强和发展,从而提高组织的效率。该模式主要应用于检查现存组织的健康和生存能力,评估对新组织结构的提议,明确委员会或角色的目的。

4. 决策模式

决策模式将组织看做是要素的集合,以便在不同重要层面做决策。但这一模式主要被应用于公司企业,在学校组织中的运用较少。

5. 技术模式(偶发模式)

技术模式的核心思想在于组织与组织之间在整体上会让部分方面存在差异,而且必须有差异。因为没有一个完善的组织结构和管理风格,结构与风格的选择取决于组织的选择倾向。同时,偶发理论接受组织、部门和个人的专业化趋势,这将导致部门之间的差异越来越明显,易使各部门重视个体目标而忽略组织的整体发展目标,从而在组织内部出现小团体的现象。故追求高效的整体化要求学校关注各种关系,彼此高度信任、坦诚、尊重和洞察组织行为及其复杂性,直面冲突并可采用建设性的处理方式。

表 4-1　组织模式分类

类型	古典模式 机械模式 官僚模式	人本模式 行为模式 组织模式	系统模式 控制论模式 社会技术模式	决策模式	技术模式或偶发模式
主流的管理风格	X 理论	Y 理论	情境的	独断的	情境的
组织结构	正式的 严格的 长期的	非正式的 灵活的 短暂的	连锁的	分层的	易变的
强调点	分工 理性	人际关系	信息流通 小组	决策组 权威	环境过程 技术
思想来源	军队 大工业生产	心理学家 社会学家	仪器操作 控制理论 神经系统	商业 企业	调查性田野工作
盛行国家	英国 法国 美国	美国(国家训练实验室,NTL)	英国 塔维斯托克	英国 美国	英国 美国
主要发展阶段	1900—1940	1950—1970	1950—1972	1960	1950—1955
主要代表人物	厄威克(Urwick) 法约尔(Fayol) 泰勒(Taylor)	贝克哈德(Beckhard) 阿吉里斯(Argyris) 利克特(Likert) 布莱克(Blake) 麦格雷戈(McGregor)	赖斯(Rice) 埃默利(Emery) 特里斯特(Triste) 比尔(Beer) 朱兰(Juran) 克罗斯比(Crosby) 戴明(Deming)	马奇(March) 西尔特(Cyert) 佩特森(Paterson) 凯普纳-特里戈(Kepner-Tregoe)	伍德沃斯(Woodward) 伯恩斯(Burns) 斯托克(Stalker) 劳伦斯(Lawrence) 洛尔施(Lorsch) 雷丁(Redding) 佩鲁(Perrow)

引自:《有效学校管理》(Effective School Management),第 131 页。

二、学校组织结构

学校组织是有计划、有组织地进行系统教育的组织机构。学校若具有良好的组织结构，将有助于提高学校组织的动作效率，使组织运作顺利并保持良好的发展趋势。

（一）学校组织观

对学校组织的认识将影响学校的管理活动，学校也是一个组织系统，它与一般的组织既有共同点，又有所区别。关于学校组织的观点主要有如下几个：

1. 学校是工厂

工厂有严格的部门及上下级设置，是一种科层组织，把学校看成工厂则表示学校也是一种科层组织。该观点在20世纪非常普遍，在当时有很多关于学校教育的著作及文章都发表过此类观点，其中Mark Viator Harsen在其《教育管理与组织行为》中明确表示，在某种意义上，我们的学校就是工厂，原始产品（儿童）被造成可以满足各种生活需要的高级产品。20世纪的文明对产品制造的规格提出了严格的要求，根据规格培养学生是学校的职责。该观点的盛行使当时很多的学校把学校设计成工厂一样。学校内部被严格的分成许多层级，包括校长、副校长、教师、学生等。学校的教师及学生都要严格按照学校制定的校纪、校规来安排日常的教学及学习活动，不能违反规定。对于工厂而言，工厂必须要生产出质量合格且适应社会需求的产品，而在学校中，要求教育出品学兼优符合社会需求的人才。但与此同时，不可避免的是，学校有可能忽视教师或学生的主体价值，过分简化教育过程的复杂性而培养出同一规格的人才。如今，这种观点仍然在很多学校中盛行（房林玉，2010）。

2. 学校是社会

把学校看成社会与把学校看成工厂是完全不同的。把学校看成社会，强调学校是一个相互作用的，且内部成员之间互动的组织，学校也强调成员对组织发展的贡献。杜威把学校看成是雏形的社会，认为学校是社会生活的一种形式（引自张新平、李金杰，2006）。这一观点认为社会中人与人之间是平等的，在学校中成员之间也是平等的，这与企业中强调严格的纪律不同，学校更加重视成员对工作有意识的思考和强调发挥主观能动性，认为组织管理的中心机制是使参与者适应组织的价值观和目标，将组织目标与个人发展目标相联系，而不是通过书面的规则和严密的监管来实现组织管理。

3. 学校是松散的结合系统

有研究认为学校组织是一个松散的结合系统。这一理论认为，学校不同的部门都有其作用、特点与分界线，尽管这些部门结合在一起并相互联系，但彼此间的依存关系较薄弱。学校的领导对教学等方面的控制权是有限的，教师的控制权主要在于如何教育及管理学生。并且这种松散的结构不仅仅是在学校领导和教师之间,同时在教师之间也缺乏必要的沟通与交往,这对于提高学校的教学质量和实力存在一定的限制作用(刘雅春,1996)。因此,学校的松散性结合性意味着学校在教学方面是具有松散的结合系统,而在非教学活动上则是紧密地结合的。故也有研究者认为学校组织具有双重性(张水玲,2005)。

实际情况是,并非所有的学校仅具有一个特征,学校组织可能同时具有以上几种特征。通常在管理教师的教学行为时,强调学校的非科层特点,重视人际关系和行为科学的作用;而在管理其他日常事务时,则强调学校科层的特点,重视科层理论的运用。

(二) 学校组织结构

组织结构是指组织内部各组成要素及其结合方式的模式或相互联系的框架(王春花,2007)。通常,人们把组织各要素经过排列组合后所形成的具有典型意义的、相对稳定的结构形式称为组织形式。组织形式的不同,在一定程度上体现了组织性质、目标和运作方式的不同(周三多,2005)。

1. 直线型组织结构

直线型组织结构是最简单、最基础的组织形式,这一组织形式按照管理的纵向层次进行结构排列,由下而上事权逐级集中,构成一个垂直分叉的金字塔形态。位居塔顶的是组织领导者,其下是平行的各部门主管,主管下面是各自管辖的部门。这种结构的主要特点是组织中每一位主管对其下属有直接职权并拥有对所管辖部门的决策权、指挥权和监督权,每位员工只对其直接上级报告,各级管理者各自独立管理所辖下属,同时下属部门仅接受一个上级的指令。直线型组织结构的优点是结构简单、命令统一、权责明确、便于监督控制;缺点是缺乏横向协调、应变能力较差。直线型组织结构适用于规模较小,员工人数不多,生产管理都较简单的组织(张立新,2007)。

2. 职能型组织结构

职能型组织结构就是按照组织的各组成要素在组织中承担的职能来划分工作活动,将职能进行横向结构排列,业务类型相似或是联系紧密的工作任务被组合到同一部门,因此这样组合后的部门具体负责某些专门性工作,这些职能机构在职权范围内有权向下级下达命令和指示。职能型组织的优点是分工明确,将具有相似专业技能的人组合在一起,有利于交流沟通,提高技能与效率,也有利于统一管理;缺点是容易产生多头领导,加深不同部门间的隔阂,不利于综合型人才的培养,不利于集中统一指挥。

3. 直线职能型组织结构

直线职能型组织也称 U 型组织或单一职能型结构，是直线型与职能型的结合。这一结构中，不仅需要直线人员的直接参与，还需职能参谋人员的服务，间接参与工作。区分直接服务者与间接服务者的依据为对组织目标的实现所作出的贡献。该组织结构集合了直线型与职能型的优点，具有行动迅速和专业分工的优点。缺点是这类组织结构较为复杂，权力集中于最高管理层，下级缺乏必要的自主权，各职能部门之间的横向联系较差，容易产生脱节和矛盾。

4. 委员会式组织结构

这一组织形式的特点是决议与执行分开，决议部分的组织由若干委员会组成，执行部分的组织则跟直线式组织相似。一经决议后，即由有关负责人代表委员会去全权执行。这一形式的优点是能集合多数人的智慧，对问题做出明智的判断和决定，同时也能避免权力过于集中；缺点是不容易达成一致协议，而且由于所达成的决议往往是多方妥协的结果，所以不一定是最好的决议，同时，若决议发生偏差而须追究责任时，往往责任不明。

5. 扁平的组织结构

扁平化的组织结构的特点是以工作流程为中心，纵向管理的层次简单化，中层管理者减少，更多的资源与权力下放到基层，下属员工在职权范围内有部分决策权，同时实行目标管理，以团队作为基本工作单位有利于培养员工的主人翁意识。这种形式的优点是维护了基层工作人员的自尊心，增加了专业技术人员的成就感；缺点是对管理者的要求较高，也需要与企业的发展阶段相匹配。所以，该组织类型的管理容易因基层自主幅度超过其应有的限度而对其失去有效的控制（周海根，2008）。

传统学校一般采用科层式组织模式。这种模式组织层级多，职权明晰，管理幅度小，行动条例分明，管理相对单一，已经形成了较为稳定的职权系列：校长—教导主任、科研主任、政教主任、总务主任—年级组长、教研组长—教研组老师、年级组老师、教辅人员—学生。在有些学校，校长与主任之间还有副校长级层存在。由于受学习型组织以人为本等思想的影响，近年来，学校采用扁平化组织结构管理的比例有所增加。相较于科层制组织结构，扁平化结构层级小，管理幅度大，职能权限大，管理变得相对复杂。一般而言，扁平化组织结构模式分为三级：决策层（校长为主的小组）—协调层（主任与年级组长及教研组长组成的小组）—执行层（教师、学生）。此外，在某些规模较小的学校，则采用主任兼作组长的形式直接面对学生和教师（王春花，2007）。

（三）学校组织结构中存在的问题

目前，有一部分学校组织管理良好，能够保障学校的有序运行，并最终促使学校达到既定的教育目标及教育任务等。同时，仍有许多学校组织的运作状况以及教育管理方面存在较大的问题。学校组织结构中存在的问题主要有以下方面的表现（王春花，2007）：

1.“技术型”的学校组织管理制约了学校的发展

目前，仍有很多学校实行“人制管理”，即校长的一言堂、专权独断。在学校管理中很多事务都是由校长一人说了算，多数工作都是在校长的亲自领导下进行。在这种管理中民主只不过是一个幌子，学校的很多教师或者其他部门的职工都很少有自己的判断或对政策、制度提出建设性的意见。校长过于独断专行，教师参与决策权的缺失将导致学校缺少人性化的激情和感情的交流，也会使教职工失去工作的热情，降低工作效率，难以真正提高学校的教育质量以及教育水平（任光升，2008）。

2. 学校组织缺乏组织变革的动力

现在，众多学校的组织结构大都效仿行政部门、企业或其他领域的组织结构，随着时代的发展，行政部门、企业和其他领域的组织结构大多已经发生了变革，然而学校的组织结构多以自上而下、大规模、集体型的变革行为为主，学校缺乏变革的内在动力而只能被动地接受变革。由此学校缺乏动力去把握对学校组织变革核心问题的整体认识与规划，所以真正推行改革而又取得成功的学校并不多见，改革缺乏动力和成效是学校组织的普遍现象（何敏、叶澜，2002；尹后庆、吴增强，2002）。

3. 学校组织缺乏组织目标或者组织目标混乱

诸多学校都会出现缺乏组织目标或者组织目标混乱的现象。当学校过分注重自身发展或前途时，学校的某些既定的目标就会被遗忘或为了眼前的利益而放弃长远目标，这种状况经常发生在学校生源受到威胁的时候。这种缺乏目标或者目标混乱的学校组织管理带来的后果将会是非常严重的，它有可能会导致学校组织管理的混乱而不能开展正常的工作，进而影响正常的教学秩序。

4. 教学方面存在的问题

学校组织有其特殊性，主要目标是完成教育教学任务，培养与社会接轨的学生。但是，在教学过程中并不能满足所有学生的要求，以至于学校的学生素质参差不齐，而这又是目前的学校教育很难避免的。

面对目前学校组织运作过程中的现状，为明确了解每个学校组织在运作过程中出现的问题，学校非常有必要进行自我组织诊断，并在诊断之后提出相应的、实际有效的整改策略，从而解决所遇到的问题，进而使学校有效地运转。

5. 组织诊断的步骤

组织诊断可以分为四个阶段，即充分的准备阶段、正式实施阶段、总结报告阶段、跟踪和反馈阶段（王秀云、季苹，2003；王澄，2001）。

（1）充分的准备阶段

这是组织诊断的第一步，也是组织诊断过程中非常重要的一步。准备阶段直接关系到组织诊断的效果及能否成功。组织诊断的准备工作包括以下几个方面：

① 了解组织的运作。了解组织整个运作过程，这样能够确定是在哪个环节出现的问题，从而能针对所存在的问题提出有效的解决方案，使该组织能在短时间内提出解决策略、提高运作效率，使它更具竞争力来适应社会的需要以及要求；

② 确定组织诊断的负责人以及相关的联系人。在组织诊断时，与负责人以及相关的联系人进行联系，让他们协助组织诊断的进行，有利于对组织的整个内部情况有充分的了解，避免了单靠自己而出现了解不足的情况；

③ 搜集和整理与诊断相关的数据和资料。搜集的资料应该是非常广泛的，而不是仅仅局限于该组织经营的几个方面，只有全面地搜集和整理资料，才能充分了解所诊断的组织；

④ 进行诊断的教育以及宣传工作。诊断人员需要亲自对经营管理人员进行诊断教育，使其掌握相关的诊断知识，并让经营管理人员明白这个过程不是单纯地找出组织中存在的问题。组织诊断除了要找出组织中存在的问题，还必须要针对性地提出策略。最重要的一点，是让他们明白诊断的目的是为了帮助组织更好地运作，使其消除顾虑从而能够协助诊断人员的工作；

⑤ 制订组织诊断计划。组织诊断计划就是根据收集到的数据和资料进行分析后制订出相应的诊断计划，这是组织诊断准备阶段较为重要的一步。组织诊断计划的内容一般包括：诊断系统计划、诊断费用计划、诊断人员计划；

⑥ 诊断人员方面的准备工作。诊断人员要对组织结构有整体的了解，并且需要跟该组织的负责人做好沟通。如果在进行组织诊断时任务过于繁重，那么就需要组成一个组织诊断的小组，明确项目的负责人和各自的分工。

（2）正式实施阶段

正式实施诊断是要根据所制订的诊断计划进行，这是要对组织的运作状况进行深入调查，通过对所收集的资料进行分析，找出组织经营中所存在的问题，然后针对该问题制定出合适的可操作的改善意见。若要进行全面的组织诊断，其程序主要有：

① 与组织经营者协商，决定信息来源。可以通过座谈会、填写调查表、收集组织的文字资料等来实现；

② 诊断组织结构。为充分了解、诊断组织的结构，诊断人员必须与组织的有关人员进行充分的沟通，并且要使组织成员能够积极地配合诊断人员的工作；

③ 诊断组织规范。诊断组织规范也必须在组织人员的积极配合之下进行；

④ 资料汇总分析，找出组织中存在的问题。根据汇总的资料对组织的实际情况进行分析，使制定的解决问题的策略不脱离组织的实际情况。不然，资料的汇总分析是没有任何作用的，甚至有可能扰乱组织管理的正常运作，更不用说提出问题的组织诊断报告了。

(3) 总结报告阶段

总结报告阶段主要是编写和提交诊断报告。诊断报告将对组织的诊断进行全面总结，其中内容包括遇到的困难、诊断结果等，但总结报告中最为重要的是对组织诊断结果中存在的问题提出解决方案。

(4) 跟踪和反馈阶段

跟踪与反馈也是组织诊断中非常重要的一步，并不是提出解决方案之后，整个组织诊断就宣告结束。而是在诊断工作结束之后，对所提出来的方案进行跟踪和反馈。跟踪和反馈能够查询组织诊断方案的执行情况，并且要根据跟踪和反馈所得到的信息随时对方案进行修改，使其更适合组织的发展实际。

三、苏州地区中小学学校组织发展与运作现状

(一) 苏州地区中小学学校的组织结构分析

学校组织结构运作的情形直接影响到教师的工作状态和学生的学业水平，直接关系到学校教育的实施成效。故站在学校人力资源管理层面上而言，了解学校的组织结构有助于提高师生的工作热情和学习积极性，有助于提高学校管理效率，促进学校发展。通过访谈发现，苏州地区中小学学校组织结构的情况如下：

1. 基本的职能部门设置齐全

苏州地区的中小学学校机构最基本的设置为：第一级是校长室、党委；第二级是办公室、教务处、德育处、教导处、总务处、教科室等。通过访谈我们发现苏州中小学不仅具备所有的这些基本职能部门，且学校又根据自身的实际情况增设了相应的部门，例如在推进学校现代化发展进程中，学校又设置相应的信息技术中心，负责学校网络设备和学校网页管理等工作。随着经济发展日益国际化，苏州地区的中小学与国外教育机构交流日益频繁，大部分学校都

设置了对外交流中心，专门负责学校的合作办学、出国进修生与访问学者的选派管理、与国外学校或科研机构等单位的联络、涉外礼品的筹购和管理及使用、外国专家来校的住宿管理等工作，这说明苏州地区中小学发展的国际化趋势。另外还有部分学校成立了工会，在学校的民主建设、维护教职工合法权利、推行校务公开等活动中起到积极作用。总而言之，苏州中小学职能部门的设置比较完善，体现了发达的经济对教育发展的巨大推动力，使这一地区中小学学校建设较为完善，学校发展模式较为成熟，且学校发展有基本的经济保障。

2. 组织结构以直线式（职能式）和扁平式为主

从各校职能部门的设置中不难发现，苏州地区中小学的学校组织结构主要有传统的直线式（职能式）、扁平式两种。一般而言，规模较小的学校较多地采用前者，而规模较大的学校较多采用后者，或者是两种相结合，如在苏州工业园区一所规模较大的小学访谈时，其校长谈道："我们学校两种组织结构都有，一个是传统的组织结构，还有一个是扁平结构……在管理方向上既有横向的管理，各级别以命令的形式传达精神；又有纵向的管理，每一个年级都配有年级组长。除了纵向、横向还有就是交叉管理，我们的校长都分配蹲点到各个年级组。"该学校通过两种组织结构相结合的方式来平衡各自的利弊，这对其他学校设置组织结构来说具有可取之处。

（二）现有组织结构对学校的作用或影响

每所学校都认为自身现有的组织结构对学校有很大的帮助，能够促进学校的发展。比如有校长说："我们学校的组织结构是合理的，学校管理的效率也比较高。"但是，一方面，与社会其他组织结构发展趋于网络化、柔性化、多元化、无边界化等相比，学校组织结构仍显得单一，缺乏灵活性，虽然小学的组织结构为传统的组织结构和扁平结构相结合形式，但这位校长谈道："内部的运行大都是年级部，目前看来效率是高些，但到了一定阶段也难说。……年级部得到强化后，学科组的力量就弱了。"而这样设置的好处就是，下面有什么异常的情况都能够及时向领导反映，便于及时处理问题。

应该注意的是，随着部分学校发展规模的扩大以及集团化、全球化的发展趋势，单一的组织结构不能满足学校不断发展的需求，学校仍需要不断调整创新其组织结构，以最大程度地提高学校的管理效率。

此外，有中学校长谈到，中小学学校的基本职能设置受上级相关政府部门的影响较大，主要以上级政府部门的设置为依据，并认为两者是一种行政的、机械的对应。他认为学校的组织管理还缺乏创新的成份，还需要转变教育理念和思想。学校部门与政府相关部门的对应虽然有利于上级部门给学校下达与协调的相应工作，但这不利于学校管理的灵活性与创新性。

因为每种组织结构都有一定的利弊，学校组织的运行受到学校发展阶段、规模、环境、目标等因素影响，在学校不同的发展阶段、不同的环境下组织运行所产生的效果存在差异，故学校必须根据自身发展的特点选择合适的组织结构。

通过访谈得知，苏州中小学学校职能部门的设置较为完善，各学校会根据自身需求对自身相应的职能部门进行增减；学校组织结构以直线式（职能式）与扁平式为主，有的学校组织结构是两种类型的结合。研究者认为，在苏州学校发展规模不断扩大，以及集团化、全球化发展的进程中，学校组织运作仍需要不断地进行调整。

四、学校发展量表的编制

（一）引言

学校是有计划、有组织地进行系统教育的组织，其目的是为社会提供教育服务，以促进受教育者的身心发展，为社会发展提供各种人才。随着社会的不断进步，学校作为重要的教育组织，是社会文化的传承与发源地，其发展决定了教育的发展，决定了人的发展，并深刻地影响着国家和地区的政治、经济、文化、社会等领域的发展。

学校发展涉及学校组织的方方面面，是一个持续、多维、动态的过程，通过广泛利用各种资源，改善办学条件以进一步提高学校的教育教学质量与效率，提高学生、家长及社会的满意度（史静寰，2004），也是一种旨在达成自我分析与革新的、相互关联的、系统规划的、起支持作用的努力（富兰，2004），还是在社会要求和个体期望之间博弈的推进（劳凯声，2000），而学校发展的具体内容既可指学校的硬件发展与软件发展，也可指学生发展、教师发展、学校领导者发展等（陈丽，2004）。所以，从学校发展的定义与内容看，这是一个庞大的系统工程。

学校效能则是学校在特定的条件下，适应内外环境变化以持续达到教师、学校领导者、社会等所追求目标的能力（谌启标，2001；郑燕祥，2002），要求学校同时兼顾办学的社会价值、经济价值和文化价值（谌启标、柳国辉，2001）。如今，提高学校效能及教育质量已成为许多国家教育改革运动所追求的目标，因此，影响学校效能的因素都是学校发展的内容。

学校发展涉及的内容众多，本研究将学校作为组织个体从组织内部加以研究。因此，从学校内部看，强势的领导、良好的组织文化以及教师有效的教学技能等皆是学校效能的重要内容（Edmonds，1979；Purkey & Smith，1983；郑燕祥，1986；吴清山，1998）。具体而言，主要是校长的愿景和教育教学理念、学校的组织文化、组织结构、教学内容和教学方式、学校个体的专业发展和组织专业发展等(张兆芹,2005),这与中国学校效能指标研究课题组(2003)及其他相关机构或研究人员的研究结果一致。可见,校长领导能力与组织文化是影响学校发展的两个重要因素,除此之外,学校组织发展还涉及学校发展规划、人力资源管理、组织运作等内容。其中,教师是学校发展的重要主体,教师队伍是学校人力资源管理的主要内容,也是校长领导与组织文化影响学校发展的重要因素,因而校长的领导行为可能因为教师对组织文化的感受而受到影响,进而影响其领导效能乃至学校的发展。学校发展规划作为支持学校工作与生活的蓝图,能有效预测学校的发展方向和目标,有利于学校的稳定发展(Aruhu, 2010)。学校这一组织的运作不同于盈利性企业或公司,其运作主要涉及学校使命、管理策略、资源运用、行政人员素质及评估指针等(郑燕祥,2005)。所以,学校的发展需要审慎、严密及长远在规划。

(二) 研究方法

1. 题目收集与问卷编制

本研究前期在文献回顾的基础上,对苏州地区 10 位中小学校长进行了深入访谈,涉及学校的组织结构与规章制度、学校决策的教师参与情况、教师的管理方式及考评与激励、学校的组织运作、教职员工的主人翁意识等。反复仔细研究访谈资料并结合已有研究,将中小学学校发展分为三个方面来编制量表,具体为:学校发展规划——学校领导者的教育愿景、教师参与学校发展规划的程度、学校发展规划的可行性等;人力资源管理——学校是否鼓励教师提出创新想法与建议、学校是否能制定各种奖励措施以激励教师、学校的组织文化等;学校组织运作——学校组织结构与制度、学校教职员工的职责权力归属与层级划分及制度管理、学校是否根据教师个性配置教学方案、外界对学校的评价等。量表共计 31 个题项,采用李克特五点量表计分方式,从非常不同意—非常同意,计分方式相应为 1—5 分,若为反向题,则计分相应为 5—1 分。

2. 研究被试

为了初步考察自行设计的问卷结构并检验各项目的质量,本研究先进行了小规模的预试。采用随机整群抽样的方法,选取苏南地区 6 所中小学教师作为研究对象做前测,发放 300 份前测问卷,回收有效问卷 152 份,有效回收率为 50.6%,有效问卷的答题者中,小学教师 45 人,初中教师 55 人,高中教师 52 人,女性教师占 65.8%,明显多于男性教师;教师年龄 30—53 岁。

正式施测采用立意抽样方式,抽取了苏南地区 18 所学校的教师为研究对象,共发放问卷 680 份,回收 629 份。严格剔除无效问卷后,有效问卷为 345 份,有效回收率为 50.7%。参与问卷调查的教师中,小学、初中、高中教师人数比例相差不大,约各占30%。其中,女性教师占66.1%,明显多于男性教师,约为男性教师的2倍;年龄方面,30—35岁的教师最多;职位方面,未兼任行政职务的教师占84.3%;学历方面,本科学历的教师最多(占76.8%),硕士及以上学历的教师最少,仅占5.8%;工作年限方面,工作6年以上的教师最多,达78.2%。其中工作11年以上的占47.8%,而工作1—5年以下的老师最少,仅占18.3%。

3. 统计处理

本研究先由项目分析、探索性因素分析,初步构建学校发展的理论模型,并进行验证性因素分析,对量表的理论模型进行验证,从而确定正式量表的结构体系,然后对量表进行信度分析。其中,项目分析、探索性因素分析与信度分析采用SPSS 15.0作为计算工具,验证性因素分析采用AMOS 7.0作为计算工具。

(三) 结果与分析

1. 问卷各项目分析

对预测问卷结果进行统计分析。在进行探索性因素分析前,对问卷进行项目分析。计算各题项的CR值,即将各题得分从高分到低分排列,选取前27%为高分组,后27%为低分组,对两组平均数进行差异显著性检验,得到CR值。然后进行偏态和峰度分析,将偏态绝对值大于1者及峰度绝对值大于2者删除,后再删除鉴别度不显著及与总分相关不显著的项目。结果显示,每个题目与总分之间的都呈显著相关,故未有删除题目,具体情况见表4-2。

2. 学校发展量表的效度分析

(1) 探索性因素分析

为检验调查数据是否适合做因素分析,对152位教师的初始问卷数据进行了Bartlett球形检验,检验值为4402.107,显著性水平为0.000,说明变量间有共享因素的可能性。同时样本适应值KMO为0.951,表明样本适合做因素分析,先采用主成分分析法抽取公共因子,求得初始负荷矩阵,再用最大变异法求出最终的因素负荷矩阵。根据Cattle所倡导的特征图形的陡坡检验,以及各因子的题目数不能低于3个(陈红、冯文锋、黄希庭,2006),同时为了获得一个更为有效的测评工具,删去了单独成一个维度的题项:13,剩余题目旋转后因素负荷量最小为0.474,故最终量表为30题。考虑到删除题项后,整个因素结构可能会改变,再进行一次因素分析,发现KMO系数为0.952,4375.503($df=435, p<0.001$),特征值大于1的因素有3个,3个因素的贡献率分别为59.88%、5.08%、4.22%,解释总变异量为69.18%(详见表4-2)。

此外,碎石图显示在第4个因子处开始形成碎石,且前3个因子的独立性非常明显,故抽取3个因子较为合适,分别命名为“学校发展规划”“人力资源管理”“学校组织运作”(详见图4-2)。

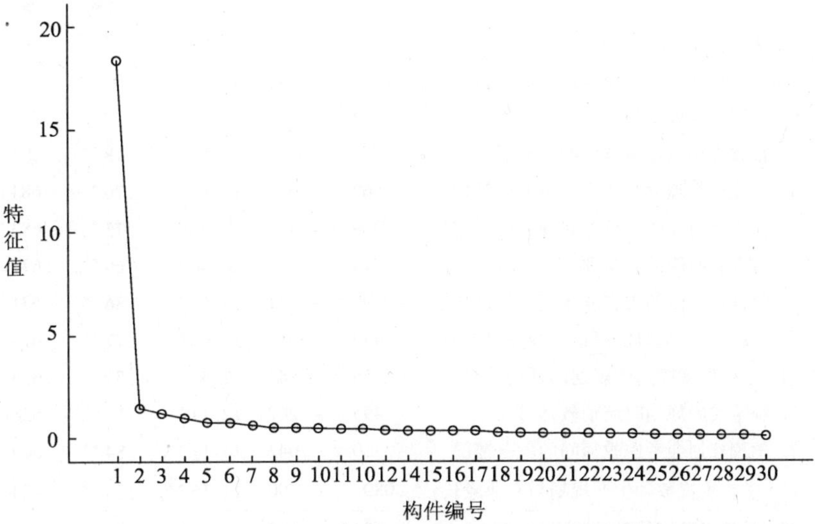

图4-2 学校发展量表的碎石图

(2) 学校发展量表与各因素间相关分析

本研究通过各因子之间以及各因子与总量表之间的相关,来检验量表的结构效度。由表4-3可知,各因子间均具有显著高度相关,相关系数介于0.77~0.80($p<0.01$)之间,这说明三个因子既方向一致,又有所差异不可替代。学校发展总量表与学校发展规划、人力资源管理、学校组织运作均达到显著正相关,相关系数介于0.90~0.94之间,为高度相关,这表明各因子与总体概念一致。由此可见,该量表编制的结构体系和效度符合研究学校发展的总体要求。

表4-3 学校发展量表与各因子之间的相关系数表

研究变量	1	2	3	4
学校发展总量表	1			
学校发展规划	0.94**	1		
人力资源管理	0.94**	0.80**	1	
学校组织运作	0.90**	0.77**	0.80**	1

注:* $p<0.05$, ** $p<0.01$, p 为机率值(Prob-value)。

表 4-2　学校发展量表的题目分析与效度分析结果

构面	题　目	偏度	峰度	鉴别度	与总分相关系数	因素载荷量	解释变异量
学校发展规划	5. 学校了解自身的环境特色	-.618	.319	11.01**	.76**	.767	
	10. 学校工作按照学校发展规划进行	-.613	.533	13.57**	.82**	.763	
	9. 学校的发展规划是合理可行的	-.334	.354	12.14**	.79**	.726	
	6. 校领导相当重视学校的发展规划	-.672	.344	12.18**	.78**	.691	
	4. 学校办学理念能适应快速变化环境	-.662	.767	10.89**	.76**	.684	
	8. 积极参与能够学校发展规划的制定	-.269	-.418	12.28**	.75**	.683	
	1. 学校有明确的办学理念	-.714	.512	8.34**	.69**	.673	59.88
	3. 学校各方面的工作能体现办学理念	-.099	-.541	15.13**	.86**	.671	
	12. 校领导会适时的修正学校发展方向	-.460	.301	11.28**	.77**	.665	
	11. 学校发展能达到规划的预期效果	-.025	-.544	12.58**	.81**	.639	
	7. 制定发展规划时鼓励教师参与	-.495	-.267	12.11**	.77**	.628	
	2. 学校规划会考虑教师间的配合情况	-.310	-.042	14.11**	.84**	.569	
	25. 学校重视教师生涯规划与专业成长	.089	-.790	11.55**	.78**	.474	
人力资源管理	24. 学校有良好的激励制度	-.193	-.167	14.02**	.81**	.745	
	31. 教师大多能保持身心健康的状态	-.515	.272	9.35**	.64**	.737	
	30. 学校发展目标与教师价值观一致	-.099	-.433	15.32**	.85**	.712	
	22. 学校有给教师解压的设备与途径	.036	-.405	12.20**	.74**	.707	
	23. 学校有畅通的沟通渠道	-.175	-.330	13.57**	.79**	.698	5.08
	27. 学校能公正、公平、公开考评教师	-.327	-.322	13.83**	.79**	.679	
	26. 学校依教师的工作能力与表现考核	-.320	.103	14.02**	.81**	.658	
	28. 学校注重教师间的工作分享与交流	-.259	-.632	14.88**	.84**	.656	
	21. 教师工作遇到困难时,学校会帮助	-.453	.045	13.03**	.77**	.635	
	29. 学校鼓励教师参与校外的进修活动	-.329	-.489	13.86**	.79**	.615	
学校组织运作	19. 聘任老师时会考虑到教师的专业能力与工作胜任力	-.265	-.376	12.65**	.78**	.763	
	18. 学校根据实际需求聘任教师	-.292	-.042	11.16**	.74**	.760	
	16. 在校学生对各项学习活动态度认真	-.594	.592	8.33**	.68**	.678	
	17. 家长对学校各方面评价较好	-.212	-.102	10.53**	.79**	.666	4.22
	15. 学校教师对教学活动能用心准备	-.471	.008	7.97**	.66**	.624	
	14. 校领导制订活动计划时能相互协商	-.475	.854	10.92**	78**	.613	
	20. 分配工作时考虑教师的专业与才能	-.606	1.103	10.14**	.72**	.557	
学校发展总量表							69.18

注：* $p<0.05$，** $p<0.01$，p 为机率值（Prob-value）。

（3）学校发展量表的验证性因素分析

由以上分析得到学校发展量表以学校发展规划、人力资源管理、学校组织运作三个维度为其基本结构。将经过以上项目分析和探索性因素分析所保留下来的30个题目组成正式问卷进行施测,并对施测结果进行验证性因素分析。

为了考察构想模型与实际模型拟合度,以及项目与各因子之间的关系,对该模型的指标适配度、整体模式适配度及模式内在适配度等三方面加以评量。在众多的拟合性指标中,x^2是最常用的,它与自由度一起使用可以说明模型正确性的概率,x^2/df是直接检验样本协方差矩阵和估计协方差矩阵间的相似程度的统计量,它的理论期望值是1,x^2/df越接近1,表示协方差矩阵和估计的协方差矩阵之间的相似程度越大,模型的拟合性越好。实际研究中,x^2/df接近2,则认为模型的拟合性是比较好的(冯廷勇、苏缇、胡兴旺、李红,2006),本研究中x^2/df的值为1.240,说明该模型的拟合度良好。此外RMR = 0.027,NFI = 0.907 > 0.900,IFI = 0.981 > 0.900,CFI = 0.980 > 0.900,RMSEA = 0.040 < 0.080,均达到理想标准,这表明三个因子模型可以和复测数据项拟合。因此,学校发展量表模型包括三个一阶因子,即学校发展规划、人力资源管理、学校组织运作,共30个题项。

为了得到更精确的模型,进一步分析三因子的二阶模型。该模型的参数分别为x^2 = 438.876,df = 354,x^2/df = 1.240 < 3,RMSEA = 0.040 < 0.080,RMR = 0.027,NFI = 0.907 > 0.900,IFI = 0.981 > 0.900,CFI = 0.980 > 0.900(详见表4-4),这些参数都表示该模型能达到理想的拟合。

学校发展模型及标准化路径系数见图4-3。

表4-4　学校发展量表的验证性因素分析模型主要拟合指数

模型	CMIN	DF	CMIN/DF	RMR	NFI	RFI	IFI	TLI	CFI	RMSEA
一阶模型	893.453	402	2.223	0.035	0.810	0.795	0.886	0.876	0.885	0.090
二阶模型	893.453	402	2.223	0.035	0.810	0.795	0.886	0.876	0.885	0.090
二阶修正后	438.876	354	1.240	0.027	0.907	0.886	0.981	0.976	0.980	0.040

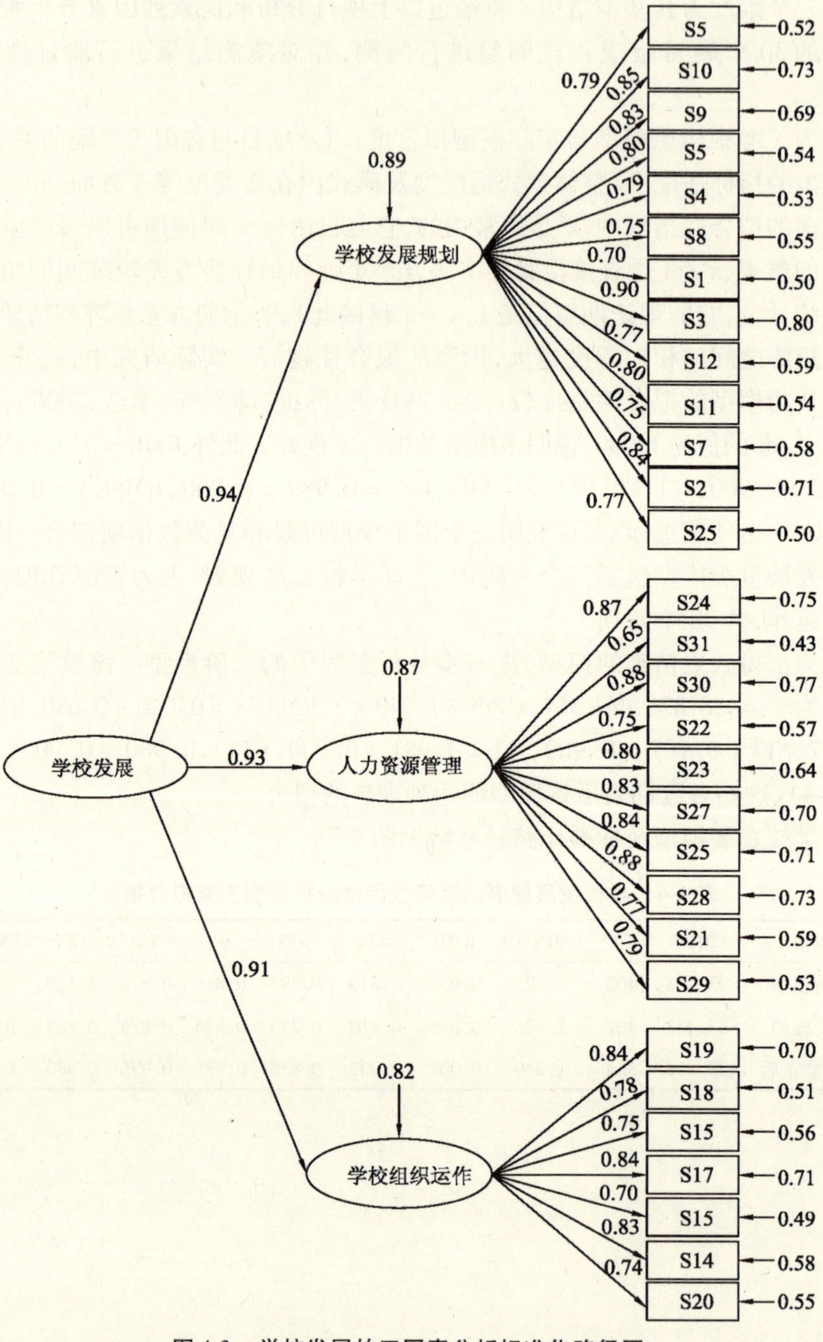

图 4-3　学校发展的三因素分析标准化路径图

(4) 学校发展量表的信度分析

将量表进行内部一致性分析,透过内部一致性系数的观念求算 Cronbach's α 系数,以确认本量表内部结构一致性与同构性,结果显示总量表的 Cronbach's α 系数为 0.976,一般认为,α < 0.35 为低可靠性;0.35 ≤ α ≤ 0.75 尚可;α > 0.75 为高可靠性(殷小川、薛祖梅,2009),表示其内部一致性水平较高。学校发展量表 3 个因子的信度分别为 0.957、0.950、0.916;折半信度分别为 0.941、0.925、0.896,均达到良好水平,表示该量表及各构面都具有可靠的信度(具体见表 4-5)。

表 4-5 学校发展量表的信度

项目	Cronbach's α	折半信度
学校发展规划	0.957	0.941
人力资源管理	0.950	0.925
学校组织运作	0.916	0.896
学校发展总量表	0.976	0.933

3. 学校发展的现状分析

苏州地区中小学教师对学校发展的认知呈较高水平(平均数皆接近 4 分)。其中以人力资源管理的认同度最低,而以组织运作的认同度最高。

表 4-6 学校发展量表的描述性统计

项目	平均数(*M*)	标准差(*SD*)
学校发展总量表	3.82	0.57
学校发展规划	3.85	0.61
人力资源管理	3.73	0.64
学校组织运作	3.92	0.56

4. 不同背景的教师对学校发展现状的认知差异分析

本段主要探讨不同教师的人口变量在学校发展方面是否显著差异。其中,教师的人口变量分别为学校类别、性别、年龄、职位、学历、工作年限、学校特色七项,使用单因子 ANOVA 分析,以检验其差异性,最后进行 Scheffe 比较。

(1) 不同学校类别的教师对学校发展的认知差异分析

研究发现,不同学校类别的教师在组织运作分量表及学校发展总量表上产生显著差异(p 分别为 0.013 和 0.033,均小于 0.05)。事后鉴定发现,高中教师对学校发展、组织运作的认同度显著高于小学教师(详见表 4-7)。

表 4-7　不同学校类别的教师对学校发展的认知差异分析

因素名称	学校类别			F值	P值	Scheffe 比较
	a:小学 N = 110	b:初中 N = 108	c:高中 N = 127	Wilks'Lambda = 0.970, p = 0.109		
学校发展	3.72	3.83	3.91	3.46	0.033*	a < c
发展规划	3.76	3.85	3.94	2.47	0.086	
人力资源管理	3.62	3.77	3.81	3.01	0.051	
组织运作	3.80	3.92	4.01	4.41	0.013*	a < c

注：* 表示 $p < 0.05$，p 为机率值(Prob-value)。

(2) 不同性别的教师对学校发展的认知差异分析

研究发现，不同性别的教师在学校发展规划、人力资源管理、组织运作分量表及学校发展总量表上均未产生显著差异($p > 0.05$)(详见表 4-8)。从平均数看，男性教师对组织运作的认同度最高，为 4.00。

表 4-8　不同性别的教师对学校发展的认知差异分析

因素名称	性别		F值	P值	Scheffe 比较
	a:男 N = 117	b:女 N = 226	Wilks'Lambda = 0.984, p = 0.485		
学校发展	3.90	3.78	1.91	0.149	
发展规划	3.93	3.81	1.39	0.250	
人力资源管理	3.81	3.69	1.68	0.187	
组织运作	4.00	3.87	2.31	0.101	

(3) 不同年龄的教师对学校发展的认知差异分析

研究人员还发现，不同年龄的教师在发展规划分量表上产生显著差异($p = 0.049$，小于 0.05)。从平均数看，29 岁以下年轻教师对学校组织运作的认同度最高，为 4.01，但事后鉴定发现并不显著(详见表 4-9)。

表 4-9　不同年龄的教师对学校发展的认知差异分析

因素名称	年　龄				F值	P值	Scheffe 比较
	a:29 岁以下 N = 82	b:30 – 35 岁 N = 121	c:36 – 40 岁 N = 65	d:41 岁以上 N = 75	Wilks'Lambda = 0.966, p = 0.240		
学校发展	3.95	3.82	3.83	3.70	2.55	0.056	
发展规划	3.97	3.85	3.89	3.70	2.65	0.049*	◎
人力资源管理	3.89	3.73	3.70	3.62	2.43	0.065	
组织运作	4.01	3.91	3.93	3.83	1.44	0.232	

注：◎表示经 *Scheffe* 检定，任两群体间皆无显著差异；* 表示 $p < 0.05$，p 为机率值(Prob-value)。

(4) 不同职位的教师对学校发展的认知差异分析

研究发现,不同职位的教师在学校发展规划、人力资源管理、组织运作分量表及学校发展总量表上均未产生显著差异($p>0.05$)。从平均数来看,兼任行政职务的教师对学校组织运作的认同度最高,为3.97(详见表4-10)。

表4-10 不同职位的教师对学校发展的认知差异分析

因素名称	职位		F值	P值	Scheffe比较
	a:普通教师 N=281	b:教师兼行政 N=54	Wilks'Lambda = 0.995, p=0.660		
学校发展	3.81	3.89	0.90	0.345	
发展规划	3.83	3.94	1.39	0.239	
人力资源管理	3.72	3.78	0.42	0.516	
组织运作	3.91	3.97	0.522	0.471	

(5) 不同学历的教师对学校发展的认知差异分析

研究发现,不同学历的教师在学校发展规划、人力资源管理分量表及学校发展总量表上产生显著差异(p值分别为0.050、0.046、0.044,均小于或等于0.05)。事后鉴定发现,拥有专科学历的教师对学校发展、人力资源管理的认知显著高于拥有本科学历的教师,对发展规划的认知不显著。但从平均数看,拥有本科学历的教师对学校组织运作的认同度最高(详见表4-11)。

表4-11 不同学历教师对学校发展的差异分析

因素名称	学历			F值	P值	Scheffe比较
	a:专科 N=43	b:本科 N=265	c:硕士及以上 N=20	Wilks'Lambda = 0.978, p=0.299		
学校发展	3.62	3.85	3.83	3.15	0.044*	a<b
发展规划	3.64	3.89	3.87	3.03	0.050*	◎
人力资源管理	3.50	3.76	3.74	3.11	0.046*	a<b
组织运作	3.77	3.94	3.93	1.66	0.191	

注:◎表示经*Scheffe*检定,任两群体间皆无显著差异;* 表示$p<0.05$,p为机率值(Prob-value)。

(6) 不同工作年限的教师对学校发展的认知差异分析

研究发现,不同工作年限的教师在学校发展规划、人力资源管理、组织运作分量表及学校发展总量表上均产生显著差异($p<0.05$)(详见表4-12)。事后鉴定发现,工作1—5年的教师对学校发展、发展规划、人力资源管理、组织运作的认同度显著高于工作11年以上的老教师,且工作1—5年的教师对人

力资源管理的认同度也显著高于工作6—10年的教师。

表4-12　不同工作年限教师对学校发展的认知差异分析

因素名称	工作年限			*F* 值	*P* 值	*Scheffe* 比较
	a:1－5年 N=63	b:6－10年 N=105	c:11年以上 N=165	*Wilks'Lambda* = 0.964, $p=0.064$		
学校发展	4.01	3.79	3.75	5.08	0.007**	a>c
发展规划	4.01	3.84	3.77	3.64	0.027*	a>c
人力资源管理	3.96	3.68	3.65	5.64	0.004**	a>b,a>c
组织运作	4.07	3.89	3.85	3.87	0.022*	a>c

注：* 表示 $p<0.05$，** 表示 $p<0.01$。p 为机率值(Prob-value)。

（7）对学校特色认知不同的教师对学校发展的认知差异分析

研究发现，对学校特色认知不同的教师在学校发展规划、人力资源管理、组织运作分量表及学校发展总量表上均产生显著差异($p<0.05$)（详见表4-13）。事后鉴定发现，认为学校有特色的教师对学校发展、发展规划、人资管理及组织运作的认同度显著高于认为学校特色不明显及没有特色的教师。

表4-13　对学校特色认知不同教师对学校发展的认知差异分析

因素名称	对学校特色认知			*F* 值	*P* 值	*Scheffe* 比较
	a:有 N=251	b:不明显 N=73	c:没有 N=16	*Wilks'Lambda* = 0.704, $p=0.000$		
学校发展	3.98	3.42	3.27	44.40	0.000***	a>b,a>c
发展规划	4.04	3.35	3.13	665.4	70.000***	a>b,a>c
人力资源管理	3.87	3.36	3.28	25.91	0.000***	a>b,a>c
组织运作	4.03	3.62	3.51	21.90	0.000***	a>b,a>c

注：*** 表示 $p<0.001$，p 为机率值(Prob-value)。

（四）讨论与分析

1．学校发展量表的信效度分析

量表的编制方面，本研究查阅国内外相关文献后，在以往研究的基础上更加全面、系统地了解了学校发展的内涵及其重要性。依此通过开放式问卷调查和个别访谈、征求专家意见等方式和途径，编制了学校发展初试问卷，再经过小样本施测、分析并修改后，形成了正式的学校发展量表。量表共包括30个项目，分为学校发展规划、人力资源管理、学校组织运作三个因子。每一个因素项目含义清楚、可解释性强，表明本量表的结构效度较好。

同时，本研究考察了各因子的内部一致性信度，结果表明各因子与总量表的α系数符合要求，其中学校组织运作的α系数最低，学校发展规划的α系数最高，各维度均达到可接受的水平，说明量表具有较高的信度。此外，学校发展量表与学校发展规划、人力资源管理、学校组织运作均达到显著正相关，相关系数介于0.90～0.94之间，且各因子间均达到显著相关。因此，该研究对于了解学校发展状况具有全面性、科学性和实际性，研究的步骤和构思也比较正确、客观与合理，基本能够得出实证的结论。

2. 学校发展量表的结构

经项目分析与探索性因素分析后，量表的构面与构想相一致，分别为学校发展规划、人力资源管理、学校组织运作。通过分析相关文献与访谈结果发现，学校发展规划、人力资源管理、学校组织运作是影响学校发展的三个主要因素。学校发展规划具有方向性、引导性，能够调动各方面的积极因素，为学校发展获得广泛的资源。量表中的学校发展规划主要包括学校成员能够积极参与学校发展规划的制定，学校有明确的办学理念，校领导会适时的修正学校发展方向等题项，这与楚江亭（2006）提出的学校发展规划应包括的四个方面的内容相一致。人力资源管理包括学校有良好的激励制度，有缓解教师压力的设备与途径，有畅通的沟通渠道，对教师的考评是公正、公平、公开等题项。学校组织运作包括学校根据实际需求聘任教师，校领导制订活动计划时能相互协商，分配工作时学校会考虑教师的专业与才能等题项。综合量表的结构内容可见，本量表能够较全面地了解学校发展的相关内容，且量表中各题项表意清晰，较符合教师的语言习惯，题项得分越高表明教师对学校发展的认可度越高。

学校发展量表的探索性因素分析结果显示有三个主因子，分别是学校发展规划、人力资源管理、学校组织运作。同时，测量结果基本满足主要的测量指标，与理论结构基本吻合。可见，本研究编制的学校发展量表具有较高的信效度，可以作为测量学校发展的工具。但本研究也存在一些局限，一方面，量表的被试样本均来自苏州地区，是否适用于其他地区，相应的信效度还需要后续研究的进一步支持，这势必会影响量表的推广；另一方面，量表包含的三个方面——学校发展规划、人力资源管理、学校组织运作，所涉及的内容能否全面有效地反映学校发展的真实情况，还有待于后续研究的进一步的验证和补充支持。

3. 苏州地区中小学学校发展处于较高水平

根据本研究可以发现，苏州地区中小学教师对学校发展的整体认同度高，其中，对组织运作的认同度最高，对学校人力资源管理的认同度最低。这可能因为学校领导在研拟各项活动计划时能做好协商工作，在聘任教师时会根据学校的实际需求进行，分配工作时会考虑到教师本身的专业与才能，在较好的组织运作条件下，教师们能够用心准备各项教学活动，所以对组织运作的认同度也高。有研究表明，可信赖的领导者是促使学校更有效地管理其关键的人力资源的基础(Kyla & Karen, 2008)，故教师对学校人力资源管理的认同度最低可能是因为学校领导在工作中未能充分考虑到教师的实际需求；亦可能在遭遇困难时学校缺乏良好的沟通方式；或者平时对教师的身心健康关注不够；或者激励机制不足以提高教师的工作激情，也许日常考核未能做到真正的公正、公平、公开，导致教师对学校领导者信任度不够……如此种种都会直接或间接的影响教师对学校人力资源管理的认同度。

4. 不同背景的教师对学校发展的认知存在显著差异

本研究表明，不同学校类别、学历、工作年限、对学校特色认知不同的教师，对学校发展的认知存在显著差异。高中教师对学校发展、组织运作的认同度显著高于小学教师，这可能是因为高中阶段教师更关注自身职业前景的发展，希望通过合理的组织运作促进学校的良性发展，借以实现自身职业的发展；而小学教师天天与天真的孩子在一起，工作环境较舒适、心态较开朗，因而对学校发展与组织运作的关注度较低。

拥有专科学历的教师对学校发展、人力资源管理的认知显著高于拥有本科学历的教师，对发展规划的认知不显著。这可能是由于专科学历教师因为自身学历不高迫切需要借助学校的发展、借助良好的人力资源管理制度来激励其为学校作贡献，以实现其人生价值；同时学历的限制可能导致拥有专科学历的教师忽视学校发展规划，影响其对发展规划的认知。而本科教师因学历层次较高而有一种优越感，影响其对学校发展的认知。

工作1—5年的教师对学校发展、发展规划、人力资源管理、组织运作的认同度显著高于工作11年以上的老教师，且工作1—5年的教师对人力资源管理的认同度也显著高于工作6—10年的教师。工作1—5年的教师属于新进教师，他们对学校的发展规划、人力资源管理、组织运作寄予了很高的期望，希望能在新的环境中有一番建树，故对学校发展趋于认同而欲尽快融入新环境。而工作6—10年及11年以上的教师属于老教师，对学校的各项规章制度比较熟悉，因为熟悉而变得理所当然，进而影响其对学校发展的认知。

认为学校有特色的教师对学校发展、发展规划、人力资源管理及组织运作的认同度显著高于认为学校特色不明显及没有特色的教师。特色是学校的形象代表之一，也是保持学校发展的动力，对学校办学特色的认同即是对学校发展的认同。以质量求生存，以特色求发展，应该成为学校发展的共识，因此，学校应该努力创造适合自身发展的办学特色，塑造学校良好的形象，以此增强教师对学校发展的认同度与满意度。

第五章　学校发展规划

学校发展的战略性规划是学校发展的重中之重。在教育行政部门制定的学校发展评估标准中,明确要求学校应制定详细可行的发展规划。学校发展规划明确了学校的现状和存在的问题,指明了学校的目标和发展方向,并确定了为实现目标所需的投入和优先要解决的问题。本章主要介绍学校发展规划的内容及特点、制定过程与方法,在此基础上,本研究采用访谈法与问卷法对苏南地区中小学学校发展规划进行调查,了解该区域学校发展规划的现状、在发展过程中遇到的问题及学校解决的方案和措施,为学校科学、合理地制定发展规划提供翔实而有效的参考。

一、学校发展规划概述

(一)学校发展规划的界定

学校发展规划(School Development Planning, SDP)是上世纪80年代出现于西方国家并在国际上兴起的一种新的改变学校管理的模式,90年代后期随着国际教育合作项目进入我国。它最早出现于英国,随后爱尔兰、澳大利亚、新西兰、丹麦、美国、荷兰等国家也开始推行这一项目。近年来它成为一种在国际上流行的改进学校管理、提高学校教育教学质量的技术方法。随着素质教育的全面推进和发展、学校管理改革的深化和学校自主发展意识的增强,通过制定规划促进学校发展已是众多学校提高办学水平、促进管理效能的重要方式,并成为学校工作的重要组成部分。

关于学校发展规划的界定,不同学者有不同说法,目前尚未有统一的定义。英国的哈格里夫和霍普金认为,学校发展规划是为了学校的发展、管理变化而采取的必要行动,是对学校发展过程进行描述且更为规范化的一种解释,是施加给学校的一种具有创造性的革新方式(楚江亭,2008b)。爱尔兰教育科学部认为学校发展规划是关于学校教育、发展目标和达到目标的计划文件体系,它既涉及学校资源的管理与调配,也涉及学校课程的设置安排;既包括各种规章制度及学校实施国家教育方针和制度的策略,也包括学校发展空间、时间、设施设备、财政及教职工的计划(引自李小红,2005)。我国有学者认为,学校发展规划是指一所学校根据国家或地区教育发展的战略规划，结合自身条件，对学校未来三至五年内要达到的目标和发展途径（如发展目标、发展规模与速度、组织结构、人力资源、办学条件和实施策略等）所做的安排（范国睿，张敏，2007）。中英甘肃基础教育项目成果《学校发展规划》中对学校发展规划的定义为：在学校层次，通过自下而上的方式所制订出的计划，是由学校和社区自主所做的关于学校未来发展的计划，而不是由外界替学校制订的计划。学校发展规划最主要的是分析学校的现状和主要问题，明确未来的主要目标、所需的投入及优先要解决的问题。

随着我国基础教育改革的不断推进，越来越多的教育行政部门和学校认识到学校发展规划的重要价值，它是深化基础教育改革、提高学校办学水平和学校管理效能、促进学校发展的重要途径和手段。学校发展规划为转变管理思想、凝聚各方共识、分析诊断学校存在问题、帮助学校持续发展提供了一个有效的平台（王俊霞，2005）。

（二）制定学校发展规划的意义

制定和实施学校发展规划的根本目的是推动学校发展，应对学校发展过程中内外环境变化是制定学校发展规划的直接动机，得到各方对学校办学的支持、调动各方参与的积极性是学校发展规划的直接目标。学校发展规划在学校管理中具有引领、规范、导向作用，能够凝聚人心，形成合力，共同推动学校不断发展。这是制定学校发展规划的一般动机和目的，但具体到一所学校，除了这些共同的一般性目的外，通常都会有自己独特的具体目的，概括起来主要有以下类型：

从外部看，制定学校发展规划通常有两种考虑。一是通过制定和实施学校发展规划，可以使社区和学校更好合作，共同发现学校面临的问题、原因和需求，共同承担起改善的责任；二是通过制定和实施学校发展规划，可以加强学校和教育行政部门之间的联系与沟通，尽可能多地得到上级主管部门和社会各界人士的支持。从内部看，当学校发生搬迁、合并、升格、降格等重大变动的时候需要制定规划；随着教育形势发展，学校的任务和使命发生变化，现实对学校提出了新的要求，为了应对这样的要求和变化需要制定学校发展规划；当学校不满足目前的地位和处境，希望改变自己当前的发展状况，需要制定学校发展规划；当学校内部发生人事等重大变动，办学思想作出调整的时候，面临新的问题需要解决，也需要制定学校发展规划。

总之，制定学校发展规划可以帮助学校成员详细地了解学校需要和可以利用的资源，并最大程度地争取和满足学校发展所需要的资源，有助于学校更快、更好地发展，促进学校与社区的共同进步。通过科学设计和全面实施学校发展规划，强化了校本管理机制、提高了社区参与的程度，充分调动各方面的资源和能动性，最终达到提高教学质量、更好地满足社会多方面需求的目的，有助于真正形成“人民教育人民办，办好教育为人民”的良好格局。

（三）学校发展规划的结构与内容

学校发展规划是一个系统的规划。通过对学校发展的整体设计，可以促进学校管理效能的提高和学生的全面发展，它涉及学校发展方向、课堂教学、学校管理及学校文化建设等。从上世纪 80 年代至今，不同的国家制定学校发展规划有不同的侧重点，但不管怎样，学校发展规划还是包含了一些相对一致的内容，概括起来，主要有以下几个方面：

1. 学校现状分析

学校现状分析是学校进行发展规划的前期准备，是学校发展制定的基础。学校发展规划的制定是建立在科学地分析学校发展的基础之上，学校发展主要有外部分析与内部分析两个层面。外部分析主要包括对学校所处的政治、经济、文化与技术环境等因素进行分析；内部分析通常要考虑学校内部组织系统、组织结构、战略、领导风格、组织成员、技能以及组织内共享的文化价值等因素。学校组织的外部环境分析主要为学校发展提供社会对学校发展的影响与需求。学校组织的内部条件分析则为学校发展规划的制定与实施提供了可能与保障。

2. 发展目标

对学校发展目标进行定位是学校发展规划的重要步骤。学校发展目标主要是对学校现状的科学分析和对学校未来发展趋势的科学预测，陈述学校在某一时段的发展程度和发展方向。发展目标主要包括国家与社会的教育目标、学校组织发展目标和学校工作目标。其中，学校组织发展目标包括学校整体发展目标和培养目标，而学校工作目标又包括学校管理目标、德育工作目标、学校课程建设目标、教学工作目标、体育工作目标和教师发展目标等（刘砚秋，2005）。

3. 发展要素

发展要素是学校发展规划的主体部分，它是指学校要重点发展的若干项目与领域，是依据教育改革的要求和学校特色创建的需要，选择学校优先发展的项目，明确完成优先发展的项目所需的时间和条件。学校发展目标确定之后，就要进行学校发展的要素设计，即根据学校发展的实际情况，将学校发展目标具体细化为多个发展任务、项目以及每一项目的具体内容。学校的发展要素主要包括：学校管理改革、教学和德育改革、学校课程体系建设、体育与心理卫生保健工作、教育资源配置、师资队伍和学校文化建设、教育科研工作、后勤总务工作以及学校公共关系等(刘砚秋,2005)。

4. 行动计划

行动计划是对学校发展目标进行落实和实施的重要保障。学校的发展规划需要将学校的总体目标按层次进行分解,将目标体系具体化,形成阶段性目标。如按照规划的总体发展目标确定一个年度或学年的工作目标,然后根据年度或学年的工作目标,明确具体工作的操作步骤,即行动的计划。通过实施行动计划落实各种具体的目标,进而实现学校发展总体目标。学校发展的行动计划应当以具有"SMART"标准,即 Specific(具体)、Measurable(量化)、Agreed and Achievable(各方认同、可实现)、Realistic and Relevant(真实、联系学校实际)、Timed(确定时限)(俞伟娟,2008)。

5. 保障系统

发展目标的实施需要一系列的保障,主要涉及人、财、物等必要资源及其相关制度。对于学校来说,其发展目标实施的保障主要是指内部管理体制、运行机制和经费运筹机制。中小学目前普遍碰到的科室划分、机构设置以及后勤管理等问题就是一般的内部管理机制问题,而这些问题如果解决不好将阻碍学校发展目标的顺利实现,进而阻碍学校的发展。

此外,学校发展规划还涉及监控和评价的问题(朱红霞,2005)。虽然监控和评价是规划实施过程中的事情,但是实施监控和评价有助于学校发展规划过程中的进一步完善和修订计划,因此学校也应重视建立发展规划的监控和评价机制。

(四) 学校发展规划的特点

1. 系统性

每所学校由各个具体的部门组成,这些部门分别负责课程教学、德育、校园文化建设、学生课外活动、家长学校、学校与社区之间的联系,各个部门构成学校的组织系统。学校组织是作为一个整体而存在和发展的,学校的发展不能割裂各子系统之间的有机联系,而只有加强其联系,才能有效地促进学校系统的整体发展。因此,学校发展规划必须运用系统思维的方法对学校今后发展作整体思考,做好宏观战略规划和微观意义上各部门的具体行动规划,最终把它整合为有内在结构的整体的学校发展规划。

2. 引领性

学校发展规划不仅仅是制定或实施一个文本,也是用来指导学校未来的工作或活动的纲领和计划,它需要面向未来,要表明未来某时段学校发展的状态。它既要含有预见的成分,保持一定的先进性;同时也要立足学校实际,在现实的基础上提出发展要求,创造发展的条件,制定发展的措施,指向学校未来的发展。因此，学校发展规划的确定意味着学校办学理念的更新，它要求学校成员对学校进行系统思考，通过不断反思和学习，对学校发展进行理性分析，并在此基础上对学校今后的发展策略、目标定位、发展内容及保障制度、监控措施等进行统筹规划。可见，面向未来的发展规划带有明确的指向性，将在未来的发展周期内引领学校工作的全面开展，这就是学校发展规划的引领性。

3. 可操作性

制定学校发展规划的一个重要原则就是具有可操作性（徐敦楷，2003；陈建华，2004）。学校发展规划不仅仅是提出学校发展的目标或设想，而是一个制定、实施和评价的系列活动与过程。它要求学校在对自身进行诊断的基础上，根据学校发展的目标要求，设计、实施计划，最终对计划进行评价，这是一个循环的过程，要求计划的内容切实可行、便于操作，并在实施中不断修正、完善，从而有效地提高学校管理水平和教育效能（陈建华，2004）。

4. 灵活性

学校未来的发展具有不确定性，学校发展规划虽然承认未来发展过程中的不确定性，但同时又强调人的认知能力是有限性与无限性的统一，强调在不断反思、持续改进的学习过程中探索学校未来发展的策略。学校发展过程中面临着外部条件和环境的变化以及其他不确定的因素，这就使得学校发展目标并不是一成不变的，因此需要根据不同的条件和环境适时地调整目标，以适应学校的发展，因此学校发展规划必须具有一定的灵活性（王俊霞，2005）。

5. 独特性

学校特色发展是教育改革与发展的必然诉求。通过特色学校建设这种内涵式的发展道路，合理并充分利用学校的既有资源，发掘并扩大优质资源，从而在国家有限的教育投入下吸引更多的优质教育资源，促进学校更好地发展，这是学校发展的趋势所在。学校与社会相对独立、学校以个体方式生存与发展、学校实践主体的特色意识与创造个性是决定学校特色发展的三重前提。其中，学校与政府和市场的关系、与社区的关系、与文化的关系、与人的关系是影响当今中国学校特色发展水准的四大问题（李松林，2010）。因此，在学校发展规划的制定中，既要挖掘和发展学校已有的特色资源，也要对学校未来的特色建设作出规划和保障，并以该规划的实施来促进学校特色的形成与彰显。

6. 协同性

学校发展规划在本质上是一个协同的过程，它把学校共同体的各种力量凝聚在一起，共同勾勒学校发展的使命、愿景和目标，共同完成学校发展的大业。一个学校的领导，必须要想社会、家长所想，急社会、家长所急，办社会、家长所需，与社会、家长通力合作，才能形成一个校内外更广泛、更牢固的发展共同体，只有这样，才能促使学校规划更快、更好地落实（宋继东，2009）。

（五）制定学校发展规划应遵循的原则

制定一个好的学校发展规划，需要遵循一些基本的要求或原则，具体包含以下几个原则：

1. 前瞻性原则

规划是指向未来的，是一种对未来的判断和追求，要表明未来的发展状态（朱红霞，2005）。学校发展规划也应是对学校未来发展的一种需求和判断，应该具有预见性和方向性，这也是学校发展规划的最重要的两个特点。因此制定学校发展规划应遵循前瞻性原则。

2. 民主性原则

以往的规划主要是自上而下的，而学校发展规划的制定要求自下而上，它是教职工共同参与、凝聚共识达成的，要求教职工全员参与。编制学校发展规划，不仅是给学校未来发展把脉，也是给全校师生的未来命运定位。教职工是学校的主人，他们更加关心学校的未来。因此，学校发展规划不是几个领导闭门造车，而是要发扬民主，广开言路，调动教职工的积极性，共同为学校发展献计献策。另外，对学校已初步形成的发展规划，要广泛征询社会各界人士的意见，必要时可以组织论证，并且根据学校发展中出现的新情况、新问题，对规划作必要的修正，使其在实践中更加完善、更加科学，真正成为学校发展的纲领性文件（张凤山，2008）。

3. 实事求是原则

制定学校发展规划，一定要客观面对存在的问题，提供的相关数据必须准确而完整，既不要为遮“丑”而回避困难和问题，也不要为了争取资源而夸大面临的困难与问题。同时，在制定过程中，必须体现社区的参与，客观的反映社区对学校发展的需求，真实地反映学校发展的需要，确定目标、行动计划和措施都必须符合社区和学校的实际。

4. 切实可行原则

制定学校发展规划，要建立在对学校自身核心竞争力和优势的认知、培育的基础上。一定要有切实而具体的内容，不能搞没有操作性的大而空的计划。在努力实现教育投资效益的同时，也要符合学校现有办学条件的基本标准。这样，制定出来的学校发展规划才能切实可行，并得到有效的贯彻和落实。

5. 轻重缓急原则

制定学校发展规划，一定要分清楚主次，不要希望在短时间内解决学校面临的所有问题。要围绕解决学校最主要的困难和提高教育教学质量这两个核心主题，分析学校的现状和存在的问题，把困难和问题排序，看哪些问题是最关键的、必须优先解决的，然后按顺序提出相应的解决办法，制订体现轻重缓急的行动计划，使学校发展规划可以在现有的或可能的条件下付诸具体的实施。

6. 讲求效益、坚持标准原则

从某种意义上说，制定学校发展规划就是为了合理配置学校资源，获取尽可能多的效益。现阶段我国教育的基础还比较薄弱，投入教育的财力和物力有限，要想充分利用这些有限的资源，提高教育投资的效益，就必须制定科学合理的学校发展规划，避免不必要的资源浪费。

7. 突出核心竞争力原则

学校的核心竞争力是指与其他学校相比自己所存在的明显优势，如学校的办学特色等。要充分认识自己核心竞争力，学校就必须对自身的现状做全面深入的分析，从而在制定学校发展战略的时候抓住主要矛盾和矛盾的主要方面，处理好重点与非重点的关系。

(六) 制定学校发展规划的具体要求

一般而言，制定学校发展规划的具体要求包括以下几个方面的问题：

1. 确定参与制定的人员

学校发展规划要求多方面的广泛参与，广泛征询社区意见，并发动社区参与；积极与上级行政主管部门交流和沟通；还要听取家长和学生的意见；必要的时候请一些外部专家帮助分析诊断也会有很好的效果。

2. 分析学校发展的环境

在正式制定规划之前，学校应当了解本校现有的基础和状况，了解学校进一步发展所面临的问题和亟需解决的问题。主要分以下几方面的内容：首先，学校发展机遇分析，也称社会背景分析。就是要从国家以及地区的政治、经济、文化、教育政策等发展的走向来把握学校的未来发展趋势；其次，学校优势分析。就是要认识到学校在地理位置、课程建设、公共关系、师资、教学质量、生源以及硬、软件等方面所具有的优势和长处，同时也要进行学校劣势分析，分析存在的问题与薄弱之处，充分利用和发挥这些优势，以推动学校的良性运行和协调发展；再次，学校历史传统分析(楚江亭，2006a)。就是要在了解学校历史传统的基础上，使学校的办学传统得到积淀和升华。因此，分析学校发展的环境变化是制定学校发展规划的重要基础；最后，相关利益群体的需要分析。就是要在从相关利益群体的需要出发，制定合理的学校发展规划，促进学校的发展。这就要求重视与学校目前存在联系或者将来有可能发生关系的群体，并对其需要进行认真的调查、分析，将其合理的需要纳入学校的发展规划之中。

3. 诊断问题与确认关键问题

分析学校发展中的问题，并采取切实有效的措施解决这些问题，这是学校发展的现实需要。学校发展规划开发了专门的技术方法，如学校发展问卷、问题树、关键问题分析法、优化排序、对比排序等，并将此方法用于鉴别诊断学校发展中出现的问题，确定问题的主次和优化解决顺序。通过确定优先发展的项目（统率学校全局工作的总领性项目）明确学校的发展方向和教育目标（朱红霞，2005）。

4. 明确学校发展的目标

学校发展目标是规划的核心和关键，目标的形成通常是以学校发展的环境分析与问题诊断为基础而展开的。学校目标必须是明确的，有可以评估成效的标准，这样才能使教育改革活动的持续进行以及学校规划活动的实施、监控和评价等得以有序地进行。学校发展目标形成后，需要分解为阶段目标，需要确定目标的优先次序，也需要概括出相应的内涵而广为宣传以便使目标深入人心。为此，学校发展目标通常包括两个层次的表述，一是口号化的总目标，二是目标内涵的具体界定，一直描述到可以监测评估的程度（肖永革，2009）。

5. 制定措施并落实

学校发展目标确定后，需要制定相应的措施来实现目标，学校发展的措施是规划中列出的行动计划，它要求紧扣发展目标来制定，强调目标与措施的相互对应，不能直接支持目标实现的措施不能作为学校发展的措施，没有措施支持的目标不能作为学校发展的目标。对于那些间接支持目标、但又是必不可少的措施，通常会列入学校发展规划中的保障体系（即落实措施的条件）。

6. 监控、评价与调整

学校发展规划本质上讲是一种动态的过程，监控和评价有助于学校在这一过程中修订和完善规划。一方面，通过进行日常检查和评价以促进规划准时实施和完成，促进学校发展目标及各阶段性目标的实现。完成每项或每一阶段的计划活动之后，全面的评价工作也要及时跟进，要使相关人士参与到评价过程中来。另一方面，根据监控过程和评价结果对学校发展规划进行必要的、适时的调整，以使其更好地推动学校的发展（陈建华，2004b）。

7. 形成文本

学校发展规划的意义主要在于过程，但规划最终需要形成一个文本，主要包括：制定学校规划的起因，这是制定规划和实施规划的起点，需要简要说明；学校环境分析（包括历史、资源与竞争），分析的具体内容根据规划的起因确定；学校发展目标及其说明（总目标、目标内涵界定、阶段目标），目标来自对学校的分析，来自教职工的集体智慧；实现学校发展目标的战略措施，这些措施均是指向目标的；学校发展规划的保障体系，那些间接支持目标的措施通常作为保障措施，保障措施可以采用附件的形式，列出针对某一方面的分规划，比如师资队伍发展规划等，附件的篇幅长短都可以，主要是根据实际的需要。

（七）学校发展规划的制定方法与技巧

学校发展规划的制定首先要了解学校的现状、学校具有的优势和劣势、学校所面临的机遇与挑战等；其次，要对学校外部的资源进行分析，如所处的社区环境、社会经济背景等；再次，要明确学校发展过程中会出现的问题、问题的主次和轻重缓急，并确定学校的发展目标；最后，在确定学校发展目标，优先发展项目及解决学校发展中的问题的过程中，要听取校内外各方面人士的建议和意见（楚江亭，2008b；王俊霞，2005）。制定学校发展规划需要一定的方法和技巧，其方法主要有以下几种：

1. 头脑风暴法

头脑风暴法又称智力激励法、BS法、自由思考法，是由美国创造学家奥斯本于1939年首次提出、1953年正式发表的一种激发性思维的方法（王伟斌，2009）。头脑风暴法又可分为直接头脑风暴法（通常简称为头脑风暴法）和质疑头脑风暴法（也称反头脑风暴法）。前者是在专家群体决策时尽可能激发创造性并产生尽可能多的设想的方法，后者则是对前者提出的设想、方案逐一质疑，分析其现实可行性的方法。采用头脑风暴法组织群体决策时，要集中有关专家召开专题会议，主持者以明确的方式向所有参与者阐明问题，说明会议的规则，尽力营造融洽轻松的会议气氛。主持者一般不发表意见，以免影响会议的自由气氛，而是由专家们“自由”提出尽可能多的方案（徐宗品，2007）。

一次成功的头脑风暴除了在程序上的要求之外，更为关键是探讨方式，简而言之，这种方式即充分非评价性的无偏见的交流方式。具体而言，可归纳以下几点：

（1）自由畅谈

参加者不应该受任何条条框框限制，而是放松思想，让思维自由驰骋，从不同角度、层次、方位，大胆地展开想象，尽可能地标新立异、与众不同，提出独创性的想法。

（2）延迟评判

头脑风暴，必须坚持当场不对任何设想作出评价的原则。在会议现场，既不能肯定某个设想，又不能否定某个设想，更不能对某个设想发表评论性的意见，一切评价和判断都要延迟到会议结束以后才能进行（林宝华，2009）。

（3）禁止批评

绝对禁止批评是头脑风暴法应该遵循的一个重要原则。参加头脑风暴会议的每个人都不得对别人的设想提出批评意见，因为批评对创造性思维无疑会产生抑制作用。同时，发言人的自我批评也在禁止之列。

(4) 追求数量

头脑风暴会议的目标是获得尽可能多的设想，追求方案和设想的数量是它的首要任务。参加会议的每个人都要抓紧时间多思考，多提设想。至于设想的质量问题，自可留到会后的设想处理阶段去解决（石中和，2007）。

2. SWOT 分析法

SWOT 分析法又称态势分析法，它是由旧金山大学的管理学教授于 20 世纪 80 年代初提出来的，SWOT 四个英文字母分别代表：Strength（优势）、Weakness（劣势）、Opportunity（机会）、Threat（威胁），就是将与研究对象密切相关的各种主要的内部优势、劣势、机会和威胁，通过调查一一列举出来，并依照矩阵形式排列，然后用系统分析的思想，把各种因素相互匹配起来加以分析，从中得出一系列相应的结论，而结论通常带有一定的决策性。运用这种方法，可以对研究对象所处的情景进行全面、系统、准确的研究，从而根据研究结果制定相应的发展战略、计划以及对策等（海存福，2008）。

(1) 学校 SWOT 分析的内容

① 分析学校环境因素

运用各种调查研究方法，分析出学校所处的环境因素，即外部环境因素和内部环境因素。外部环境因素包括机会因素和威胁因素，外部环境是对学校的发展有直接影响的有利或不利因素，属于客观因素；内部环境因素包括优势因素和弱势因素，是学校在其发展中自身存在的积极和消极因素，属主观因素。在调查分析这些因素时，不仅要考虑到历史与现状，更要考虑未来发展问题。SWOT 方法的优点在于考虑问题全面，是一种系统思维，而且可以把对问题的“诊断”和“开处方”紧密结合在一起，条理清楚，便于检验（吕占相，2010）。

② 构造 SWOT 矩阵

将调查得出的各种因素根据轻重缓急或影响大小等排序，构造 SWOT 矩阵。在此过程中，将那些对学校发展有直接的、重要的、大量的、迫切的、久远的影响因素优先排列出来，而将那些间接的、次要的、少许的、缓慢的、短暂的影响因素排列在后面。

③ 制订行动计划

在完成环境因素分析和 SWOT 矩阵的构造后，便可以制订出相应的行动计划。制订计划的基本思路是：发挥优势因素，克服弱势因素；利用机会因素，化解威胁因素；考虑过去，立足当前，着眼未来。运用系统分析的方法，将排列与考虑的各种环境因素相互匹配起来加以组合,得出一系列可供学校未来发展选择的策略。

(2) 运用 SWOT 方法给自己的学校发展定位

中小学校长应该掌握 SWOT 方法,并熟练地将其运用到教育教学生活和学校管理工作之中,这样可以帮助校长更好地找准学校发展方向,选择适合学校发展的战略决策。学校的优势是指那些保障学校竞争力,并促使学校获得战略性领先,保证学校实现发展目标的那些较好的内部因素或特征,如可靠的办学资金来源,优良的办学传统,优秀的师资条件,学校和教师在学生、家长及社区人士心目中具有良好的形象和较高声誉等(海存福,2008)。劣势则指那些可能会给学校带来不利影响,并导致学校无法实现其既定目标的消极因素和内部特征,如缺乏明确的学校发展规划,教学设备陈旧落后,优秀师资力量流失等。学校的优势和弱势的判定需要借助于较优秀的学校,通过将自己的学校与之进行对比,进而找到自己的优劣。机会能帮助学校实现其超过自身既定的发展目标,并促使那些让学校发展实现良好转变、获得跨越式发展的因素出现,这些因素如出现新的生源群体、政府政策性利好消息的发布等。威胁则给学校发展带来不利影响,一方面,有可能影响学校当前发展,使学校无法实现既定目标;另一方面,它可能导致学校发展规划无法实施,影响学校未来的发展(吕占相,2010)。

(3) 中小学校长运用 SWOT 分析法时应注意以下几条原则

① 对学校进行 SWOT 分析不是校长一个人的事情。它需要校长、学校教育管理者、教师、学生、学生家长、社区热心教育人士、学校所在地企业界代表等所组成团队的讨论与合作;

② 校长对自己学校进行 SWOT 分析时,必须对学校发展的优势与劣势、机遇与挑战有较为客观和清晰的认识,确定优劣条件时必须与同类学校、特别是主要的竞争对手进行优劣势比较;

③ 对自己的学校进行 SWOT 分析时,必须明确区分学校的现状与前景,以实现学校未来愿景;

④ 对自己的学校进行 SWOT 分析时必须视野宽广,考虑全面。根据 SWOT 分析结果,做出决策或调整学校发展规划时要有民主意识、前瞻意识和创新意识;

⑤ 校长在对分析结果进行归纳整合时,要正视学校发展中的劣势和挑战,并树立信心,争取以最优的策略化劣势为优势,化挑战为动力;

⑥ 校长在做 SWOT 分析时,要尽量保持 SWOT 分析的简洁化,避免复杂化与过度分析;

⑦ 校长对学校的SWOT分析本身不是决策的最终目的，而是准确定位学校发展目标、发展战略，并科学决策，以提高学校教育教学质量，全面提升学校发展竞争力(海存福，2008)。

3. 社区参与

(1) 社区图

社区图是在访谈过程中通过访谈对象所绘制的反映一个社区和乡镇基本情况的地图，它不是严格意义上的地图，可以反映任何参与绘制成员认为重要的信息。如可以显示社区的教育经济文化状况及资源分布情况，从而使计划制订者清楚地明白哪些方面需要关注，哪些资源可以为我所用等，而且可以探究社区成员对学校的看法和意见、从而达到征求意见，寻求解决办法、获得社区支持的目的。由于这一过程纯粹是一种视觉活动，所以即使是不识字的人也可以参与。

(2) 社区大会

社区大会是在制定学校发展规划过程中规模和影响最大的活动，是集中征求社区意见最基本的方法之一，也是学校和社区沟通的主要方式之一。召开社区大会的首要目的是让社区成员集体讨论对学校教育的看法，特别是对子女上学读书价值的认识，还要听取社区成员对学校今后发展的展望，通过分析学校的现状，明确学校面临的主要问题及其相关的成因。同时，把征求到的问题按轻重缓急排出先后次序，探讨解决这些问题的各种方法，包括社区自身可以实施的解决方案。

① 召开社区大会的程序

由于社区的实际情况各自不同，因此召开社区大会没有固定的程序和模式，根据会议规模、参加人员的多少、大会的内容等，组织者可以选择不同的时间和地点。以下程序可供校长参考：介绍召开社区大会的主要目的，社区参与学校发展规划制定的重要意义；介绍学校和社区的基本情况；采取分组座谈和访谈等多种形式广泛收集信息；对各种问题进行分类并排序，明确需要优先解决的问题，确定相应的目标与活动措施；归纳学校发展展望；进行大会总结。

② 社区大会应注意的内容

由于社区大会参加的人数多，会议活动也比较多，为了使社区大会开得有条不紊，并取得良好的效果，学校还需要注意做好以下工作：确定好时间、地点，布置好会议现场，必要时准备好相机、录音设备等，以记录下会议情况。会前准备好排序表、访谈提纲等资料，以书面或者口头的形式尽可能多地通知社区民众参加。对与会人员进行分组，如学生组、教师组、家长组、宗教人士组等。要特别关注弱势群体，必要时可以进行单独分组。

4. PEST 分析法

PEST 分析是指宏观环境的分析，其中，P 是政治，E 是经济，S 是社会，T 是技术。在分析学校所处的背景的时候，通常从这四个因素展开。

（1）政治法律环境

政治环境主要包括政治制度与体制、政局、政府的态度等；法律环境主要包括政府所制定的法律、法规。

（2）经济环境

构成经济环境的关键战略要素是国家的经济制度、经济结构、产业布局、资源状况、经济发展水平、GDP 的变化发展趋势、利率水平、通货膨胀程度及走势、失业率、居民可支配收入水平以及未来的经济走势等。

（3）社会文化环境

社会文化环境是指组织所在社会中成员的民族特征、文化传统、价值观念、宗教信仰、教育水平以及风俗习惯等因素。构成社会环境的要素包括人口规模、年龄结构、种族结构、收入分布、消费结构和水平、人口流动性等（罗晓风，2008）。每个社会都有其核心价值观，它们常常具有高度的持续性，这些价值观和文化传统是历史沉淀下来，并通过家庭繁衍和社会教育而传播延续的，因此，具有稳定性。与此相反，一些次价值观是比较容易改变的，因为每一种文化都是由许多亚文化组成的，它们由共同语言、共同价值观念体系及共同生活经验或生活环境的群体所构成，不同的群体有不同的社会态度、爱好和行为（李华亚，2008）。

（4）技术环境

技术环境不仅包括发明，而且还包括与企业市场有关的新技术、新工艺、新材料的出现和发展趋势以及应用背景等。

PEST 分析，其信息收集是长期的、艰苦的。对于任何学校来说，可能 PEST 中的某一项或者几项影响较大，所以要抓住重点，对一个或者几个方面深入分析，其他则一概而过。切记 PEST 针对的是宏观环境，不是每一个建议都需要对宏观环境进行分析，否则就成了花架子，那样就给人以假、大、空的感觉，牢记这点是很重要的。

5. 排序

排序是对学校存在的若干问题，按重要性和紧迫性等特点，确定优先次序，同时，问题的解决方法和产生的原因也可以通过排序来确定先后次序。学校所面临的问题多种多样，但不可能在短时间内解决所有问题，所以在制定学校发展规划过程中，就需要把这些问题加以分析，结合社区群众和师生的意见，按轻重缓急排出需要优先解决的问题，便于集中有限资源解决这些问题。

常用的两种排序方法是优先排序和对比排序,前者的具体做法是选择一类需要区分先后解决次序的问题,让参加者就这些问题的先后解决次序发表自己的意见,然后把统计结果记录在已经编排好的表中。如果参与者较多,可以先分组做优先排序,然后把小组号填进总排序表,再进行排序,形成最终结果;对比排序是指组织者对问题进行两两比较,把认为重要的问题记下来,不重要的暂时忽略掉,然后把所记同一个问题的个数相加,再将每个问题的总数按大小排序。在排序过程中要注意几个问题,特别要注意排序时让参与者按自己的理解来做,组织者不要干预。

6. 问题树

问题树是一种参与式工具,是一种用图画的形式分析问题的方法,主要用来分析问题的产生的原因及导致的结果,并使大家看到其中的联系,它可以形象地表明问题之间的因果关系,目的在于帮助人们通过分析原因、结果和解决方法之间的联系来分析问题,找到问题的解决办法。在制定学校发展规划时,问题树分析法一般和其他一些工具结合起来使用,如排序、归类等。一般要对排序后定为需要优先解决的问题作问题树分析。通过问题树分析,可以帮助归纳和总结参加会议人员的观点和看法,有助于明确主要问题,看到问题的实质,进而讨论和归纳解决问题的种种可能方法。

二、苏南中小学学校发展规划的现状

"凡事预则立,不预则废",一个学校如果没有科学、合理、有效的发展规划作引导,很难保证学校正常有序地运行,更难保证学校能够很好的应对危机和突发事件。随着学校发展规划成效的逐渐显现,尤其是对高等院校发展规划研究与实践的不断深入,中小学学校发展规划亦愈加受到重视。

近些年,苏南经济突飞猛进,为学校的蓬勃发展奠定了一定的经济基础。学校发展规划有助于学校效能的提高以及师生的发展,同时,一所好的学校在学校发展规划方面必然有值得借鉴之处。基于此原因,本研究选取苏州地区的中小学作为研究对象,在对资料进行搜集和分析的基础上,通过对与学校发展规划直接相关的校长、副校长或书记等学校领导的深入访谈,以了解该地区中小学学校发展规划的现状、存在的问题及应对措施,为中小学学校的发展规划提供参考。

(一)研究方法

1. 访谈对象

本研究选取了苏州地区十所中小学的校长、副校长或书记等学校领导作为访谈对象而进行结构式深度访谈,按小学、初中、高中分层次随机抽取学校。具体访谈对象见表2-2。

2. 访谈提纲

除访谈者的基本资料外,访谈问题如下:

(1) 学校在课程方面的规划如何?

(2) 学校在教师队伍建设方面的规划如何?

(3) 学校在校园发展方面的规划如何?

(4) 学校的发展规划的制定主体和程序如何?

(5) 学校发展规划在实施过程中容易遇到的挫折或问题有哪些?

(6) 学校如何解决发展规划中遇到的困难和问题?

(7) 如何让学校的发展规划保持在科学、合理、有效的轨道上运行?

3. 访谈实施

本研究采用深度访谈法,具体步骤如下:

(1) 访谈前,研究者先与各个学校的领导联系、沟通,说明访谈目的,将访谈提纲以电子邮件的形式发给受访者,并约定访谈的具体时间和地点;

(2) 访谈地点为学校领导的办公室,这样可以保证访谈的质量,每次访谈的时间为一个小时左右;

(3) 访谈过程中访谈者根据实际访谈情况,调整问题顺序及其遣词用字。可适当使用追问(如果被访者在访谈过程中说出了其他有价值的信息,可进行追问)、探测(让被访者以举例的方式描述、解释问题,并说明对学校的影响)等方式以获得更丰富、更完善的信息;

(4) 在经受访者同意后,研究者将访谈内容录音,并转化为电子文档,以备编码、分析。

4. 资料处理

研究者在将访谈录音转为文字稿以后,按照访谈大纲中的分类,进行归纳并找出重点,再通过演绎回顾的方式检视原始资料,以确保所归纳的结果符合原始资料的含义,并按不同类别进行编码记录。在系统地整理完编码资料之后,研究者汇总和诠释所有的资料与研究内容并进行比较,最后在反复阅读原始资料的基础上进行相应的归纳、总结、分析。

(二) 结果与分析

通过访谈得知,苏州地区中小学学校发展规划的现状、存在的问题及应对措施具体如下:

1. 学校的课程规划分析

总体而言,学校课程规划一般包括国家的公共课程(基础课程)和地方课程(校本课程)。中小学校的基础课程都是根据国家教育部门的课程安排来制定规划的,学校在这部分的自主权不多,因此学校在课程规划方面的主要工作是校本课程的规划，各学校可以跟据地区和学校的特色与优势灵活地开设课程。由于有雄厚的经济与厚重的历史文化为依托，苏州中小学学校的校本课程显得丰富多彩并极大地充实了学生的课堂，有些学校的课程已经发展成为学校特色的重要组成部分，其影响力已辐射到整个区域甚至全国，有的学校的校本课程正在发展中，有的学校认为自己学校还不具备发展校本课程的能力。

(1) 校本课程已成为学校特色的重要组成部分

在访谈的十所学校中，课程规划主要是指校本课程的设置、教材的编写，有的学校还涉及了教学方式。每所学校在校本课程规划上都涵盖几门校本课程，如某实验小学开设的外语教学课程和国际化视野课程，另有一实验小学的研究性学习课程和综合社会实践活动课程，还有一所初级中学开设了机器人制作和心理健康教育课程，该中学校长颇为自豪地介绍学校的机器人课程——该校聘请了专职教师来教机器人制作，并投入了很多的资金去购买机器人素材，开设机器人课程以及课外项目，并让学生参加比赛，在市里面、省里面、全国比赛里都拿过一等奖。对于课程所产生的影响力，这位校长说："（机器人课程）本来是我们学校所独有的特色，现在其他学校也在模仿，都在投入。"可见学校的机器人课程带动了区域内其他学校的发展，并将影响力扩大到了全国范围。而该校的校本课程除了机器人制作之外还有心理健康教育，这是缘于该校是一所全民公助性质的学校，外来务工者的子女占学校学生总数的70%以上，学校成为苏州地区开办"成功班"的两所学校之一，日常学习、生活中，学校非常重视学生的心理健康，学校有自编的心理教材，有心理辅导老师，每两周开一节心理课，由心理教研室统一备课，所以该校的"课程计划都排得比较紧"。随着新课改的进行，校长表示会调整课程方面的设置，并优化投入的人力、物力以及教学方式。

(2) 校本课程正在发展过程中

通过访谈，研究者发现绝大多数学校原先只是按国家教育部门对课程要求制定课程规划，随着素质教育的推进和新课程改革的施行，原来那些"考试考什么老师就教什么"的学校开始重视并反思自己学校的课程规划，开始思考并尝试"建立自己的课程，规划自己的课程，通过课程来形成自己学校的一种特色，来实现学校育人的目标"。这类学校已经在学习、模仿其他兄弟学校的校本课程设置与实施，并努力构建自己学校的课程特色。

(3) 认为发展校本课程的能力有限

访谈中，有校长认为自己学校的校本课程发展有限，或者认为还不具有发展校本课程的能力，比如有一位初中校长认为学校的当务之急是提高课堂的教学质量，提高教学的实效性，"你如果提高效率了，那你可以开其他课程；你如果课堂的有效时间都不能掌握好的话,就没办法开(校本课程)。"这是部分中小学在发展校本课程方面所面临的难题。而另有校长也反映:"校本课程以前我们从来都不敢去谈的,碰到发展校本课程的讨论都打住,我们还是属于比较低层次的水平,能够碰到校本课程的都是一些名校。校本课程不是一本校内教材那么简单,我们现在不具备这样的能力……我们只能谈校内课程,课程是比较完备的……当然我们也在发展规划中提出了发展校本课程的要求。"可见学校对校本课程的理解仍存在差异,且有的学校认为自己还不能够开展好校本课程。

2. 学校的教师队伍规划分析

教师是学校发展的内部主体,教师的发展直接关系着学校的发展。通过访谈研究者发现,苏州地区的学校非常重视教师的发展,将教师的发展规划看作学校发展规划中必不可少的部分,但是各学校的教师发展规划又各有特色。

(1) 编制《教师发展规划》

学校通过编制《教师发展规划》不仅有助于教师明确自己的发展方向与目标,也有助于整个学校发展规划的制定。通过访谈研究者还发现,有学校编制了《教师职业规划调查问卷》,并在对问卷调查、汇总、统计、分析等基础上制定学校《教师发展五年规划》。另有某实验小学这样介绍其学校的教师发展规划:年轻的教师都有3年发展规划,拥有一定教学经验的教师要求其制定5年发展规划。每位教师结合自身的实际情况,每一阶段都有自己的规划、每一学年都有自己的定位要求,并且学校会每个学期中不地断对照检查,做得好的、不足的,学校都会向教师指出来。同时研究者还发现,教师的发展规划与学校的发展规划是密切结合的。

(2) 重视教师幸福感的发展计划

有的学校不仅重视教师的职业发展,也重视教师的幸福感。某学校书记谈到学校在教师发展规划上做的主要工作是教师发展阶梯计划,即把教师的职业发展分为4个部分,一是能适应学校发展的青年教师;二是针对青年教师队伍培养出新生代名师;三是学科带头人,在市内起带头领先作用的教师;四是教育名家、教育名师。通过这4个阶梯使教师的发展形成良性循环,这种教师的发展规划方案力图促进教师的内动力发展和主观能动发展。值得其他学校借鉴的是,该校非常重视增强教师发展过程中的幸福感,将教师发展阶梯计划称之为"职业幸福指数提升行动",这样更能从心理上增强教师对学校的归属感和认同感,从而激发教师工作的主动性和积极性。

3. 学校的校园发展规划情况

学校校园发展规划主要是学校校园建筑的建设与设施设备的置办,学校校园建筑、设施等关乎学校的形象，这也是每所学校所重视的。访谈发现，苏州学校的校园发展具有典型的区域特色，主要表现在：

(1) 浓重的现代化气息

苏州地区教育的发展具备良好的经济条件，所以，在硬件设施方面，每所学校基本上都能够满足自身教育和教学的需求，尤其是在现代化和信息化建设方面一直有比较大的投入。学校的现代化设施中有大量计算机、多媒体供广大师生使用；艺术类场地设施齐全，游泳池、健身房、音乐房、舞蹈房、陶艺室、塑胶跑道的操场等能够满足学生各种素质发展的需求；宽敞整洁的教室、图书馆、会议室、礼堂、温馨的心理咨询室、齐全的实验器材等场所和设备都足以满足学生的学习和教师的教学。尤其是一些新建学校的建设更彰显现代化的特色，如苏州工业园区某小学拥有自己的广播室，其图书馆被列为示范图书馆。各学校也都有明确的校园发展规划，如某校长告诉研究人员："学校计划2010年要把教室的桌椅全部更新，拆除一幢疑似危房的大楼，另有三幢宿舍楼要拆掉；要建造一幢教学楼，同时建造一幢含可容纳700人报告厅的综合楼。"

(2) 典型的江南园林风格

苏州地处江南，又以其园林著称，研究发现，受地理环境和人文环境的影响，很多学校的建筑古香古色，有典型的江南园林与水乡的气息，散落于校园内的亭台楼阁与小桥流水，为学生和教师提供了一个良好的环境与氛围。如新建不久的某学校2010年的校园规划是结合苏州古典园林的艺术文化以及学校的书法特色建一座小型的园林；而另外几所历史悠久的学校则因其数百甚至上千年的文化底蕴、葱郁的古树、精妙的山丘亭台与幽雅的流水曲径而散发着独特的江南魅力。

4. 学校发展规划的制定主体和程序分析

(1) 学校发展规划的制定主体

研究者通过访谈发现，目前学校发展规划的制定主体主要是：校长、校行政人员、教师、校外专家，而且各学校的发展规划主体参差不一，但是一半以上的学校会"邀请一些领导及专家，根据学校的实际对学校发展规划作一些调整，或者由其提供一些他们个人的建议供学校决策"。访谈中30%的学校是由校长、领导层和教师代表一起来制定学校发展规划，10%的学校只有校长和行政人员参与制定，还有10%的学校是完全由校长室确定，另外10%的学校认为应该邀请社区和家长参与到学校发展规划的制定中来。可见，一方面，学校发展规划的制定主体还是比较单一；另一方面，已经有学校探索或尝试让更多的校内外相关人员参与规划的制定工作，如某初中校长谈到他们会请兄弟学校的校长为其学校发展规划出谋划策。

（2）学校发展规划的制定程序

学校发展规划的制定主体一定程度上决定了学校规划的制定程序，研究者根据访谈内容分析发现，目前中小学校发展规划的制定程序有这样几种方式：

① 自上而下的方式。自上而下是指学校的发展规划完全由校长室制定，再以文件的形式贯彻下去。这种方式缺乏群众基础，使教师缺乏对学校发展方向和内容的了解，不利于教师对学校的认同和主人翁意识的培养，最终导致学校发展规划的实施受到影响。

② 自下而上的方式。所谓自下而上是指由教师们提出意见，通过教师代表大会汇总集中，上报校长室，由校长室最后制定成文。这种方式充分体现了教师在学校发展中的主体地位，也能了解教师对学校发展的想法与建议。但是，一方面教师不仅面临着沉重的教学任务，而且还要面对开创科研成果、照顾学生发展的压力，所以教师难以有足够的时间和精力参与学校发展规划的制定；另一方面，由于教师本身主要的工作还是教育教学，对学校的管理工作缺乏深刻而全面的了解，所以教师不一定能为学校发展规划提供有价值的建议。

③ 自上而下与自下而上相结合的方式。这是前两种方式的结合，一般是校长室将规划的大概情况如思想理念要求等公布下去，或者是先制定一个大概的方案，让教师充分了解后，再召开教师代表大会，听取教师的意见，在此基础上再由校长室、领导层制定成文。而部分有校外专家参与的学校则会在制定规划的过程中随时听取专家的意见和建议，基本上要经历“几上几下”的过程，让学校发展规划更具合理性、系统性和实践性。

5. 学校发展规划中遇到的困难与问题分析

各个学校在学校发展规划时都或多或少地遇到一些问题和困难，访谈中学校谈及最多的是资金问题，几乎每所学校都遇到过或者正面临着资金不足的困境，比如一位初中副校长坦言：“建校之初遇到的最大的问题就是上级拨款不能够及时到位，资金困难不能及时解决，上级虽然表了态但是却没有资金拨下来，学校寅吃卯粮……”

除了经费问题外，学校在发展规划中还存在以下问题：

（1）教师方面的困难

通过访谈研究者发现，有学校管理者认为，在学校发展规划的制定过程中教师方面存在的问题主要是：教师参与学校管理与决策的能力和精力有所欠缺。某学校管理者认为“按理说，学校发展规划的制定程序应该是自下而上，从老师这一层面出发，大家研究讨论，然后逐步过渡到学校领导层面，再经过社区、专家、上级教育评估部门，这样形成一个比较科学的发展规划”，但他也认为目前学校很难达到这样，因为老师缺乏对学校整体发展的了解，更多地关注自己的教学工作，其本职工作是教书育人，而学校的整体管理与规划需要具备一定的管理能力才能胜任，所以，教师在需要对学校改革做出决策时会面临较大的压力，难以具备作为管理者应有的观念与能力。

(2) 学生方面的困难

通过访谈研究者得知，目前苏州部分中小学受生源的影响较为明显，苏州发达的经济条件吸引了大批的外来务工者，其子女也进入当地学校就读。访谈中某初级中学的校长表示，在该校就读的学生中农民工子女高达70%以上，这些学生来自全国各地，之前所接受的教育水平各不相同。就外语这门课程来说，目前苏州地区学生从小学一年级即开始学习英语，不少接受过早教的学生甚至更早就接触英语，而国内有的地方学生从小学三年级才开始学习英语，部分不发达地区甚至是五年级。所以，来自不同地域的学生学习习惯不同、已有的知识水平不同、文化背景不同，这些差异给学校教学带来极大的影响。

(3) 社会方面的困难

社会方面的困难主要是社会对学校的评价与学校发展规划的制定和实施往往背道而驰。约40%的受访者认为社会对学校的评价是他们在学校发展规划中遇到的困难，其中某高中校长甚至认为社会对学校的评价与教育的本义不相符是学校发展规划执行过程中遇到的最大困难。当下社会皆以升学率作为衡量学校办学水平的最主要标准，尽管我国基础教育早已开始提倡素质教育，提倡学校应培养德智体美劳全面发展的学生、培养具有创新精神的现代人，而社会大众尤其是家长对学校的评价标准与国家教育政策方向存在较大差异，在素质教育与唯成绩论的“拉锯战”中，学校难以顺利提升其学校发展规划。

(4) 其他方面的困难

访谈中，除以上几个方面的困难因素外，有的受访者觉得学校发展规划与现实不匹配，规划制定后尚未实施就得进一步修改。有的学校管理者认为，学校发展规划的最大问题是规划内容较单一，“就是学校提出三年后发展成为一个什么样的学校”，规划的内容大体上就是“规划学校有多少班级、教师达到什么样的水平、到时候办成一个什么样的学校、达到几星级这种大概的发展目标”，他认为目前学校发展规划的制定流于形式，内容单一。也有校长认为学校的发展规划存在的问题是，虽然规划总的方向是不变的，但是需要随着学校不同阶段的目标进行调整，同时还需要根据教育部、教育厅下达的目标调整，而且学校人员变动太大不仅影响教师或行政人员与学校的融合，也影响学校发展规划的连续性和贯彻实施。

6. 学校发展规划困难与问题的解决方式

学校发展规划的制定与实施面临着来自于学校内、外部的多种困难,这些困难考验着学校领导者的智慧。那些学校所面临的或曾经面临的困难,有的学校已经顺利度过,有的学校一直在探寻解决的方法。

(1) 资金困难的解决方式

访谈中大部分管理者谈到学校在资金方面的困难主要是教师工资拖欠,但是随着国家加大对教育的投入以及绩效工资的实行,加之区域经济的发展,这一问题已经得到了很大的缓解,而对于学校其他方面的资金需求,许多校长都会利用自己的关系向教育部门和社会人士寻求帮助,努力拓宽解决资金问题的渠道。

(2) 教师方面困难的解决方式

有校长认为还是需要学校的制度来保障,"要有硬性的要求",而在有些方面,这位校长表示"以前我是强制教师做的,现在我不强求"。而对于教师能力方面的困难,该学校采取的措施是"由校长室先拿出一份草案,然后放在教代会讨论,再进一步思考这个发展规划哪些地方是合适的,哪些地方是不合适的"。这样一定程度上减轻了教师的负担,同时又可以听取到教师的意见和建议。

(3) 学生方面困难的解决方式

对于学生水平差异较大的问题,有校长表示目前还没有找到效果较好的解决方式。而这一状况在农民工子女较多的学校比较明显,学生文化背景差异较大、学生素质水平参差不齐,教学进度便受到影响,对此,学校有必要对学生进行入学考试,以考核其已有的知识水平,也应了解学生原有的学习环境,将这些因素作为学生排班的参考,以尽量缩小同一班级、年级内学生之间的差异,从而减少学生水平对教学的影响。

(4) 社会方面困难的解决方式

至于社会对学校评价以及考试政策指挥棒影响学校发展规划的问题,某高中采取了积极的方式应对,该校学习国外学生的社团模式,积极发展学生社团,培养创业领袖,充分发挥学生社团对学生的积极影响,注重学生领导能力与创业能力的培养,积极引导学生在学习成绩与综合素质两者之间达到平衡,校方表示,家长看到孩子的成长,看到孩子取得的学习成绩以外的进步都很开心,自然也就接受并支持学校发展规划方面的措施。

(5) 其他方面困难的解决方式

为应对学校规划落后的问题,校长表示会及时调整规划,让规划随着学校的发展而发展。而至于规划内容太单一的问题，学校表示尽量把学校的特色、校园文化等内容都考虑进去，使学校发展规划内容更加丰富和全面。另外针对人员调动频繁这一难题，该校校长承诺将加大对教师的培训力度，将更加重视教师间的交流，如举行一些集体活动，并将教师的办公室安排在一起，办公室内只是用玻璃作为座位间的隔断等。

7. 保持学校发展规划的科学性、合理性、有效性探析

如何保证学校发展规划的科学性、合理性、有效性？如何增强学校发展规划的操作性与可行性？结合上文不难看出，各学校都很重视并着手解决这类问题。对此，几所学校的领导发表了自己的观点，总体而言，要保障学校发展规划的科学性、合理性、有效性主要可以采用以下方式：

（1）科学地解读"教学质量"

学校领导者对"教学质量"的解读是否科学合理将影响学校相关方面的管理活动。有受访者认为，要保证学校发展规划的科学性、合理性、有效性，最关键的是对教学质量的解读，要有正确的教学质量观，不仅要看分数，素质也很重要。该学校通过运行质量保障体系以保障分数在高位运行，同时运行素质保障体系以保障素质教育落实到实处，这两者之间以教师自主发展规划为支撑。对质量的解读如何，决定了学校的方向和决策，这一点往往是目前许多学校所忽略的。

（2）以文本形成给予规范

将学校发展规划文本化是保障规划科学、合理、有效的必要步骤。访谈中一位中学校长认为学校的发展规划应该有一个成型的文本，让所有教师都知道学校追求的目标是什么，教师才有可能自觉将自身发展目标与学校发展目标保持一致。对于那些没有规划文本、教师对学校管理活动参与度不高或不太清楚学校发展规划的学校而言，这种方式可供参考。

（3）制定相关制度

学校的管理离不开制度。访谈中某校长认为学校发展规划在科学、合理、有效的轨道上运行，离不开制度管理和制度文化建设，该校相继出台并完善了适合其自身特点的特色管理制度以保障学校发展规划的科学、合理、有效，经过几年时间，该校的常规管理已成为一大特色。

（4）建立质量管理体系

某实验小学建立了 ISO9000 质量管理体系，以此为载体保证学校发展规划的科学性、合理性和有效性，并取得了一定的成效。该校的教师认为建立该体系后"学校的办事效率提高了，办学质量也提高了"。通过对质量管理的学习和运用，实现了以学生为主体的办学宗旨，同时坚持三个"有利于"原则：一

切有利于学生发展、有利于教师发展、有利于学校发展。以学生为基础、以学生为核心去明确目标定位。经过努力，该校教科研工作开展得如火如荼，成为小学中难得的研究型学校。

由于每所学校的独特性或特殊性，学校发展规划过程中遇到的困难是不一样的，故各校的解决方式也不一样，但是总而言之，各学校在发展规划方面总结的经验教训与取得的成功为其他学校的发展提供了极大的借鉴和参考价值。

（三）结论

整体而言，苏州地区学校发展规划具有如下特点：

1. 彼此规划水平不一，差距比较大。苏州地区中小学学校的发展规划水平参差不齐，且差距比较大，有的学校发展规划非常完善，并能够切实引领学校的稳定发展；有的学校发展规划跟不上学校的发展，只是一种摆设；还有的学校甚至没有成文的发展规划，只是围绕学校的办学理念行事。

2. 学校彼此之间在发展规划制定主体与程序上差距较大。有的学校已经是校长、教师、校外专家、家长、社区多方参与发展规划，有的学校却依然是"校长说了算"，彼此差距明显。在制定程序上也是如此，有的学校已经采用自下而上与自上而下相结合的方式，而有学校还停留在最初的自上而下的方式。

3. 学校在发展规划中对自身遇到的问题大多有清醒的认识，并能积极地寻找解决的途径。基本上每所学校都了解其在发展规划以及学校整体发展过程中遇到的关键的问题，有的学校还在不断探索寻找解决方式，有的学校正在解决或已经将其解决并取得了很好的成效。例如上文介绍的学校质量管理体系的建立便能为学校发展规划的相关工作提供很好的平台，促进了学校发展。

4. 学校对保持发展规划的科学性、合理性、有效性有自己的方法或见解。近90%的学校重视学校发展规划的相关工作，接近一半比例的学校在如何保证学校发展规划质量这一问题上都有自己独特的"妙招"，但是，总体而言，各学校在规划的实施与监督评价上尚有欠缺。

第六章　学校人力资源管理

当今世界，国家之间、地区之间、组织之间最大的竞争是人才的竞争，人才背后最大的支撑是国家的教育事业，而教育事业的成功与否关键在于学校教师，故学校要获得持续发展就必须对学校的人力资源进行科学合理有效的开发与管理。学校人力资源管理为学校取得竞争优势、提升办学效果起到了重要作用，并有利于实现学校和个人共同发展的目标。本章在了解人力资源相关概念的基础上介绍了人力资源管理的相关理论，同时探讨中小学教师绩效管理与激励机制等相关问题，最后结合实证研究，介绍了苏州地区中小学人力资源管理的现状，并着力介绍其教师队伍建设、教师考核与激励等方面的先进管理经验。

一、学校人力资源管理相关理论与研究

（一）人力资源的相关概念介绍

1. 人力资源

进入知识经济时代以来，人作为学习和创新的主体，发挥着越来越重要的作用。人力资源也称人力资本，最早由美国经济学大师 Walsh（1935）在其《人力资本观》中提出。其后，著名经济学家 Theodore w. Schultz（1960）发表了题为《人力资源投资》的著名演讲，标志着人力资本理论的正式诞生。在人力资源管理的兴起和发展过程中，很多学者从能力、数量、质量等不同角度对人力资源进行了定义。

著名管理学家 Peter F. Drucker（1954）在《管理的实践》一书中指出，人力资源是一定时期内组织成员所拥有的能够被组织所用，且对价值创造起贡献作用的知识、能力、技能、经验、体力等的总和。Barnett（1991）认为，人力资源包括培训、经验、判断、智力、关系以及组织中个体、管理者和工作者的洞察力。西方经济学家倾向于从人的能力和素质等方面解释人力资源，认为人力资源表现为人的知识、技能、资历、经验和熟练程度，而人的能力和素质是通过人力投资而获得的。

国内学者对人力资源的定义存在广义与狭义之分，广义的人力资源是指

以人的生命为载体的社会资源，凡是智力正常的人都是人力资源。狭义的人力资源，是指能够创造社会物质和精神财富的、推动国民经济和社会发展的、具有智力劳动和体力劳动能力的个体的总和（李燕萍，2002；邹敏，2004；陈维政，余凯成，2004；郑赤建，2007）。

2. 人力资源管理

由于人力资源定义的多元化，导致人力资源管理的定义亦不尽相同。《现代管理词典》中将人力资源管理定义为：为了达到组织目标，最大限度地发挥人的主观能动性、积极性和创造性，促成人与事、人力资源与其他资源的最佳配合，对人力资源的取得、开发、保持和利用等方面所进行的计划、组织、指挥、协调和控制的活动。人力资源管理是一种对员工的管理方式，关注的是组织目标的实现，即如何让员工更有效和满意地工作。所以，人力资源管理是组织为了实现既定的目标，运用现代管理措施和手段，对人力资源的取得、开发、保持和运用等方面进行管理的一系列活动的总和，其中包括对员工的行为、态度以及绩效产生影响的各种政策、管理实践和制度等（堪新民，2002；江培，2008；胡琳，2010）。

3. 教师人力资源管理

教师是学校发展最重要的主体，教师人力资源管理是学校人力资源管理的主要内容。教师人力资源管理是指学校为取得竞争优势、提升学校的办学效果所采取的一系列有助于教师甄选、发展、激励及评价的管理过程与活动，以此来实现学校与个人共同发展的目标。主要包括教师人力资源的规划、招聘和选拔；教师职业生涯管理、培训与开发；教师的薪酬管理、劳动关系管理和社会保障等（胡琳，2010）。

4. 学校人力资源管理

目前，因各学者研究角度不同而对学校人力资源定义亦各不相同，在企业人力资源管理的基础上，学校人力资源管理可定义为学校通过不断地获取合适的人力资源，把得到的员工整合到组织中并融为一体，保持和激励成员对工作的积极性，控制其绩效并做相应的调整，最大限度地开发他们的潜能，以支持组织目标的实现（Schultz，1992）。伊莉（2007）则从人力资源的内在要素与外在要素角度出发，认为学校人力资源包括质的管理与量的管理，前者是指采用现代化的科学方法，对人的思想和行为进行有效的管理，充分发挥人的主观能动性，以实现学校发展目标；后者是根据人力和物力及其变化，对人力进行恰当的培训、组织和协调，使二者经常保持最佳比例和有机的结合，使人和物都能充分发挥出最佳效应。

（二）人力资源管理的理论

随着西方人力资本理论不断地发展，人力资源管理理论也不断地丰富，除了 Taylor、Weber 等人所代表的古典学派和 Maslow 等人所代表的行为学派之外，还有 Barnard 等人所代表的社会系统学派、Simon 等人所代表的决策理论学派、Johnson 等人所代表的系统管理学派、Druker 等人所代表的经验主义学派、Fidler 等人所代表的权变理论学派、J. D. Mooney 等人所代表的管理过程学派、Buffa 等人所代表的管理科学学派、Minzberg 等人所代表的经理角色学派、Bennis 等人所代表的组织发展学派（引自于洪兴，2008）。对人力资源管理影响较为深远的理论主要有如下几种（于洪兴，2008；胡春森，2008；何明辉，2009；胡琳，2010）：

1. 人性理论

人性理论是组织行为学中最重要的基本理论之一，是从管理的角度对人的总体看法，认为企业的领导者制定的管理制度及采用的管理方法都与他们对下属或员工的总体看法有关。西方组织行为学中与管理有关的人性理论主要有：以 Taylor 为代表的经济人理论、以 Mayo 为代表的社会人理论、以 Maslow 为代表的自我实现人理论和以 McGregor 为代表的复杂人理论等。

2. 激励理论

激励理论是行为科学中用于处理需要、动机、目标和行为四者之间关系的核心理论。早期的激励理论研究是对“需要”的研究，回答了以什么为基础或根据什么才能激发和调动起员工积极性的问题，包括 Maslow 的需求层次理论、Herzberg 的双因素理论和 McClelland 的成就需要理论等。其中以 Maslow 的需求理论应用最为广泛。

此外，激励理论中的过程学派认为，通过满足人的需要实现组织的目标有一个过程，即需要通过制定一定的目标影响人们的需要，从而激发人的行动，包括 Fromm 的期望理论、Lock 和 Hughes 的目标设置理论、Potter 和 Louler 的综合激励模式、Adams 的公平理论、Skinner 的强化理论等。

3. 人本管理理论

20 世纪 70 年代，盛行把数学模型与电子计算机应用于管理领域，把经济效果作为评价依据并着重于管理和操作方法的研究，而忽视了人在管理中的作用。数量分析方法被导入人力资源管理研究之中，促进了对于人力资源管理的定量研究（乌家培，2000）。由于该时期内日本经济得到迅速发展，越来越多的企业开始借鉴日本企业的管理模式，管理学者进行了大量的研究，认为日本式管理的主要特点是以人为本，特别是致力于培养员工对组织的忠诚感。因此，以人为本的管理模式不断得到理论界和实践界的肯定，在某种程度上也推进了人力资源管理的进一步发展，特别是对于美国人力资源的管理模式提出了新的挑战（邱雯，2002）。

4. 组织学习理论

20 世纪 90 年代以来，由于技术进步和竞争力度的加大，管理学的发展更加活跃，影响较大的如学习型组织理论。组织学习的概念由 Cyert 和 March 提出，而较有代表性的定义是由 Argyris 和 Schon(1977)提出的，组织学习是指组织发现错误，并通过重新建构组织加以改正的过程(易凌峰,2004)。而学习型组织理论是 1990 年由 Peter M. Senge 在《第五项修炼》一书中提出，他强调营造一种能激发员工创造性的学习氛围，建立有机的、柔性的、能持续发展的组织，在这种组织中，作为领导者应提高其成员对组织系统的了解能力(乌家培,2000;邱雯,2002;张文贤,2005)。

上述各种理论都强调了人在管理中的重要地位，突显了构建以人为本管理模式的迫切性和重要性。如激励理论将员工的需求因素分为激励和保健两个方面，提出管理者要合理利用这两个因素，采取不同的管理策略，发挥员工的积极性，"人本管理"理论则提出在管理中要充分体现以人为本的管理思想。各种观点虽不相同，但其呈现出从"以事为中心"到"以人为中心"的明显变化，这符合了人力资源管理的发展轨迹和发展方向。

(三) 人力资源管理的发展阶段

从 20 世纪 50 年代的人事管理开始至今，人力资源管理发展大致经历了如下几个阶段(李芬芳,2004;高翔,2008)：

1. 第一阶段：人事管理

19 世纪工业革命后，人类跨入机器化大生产时代，规模化大生产加强了人与机器的联系，大工厂的建立使雇员的数量急剧增加。与人相关的活动和事务需要专业处理，如管理福利、人事档案、上岗培训、工时记录、报酬支付等，人事管理由此进入组织管理的范畴。在泰罗等提出的科学管理理论和组织行为理论的基础上，20 世纪上半叶，现代人事管理理论的基本框架逐渐形成。第二次世界大战期间，西方国家的人事管理基本成熟。但是，在人事管理阶段企业更多地关注于"事"的管理，而非员工绩效。员工仅简单地以人事档案的形式存在。对人的管理主要是对姓名、性别、家庭出生、文化程度、专业工种、出生时间、工作时间等显性特征的管理，人的管理就是对人的档案管理，并通过其对人进行控制。

2. 第二阶段：人力资源管理

20 世纪 60 年代，由于行为科学学派等新的管理理论的出现，人的重要性开始被关注，人从机器的附属品转变为组织的重要资源。随着竞争日益激烈，企业竞争手段的成功与否几乎都与人有直接的关系，因此推动了人事管理职能的转变。70 年代中后期，人力资源管理的相关概念与理念逐渐为企业所熟知,并逐步取代人事管理成为企业新的管理理念。专门的人力资源管理部门出现后,企业开始关注员工个人绩效的管理,但在企业战略形成过程中,尚未把人力资源的因素列入其中,企业虽然意识到人力也是一种资源,但并不认为人力是重要的战略性资源。

3. 第三阶段:战略性人力资源管理

20世纪90年代,企业的竞争环境日益激烈、复杂,人力资源管理被提升到战略高度,一方面,现实要求在战略实施过程中,人力资源管理和战略之间应该保持动态协同;另一方面,人力资源功能通过规划、政策与实践,创造实施战略性的适宜环境,发挥战略伙伴的作用,从而使组织更具竞争力。而传统的人力资源管理方式很难使人力资源功能同时满足上述要求,因而战略性人力资源管理理论应运而生。这一阶段,企业人力资源管理价值观发生了深刻的变化,人力资源作为企业重要的战略性资源,开始被企业高层充分考虑到企业的战略规划之中,并且企业开始将人力视为一种可增值的资源进行深度地开发与经营。

二、中小学教师的绩效评估

(一) 相关概念介绍

1. 绩效

关于绩效的内涵,目前主要有两种观点,其一是 Bernadin 和 Beatty (1995) 对绩效作的定义,他们认为,绩效是在特定范围、特定工作职能、活动或行为上生产出的结果记录,该定义由于是基于结果之上,故受到挑战。更多的人赞同以行为为基础的绩效定义,如 Murphy (1991)认为,绩效是一套与个人所在组织或小组的目标相关的行为,并认为任务的完成或目标的实现与否受多方因素影响(引自张敏,2007)。蔡永红(2001)认为之所以不以任务完成或目标实现等结果作为绩效,主要由于以下四个因素:(1) 许多工作结果并不一定是由员工的工作带来,其他与个人所做工作无关的促进因素也可能产生这些结果;(2) 员工完成工作的机会是不平等的,而员工自身无法控制这种不平等;(3) 与任务无关的很多事情都可能促进组织目标的实现,然而做这些事情又不一定能产生看得见的结果;(4) 过度关注结果容易忽视重要的过程和人际关系等因素,使员工误解组织要求。

综上所述,绩效是指通过人的行为表现出的一种活动或其结果,它可以是一个人的工作行为,也可以是工作行为所带来的结果(姜红,2005)。

2. 绩效评估

绩效评估,又称人事评估、绩效考核、绩效评价、员工考核,是一种正式的对员工绩效进行评估或评价的制度,是人力资源开发与管理中一项重要的基础性工作。它旨在通过系统的方法、原理来评定和测量员工在职务上的工作行为和工作成果。整个评估的过程包括认识、观察、衡量和开发组织内部员工的绩效,其结果是确定教师晋升、岗位轮换、薪酬福利等人事决策的客观依据,同时也是教师职业生涯发展规划与教育培训的重要依据,直接影响到员工的薪酬调整、奖金发放及职务升降等诸多切身利益(姜红,2005;周瑜杰,曾霁,2010;颜海珍,2010;尹明明,2010)。

绩效评估是一种重要的管理工具,它与计划、组织、指挥和控制等管理职能有关,是组织决定奖惩、晋升、培训及解雇员工的重要依据,更是人事选拔效度研究中的效标,因而一直备受世界工业管理心理学家的关注。在人力资源管理实践中,绩效评估也是一个重点和难点问题(卢春香,2003)。

3. 教师绩效评估

教师绩效评估是指评价教师完成各项工作和任务的程度,是对教师工作现实的或潜在的价值作出判断的活动,反映教师是否达成其所任职位应有的要求。教师绩效评估主要分为两大部分:职前绩效评估和职后绩效评估(姜红,2005;丛冬旭,2007)。职前绩效评估主要包含教师胜任力评价和人格因素评价,职后绩效评估包括任务绩效评估和关系绩效评估(姜红,2005)。教师绩效评估的目的在于促进教师的职业发展,提高教学能力和工作绩效,并最终促进学校组织的发展。教师绩效评估通常在工作中通过课堂观察,由领导、同事和学生等多方作出评定(翁伟斌,2006)。

(二)教师绩效评估的功能

1. 为人事管理提供了标准

教师的工作带有较大的创新性和随意性,难以按固定的程式加以规范,且其工作结果难以精确地量化测评,除了教师本身外,还有很多因素都会影响其工作绩效。因此,学校对教师的考评应该综合考虑其工作性质、工作态度、工作能力、实际表现等因素。而绩效考核为各项人事管理提供了一个客观而公正的标准,学校可根据绩效考核的结果决定晋升、奖惩、调配等人事管理工作,教师若想在考评中获得较好的结果,需要按照规程进行,这将有利于学校管理的标准化。

2. 为人才的培训与发展提供依据

教师的发展是推动学校发展的巨大动力,教师发展的稳定性有利于保持学校发展的稳定性,绩效评估的结果有助于教师认识到自身的优势与不足,从而有针对性地进行改进;同时,学校可根据绩效评估的结果制定相应的培训计划,以帮助教师有针对性地提高某些方面的素质与能力,促进教师专业发展。而当学校面临变革或教师自身情况发生较大变化、需要对教师的工作重新做出安排与调整时，学校必须根据绩效评估的结果对教师的人事安排做出调整。

3. 为学校激励机制提供依据

绩效考核是学校对教师工作成绩的评价，在此评价的基础上，学校可以对取得较好成绩的教师予以奖励，如给予物质奖励、授予荣誉称号或者提供继续学习和培训的机会等，这不仅能使教师体验到成就感和自豪感，也为教师的进步提供了动力；而对于没有达到预定目标的教师，学校可能采取相应措施进行批评或惩罚等，使教师认识到自身的不足，督促其端正工作态度，自觉提高工作能力，通过多种方式调动教师的工作积极性。

4. 为学校管理者与教师的沟通提供条件

完善的绩效评估制度为管理者与人才的沟通创造了条件，通过学校制定的绩效评估标准，一方面，教师可以充分了解到管理者对自己工作的要求和对自己工作绩效的期望，这有助于教师确定自己的工作目标，并使该目标与学校的发展目标保持一致；另一方面，管理者通过绩效评估可以了解教师的工作表现和情况，若存在某方面的问题，管理者可以及时与教师进行交流沟通，迅速地解决问题。所以，绩效评估为学校管理者与教师交流问题、解决问题创造了机会，加深了彼此的理解，密切了教师与管理者之间的关系，从而有利于学校决策和目标的顺利实现。

(三) 中小学教师绩效评估存在的问题

我国中小学教师评价开始于20世纪60年代，在五十多年的发展中，其评价内容发生了巨大变化，由以思想政治素质为主转为注重学生的学习成果，再转为注重教师的教学行为。由于教学本身是一个高度复杂的过程，难以精确地测量学生学习成绩的影响因素，故对教师的评价长期以来都是由学生、家长和社会等方面去进行。而美国在20世纪90年代就开始发展大规模的基于课堂评估的教师评价，并建立了有关的信度和效度资料。评估程序及相应手段均建立在有关教师与教学的研究上，特别是教育心理学对过程与产品的研究的基础之上(引自蔡永红，2001)。1991年5月，全国第一次教育督导工作会议颁布《教育督导暂行规定》，标志着我国教师评价工作的全面开展。由于我国教师绩效评估起步较晚，与国外教师绩效评估体制相比，在某些方面尚不够成熟和完善，大致存在以下几个方面的问题(伊莉，2007；李益，2010)：

1. 教师的参与权利被忽视

目前我国中小学的教师评价大多由学校管理者制定，由其领导、同行、学生等进行评估，而其中学校领导与管理者所占权重最大，这容易导致他们将教师的绩效评估作为监督管理教师教学工作及评判其工作优劣的方式。这样产生的问题有：该评价过程基本只是体现评价者单方的意愿，忽视了评价者与教师之间的双向交流沟通，无形中导致了评价者与教师之间关系的不平等；其二，由于受自身专业能力、时间、精力以及个人情感因素等影响，可能导致评价者难以客观、公平、公正、充分、准确地反映教师的工作，美国心理学家 Mitchell 研究领导者对下属工作绩效评估问题的结论表明：领导者对下属的评价受领导者与下属的关系及其对下属期望的影响，这在某种程度上导致评价缺乏客观性、真实性。

尽管《教师法》明确规定对教师的绩效评估并要求保证公平、公正、充分、准确，并要求充分听取教师本人、其他教师以及学生的意见，但在中小学现有的评估机制中，教师仍缺乏参与的权利，同时也缺乏保障教师参与权利的机制。当教师认为学校的评估机制不够公正客观时，便易对评估结果产生异议，在与学校沟通无效的状况下难免消极地应对工作和学校管理，进而影响学校发展。

同时，教师绩效评估也不能过多倚重学生的评价，尤其是中小学校的学生，其价值观处于发展阶段，尚不够成熟，同时作为知识的接受者，在对教师进行评价时全凭主观感受，难免有失偏颇，欠客观真实。另一方面，这可能导致教师的教学工作以赢得学生好评为目的，甚至为讨好学生而迁就学生，降低教学要求，降低教学难度，这些都将影响教师在教学过程中对学生行使批评教育的权利。

2. 评估内容与方式欠全面

教师绩效评估主要是对教师履行岗位职责的业绩进行评估。受我国教育方针的影响，教师绩效评估的内容多以德、能、勤、绩为主，这些变量缺乏具体、明确的标准，难以进行客观、量化的评定。一直以来对教师绩效评估存在两种模式，一种是把工作绩效视为工作结果，另一种是把工作绩效视为工作行为（杨凤英、邵彩玲，2010）。前者在中小学中主要体现为以学生学业成绩、升学率来评价教师的优劣，这种关注工作结果的评估存在的弊端是，模糊了对教师道德、能力、素质等难以进行量化方面的评估。可见，当把教师的工作绩效评估等同为“工作成果”时，“成果”之外的一些重要部分就无法得到有效衡量。后者把工作绩效视同为工作行为，在中小学往往以教师承担的课时量等教学活动来评估教师绩效，其中存在的问题是，教师的很多教学活动并不仅限于课堂或学校，教师还需要在课外、学校之外做大量的准备工作，这些行为难以体现在绩效评估中。

3. 奖惩性评价的观念

目前教师绩效考核的最主要作用是作为教师奖惩的依据，直接与教师的任聘、晋升、加薪相关。这在一定程度上有利于学校解决一些实际问题，然而这种由上而下的管理方式本身就存在一些不平等因素。这种评价方法容易导致学校将重点集中于绩效较好与较差的两端，忽略绩效处于中间水平的教师，不仅难以达到整体的公平性，而且可能导致轮流坐庄制和排队制的产生，使收入分配与劳动绩效脱节。根据人力资源管理的激励理论以及教师的职业特点，物质上的奖励对教师非常重要，而教师对自我实现的需求与其他一些职业相比更强烈，因此，通过绩效评估来决定对教师的奖惩不利于教师发挥工作积极性与创造性（卢春香，2003）。

（四）完善教师绩效评估的对策

1. 管理者应树立正确的评价观念

鉴于目前中小学管理者将教师绩效评估作为一种奖惩的方式，且对绩效评估系统的运作频率、实施过程与监督等方面的观念存在较大差异，难以结合教师的教学行为、教学结果及教师本身的思想素养与道德水平等多方位进行评价。此外，绩效评估的目的并非仅仅是对教师工作状况的评定，更重要的是促进教师对自身工作的认识，促进教师的自我成长，提高教师的教学水平。此外，教师绩效评估的重要功能之一即激励导向功能，故学校管理者应将评估过程看做是教师展示才华、完善自我、不断发展的过程，学校若能以这种观念看待教师的绩效评估，则将在学校日常管理与运作过程中更多关注教师的需求，有意识地引导教师的工作积极性，真正践行“以人为本”的思想，而教师则将获得更多的自主权，自觉提高自己，实现自我价值。

2. 坚持全面参与的评价原则

教师的工作极具复杂性，对教师的绩效评估也是极为复杂的工作，因此，需多方参与才可减少教师绩效评估中的不公平性与主观性。360 度评价即为一种全方位的反馈评价方式，评估者是被评估者工作中接触较多、对被评估者工作表现较为了解的不同方面的人员，因而可从不同角度对被考核者进行绩效评估，并在评估结束后给予被评估者综合的评价结果。将 360 度评价这一工具用于教师绩效评估可在学校形成一种正确的评价导向，但由于这一工具难以避免个人情感因素的影响，因此需要结合其他方面人员对被评估者评价，或者可以考虑外聘专业人力资源顾问与学校成员进行沟通了解，做出评估。此外，建立绩效评估投诉制度也是解决教师绩效评估欠公平客观的有效方式（朱梅，2007）。

3. 设置科学、合理的绩效评估标准

由于某一组织内统一的评估标准有利于领导者对组织成员的整体水平进行宏观的了解，也有利于成员之间、成员与组织之间契约的形成，因此评估标准是教师绩效评估工作的关键之处。首先，教师绩效考核的评估标准既要符合教育教学的特点，也要符合学校管理的要求、评估的可操作性以及结果统计的科学性。同时，应尽量兼顾质性评价与量化评价，以保证评价标准的客观、全面。此外，还应充分考虑到多方评估者的特点，教师对教师的考评标准与管理者对教师的考评标准以及学生等其他人员对教师的考评标准肯定存在一定的差异性，因此，标准的设定应兼顾教师、管理者、学生及其他评估者。这样才能保证评估标准的设置是科学合理的。

三、中小学教师的激励机制

（一）激励理论

激励理论是关于如何满足人的各种需要、调动人的积极性的原则和方法的概括总结。激励的目的在于激发人的正确行为动机，调动人的积极性和创造性，以充分发挥人的智力效应，做出最大成绩。二十世纪二三十年代以来，国外许多管理学家、心理学家和社会学家结合现代管理的实践，提出了许多激励理论。主要如下：

1. 马斯洛（Maslow）需要层次论

马斯洛的需要层次理论将人的需要划分为五个层次：生理需要、安全需要、归属和爱的需要（社会交往需要）、尊重需要、自我实现需要。这五个方面以分层方式排列，上下之间存在着依赖关系。马斯洛强调，某个较高层次的需要在某个较低层次需求得到满足后就成为起主要作用的因素。人们对于需要的满足，通常是当低层次需要得到满足之后，再追求高层次需要。因此，对人的激励是一个连续的动态过程，当某一层次的需要得到满足后，对这类需求的满足就不再发挥激励的作用，只能通过满足其更高层次的需求，才能达到激励的效果。

2. 公平理论

公平理论又称社会比较理论，由美国行为学家亚当斯提出，主要强调工资报酬分配的公平合理性及其对职工工作积极性的影响。该理论认为当一个人做出了成绩并取得报酬以后，他不仅关心自己所得报酬的绝对量，而且关心自己所得报酬的相对量。因此，他要进行种种比较来确定自己所获报酬是否合理，比较的结果将直接影响今后工作的积极性。一方面，当他认为自己获得的报酬与自己的投入比值与组织内其他人相等时，他才认为公平，才会努力工作，否则将产生不公平感，缺乏工作积极性。另一方面，当他认为自己目前获得报酬与投入努力的比值等于或大于自己过去所获与投入的比值时，他才会感到公平。

3. 期望理论

期望理论又称“效价—手段—期望理论”，由北美著名心理学家和行为科学家 Victor H. Vroom（1964）提出。该理论的基础是自我利益，认为员工会受到激励以提高生产力，相信自己的努力可以得到好的绩效考核，而好的绩效考核可以得到组织的报酬，报酬可以满足员工的个人目标(引自胡琳,2010)。通过强调报酬或奖励解释了三种关系：一是员工努力程度与绩效的关系，即员工相信付出一定的努力后可以达到绩效的概率；二是员工绩效与报酬的关系，即员工相信达到一定水平的绩效就能得到预期报酬的程度；三是吸引力，即工作所能得到的报酬在员工心中的重要性。在这三种关系之上，组织只有提供与员工期望一致的报酬才能满足员工的需求，所以，管理者必须了解对员工有吸引力的报酬如何。

4. 二元理论

二元理论又称激励保健理论，由美国的行为科学家弗雷德里克·赫茨伯格提出。他在20世纪50年代末期做过一项大规模的研究访问，列举员工在工作中有哪些因素分别是他们满意和不满意的。分析的结果发现员工不满的项目多是与工作的外在环境有关，而满意的都是工作本身的性质。能防止不满的因素称之为保健因素，主要有组织的政策、上级的监督、工作的条件与环境、待遇、人际关系等；而能带来满意的因素称之为激励因素，主要有成就、赏识、工作本身、责任、升迁与发展等。

(二) 教师激励策略

1. 为教师营造良好的工作环境

工作环境对教师的工作与身心健康皆有着密切的联系，良好的工作环境有利于教师全身心地投入工作，促进学校发展目标的实现。工作环境既包括学校硬件设施，如学校自然环境、建筑、图书馆、电子设施、实验设备等，又包括软件设施，如学校办学理念、学校氛围、人际关系等。硬件方面，学校管理者应尽量满足教师的教学需求，改善教师的办公条件，保持安静整洁的办公环境。此外，教师的职业特点决定了教师对物质的需求侧重于图书资料、实验设备仪器等，学校应从这些方面着手，为教师提供充裕的图书资料与实验设备仪器，保障其及时获取现代社会信息，满足其教育教学需求。软件方面，学校应为教师创造和谐的工作氛围，良好的环境有利于教师保持良好的心境，从而更能激发其工作潜能，相反地，若学校人际关系不融洽，学校管理者缺乏明确积极的办学理念或教育思想，则教师对学校的认同度与归属感也会降低，在工作与人际交往中表现出更多消极被动的行为，不利于学校的发展。因此，学校应明确办学理念，建构良好的校园文化，与教师建立共同愿景，以提高教师对学校的认同度并保持与学校发展目标的一致性。同时也应有意识地倡导教师间彼此尊重关心，鼓励教师之间、教师与管理者之间的沟通合作，以调动教师的工作积极性，建构和谐学校。

2. 关注教师的职业发展

教师的职业发展不仅影响教师自身的发展，而且直接影响学校的可持续发展。学校应该为教师提供多样化的进修培训，关注教师的职业发展。一方面，学校应该考虑自身的长远发展，建立符合学校发展实情的师资队伍建设规划，根据学校实际需求合理配置人力资源，有计划地选拔一些工作出色、有前途的教师参加各种形式的学科进修和培训，如教师职务培训、新教师岗位培训、文化专业知识培训等，以帮助教师更新知识，提高各方面的能力和素养，也使得每位教师都有展现能力、实现价值的机会。同时学校应支持和鼓励强烈要求继续学习深造的教师，根据学校工作岗位的情况予以适当安排。另一方面，学校要营造一种较为宽松的氛围，提供给教师更多的施展才华的机会。首先，对教师的工作成绩应及时反馈，以便他们及时了解自身工作的优势和存在的问题，了解工作的优势能使他们体验到成就感，了解存在的问题可以及时改进。其次，学校可为教师提供晋升空间，给有能力、有志向的教师提供到各级教育行政机关甚至文化科技部门供职的机会，这对提高教师职业的吸引力和教师工作的满意度有积极意义。总之，学校应当为教师的发展提供更为广阔的空间，尽量满足教师的发展需要，进一步发挥发展激励的良好作用，并通过发展激励促进教师群体智能结构的优化，更快地完成组织目标。

3. 鼓励教师参与学校管理

让教师积极参与学校的管理，是对教师和学校双方发展均有效的方法。学校应鼓励教师参与管理学校事务。首先，教师是学校的重要主体，在学校管理中，他们不仅是学校管理的客体、管理的对象，也是学校管理工作的主体、积极参加者，处于中间环节位置，具有管理者、被管理者的双重身份。其次，教师作为知识分子，他们本身具备一定的能力与知识文化素养。再次，教师作为工作第一线人员，对实际教学工作、学生需求、课程变化与改革、学校管理与运作等有最直接的亲身体验与了解。因此，教师参与学校事务的管理不仅能够增强教师的主人翁意识，让教师感受到学校的重视与关心，也能融洽教师与管理者之间的关系，提高教师对学校领导的满意度和认同感。同时，教师参与学校事务决策还有利于他们了解学校的发展目标、发展规划等，有利于他们自觉调整自身的职业发展目标以与学校发展保持一致。另一方面，对管理者而言，不仅可以集思广益，开阔视野，减少和避免管理中的失误，也有利于决策和管理更加民主化和科学化，提高学校管理效能，进一步促进学校发展，以确保学校管理目标的顺利实现（李莉萍、黄巧香，2004）。

4. 舒缓压力，重视精神激励

由于学校竞争的日益激烈，教师的职业压力与职业倦怠现象越来越被社会关注，陈虎强、杨思（2009）研究发现中小学教师的工作强度满意度较低，为此，学校应采取积极措施，不仅要帮助教师舒缓压力，也应重视教师精神上的激励。受应试教育的影响，我国许多地区、学校、家长对学校和教师的评价往往以考试分数或升学率作为衡量标尺，许多教师承受着考试和分数的巨大压力，然而，考试制度乃属国家教育体制的范畴，短期内难有较大改革，因此，学校只能在有限的空间内减少考试给教师的压力，为教师提供多种缓解压力的渠道，关注教师的身心健康。教师自身素养和知识水平决定了教师这一群体更注重精神层次的追求，根据这一特点，学校应更加侧重于教师的职业归属感，肯定教师职业本身的价值，增强教师的职业认同度和成就感。

四、苏南中小学学校人力资源管理研究

社会发展增速，竞争日益激烈，而社会的竞争归根结底是人才的竞争，是人力资本的竞争。同时，随着国家经济体制转轨、教育制度改革，社会对人才质量需求提高，传统的人力或人力资源管理模式，都已逐渐不能适应社会发展了。人力资源蕴含无限的财富与能量，对于学校而言，对教师的培养、激励与人才引进等皆是深化人力资源管理改革的必然要求，是提高学校办学水平的关键所在，是促进教师专业发展的重要举措（洪少辉，2007）。

人力资源管理的观念被教育界接受始于20世纪60年代末，其中教师人力资源由从事教学、科研、教辅、管理和后勤服务等方面工作的所有员工组成。教师人力资源管理则是在科学合理的思想指导之下，对教师资源进行有效地规划与组织，其主要目的在于协调教师、学生、学校等各方面的关系，使教师得以最大程度地发挥能量，配合并促进组织的管理与发展。因此，教师人力资源管理主要涉及教师资源的规划、教师的任聘、调配、培训、考核与激励等一系列与教师管理有关的活动。教师作为学校发展的主体，若其乐于为学校服务，将教学与科研作为其职业生涯的重要课题，充分发挥工作的主动性与积极性，将是学校发展的极大动力。本研究通过深度访谈，从目前苏南地区中小学教师队伍的特色、需要改进之处、学校对教师的考核及激励机制等方面着手，旨在了解目前苏南地区中小学教师队伍的现状，以期为学校管理者进行人力资源管理提供参考。

（一）研究方法

1. 访谈对象

本研究选取了苏州地区十所中小学的校长、副校长或书记等学校领导作为访谈对象，进行结构式深度访谈，按小学、初中、高中分层随机抽取学校。具体访谈对象见第二章表2-2的内容。

2. 访谈提纲

除访谈者的基本资料外，访谈问题如下：

(1) 您认为学校教师队伍最大的特色是什么?

(2) 您认为目前教师队伍还有哪些需要改进的?

(3) 学校对教师的考评如何?

(4) 学校有哪些方式激励教师?

3. 访谈实施

本研究采用深度访谈法,具体步骤如下:

(1) 访谈前,研究者先与各个学校的领导联系,进行沟通,说明访谈目的,将访谈提纲电子稿在访谈前以电子邮件的形式发给受访者,并约定访谈的具体时间、地点;

(2) 访谈地点为学校领导的办公室,可以保证访谈的质量,每次访谈的时间为一个小时左右;

(3) 访谈过程中访谈者根据实际访谈情况,调整问题的顺序及其遣词用字。可适当使用追问(如果被访者在访谈过程中说出了其他有价值的信息,可进行追问)、探测(让被访者以举例的方式描述、解释问题,并说明对学校的影响)等方式以获得更丰富及完善的信息;

(4) 在经受访者同意后,研究者将访谈内容录音,并转化为电子文档,以备编码、分析。

4. 资料处理

在将录音档转为文字稿以后,按照访谈大纲中进行分类、归纳,找出重点,再通过演绎回顾的方式检视原始资料,以确保所归纳的结果符合原始资料的本义,再按不同类别进行编码记录。在编码资料系统地整理完之后,研究者汇总和诠释所有资料,将其与研究内容进行比较,反复阅读原始资料并在此基础上进行相应的归纳、总结、分析。

(二) 结果与分析

1. 教师队伍的主要特色分析

访谈发现,苏州中小学教师队伍的发展主要有这样几个方面的特色:

(1) 年轻、新生力量强大

十所受访的学校教师的总平均年龄为35岁,其中有的学校教师甚至平均年龄不到30岁,可见,目前苏州地区中小学校教师的平均年龄呈年轻化趋势。深入访谈也揭示了这一特点,几乎所有的受访者都表示学校教师队伍的特色是年轻、新生力量强大,并认为年轻的教师有活力、有朝气、冲劲足、好学、向上。但是另一方面这些学校受访者认为年轻的教师存在一些不足,某小学校长认为:“年轻人相对来说经验不足,容易浮躁,制定目标后虎头蛇尾……但总的来说年轻人有更多发展的空间,也有这方面的积极性,所以学校会针对这些方面加以引导。”

(2) 教师整体水平较高、结构合理

访谈中30%的管理者认为学校教师队伍总体来说是一流的,某小学校长表示在最近的四五年,学校教师队伍的发展比较快,另有校长认为自己学校教师队伍中教授级教师、骨干教师、年轻教师结构合理,“在教师的发展过程中我们自己可以消化代谢”。随着苏州经济、文化全球化发展进程的加快,社会以及人们对教师的要求越来越高,国家也越来越重视教师的基本素质与水平,加大了对教师的培训力度,加强了对教师职业的管理。苏州地区中小学也非常重视教师队伍的培养和成长,学校教师整体水平较高、结构合理,一方面因为苏州地区的发展优势能够不断吸引大量优秀的教师,另一方面该地区有良好的条件来培养教师,提高教师的素质和水平。

(3) 学术研究型教师涌现

苏州处于经济、文化、教育发达地区,其中小学教师勤于、敢于不断探索尝试新的教育教学思想与观念,并著书立说,其教学科研与学术氛围非常浓厚,涌现出一批朝学术研究型方向发展的教师。有一受访者表示其学校教师队伍发展的主要特点之一就是往研究型方向发展,该校近80%的教师参与了学校教育科研的相关课题;另一高中校长也认为学校教师的综合实力强,学术氛围比较浓,教师思想比较自由、活跃,该校长认为学校教师“不是属于管理型,而是属于学术型的”。同时,这两所学校的办学水平在同级别的学校中都被认为是最好的,这也意味着,学校发展水平与教师的发展方向有很大关系,在本研究中这种关系是呈正比的,即教师发展水平越高,学校办学水平就越好。

除此之外,有的受访者认为学校教师队伍最大的特色就是爱岗、敬业,某初中校长谈及学校很多教师会牺牲自己的休息时间为学生补课或是在课后为学生讲解,并认为学校大部分教师工作都很认真,很少有缺勤,在常规管理上教师都做得比较好。可见,目前教师不乏坚持付出坚守岗位的无私奉献精神。

2. 教师队伍建设需要改进之处探析

经访谈得知,目前中小学教师急需改进的主要有这几个方面:

(1) 思想与观念的更新

思想与观念是行动的指导者,在迅速发展与变迁的现代社会中,只有拥有先进的思想与观念才不会落后、不被淘汰。在谈到学校教师最需要改进之处时,40%的校长认为教师最需要改进的是其思想与观念,认为教师要与时俱进。如某高中副校长的观点就是:教师必须要与时俱进,接受新的信息,调整自己的观念,使自己的教学更切合实际。同样,某初中校长认为教师应该不断学习,“不仅是知识的更新,也包括观念的更新,尤其是关于师生关系的理念”。可见大部分的校长比较重视观念对行为的指导作用，重视教师思想与观念的更新。

（2）青年教师的培养

访谈中40%的学校认为对青年教师的培养与发展是其需要改进的地方，某高中党支部书记谈到“在教师队伍当中最需要改进的有两个方面：一是学校的品牌、特色或者是专家型教师队伍，一是青年教师队伍的培养，因为青年教师的培养是整个学校以后能不能发展好的最关键的指标”。目前中小学教师的发展呈现年轻化趋势，而且年轻教师的队伍也逐渐发展壮大，于是，如何培养好青年教师是许多学校面临的问题。虽然与年龄大的教师相比，青年教师大多阅历较浅，但是他们更有活力，有更大的学习发展空间和后劲，在学校的长远发展中占有举足轻重的地位，所以学校越来越重视对青年教师的培养，认为培养青年教师是学校需要改进的重要方面。

（3）团队合作与交流的加强

20%的管理者认为学校教师队伍团队合作不够，在某小学校长看来，自己学校教师“单肩作战能力比较强，但是团队合作方面不如我原来的学校，……我们要加强的是合作，在合作的基础上产生新一轮的个人的提升”。而某初中校长就指出自己学校“有些老师太自以为是，太自信了，不大愿意更多地和别人交流，尤其是名教师”，他认为这些教师都很有自己的想法，自己有一套成熟的办法，而且这些教师较偏学术型的。然而，学校的发展并非只靠单个教师的发展而促进的，要靠整个教师集体、整个团队，只有所有教师团结、合作，形成一股合力，才能尽快推动学校的健康发展。由此可见，管理者应该重视增强教师的团队合作与交流。

（4）外地教师与学校当地文化的融合

随着苏州经济的发展，越来越多的外来人口涌入，而中小学面临的不仅仅是大量农民工子女的流入，还有大量外地教师的流入，这些教师的管理也成为学校在发展中面临的问题。某高中党委副书记坦言其学校的教师大多是面向全国范围内招聘的，他笑称其学校是“移民学校”，来自全国各地的教师带着不同的文化背景，与苏州本地文化存在着一定的差异，这对学校教育教学会有一定的影响，例如语言的表达与沟通等。所以，该校领导认为“把这种多元文化教育融合到一起、凝聚到一起是学校目前最大的、最重要的工作”，并认为教师“需要融入当地文化，与学生的交流才能够真正地心心相通”。另一方面，该校领导还谈到，这些来自外省市的教师如何被当地教育行政机构以及教育工作者接纳也是学校面临的一个问题，他认为，外来的教师在有一定实力和水平的基础上，还必须得到上级掌握一定权力和有学术权威的人的认可，才能得到更好的发展。在经济和文化等交流越来越频繁、人口流动量越来越大的背景下，人才由经济及教育落后地区向发展中地区和发达地区涌入、由发展中地区向发达地区涌入的趋势日益显著。外地教师与当地文化的融合、被当地机构和教育人员接纳确实是经济发达城市的绝大部分学校所面临的问题。

(5) 新来教师对学校认同感的培养

申继亮、李永鑫、张娜(2009)研究了教师的组织认同感与工作倦怠和个体成就感的关系,认为教师对学校的认同感越高,其工作倦怠感倾向于较低水平,而成就感趋于高水平,有利于教师在教育教学过程中发挥其主动性、积极性和创造性,有利于学校的发展。教师对学校认同感的培养是学校在发展过程中需要重视和改进的重要问题之一。苏州工业园区的一所学校校长提出,在教师改进过程中存在着教师对学校认同感的问题,“教师来到学校后如何认同学校的物质文化,认同学校的价值取向,认同整个学校的发展……这种理念上的认同、行动上的认同与心理上的支持其转变过程是非常困难的。”同时这位校长也提到在经济开发区学校的发展历程中,学校发展 5 到 10 年期间都会产生这个问题,这种由于区域经济发展的特殊性而影响到学校发展现状的课题有待进一步的研究和探讨。

(6) 高原期教师的发展

许多教师在其教育教学能力发展到一定水平的时候往往难以得到进一步的提高,如果没有采取有效措施的话,其职业发展则会停滞或退缩,直至退休。这就是所谓的“教师的高原期”现象。高原期教师可能会降低其职业认同感,并弥散到日常的心理与行为中,不利于自身的专业成长,也不利于学生的成长与发展(陈斐,2009)。某高中党委副书记谈到教师的发展前景时提出高原期教师发展的问题,“从职业发展来讲,高级教师已经到顶了,如何继续去发展是需要方法的”。某小学也面临着相似的问题,该校长说:“年纪大的教师相对比较难管,他们资格老,从性质上来讲没有什么上升的空间,……他们感觉就这样了,没有这方面(学习和继续发展)的积极性。”各学校教师都存在新老更替的现象,高原期教师的发展不是区域性的问题,而是带有普遍性的问题,是每所学校的教师队伍发展必须改进的诸多问题之一。

除此以外,某小学校长还认为教师学历也是需要提升的关键,他谈到部分第一学历不够高的教师可能课上得很好,但是“写东西很困难,对问题的看法比较肤浅,达不到一定的高度……相对而言视野比较窄,很难再往上跨一步”。所以该校长表示非常重视第一学历较低的教师的培训与继续深造,尽可能为其专业成长提供条件。

3. 学校教师的考评情况分析

教师的考评是学校人事管理中的重要环节,是调动教师工作积极性、促进教师成长的主要杠杆。苏州地区各中小学校对教师的考评比较规范，基本按照国家教育部门、省教育部门颁布的教师考评管理的相关文件来制定和执行，学校都有成文的教师考评体系，并对照该体系来考评教师。但总体而言，苏州中小学对教师的考评过程中也存在着值得注意的问题，主要表现为：

（1）考评主体不一致

大部分受访校长认为自己学校是坚持360度考评，在对教师进行考评时不仅是来自上级教育行政主管部门和学校领导的评价，还会通过教师自评以及同事、学生、教代会以及家长评价等方式来综合考评，但还有少数学校仅仅是以领导的意见为依据或是以领导和教代会作为考评主体，而忽略了学生和家长的评价。360度绩效考核法认为，与被评估人有互动的人都有机会观察到被评估人的表现，给予评量回馈，因此，在被评估人影响范围内的人都可以是考评的主体。在学校，与被评估教师有互动的人（包括领导、教师、学生、家长）都应该参与到评估中，尤其是作为教师服务工作的直接对象——学生。学生与其家长对教师的评价是判断教师工作优劣的重要参考资料，所以应将学生与家长纳入教师的考评主体。

（2）重视师德考评的同时却过于重视对分数的考评

教师考评的内容主要包括教师的出勤率、德育、教学成绩、科研成果、所获荣誉、继续教育、信息技术以及所担任相关角色取得的成绩等。大部分受访者认为学校非常重视对师德的考评，在实践中采用一票否决制，若教师师德出现问题则没有机会得到当年的评先评优。而另一方面，受国家教育制度的影响，社会对学校的评价以分数为准，社会对学校单一的评判标准致使学校对教师的考评也以分数为主要标准，几乎所有的学校都表示学生的成绩是对教师考评的主要依据，对成绩的重视难免会忽略对素质的培养，而学校则表示："现在社会以升学率为最大的标准来看待（学校）"，"老百姓评价你一所学校关键就是看你这所学校的考试成绩"。这种单一评价标准的最终影响是将加大教师的压力、挫伤教师工作的积极性。同时，也导致考评机制无法起到真正的管理作用；另外，也不利于学生的成长与发展，所以学校应该淡化在教师的考评过程中对分数的重视。

4. 学校对教师的激励方式分析

通过访谈发现，苏州地区中小学学校对教师的激励机制是多元的、立体的，主要有这几种激励方式：

（1）物质激励

这是学校采取的最普遍的一种方式，主要是满足教师基本的生活需求，其中又以金钱激励为主。大部分学校认为金钱对调动教师积极性的导向作用是比较明显的，金钱激励的途径一方面是工资，另一方面是奖金。因为苏州经济相对比较发达，学校有条件为教师提供各种名目的奖金，如奖教金、校长奖励基金等，并向骨干教师与能干的教师倾斜。同时，学校也重视物质激励的公平、公正，坚持“多劳多得、得众多得、质优多得”的原则。

(2) 精神激励

对教师的精神激励主要是授予的荣誉，对踏实上进、敬业爱岗、有一定专长的教师授予相应称号，这能极大地激发教师的自我效能感和成就感。从行为主义心理学角度而言，是对教师的正强化。每所学校都有多种多样的评优评先活动以及荣誉称号，某小学教导主任表示学校会经常举行各种活动和竞赛，如骨干教师示范课、青年教师基本功竞赛、多媒体课件制作比赛，通过这些比赛不仅可以使教师们的专业能力得到锻炼，还有利于在比赛过程中形成团队意识，更重要的是最终授予的荣誉能在很大程度上调动教师工作的主动性和积极性。

(3) 情感激励

学校给予教师的情感激励主要是对教师人性化的关怀。教师是一种特殊的职业，其需要层次更高，有较强的被尊重和被爱的需要，因此对教师情感与人性的关怀有时胜过物质的奖励。访谈中一半左右的校长都谈到学校的管理是人文管理、人本管理为主。某初中校长在谈到人文关怀时指出，只要是教师提出的，或者教师确实有这个需求，学校总是想方设法地尽量满足，“对身体不好的老师，一般不用其提出，肯定会照顾，……对有子女当年参加高考的老师，肯定不安排当班主任，且不安排带毕业班，让其多点时间陪陪孩子。”她感叹道：“这样做教师都很感激的，……接下来要其做班主任、带毕业班，二话没得说。”在情感激励方面，某高中副校长表示学校领导选择的是经常去教师家里做客，了解他们的一些实际需要和困难，力图营造学校就是一个大家庭、教师是这个大家庭成员的氛围。可见，目前学校在情感激励方面，与某些人所认为的那种对情感激励忽视的（罗明丽，2008）情形相比，已经有较大的改观。

(4) 成就激励

成就激励主要是为教师的专业成长提供有利的条件和环境，通过分析、归纳访谈资料发现，最常用的促进教师专业成长的激励方式有：师徒结对、培训、读书沙龙、“走出去，请进来”等。所谓“走出去”就是教师参加校外竞赛、去外地参观学习、出国进修深造等，“请进来”就是请专家进校讲课、作报告、搞培训、开讲座等。另外还有一种成就激励方式是为教师制定职业发展规划，60%的学校会帮助教师制定职业发展规划，如某高中党委副书记认为这样做是“要老师自觉地说明自己取得了哪些成绩，自己的长远规划是什么，距离这目标还缺少哪些条件，哪些方面是需要学校、组织帮助的，……学校再进一步了解老师的发展需要学校做什么，然后有针对性地采取措施，调动老师的发展后劲。”该校长反映，学校有60%以上的教师是响应这种激励方式的，而且觉得成效还不错。可见，目前苏州部分中小学在教师成就激励方面基本能够满足教师发展的需要。

（5）目标激励

学校目标激励的主要方式是让教师承担一些管理工作，鼓励教师竞聘中层干部，以此种方式提高教师的成就感和对学校的认同感，也能够促进教师的成长。访谈中不少学校都表示会通过这种方式激励教师，如某初中副校长讲到随着学校规模的发展，很多教师在完成教师岗位工作的同时承担一些管理工作，经过培训后，有机会成为学校输出的管理干部，可以去分校区做管理，这样使教师在制定职业规划时有一个新的目标。

通过访谈可知，苏州地区中小学学校在教师的激励机制方面做得比较完善，学校会通过多种方式满足教师多方面的需要，如基本生活需要、归属感、尊重和爱的需要以及自我实现的需要，这值得其他地区的学校借鉴。

综上所述，本研究发现：

1. 苏州地区中小学教师队伍的特点有：年轻、新生力量强大；教师整体水平较高、结构合理；学术型教师涌现；爱岗、敬业等，在学校发展过程中，教师的发展具有极大的优势。

2. 苏州地区中小学教师队伍最需要改进的有：思想观念的更新；青年教师的培养；团队合作与交流的加强；外地教师与学校当地文化的融合；新来教师对学校认同感的培养；高原期教师的发展；提高教师的学历；等等。研究者认为，这些不仅仅是苏州中小学面临的问题和需要改进之处，应该也是其他发达地区中小学存在的问题和需要改进之处。

3. 苏州地区中小学对教师的考评主体不一致，尽管学校重视师德考评却也过于重视对分数的考评，影响考评在学校管理工作中发挥应有的效能，不利于学生与教师的发展。

4. 苏州中小学对教师的激励机制是多元的、立体的，包括物质激励、精神激励、情感激励、成就激励、目标激励等，这种多元化的激励机制值得其他地区的学校学习和借鉴。

第七章 学校办学理念

著名教育家苏霍姆林斯基曾说过:引领学校发展的首先是教育思想,其次才是教育行政的领导。可见,办学理念是学校定位准确与否的指向标。只有用科学合理的教育理念统领学校的各项工作,才能取得办学的成功。本章首先介绍办学理念的概念界定,然后论述了中小学办学理念的形成与建构,最后跟随本研究调查一起去了解苏州地区中小学办学理念的发展现状,如校长对办学理念的认识及其在办学理念形成中的作用、学校办学理念的表现等。

一、学校办学理念概述

办学理念对学校的发展至关重要,正如台湾中原大学校长张正光所说:"有理念的组织才能长治久安,有理念的组织才能塑造优质的组织文化,有理念的组织才能凝聚组织的共识,有理念的组织才能分享共同的价值观。"(艾克柔,2004)用科学的办学理念指导教育实践,是学校办学由盲目走向科学、从感性走向理性的重要标志。只有把办学理念作为学校的灵魂,学校的整体行为才具有自觉性和目的性,才能保证学校不断地前进和发展。因此,学校全体教职员工在学校发展过程中,要高度重视办学理念的基础作用。校长和管理者对办学理念的不同理解,可以深层次地看到其对教育的见解。

(一)办学理念的界定

1. 理念

理念,在西方哲学史上是指一种理想的、永恒的、精神性的普遍范型,来源于希腊文 eidos 的翻译,有"形相""形式""通型"等义。后来在英文中则用idea表示,又被解读为"理想""观点""使命""精神""认识"等多个含义。

古希腊哲学家苏格拉底是最早提出"理念"这一问题的,他认为:"理念作为模型存在于自然之中……理念正是思想想到的在一切情况下永远有着自身同一的那个单一的东西……每个理念只是我们心中的一个思想,所以只有单一的理念。"(颜一,1997)柏拉图的"理念论"认为"理念"是独立于具体事物和人类意识之外的、永恒的精神实体,是万事万物的本原;具体事物只是完善的理念的不完善的"影子"或"摹本"。所有的事物都有它相应的理念,无数的

"理念"组成一个井然有序的世界,即"理念世界",理念世界是光明与至善的王国(韩延明,2003)。

此后直到 18 世纪,德国哲学家康德、黑格尔等都对理念问题作了专门的论述。康德认为"理念"是指从知性产生而超越经验可能性的"纯粹理性的概念",而且还指出了"理念"与"理智概念""理性概念"之间的区别与联系。他说:"理念,我是指其对象不能在任何经验中表现出来的那些必然的概念来说的……理智概念的使用仅仅是内在的,即关于经验的,仅就经验之能够被提出来而说的;而理性概念是关于完整性的,即关于全部可能经验之集合的统一性的,这样一来,它就超出了任何既定的经验而变成了超验的。"(和飞,2005)

黑格尔认为:理念就是思想的全体,因此理念也就是真理,并且惟有理念才是真理。理念是自在自为的真理,是概念和客观性的绝对统一。理念的理想的内容不是别的,只是概念和概念的诸规定;理念的实际内容只是概念自己的表述,像概念在外部的形式里所表现的那样。同时他又指出:"理念可以理解为理性(即哲学上真正定义的理性),也可以理解为主体与客体、概念与实在、有限与无限、灵魂与肉体的统一;还可以理解为具有现实性与其自身的可能性,或其本性只能设想为存在着的东西;等等。因为理念包含有知性的一切关系在内。"(北大哲学系外哲史教研室,1982)

从上面这些论述可以看出,由于每个人的世界观与方法论各不相同,每位著名的西方哲学家对"理念"内涵进行解读时,有各种不同的个人解析。我们作为后来者,可以继承他们这些思想的精华,并融合我们当前的时代精神,把握时代脉搏,辩证的看待和解读"理念"的内涵。

近年来,我国有一些教育理论工作者也全面深入地探讨了"理念"一词的内涵,并取得了一些思想成果。其中较具代表性的观点有:

睦依凡(2000)认为:"理念是一个具有能反映一类事物每个个体或一类现象每种个别现象共性之能力的普遍概念,具体说它是诸理性认识及其成果的集大成。它既包含了认识、思想、价值观、信念、意识、理论、理性、思想、理智,又涵盖了上述思维产品的表现物,如目的、目标、宗旨、原则、规范、追求等,而后者使理念这一抽象的概念具有了直观的形象。"

韩延明(2003)则认为:"'理念'是一个精神、意识层面上的上位性、综合性结构的哲学概念,是主观(认知、观念)见之于客观(规律、存在)的科学反映,是人们经过长期的理性思考及实践所形成的思想观念、精神向往、理想追求和哲学观点的抽象概括,是指引人们从事理论探究和实践运作的航标,是理论化、系统化了的,具有相对稳定性、延续性和指向性的认识、理想的观念体系。简言之,所谓'理念',是指人们对于某一事物或现象的理性认识、理想追求及其所形成的观念体系。”

综上所有国内外专家、学者对“理念”的解析，可以总结出两点：首先，“理念”的内涵问题是一个属于高度抽象的哲学范畴，可以说理念问题是哲学的基本问题之一，并且与意识、思维等经典的哲学问题有同样的地位和意义，从哲学上来说，理念是发生在人们思想领域的精神上的现象；其次，理念是来源于现实又高于现实的，是作为主体的人们对实践的能动的反映，并且在实践基础上形成的科学理念反过来对实践具有引导作用。所以可以说，“理念”属于意识形态，是人们经过长期的实践探索和理性思考而形成的理论化、系统化的思想和观念体系。

2. 办学理念

有了对“理念”一词内涵的详细解读，办学理念的内涵也就趋于明朗了，又因为它是教育理念和学校理念的下位概念，所以有必要再来了解一下教育理念和学校理念。教育理念是指人们通过教育教学实践过程而形成的科学认识及理性追求，它是教育主体对教育应然状态的理性判断，是渗透了人们对教育价值取向和教育价值追求的一种理想观念体系。而学校理念是人们对学校经过长期的理性思考和实践所形成的思想观念、精神向往、理想追求和哲学信仰的抽象概括，学校理念因学校的层次、类型不同而不同。

办学理念，指在一定教育观念基础上形成的一种指导学校发展的理想信念，它是来源于办学实践又作用于办学实践的理性认识和价值追求，反映教育本质要求，是学校一切工作的灵魂。办学理念包括学校教育目的理念、治校理念等方面，它既是学校对理想与现实之间综合权衡、尽力追求理想的概括，也是一个结合了学校具体情况而不断发展的概念，它随时代进步而变化。办学理念影响甚至决定学校整体发展，它主要解决“办什么样的学校”和“怎样办好学校”的问题。从某种意义上讲，办学理念是学校生存理由、生存动力、生存期望的有机构成，它蕴含着学校的办学方向、目标确立、运营策略、社会责任和校长对理想学校模式的系统构想以及学校各项工作的精神支柱（王千，2009）。

（二）中小学办学理念的特点

1. 多元化

“学校为什么存在”是一个反映学校教育价值取向的问题，也是中小学在确立办学理念时必须面对的重要问题，而学校教育价值取向的多样性必然带来办学理念的多元化。任何单一的办学理念都无法全部代表教育主体对学校的理性认识和理想追求。

教育价值取向是教育主体在教育活动中根据自身需求进行教育选择时所表现出来的一种价值倾向。换句话说，它是指同时存在若干种教育价值方案或意向时，教育主体从自己的需求及利益出发，选择或倾向于某一方案或意向，以实现自己的教育价值目标。在教育价值取向上各教育思想家的观点都有所不同，甚至彼此交锋或对立。

中国古代的教育思想家在教育价值取向上的观点是追求个人内心世界的平衡，强调社会价值高于一切，这是“社会本位”观点。“社会本位”往往只关注社会发展的需要，注重社会发展的当前需要。崇尚社会本位就必须恰如其分地处理好个人与社会之间的关系，特点是要处理好个人与社会冲突之处。古代思想家们以为处理好这种矛盾的最好办法是以社会准则为尺度，个人则通过加强自身涵养来减缓内心的不适。然而，个人与社会作为矛盾的对立统一体，它们之间的矛盾只能通过相互适应来解决，因此必须在正视社会要求的同时也要尊重个人的合理要求。以“社会本位”为教育价值取向的学校可能会只重视学校教育为社会发展服务的一面，却忽视应该将社会发展需要和个体发展需要有机结合起来的使命。因此，中小学在遵循教育要满足社会发展需要的同时，还要注重个体生存与发展需要的满足。

欧洲教育思想家们在教育价值取向上多崇尚个性，认为人是现世生活的创造者和享受者，反对盲目信仰和以神性代替人性，主张个人对自我存在要有深刻认识。这就是自文艺复兴运动以来具有广泛而深刻影响力的人本主义思潮。极端的人本主义取向注重的是“人”的世界，是人之所以为人的内涵，它关心的是一种目的性，强调人的主体性，注重情意等非理性因素的培养和陶冶，注重教育的发展性。人本主义的价值取向在一定意义上体现了对人的存在、价值及潜能的认可，把人摆到了教育的核心地位，这是可取的。但是，马克思主义一贯认为，对人的把握必须置其于现实生活中。

与人本主义取向相对立的是科学主义取向，这种价值取向以重视自然、探究自然和追求理性知识为特征，重视逻辑思维和科学方法论，强调借助人本身的理智武器去支配自然环境和探究未知的世界，致力于寻找科学知识的基础及证明科学知识的方法。科学主义取向注重的是“物”的世界，是事物本身内部的客观规律，即关心的是一种规律性，特别强调客观性，强调科学知识体系的传播，注重教育的工具性。这种价值取向也有它的得失（张福建，2003）。在我国中小学教育方法中，比如将分数作为评价学生学业成就的唯一指标，只注重科学知识的传授，将学生作为储存知识的容器，忽视学生不正确的主体性；只注重了“智”的发展，忽视学生“德体美”等方面的全面发展。这些都说明了当前我国中小学教育存在的重“科学主义”轻“人本主义”的倾向。为了要做到“科学”与“人文”的并重，《基础教育课程改革纲要（试行）》从行为目标、表现性目标和展开性目标的角度，科学地规范了基础教育课程目标，即知识与技能、过程和方法、情感态度与价值观。要求改变学生不正确的学习方式，让学生主动、自主地探究学习，使学生“知、情、意、行和谐统一”，“让学生生动活泼地发展”（王俭、叶军，2001；张福建，2003）。

2. 层次性

我们在确立中小学办学理念的过程中，在回答了“学校为什么存在”这个教育价值取向问题之后，还必须要回答“学校做什么”和“学校怎么做”这两个教育价值实现的关键问题。这就涉及到学校教育、教学、管理等工作的方方面面。校长等管理者只有高质、高效地领导了这些工作，才能实现学校存在的价值。而要做到这一点，必须要有先进、正确的办学理念进行指导，否则是不可能实现的。

办学理念的建构模式的顶端应该是我们对学校教育价值取向的高度概括，是我们对教育价值取向的理性认识和理想追求；而在下端的应该是教育价值的实现，不同的教育价值实现会体现不同层次的办学理念。我们必须分层次、全方位、科学地去考虑学校的办学理念，其中最基层的就是校长和管理者办学理念中最基础的，即教育价值实现的理念。处于基层的教育价值实现是围绕着最上层的教育价值取向来逐步确立，并在这一办学理念指导下体现在具体工作中的。通俗点讲，为了实现我们的办学理念，就要开展各种工作，但各项工作都有各自领域的特殊性，都要遵循着一定的客观规律，即先进、科学的办学理念。我们从最基层开始，通过自下而上的方式进行领导工作，能够逐步、逐层地完美地体现办学理念，也就可以科学地实现我们的办学理念（张福建，2003）。

回答教育价值实现的问题，主要取决于校长及其管理者，他们的观念会渗透在学校各方面的工作中，体现在每位教职员工的行动中，成为学校处理各种问题的引航灯。而校长们在回答“学校做什么”和“学校怎么做”的问题时各有不同的答案。但总的来说，要正确确立学校的教育目的，改变以考试分数、升学率作为衡量学生、教师的唯一标准的观念；改变以书本和课堂及教师为中心、以传播应试知识和训练应试能力为目的、以填鸭式教学或学生被动学习为特征的传统教学方式；树立以学生的基本素质的提高、个性特长协调发展为综合评价标准的目标；坚持面向全体学生，因材施教，促进学生各种基本素质协调发展为目的；坚持教师的主导作用与学生的主体作用相结合、课内与课外相结合的现代教学观；改变以人治为中心、以经验为基础的传统管理；建立以法制为中心、以科学为基础的现代管理；确立“以人为本”的管理理念，加大民主管理的力度；培养学生的自主教育能力，给学生创设自主发展的空间和条件，让学校教育很好地与时代要求接轨，培养出能满足社会需求的人（李艳娜，

2003;常利平,2004)。

这些教育和管理理念,构成学校教育价值实现中较高层次的办学理念。

3. 独特性

学校要有自己的传统和精神,这些传统和精神作为一种持久的教育理念,贯穿在学校的整个发展过程中,使得学校在学生培养、知识传播等各领域都有自己独特的一面。独特性是办学理念的重要属性,也是学校间相互区别的本质所在,更是学校办学的灵魂。这是由中小学发展的特殊性所决定的。当一所学校的学生走出校园,就能够从他们的身上看出属于这所学校的独特的气质。因为内涵丰厚的文化熏陶能陶冶学生的情操,提升学生的品位,开启学生求知的内在驱动力,促进学生全面、健康、协调发展。大到理想道德、个性品质,小到行为习惯、言谈举止;粗到培养目标、管理措施,细到活动方案、实施细节,时时处处都应该体现出教育者的精心思考、精密设计,即使是严格的管理也能如春风化雨、润物无声,让独特的办学理念慢慢地渗透到每一个师生的意识里,潜移默化,滴水穿石(张福建,2003;李艳娜,2003)。

拥有独特的办学理念要求既能出色地完成学校的教育教学任务,又在整体上具有独特、稳定、优质的个性风貌,为每个学生提供充分的发展机会与展示个性特长的舞台。当然,所谓独特的办学理念并不是别出心裁的标新立异,而是具有普遍指导意义的教育思想与学校具体实际的完美结合。校长及其他管理者必须认识到学校既要有特色,但又要确定此特色是建立在学生全面发展的基础之上。

我们可以从结构、内容和概括程度等方面来确立独特的办学理念。首先要优化办学理念的结构。因为办学理念是由许多理念有机组成的层次结构,并且不同的理念具有着不同的地位和作用。我们在整合办学理念的过程中,可以根据学校的实际,有意识地调整和突出某种办学理念,使之成为结构中的主导性理念,提高其地位和作用,使之在结构的优化方面与众不同。其次是突出办学理念内容的独特性。比如很多学校都提出"以人为本"的理念,虽然它们有共同的教育思想和理论依据作指导,但不同的学校依然有自己特殊的历史发展和现实情况,这些差异决定了它们各自办学理念的内容应该不同。如果我们能够将特殊条件下的办学理念加以高度的概括,突出其"人无我有"的特色,那么学校的办学理念就具有独特性。最后要提高概括化水平的程度。因为很多学校的办学理念是相似甚至是相同的,若要突出其独特性,就要提高其概括化的水平,更要凸现和加强其在办学行为方面的指导价值和实际效用,做到"人有我优",这样,才能显现学校办学理念的与众不同(李艳娜,2003)。

学校在确立办学理念时,既要确立科学的教育价值观,又要在各项工作中采取正确的实现方式以体现出学校的教育价值取向；既要对办学理念进行全方位的探索和研究，又要突出办学理念的独特性，进而构建符合学校教育规律的多元化、多层次的办学理念结构，并使之深入人心，进而指导学校的各项工作，不断提高教育、教学和管理的质量。

（三）中小学办学理念之形成与发展

办学理念是学校的灵魂，它决定着学校的发展方向，并切实影响学校管理效能与办学水平。关鸿羽（2003）在《现代中小学教育管理理论与实践》一书中强调学校办学思想的重要性，尤其是校长办学思想对学校的深刻影响，他指出，确立正确的办学理念是实施素质教育的前提，学校有自己明确的办学理念是建构学校特色的灵魂，同时，正确的办学理念是发展教育管理理论的需要。

作为一种思想观念形态的事物，学校办学理念有其形成和发展的过程。一般而言，办学理念有以下几种来源（陈如平，2006b）：

A. 学校办学传统的积淀和升华；

B. 校长经过长期办学积累的大量的成功经验，可成为提炼办学理念的思想基础；

C. 在广泛学习相关理论的基础上，对学校教育和发展产生一种新的哲学思考；

D. 学习和借鉴企业和兄弟学校的管理经验，获得一种新的认识并尝试用于学校的改革与发展；

E. 在教育专家的帮助下，总结有效的办学经验，设计和提出适合本校发展的理论与策略。

学校在提出和提炼办学理念时，应采用系统思考的方式来处理以上各来源的思想。同时，基于办学理念来源去思考学校形成办学理念需要具备哪些条件。

1. 办学理念的形成条件

“校长是学校的灵魂，要评论一所学校先要评论他的校长。”我国著名教育家陶行知指出校长在学校发展过程中的绝对性影响。的确，校长的办学思想决定了学校的办学思想，校长对于学校办学理念的形成、践行、延续有着极为关键的作用。总体而言，学校办学理念的形成与发展不仅需要校长确立科学合理的教育理念，同时也需依赖于党和国家的教育方针、政策法规，以及当地政治、经济、科技文化等方面的发展，从本校实际出发。具体而言，办学理念的形成需要以下条件：

（1）校长需勤于学习，善于思考，勇于实践

树立正确的办学思想是校长办好学校的先决条件。由于社会经济、政治、

自然等环境的变化日益加快，校长需要不断学习新的知识，了解日益更新的信息资讯等，以保证学校办学理念能与时俱进；其次，校长需要善于思考，在了解学校发展历史与现状的基础上，对教育现状与学校的发展走势有着深入透彻并具前瞻性的思考；再次，校长需要实践自己的教育哲学，在实践过程中形成、发展并完善自己的教育理念，在实践中思考办学思想的可行性与科学性(凌利、曾凡奇，2005)。所以校长办学理念的形成与发展是一个循环前进的过程。

(2) 教育行政要简政放权，给校长充分的办学自主权

尽管目前校长负责制已实施多年，但本研究访谈中仍有校长谈及政府行政部门对学校管理较多、较细，校长的办学自主权仍较为有限，大部分决策都需要向上级请示汇报，程序较繁琐，自由度较低，难以根据学校实际情况适时调整学校决策的操作与实施。可见，政府给予学校足够的自主发展空间极为重要，校长需要有足够的办学自主权来实施其办学理念，并在实践中得以锻炼而日趋成熟。

(3) 结合学校实际和社会环境

学校的发展与学校周边地区及社会宏观环境的发展息息相关，尽管校长是学校办学理念的关键人物，但社会环境则是学校生存与发展的基础，社区为学校提供生源、食、住、行等，同时也担任着学校教育教学和管理工作的监督者。学校若要树立良好的口碑、获得长足发展，就必须对学校的实际情况和社会环境进行缜密的分析评估，借助多方力量来综合考虑办学理念。

2. 办学理念的构建步骤

能够真正发挥作用的办学理念具有导向性、明晰性、独特性、渗透性、相对稳定性等特征，建构合理的办学理念亦是一个广泛的、长期循环的过程，一般而言，办学理念的建构需要经过如下步骤(杜云英、谷信茹，2007)：

(1) 调查研究，了解学校发展状况

学校要确立办学思想，首先必须调查了解学校的发展历史与现状，总结、反思并研究历史是确立办学理念的前提。任何一所学校的发展都会沉淀出独特的文化内涵，这种文化内涵具有连续性的特点，每一位校长在确立自己办学理念之前，都必须了解学校的发展历史及其文化底蕴，同时，结合学校的规模、设备情况、师资队伍、生源等情况，进而确定学校办学理念需要解决的问题。

(2) 综合分析，选择战略

在确定学校发展需要解决的问题之后，了解学校的优势也是极为重要的工作。学校领导需要综合分析这两方面的问题，同时，要研究教育方针、政策法规、上级行政部门文件精神，以掌握政府对学校发展的管理界限，并尽量保持学校办学理念与国家政府的整体教育方向一致，在此基础上，结合社会人力

资源市场的需求、企业和社区能为学校提供的服务与合作等方面的情况综合分析，以确定学校的发展战略，明确的发展战略有助于学校预估未来的发展，扬长补短，适应社会需求，保证学校办学理念与社会需求保持一致。

（3）动员群众，集体研讨论证

办学理念不仅仅需要校长个人的智慧，更需要学校成员的共同努力，在确定了办学理念的基本方向后，学校领导应鼓励教师和学生积极参与学校决策，可采用访谈、问卷调查、资料收集、召开会议等方式听取意见，集思广益，因为教师与学生等群体的参与、建议有助于提高办学理念的民主性及合理性。此外，若条件容许，学校可向专家集体咨询，由专家对所收集的信息资料进行分析、诊断，通过专家交流形成办学理念的集体诊断报告，最后与学校沟通，以达成共识。

（4）制定方案，科学合理地表述办学理念

办学理念的内涵很丰富，因而如何有效地表述办学理念十分重要，恰当的表述不仅有助于大众理解，也有助于办学理念的宣传，从而使办学理念更加深入人心。一般而言，办学理念的表述应尽量做到语言简洁明了，琅琅上口，情理交融，具有时代性和创新性；同时，办学理念的表述最好能统领教育本质观、教育价值观、学生观、学校观、教育质量观、学生发展观和学校发展战略等方面的内容，使办学理念具有一定的包容性、可解读性和说服力。

总而言之，在学校办学理念的形成与发展过程中，校长具有决定性作用，故中小学校长应确立创新生活是学校的基本使命、爱是教育的基本途径、教师是学校发展的第一关键资源的办学理念（叶文梓，2007），不断学习，提升自身教育素养与专业水平以及管理能力，丰富人生实践和办学实践，将其办学理念效能最大化，引领学校持续发展。

3. 办学理念的研究现状

当今社会对人才的需求量增多，同时，对人才质量要求也提高，在这样的背景下，要创建一流的学校必须具备科学合理的办学理念，故而中小学对办学理念越来越重视，但目前我国办学理念尚存在一些问题。由于学校办学理念很大程度上受到校长影响，因此不同的校长领导之下存在不同的办学理念。

目前办学思想主要存在两类问题，一是学校无办学思想或办学思想不明确，二是有办学思想，但对办学思想认识有偏差（关鸿羽，2003；杜云英、谷信茹，2007）。前者具体表现为：有的校长只是按照上级行政部门的指示办事，认为完成了上级领导分配的工作即可；有的校长虽然注重行政管理，也有丰富的经验，但未能将其提炼为办学思想；有的校长事业心强，从早到晚忙忙碌碌，为学校奔波，但是办学绩效平平，更不谈有明确的办学理念；还有的校长不从学校实际出发，一味模仿照搬名校的办学理念，缺乏能够代表自己学校特色又符合学校实际的办学理念。后者首先表现在把创收盈利放在首位而忽略了学校最重要的职能是育人，当然这一情况主要也是由于学校资金紧张造成的，但是学校若想获得持续发展必然不能把创收盈利置于首位；其次是有的学校片面追求升学率，尽管倡导素质教育多年，但很多学校，尤其是经济欠发达地区的很多学校依然把知识教学、提高升学率当成学校生存之本。学校的诸多活动以“应试”为中心，极易导致教师教学压力大，学生学业压力重，使得学校完全偏离国家教育方针的轨道。这样的学校即使有明确的办学理念也形同虚设，不能真正发挥办学理念的作用，而且影响学校的长远发展。

二、苏南中小学学校办学理念研究

21 世纪人才成为最稀缺的资源，人才的培养是一个长期的过程，贯穿于个体成长的每一个阶段，但是最重要还是小学和中学阶段的教育。因此，中小学的教育引起了各界的关注。在中小学教育发展的过程中，办学理念总领着学校特色的形成、校园文化的建设、校本课程的开发、学生综合素质的提高等各个方面。办学理念是校长、教师对学校教育的理性认识、系统思考和理想追求。

办学理念来源于办学思想，又通过办学目标来实现。简单的说，办学理念的形成过程是一些零散的办学思想在校长、教师中萌芽，经过系统思考、沟通交流、概括升华而成形，再通过制定具体的办学目标来实现。它引领着学校特色的形成、校园文化的建设、校本课程的开发、学生综合素质的提高等各个方面，是学校发展的指导思想，是学校物质和文化建设的灵魂。

目前，尽管有些学校虽然提出了办学理念，但是这些办学理念可能只是形同虚设，往往在实际执行中又以另外一个理念来指导学校的发展。这些学校急于划清与应试教育的界限，本着“拿来主义”的原则，随便照抄其他学校的办学理念，在实际执行中却按照应试教育的理念，专注于面子工程。学校办学理念的缺失或者轻视直接影响学生的成长和学校的发展。

近些年，苏南地区经济突飞猛进，为学校的蓬勃发展奠定了一定经济基础。一所好的学校必然具备一定的文化底蕴，同时有先进、科学、合理的办学理念，并配以优秀的管理团队，在办学理念、办学目标、教育管理、校园风貌的某一方面或者某几个方面形成区别于其他一般学校的独特个性。

基于此原因，本研究选取苏州地区的中小学作为研究对象，在对资料进行搜集和分析的基础上，通过与对学校办学理念最了解的正、副校长或书记等学校领导进行深入访谈，了解到目前中小学办学理念的现状、存在的问题、解决方式，以期为同类学校的办学理念发展提供参考。

（一）研究方法

1. 访谈对象

本研究选取了苏州地区十所中小学的正、副校长或书记等学校领导作为访谈对象进行结构式深度访谈，按小学、初中、高中分层随即抽取学校。具体访谈对象见第二章的表2-2。

2. 访谈提纲

除受访者的基本信息（性别、年龄、学历、专业等）以外，正式访谈主要包括以下问题：

（1）任何学校都有其办学思想，请问您是如何看待办学理念的？

（2）学校的办学理念是什么？

（3）学校的办学理念是如何体现的？

（4）您觉得校长在办学理念的形成过程中的作用是什么？

3. 访谈实施

本研究采用深度访谈法，具体步骤如下：

（1）访谈前，研究者先与各个学校的领导联系，进行沟通，说明访谈目的，将访谈提纲电子稿以电子邮件的形式发给受访者，并约定访谈具体时间、地点；

（2）访谈地点为学校领导的办公室，这样可以保证访谈的质量，每次访谈的时间为一个小时左右；

（3）访谈过程中研究者根据实际访谈情况，调整问题顺序及其遣词用字。可适当使用追问（如果被访者在访谈过程中说出了其他有价值的信息，可进行追问）、探测（让被访者以举例的方式描述、解释问题，并说明对学校的影响）等方式以获得更丰富及完善的信息；

（4）在经受访者同意后，研究者将访谈内容录音，并转化为电子文档，以备编码、分析。

4. 资料处理

在将录音档转为文字稿以后，按照访谈大纲进行分类、归纳，并找出重点，然后通过演绎回顾的方式检视原始资料，以确保所归纳的结果符合原始资料的含义，再将不同类别进行编码记录。在所编码的资料系统地整理完之后，研究者汇总和诠释所有的资料并将之与研究内容进行比较，反复阅读原始资料并进行相应的归纳、总结、分析。

（二）结果与分析

1. 校长对办学理念的认知

通过访谈得知每一个学校都有适合自己的办学理念，在办学理念的指导下学校的各项工作有条不紊地进行着。校长对于办学理念的看法主要集中在突出服务、强调和谐、体现“以人为本”、立足学生发展等几个方面,具体情况如下:

(1)突出服务

教育肩负着培养创新型人才的历史重任,学校是生产创新型人才的“工厂”,办学理念指导着它的正常运行。办学理念应该能够体现在学校日常工作的各个方面。办学理念的服务功能主要是通过学校的服务作用体现的。学校的服务职责不仅是要为学校提供教育服务,也要为社会发展提供服务,为社会提供各层次的人才。如苏州大学附属中学是一所四星级的高中,学校将“实践爱与智慧的教育”作为办学理念,紧紧围绕“追寻教育真谛,办真教育;汲取时代精华,办新教育”,把为社会发展输送创新型人才作为己任,为社会发展提供软件支持。

(2)强调和谐

党的十六届四中全会提出建设和谐社会的任务。和谐社会的建设是一项艰巨的任务,涉及到我们生活的方方面面。在教育发展过程中也应该体现和谐,只有具备了和谐的环境,社会的发展才能得到保证。在办学理念的内涵中应该包涵和谐,这为和谐校园建设提供思想基础。如苏州市觅渡中学是一所社区学校,该校把“以人为本,建设一个和谐校园”确立为办学理念。学校的一个鲜明特点就是外来农民工子女比较多,对于那些离开家乡,在陌生城市里学习、生活的农民工子女来说,除了给予他们物质上的关怀以外,更多的是需要给予他们人文上的关怀,让他们感觉到社会的温暖。农民工子女进入学校接受良好的教育,不因为户籍问题而剥夺他们受教育的权力,让他们在教室里接受科学的熏陶,避免他们在社会上游荡而给社会稳定带来隐患。学校采用人性化、人本化的管理方式,提倡教师之间、师生之间和谐相处,建设和谐校园,为和谐社会的创建尽一份力。

(3)体现“以人为本”

现代教育的首要目标是要培养一个人格健全的人,一个灵魂与体魄相协调、情与理相均衡、言与行相统一的人。在教育实施的过程中要坚持“以人为本”,教育要具有创造人的价值的意义,充分开发每一个学生的潜能,使每一个学生都能得到发展,在“成人”的基础上“成才”。如苏州市某小学直接将“以学生为本”作为办学理念,虽然只有五个字,但是里面包涵了丰富的以人为本的教育理念。学校力求使学生的生活愉快、幸福感强、学习进步、健康等基本权利有保证。

(4)立足学生发展

家长将孩子送进学校不仅是为了让孩子学习文化知识,也是希望他们能够学会生活、人际交往、自信、自我展示等。学校在办学过程中应该重视家长的需求，在保证教学成果的基础上，应使学生各方面的能力得到最大的提高，为他们走向社会、能够在社会中立足而创造条件。在这一过程中办学理念要发挥积极的作用，应该在其指导下使每一位学生得到发展。如苏州某中学是苏州地区水平较高的高级中学，被誉为准五星级高中，学校的办学理念是“让更多的学生有更好的发展”，两个“更”代表了其追求的目标没有止境。

通过访谈还发现，校长都认为办学理念是一个学校的灵魂，是对办学思路与发展战略的高度概括，引领着学校各方面的工作。

2. 学校办学理念的名称

研究发现，各个学校办学理念的表述都不一样，因为各个学校的情况与定位都不一样，不同的学校会用不同的文字表达自己的办学理念，但是归纳起来有开放办学理念、服务理念、以人为本理念、可持续发展理念。

(1) 开放的办学理念

开放的办学理念是以我国经济发展方式转变、对外开放水平提高为时代背景的，是学校主动适应社会主义市场经济条件下的竞争，积极服务地方经济社会发展需要，不断提高自身社会贡献率的重要发展思维（中教网，2011）。

通过访谈得知，只有少数学校（20%）实行开放办学的理念，大部分学校没有意识到开放办学理念的重要性，开放的办学理念可以为学校带来新的教育观念，拓宽获取教育资源的渠道，优化教育过程。实行开放办学理念的学校大多坐落于苏州工业园区内，“圆融”是工业园区的发展口号，园区内汇集了众多外企，外企给学校带来了新的发展理念，拓宽了获取教育资源的途径，优化了教育过程。如园区某小学校长认为：“学校里有一些外籍学生，他们的加入为学校带来了国外一些先进的教育思想。”

(2) 服务理念

学校应该是个为社会服务的机构，“服务社会”应成为学校的办学理念（单中惠，2008）。这里的社会服务主要包括学校与社区的互动，学校为学生发展提供的服务。

通过访谈发现，所有的学校的办学理念均体现了服务意识，将服务学生、社区作为学校的日常工作之一，还组织学生参观名校、名企，访名人，以此影响学生的发展。某学校领导介绍：“学校每学期都会组织学生参观名企，看名校，访名人，虽然有时他们不懂，但是接触了，感受到了，慢慢的就会理解。”各个学校也会定期组织学生走进社区，如到敬老院帮助孤寡老人，培养学生尊老爱幼的品质。有的学校会向社区居民免费开放学校体育馆，既让学校资源得到了合理的应用，又增强了学校与社区的联系。在此基础上，学校还与社区组织一些体育友谊比赛。如某学校领导表示:“学校体育馆每周二、三、六晚上都会免费对社区居民开放,吸引了一批体育爱好者来学校锻炼。”

(3) 以人为本理念

以人为本的办学理念,强调把人作为学校管理活动的中心和学校最主要的财富与资源,在办学实践中充分地尊重人、发挥人的主观能动性的基础上,形成以学生和教师为本的观念和认识,期待以人性的张扬和个性的创造来实现理想的实践效果(王千,2009)。

通过访谈得知,每一所学校的办学理念都蕴含以人为本的理念,“人”包括学生和教师两方面。学生是学校能够存在的最终因素,以“学生为本”要求学校改变传统的教育方法,丰富教育手段,提高教育质量,从学生的角度出发制定规章制度。“学校出了‘三本’教育理念即教育以人为本,教与学以生为本,管理以校为本,而作为‘三本’中的以生为本,则是贯穿于学校教育工作。”教师是学校办学的主体力量,引领学生和整个学校发展的主体,在教学活动中起主导作用。在以人为本的理念的指导下引入人性化的管理方式,能够充分调动教师的积极性。“学校提出了要增强教师凝聚力,走以德治校之路;提升教师的素质,走教育科研之路;提高教学质量,走课程改革之路;搞好教师管理,走控制激励之路;实现教育跨越发展,走教育现代化、国际化、特色化之路。”

(4) 可持续发展理念

学校可持续发展可以理解为:学校的每一步运作都要既能保证学校当前的正常发展,又能成为学校进一步发展的台阶和基石。也就是说,学校的每一步运作都要同时满足学校的生存和发展这两种需要并为之奠定坚实的基础,使其具备再发展的能力,并促进其长远的发展(李琼瑶、肖俊一,2007)。学校可持续发展应该包括学校的可持续发展、学生的可持续发展和教师的可持续发展。

访谈中大部分学校(约60%)的办学理念包含可持续发展的思想,从学校、学生、教师三个层面去实现可持续发展。学校的可持续发展就是学校的每一次决策既保证了目前的正常发展,又成为下一步发展的基础,如此连贯下去,达到长远发展的目的。“学校的所有决策都要有利于提高学校的教育质量;有利于提高学校的综合实力;有利于提高学校教职员工的生活质量。”学生的可持续发展不仅包括学生学业的可持续发展,也包含学校生源的可持续发展。“‘让更多的学生有更好的发展’中两个‘更’代表了一种追求的目标,即没有止境、没有最好,使学生能够有更好的发展的一种愿望,使学校更加实事求是地严谨办学。”教师的可持续发展是以学生的可持续发展为推动力的,为了使学生可持续发展,教师必须具有可持续发展的理念。

3. 办学理念的体现形式

研究发现,虽然各个学校的办学理念不一样,但表现形式还是可以进行归类的,结合访谈资料,办学理念的具体表现主要是学校特色、行为习惯。

(1) 学校特色

学校特色是指管理者和教育者根据现代教育思想和本校独到的办学理念,从学校实际出发,在教育实践中努力挖掘、继承、发扬并积极创造某一方面或某些方面的优势,所形成的独树一帜且成效显著的运行机制、办学风格和教育模式(王铁军,2002)。

访谈发现,只有少数学校(30%)用学校特色体现办学理念,且这类学校都集中在初中阶段。理论表明,学校特色来自于办学理念,也应该可以体现办学理念。但是为什么只有少数学校选择且都集中在初中阶段呢?学校办学理念的特点主要有:多元化、层次性、独特性(张福建,2003);学校特色的特点主要有:独特性、优质性、稳定性、发展性(马杏芳,2008)。办学理念与学校特色的特点中均有独特性,说明学校特色可以体现办学理念,但是学校特色还具有优质性、稳定性、发展性的特征,而学校可以利用的资源有限决定了办学理念难以具有优质性、稳定性和发展性。初中阶段的学生年龄集中在13—16岁之间,接受能力比较强。正如某校长所言:"学校要生存,就要有特色,'艺体之帆'作为学校这个'舟'的特色,为学校指引了前进的方向。"

(2) 行为习惯

人的行为习惯不是与生俱来的,而是后天慢慢形成的。其形成的方式有:一是不自觉的、下意识的重复;二是有意识的训练(王继红,2003)。通过访谈得知,多数学校(70%)的办学理念通过学生、教师的行为习惯体现,为了能够使这些行为习惯体现学校的办学理念,学校首先应进行有意识的训练,且制定成为教师、学生的行为规范并严格执行,当这些行为成为习惯以后便会在日常生活中不自觉的、下意识地重复。访谈中某初中校长自豪地谈及其学校校园里基本上看不到废纸,学生都会主动捡地上的垃圾并送至指定的地方。

4. 校长在办学理念形成中的作用

校长的办学理念是校长在长期的教育实践中凝练出的对学校教育的理解与追求,是校长个体独特的知识、思维、方法、精神和原则融为一体的教育信仰(孙泽平、漆新贵,2009)。通过访谈得知,校长在学校办学理念形成中的作用主要是继承、创新、替换。

接近半数学校(40%)的办学理念是继承了前任校长的办学理念。这些学校要么具有悠久的办学历史,要么是新办的学校。历史悠久的名校在长期的办学过程中,积累了丰富的办学经验,形成了系统的教育哲学与教育精神。学校的办学理念是经历过长时间的积累与考验才最终形成的，是适合学校发展的办学理念。“办学理念体现了历史悠久的名校教师、学生的共同追求。”新办学校的办学理念是与学校的定位相适应的，在短期内是完全适应学校发展的，校长只需要积极地贯彻落实。

极少数学校（10%）的办学理念是在原有办学理念的基础上由校长进行创新的。校长在对学校的精神、使命、宗旨、功能与价值观等综合思考的基础上结合学校的实际情况，对原有的办学理念进行创新，改进后提出更符合学校发展的办学理念。对办学理念进行创新，校长要具备丰富的理论知识，对办学有系统的思考，有魄力，且在教师中有威信。如某校长说：“学校之前的办学理念是‘习惯为水，素质为舟，艺术为帆’，我到任后发现学校的体育教育也非常出色，便对学校的办学理念进行了修改，把‘艺术为帆’改为‘艺体为帆’，这一办学理念真实地反映了学校的现状。”

有一半学校是用新的办学理念代替原有的办学理念。这些学校的校长都具有渊博的知识、科学的管理能力、良好的协调能力和果断的决策能力，他们到任后，结合学校实际情况将自己的教育哲学以办学理念的形式落实到学校发展中。

（三）结论

1. 苏南地区校长对办学理念的理解主要是以下几个方面：第一，突出服务；第二，强调和谐；第三，体现“以人为本”；第四，立足学生发展。此外，校长们都认为办学理念是一个学校的灵魂，是对办学思路与发展战略的高度概括，引领学校各方面的工作。

2. 苏南地区各个学校办学理念的表述都不一样，但是归纳起来有开放办学理念、服务理念、以人为本理念、可持续发展理念。

3. 苏南地区办学理念的具体表现主要是学校特色、行为习惯。

4. 校长在学校办学理念形成中的作用主要是继承、创新、替换。

第八章　学校办学特色

社会主义现代化建设和改革开放的现实要求学校要提供多层次、多方位的人才。《中国教育改革和发展纲要》(以下简称《纲要》)也明确要求中小学要"办出各自的特色",同时,随着我国市场经济体制的建立和中国加入 WTO,我国教育在办学体制和模式以及学校管理等方面都发生了深刻的变革,学校要在激烈的竞争中取胜,培育办学特色是其提高核心竞争力的重要途径,因此,"学校有特色,学生有特色、有特长"是时代的呼唤,是深化教育改革的必然要求,也是学校发展的需要(葛路谊,2008)。本章介绍了学校办学特色的相关理论、概念界定、基本特征、研究现状和构建方法,重点介绍了苏南地区学校办学特色的现状,以全面了解学校的办学特色。

一、学校办学特色概述

(一) 学校特色的界定

不同学者、不同学校对于学校特色的理解各不相同,经常被使用的概念是办学特色、学校特色、特色学校等。其中学校特色与特色学校是两个不同的概念,它们之间既有区别又有联系(邢真,1999)。

学校特色是学校在长期的教育实践活动过程中所形成的独特办学风格或学校风貌,而特色学校的建设则易于在短时期内见到效果(葛路谊,2008);再次,学校特色与特色学校虽然本质相同,但属于不同层次的概念。不过对两者的层次有两种相反的说法:一种认为学校特色是一个上位的概念,特色学校是一个下位的概念。对大多数普通中小学来说,首先要把学校办成特色学校,提高学校的社会声誉。在此基础上,再进入其发展的较高层次——办出学校特色的范畴;另一种观点认为特色学校是一个上位概念,学校特色是一个下位概念。中小学可以以建设某一方面的特色为突破口,经过不断的努力,向创建特色学校的高峰迈进(邢真,1999)。

李保强(1996)认为社会对学校特色的认识主要存在三种倾向:(1)微观认识,此认识站在低视角看问题,认为创办学校特色的目的在于学校内部教育机制的转轨,使中小学由"应试教育"转向素质教育,因而学校特色被认定为学校的教育特色。这一种定义都把学校某一方面的独特之处理解为学校特色。(2)中观认识,此认识站在学校层面上看问题,把学校特色看做是学校办学的特征和学校的整体风貌。(3)宏观认识,此认识站在高视角度看问题,把学校特色的概念理解得相当宽泛,并把创办特色学校作为基础教育发展的战略思路。

孙孔懿在其《学校特色论》(全国教育干部培训教材)一书中对学校特色进行了系统论述,认为学校特色是在办学主体的刻意追求之下,学校工作的某一方面特别优于其他方面,也特别优于其他学校的独特品质(孙孔懿,1998)。另有学者更强调学校特色的整体性,指出学校特色就是学校的办学特色,是一所学校在长期的办学过程中,选准突破口,以点带面,以局部带动整体,实行整体优化而逐步形成的一种独特、优质、稳定的办学风貌(关鸿羽,2003)。王铁军(2002)将学校特色定义为管理者和教育者根据现代教育思想和本校独到的办学理念,从学校实际出发,在教育实践中努力挖掘、继承、发扬并积极创造某一方面或某些方面的优势,所形成的独树一帜且成效显著的运行机制、办学风格和教育教学模式。本研究倾向于王铁军对学校特色的定义,并据此对学校特色进行研究,认为学校特色的涵义立足于本校,从本校实际出发,密切结合学校实际,体现了个性化的教育思想和办学理念。

(二) 学校特色的基本特征

学校特色不仅有它特定的基本涵义,而且学校特色一旦形成就会表现出一些应有的特征。

1. 独特性

独特性是指学校在办学过程中,表现出在某一方面或某几个方面有突出、超群的地方,或是别人没有做而我先做到了;或是别人虽然做了,而我比别人做得更好,即“人无我有,人有我优,人优我精”(沈正元,2005)。独特性是中小学学校特色的核心因素,主要表现为独特的办学思想、办学内容和办学策略(郑宗桂,2009)。它是在继承、吸收和内化学校的一切优良文化传统,遵循办学规律,从本校实际出发,在顺应社会发展的过程中逐步创造而成的成果。这些成果渗透到学校教育的各个方面,形成一种“人无我有,人有我优,人优我精”的独特风格。

2. 优质性

这是指学校各项工作均能体现整体的高水平。优质性是独特性的基础,是独特性形成和发展的环境和土壤,它决定着学校特色的档次(沈正元,2005)。中小学学校特色的优质性主要表现在以下两个方面:第一,中小学学校特色本身的先进性、科学性。这主要表现为正确的办学价值观和优化的办学模式。办学价值观是指校长对学校管理过程中的价值关系的认识和评价，以及在此基础上所确定的行为取向标准（吴秀娟，1999）。它是人们对客观现实的反映，属于思想观念意识范畴，贯穿于整个学校的教育教学和管理工作之中。一所学校之所以能形成办学特色，其决定因素就在于学校确立了独特的办学价值观，并且这种办学价值观又被办学特色本身的成功证明是正确的（陈红云，2004）。办学模式是在一定办学思想指导下建立起来的，可以再现办学实践活动的理论性的简化形式（葛路谊，2008）；第二，办学育人整体有一定水平。学校特色从它的孕育发端到成果显示，要符合教育规律，要顺应时代潮流，要有理论依据，要有推广价值，要能真正提高教育质量的总体水平。否则，特色就缺乏生命力，难以让人信服。因此，衡量一所学校是否有特色，主要看它的整体办学水平（沈正元，2005）。

3. 稳定性

学校特色的稳定性是指办学独特性风格和学校成果能够长期地显现、保持和发展，能够经受住时间和实践的检验，并在校内外产生深远的影响（陈红云，2004）。学校特色的稳定性标志着学校教育个性和管理个性的成熟（葛路谊，2008）。然而学校特色的形成是一个长期的过程，也是一个复杂而艰巨的过程，因此中小学学校特色的稳定是相对的，而不是绝对静止的（沈正元，2005），因为中小学学校特色是一个与内外环境相适应、与特定时空相联系的动态概念，是一个动静结合的统一体。

4. 整体性

中小学学校特色的整体性一方面是指中小学学校特色一定表现出一所学校的全面优化，发挥学校整体功能；学校的全面优化就是在学校内外诸多相关事物之间的联系点和适应点上，协调好、结合好，实现教育目标、内容、范围与教育途径、手段、设备及人员的活动上的整体优化，形成全面的、整体优化的育人系统；另一方面学校特色整体性意味着一所学校综合个性的形成，并成功地营造一种区别于他校的特殊的学校文化氛围。所以，学校特色是以面向全体学生、全面贯彻教育方针、提高学生的整体素质、促进学生全方位发展为前提，贯彻个性化教育方针的结果。

（三）学校特色建设的有关理论基础

同样的现象，从不同学科视角分析便具有不同的意义，而不同的学科也正是借助于这些特定的分析视角，形成了该学科固有的研究对象和问题。目前，对学校特色主要从教育学、经济与管理学、哲学等学科角度进行研究，以下分别从教育学、经济与管理学、生物学、哲学等领域的相关理论中探寻学校特色的理论基础。

1. 教育学基础

随着社会经济的发展，产业结构与社会结构也相应发生了变化，社会发展对人才的规格、类型、层次需求是多样化的，又因个人发展的可能性及需求的多样化，势必推动教育的多样化。联合国教科文组织在《关于高等教育的变革与发展的政策性文件 · 高等教育的趋势》中指出："多样化是当今高等教育中值得欢迎的趋势，应当全力支持。"可见，作为教育发展的高端阶段特色化已经得到普遍的认可，基础教育阶段的特色化是高校形成办学特色的前提与基础，因为"事物的多样性的实质就是差异性，特色是生长在事物相互差异基础之上的。可以说，事物的差异性是特色生长和发育的土壤，没有差异，就不可能有特色"。（刘在洲、张应强，2004）

同时，《中国教育改革和发展纲要》指出中小学要由应试教育转向全面提高国民素质的轨道，面向全体学生，全面提高学生的思想道德、文化科学、劳动技能和身体心理素质，促进学生生动活泼地发展，办出各自特色（李喜明，2007）。《纲要》中明确了全面提高基础教育质量的重点要放在"应试教育"转向"素质教育"和学校特色上。新一轮课程改革为学校的特色发展，提供了更为广阔的空间。校与校之间的差异性有利于地方和学校创造性地实施和开发课程，形成课程特色和办学特色，有利于进一步扩大办学自主权，追求发展目标、教育风格，形成独特的学校文化，办出特色。

2. 经济学和管理学基础

美国战略学家 C. K. Prahalad 和 G. Hamel 于 1990 年在《哈佛商业评论》杂志上发表论文《企业核心竞争力》（The Core Competence of the Corporation）中首次提出核心竞争力理论。论文提出，核心竞争力是指以企业的技术能力为核心，通过战略决策、生产制造、市场营销和组织管理等使企业拥有难于被竞争对手所模仿的、比竞争对手更强更持久的某种优势与能力的合力。该论文主要观点认为"企业核心竞争力是持续竞争优势之源"。而经济学界认为竞争是两个或两个以上主体为了某一目标或利益而进行的争夺或较量（张金昌，2002）。竞争行为的产生是因为资源的稀缺性。资源的稀缺，使得竞争主体不能够按需求获得对自己有用的资源，造成了其为自身的生存或者更好的发展而展开激烈的利益争夺。在计划经济时代，竞争与我国的教育发展曾经是两个几乎绝缘的概念。然而，随着我国社会主义市场和教育改革的不断深化，在中小学获得一定自主发展权的今天，每一所学校在发展过程中都面临着激烈的竞争，基础教育的普及化及其多样性更是要求学校参与到市场竞争中去，必须像企业一样，着力形成自己的核心竞争力。

学校特色与核心竞争力往往是相辅相成、互相促进的，二者都着眼于学校整体办学水平与办学质量的发展和提高，前者既是提升后者的重要途径，也是后者发展的结果；而后者的提升则有助于前者的形成与发展，为前者提供了坚实的基础。

3. 哲学基础

教育家 John Dewey 指出：哲学是教育的最一般层面的理论，教育乃是使哲学上的分歧具体化并受到检验的实验室（Dewey，2001）。因此，学校特色的形成同样也离不开哲学的指导，尤其需要从方法论的角度反思其原有的思维方式，为中小学提供一种认识与形成学校特色的新视角。

黑格尔认为一切事物都是个体的，个体事物又具有普遍性，即个体化的普遍性。在个体化的普遍性中，个体性与普遍性是区别开的，但同时又是统一的，个性与共性是一切事物固有的本性。个性揭示了事物之间的差异性，使事物之间相互区别，共性揭示了同类事物之间共同的性质，使事物之间相互联系、相互统一。个性是有条件的、相对的，个性体现着共性、丰富着共性。共性只能在个性中存在，只能通过个性而存在。

马克思主义指出：世界具有统一性，世界统一于物质。同时，世界又具有多样性，世界的多样性来源于世界的差异性。这种差异性即事物的特殊性质——个性。马克思主义哲学中关于矛盾普遍性和特殊性、事物共性和个性的关系原理阐明了矛盾的特殊性决定了事物的差异性，这种差异性构成了物质世界的本色。我国基础教育已经进入普及化阶段，普及的过程中需要个性化来丰富中小学生的学习生活，而事物的多样性来源于事物的差异性和个性，因此，作为基础教育系统中单一的学校必须有鲜明的个性。这种个性就是一所学校明显有别于其他学校的办学风格或个性风貌。可见，物质世界的差异性是学校特色形成的哲学依据。

（四）学校特色的研究现状

国外有关学校特色的研究有较长的历史，也积累了丰富的经验。

英国中小学在课程设置上突出实用型知识和技能的教学，如技术课程，就以培养学生的动手能力为教学目标，让学生掌握日常生活中必备的技能，诸如电工、水工、木工技能，家电操作和简单维修技能，汽车原理和驾驶技术等。对实践操作教学的重视使英国中小学生显示出较强的动手能力（姜超民，2006）。

推崇愉快教育是美国教育方式的一贯特点，教育部门给学校教育最大的自主权，这种制度使美国各学区内的每所学校，都有自己的特色教育。美国中小学实施掌握学习、合作学习、分组教学、地方教学等特色化教育模式（葛路谊，2008）。

新西兰实行“整体语言教学法”，让儿童在阅读中提高理解能力，通过阅读上下文推测出新单词的意义，从而记住它们，儿童在阅读的同时也能够提高写作能力。

意大利学校重视培养孩子的动手实践能力，称之为“工艺教育”，如意大利某小城的造型设计特色教育学校，训练学生的立体造型与发散思维，主张孩子以小组的形式学习动手操作的技能，并在教学过程中渗透传统的设计理念，培养学生的设计意识。

日本的学校也非常重视科学教育改革，其改革的方向是鼓励学生提问，培养有独立思考能力和创新精神的人才（赵志国，2008）。日本的科学教育也注重实践学习，如学习麦克斯韦电磁法则时，老师要求孩子们自己动手安装电磁炉，老师决不会代替他们去做。四年级学生还会把家用电器带到学校修理，通过实践，他们知道了什么是电、电路和电动机。按照日本的教学要求，10 岁的学生就应该能够亲手制作太阳能电池、模型汽车和太阳能玩具。

国外成功的教育事例，都有各自的特色，也正是这些特色教育方式，造就了学生与众不同的知识技能，为学生可持续发展奠定了基础。朱永新教授总结了“世界十所最具特色学校”的特点，即：更多地尊重与培养儿童个性，利用多样化、具有可选性的教育教学活动来改造传统的教育教学活动，以实现儿童个性化、多样化、特色化的发展（廖哲勋、田慧生，2003）。

在我国，特色学校的提出时间并不长，仅仅始于 20 世纪 80 年代初（赵志国，2008）。随着素质教育的全面推进和新课程改革的不断深入，《中国教育改革和发展纲要》指出：“中小学要由‘应试教育’转向全面提高民族素质的轨道，面向全体学生，全面提高学生的思想道德、文化科学、劳动技能和身体心理素质，促进学生生动活泼地发展，办出各自的特色。”（郑金洲，1995）。《中国教育改革和发展纲要》提出中小学校要办学自己学校的特色，全面发展学生，提高学生的素质。

随着《中国教育改革和发展纲要》的实施，国内也有许多学校从某种特色（特色项目）切入，并把这种特色项目发展为办学优势而成为学校特色。如湖北省黄石市第二中学通过对学生的心理矫正、行为矫正、心理渗透，使学生尝试和感悟成功的快乐，形成了“成功教育”的特色；北京市第十一中学形成了以现代学校文化建设引领学校全面发展的鲜明的办学特色等（赵志国，2008）。

因此，学校的办学特色目的并不是为了特色而特色，而是为了更好的推进素质教育，让学校的办学特色服务于人，更好的关注学生知识的获得，关注学生精神的成长，这才是学校特色办学的目的，即统一于基础教育的根本任务。

（五）如何发展学校特色

在创建学校特色前，必须认识到我国在历史文化积淀下形成的教育理念及当前教育国情与西方国家的区别，因而创建学校特色既不能闭关自守，也不能照搬西方已有的成功范例的经验、理论，而是要适应我国当下实际的教育发展状况，并敢于创新，在实践中探索、接受和尝试新的思想与理念。一般学校的特色化发展都要经历从优势项目到特色学校、再到名牌学校的过程，具体来说可以从以下几个方面着手：

1. 树立科学的发展观念

学校要取得长足的发展必须树立科学的发展观念，要创建学校的特色更不能拘泥于陈旧的办学思想和办学模式，但是也不能超出学校实际应有的范畴。坚持树立科学发展观，就是坚持以人为本，全面、协调、可持续发展。在越来越重视“人”的社会，以人为本是最根本的出发点，对于学校来说，以人为本就是一切为了学生，一切为了老师，一切为了家长（毛国涛，2005）。只有真正从“人”的角度出发，从学生、老师、家长的需求出发，学校才有发展的条件和动力。因此，只有树立科学的发展观才能保证学校沿着正确的方向发展，并在此基础上创建其特色。

2. 充分利用优势项目或资源

学校要发展特色首先应该明确其优势，充分利用已有的各种教育资源，进而形成某一特色优势项目。这里的教育资源既包括学校的人力资源、物力资源以及财力资源，还包括学校的社会资源，如学校当地的经济和文化特色。现代社会分工的细化使合作越发重要，对于资源相对缺乏的学校来说，借用或者共享学校的资源是其发展的捷径之一，已经有许多学校实现了校企联合培养学生，既节省了学校资源，又在实践中为社会培养了人才，同时还在为企业节省成本的同时产生了社会经济效益（欧仕益、傅亮、汪勇、唐书泽、黄雪松，2005）。学校采取最多的方式是建设校外实习基地，许多学校与一些大企业、大公司合作建立稳定的校外实习基地，学生边学边实践，不仅有利于学生将理论应用于实践，也提高了学生的职业技能，有利于学生的就业发展（杨水根，2006）。与此同时，学校又为企业或公司创造出了经济效益，并为之提供了优秀人才，还给学校和学生带来了一定的经济收入。

3. 要有优秀的领导人

在英美特色学校的建设过程中值得借鉴的是拥有优秀的领导者，校长是其中最重要的角色，这是不论英美还是日本或者其他区域的学校所追求的。校长对学校发展的重要性早已受到了重视，陶行知先生强调校长是一个学校的灵魂，要评价一个学校先评价它的校长，这充分体现了校长的重要性（陈红云，2003）。但是，要建立有特色的学校，要经营和管理学校，校长的能力要求也发生了变化，清华大学借鉴了哈佛模式提出职业校长应该具备“3A 能力”，即面向现代教育的组织构建能力、面向市场经济的资源运筹能力、面向知识经济的创新能力。而又有人认为校长应该从三个方面来提升职业素质:一是提升用于人际沟通的“情商”,即控制情绪、自信以及意志坚强等;二是提升用于学校管理的“智商”,即掌握教育的基本规律和管理之道,具备科研能力和管理能力;三是提升用于学校运作的“经商”能力,即有敏锐的市场洞察力、善于运用资本、经营学校等。总的来说,学校要发展其特色的话,优秀的领导人是必不可少的因素之一。

4. 重视科技的力量

科技是学校进行科研活动的重要保障,而科研水平是一个学校实力的重要的衡量指标。依靠科技谋求发展已经不再是一个新鲜的话题,但这也绝不会成为一个过时的话题,因为科技始终是一个国家发展的重要保障之一,也是学校在激烈的竞争中取胜的法宝之一,是学校发展前进的重要支撑点。那么,如何推动学校的科技发展呢?

首先,应该鼓励创新,不仅要鼓励学生创新,也要支持老师、学校各级管理者和其他职工不断学习新生事物,勇于探索、接受或尝试新的理念、方式及事物,为学校的科技发展营造一个良好的环境。

其次,引进先进的科学技术,学校要随时关注各方面的新闻动态,跟踪学校的发展进程,发现有落后的方面应该及时调整,如在仪器设施等硬件方面不能满足学校发展需求时,应该及时更改,引进新的仪器设备;如果在管理上出现了漏洞或遇到了危机,应该及时调整管理模式,学习和推行最新的适合学校现状的管理理念和手段,从而使学校在硬件和软件上都具备创建特色、发展特色的条件。

发展科技本身就是学校特色化发展的一部分,有不少学校将发展科技作为学校的特色之一或是以发展科技作为创建学校特色的手段或目的。

5. 培育有特色的学校文化

学校文化是学校及其发展的灵魂(谢翌、马云鹏,2005)。一所学校要真正区别于其他学校,最根本的还是其文化个性,这是学校经由长时间的积淀得来的。前面提到过学校是其所在地文化的传承者,学校不仅受所在地文化的影响,也会受到其自身特色文化的影响。培养学校的文化特色应注意的几个问题是:

首先,学校要积极进取,提高标准。学校虽然说是文化的传承者,但更是文化的创新者,学校应该在已有文化底蕴的基础上取其精华,浓缩、加工并融入新的理念、制度等,以使学校的文化能够历久弥新。

其次,学校的文化基调应该与当地经济、政治、文化环境相符合。现在很多大城市的学校(如广州市的小学)新兴网络班,给学生每人配备一台笔记本电脑,力推信息化发展,但这在很多中小城市是难以实现的。所以说一所学校发展的特色不一定要最好的,但一定要是最适合自己的。

再次,学校文化的营造应该是在满足学生、老师、家长需求的基础上实现的,这点与前文所述学校树立科学的发展观是契合的,尤其是在提倡和谐社会的大环境下,和谐校园已经是耳熟能详,只有满足了大家的需求,才能有和谐的可能,才能为学校特色文化的建设提供基本的前提。

6. 重视宣传

学校的知名度和美誉度的提高很大程度上得益于宣传。在学校数量和种类越来越多、竞争越来越激烈的情况下,许多学校加大了宣传的力度,通过报纸、杂志、广播、电视等各种媒介来提高学校的知名度和美誉度,力图争取更多的生源,也增强对优秀教师的吸引力。此外,学校的特色有一部分是通过学校的学生成绩和实力来说明,另一部分还必须依赖于学校的宣传而得以彰显。所以说,学校要创建自己的特色,加大宣传力度也是不可忽略的。

除此之外,学校还能在学校管理、教师的招聘与培训、教学过程、校园建设等多个方面寻找突破口,每一个方面的高度发展都能成为学校的特色,使学校变得与众不同,使学校的存在具有特殊的意义。

二、学校组织特色与优势

温家宝总理曾经说过:"不能把学校办成千篇一律,千人一面,学校还是要有自己的特色。"学校的特色是指学校在长期的办学实践中,已经具备的自己独特、稳定、优质、带有整体性的个性风貌,主要体现在学校管理、师资建设、办学模式、课程设置、教育教学、课外活动、校园文化等方面,是学校办学个性的具体体现,也是学校教育优势的集中反映(朱琨,2008)。学校在长期的办学实践中,通过挖掘、开发和利用自身的优势,发展学校特色,显示出典型的育人效益,逐渐形成整体风貌,便创建出了特色学校。可以说学校特色与特色学校的区别主要在于:学校特色是学校在办学过程中所具有的某一方面或某几方面的特色,它可以表现在地域、时间、人文这些大的方面,也可以表现在校级学科、日常工作等一些局部的内容上。而特色学校则是指在全面贯彻教育方针的过程中,在长期教育工作的整体或全局的基础上所形成的具有比较稳定的且区别于其他学校的独特风格,体现鲜明的学校文化特征,并培养出特色人才的学校(卞小娟,2010)。换而言之,学校通过创办特色学校而实现学校的特色发展,特色学校已然是当今许多学校特别是中小学学校的发展战略,是学校特色得以最大化发展的结果。所以我们可以沿着特色学校发展的轨迹来寻找学校特色发展的途径。

（一）学校组织的特点

了解学校组织的特点有利于我们更好地发展学校的特色。总的来说学校组织的特点有三个：

第一，从学校组织的内部系统剖析出发，总体上来说学校组织是一个松散结合的组织（武立勋、李汉邦、徐枞巍，2004）。学校组织一般都是分为三个子系统——行政系统、教学系统、后勤保障系统。其中行政系统和后勤保障系统都具有鲜明的科层性，即有着明确的分工、鲜明的权利等级关系，有着各项规章制度，强调严格的上对下的控制。而教学系统却具有松散结合性，即教学必须遵循教育大纲的同时，也具有相对的独立性，因为学校很难对教师实行严密的、统一要求的、具体到每一分钟每一处的监控，教师在教学内容的设计与组织及实施、教学方法的选择、学习评估、教学反馈等方面有独立性，正是教学系统的松散性决定了学校组织的松散结合性。

第二，从学校组织的教职员工特点出发，学校是一个更需要人本关怀的组织。学校并不仅仅是一个简单的经济运作系统，更是一个复杂的社会心理系统，在学校的人力资源规划中需要考虑教师相对于其他职业有着更高级的心理需求，有着强烈的自尊和受他人尊重以及实现自我的需要，这类需要除了可以通过物质因素和教师的职业道德感驱动外，更多的是靠人本关怀等社会心理因素的激励——尤其是在提倡人文关怀，人本主义的今天。这些需要得到满足后，教师的工作主动性和积极性都会得到激发，因此坚持以人为本，以教师为本，要给予教师更多的人性关怀，营造相互关怀、相互尊重的组织氛围，以满足教师的高级心理需求，通过激励教师来提高教学效率，促进学校发展（徐浩特，2005）。

第三，从学校组织的目标、任务来看，学校是一个受多重影响、有多重目标的组织。学校受到的多重影响来自于政府或其他教育投资者、学生家长、教育研究工作者等，其中政府更多的是从政治、经济、文化发展等方面影响着学校；其他教育投资者则更多的是考虑自身的经济利益和社会效益；家长则从孩子未来的成长、就业与发展的角度对学校提出要求；教育理论家从理论的角度出发来评价、建议、甚至规划学校发展的蓝图。这些要求之间存在的矛盾导致学校组织目标的矛盾，最显著的就是应试教育与素质教育的矛盾。学校的多重目标还体现在学校组织的功能上，学校的多种功能带来了其多重的组织目标。学校在育人的同时又有着文化传承和创新的功能，而单就育人来说，学校不仅要为学生传授知识，而且要培养学生的道德品质以及其他各种能力，要促进学生“德、智、体、美、劳”等全面发展（梁崇科，2006）。这说明了学校组织的目标具有多维性和复杂性的特点。

在竞争日益激烈的当今社会，学校越来越正视办学特色对学校长远发展的重要性，许多学校把创建学校特色提升到学校组织可持续发展的战略高度（高思，2007），并提出了“强化办学特色”“发挥优势、突出特色”等口号，在实践中有不少学校取得了成功，其实力得到壮大，知名度有了提高，前景可观。如大连轻工业学院根据对学院和市场的准确定位，采取了一系列措施来规划和构建合理的学科体系，找准优势学科作为突破口。按照“前沿、交叉、急需”的原则，着力对学校优势学科进行调整、改造和重组，使这些学科专业的优势更加明显、特色更加鲜明，举全校之力，对重点优势学科和特色学科进行重点投入。由于学校坚持了发挥优势、突出特色的正确方针，使其轻纺、艺术学科的优势得到进一部加强并成为学校的招牌专业。到 2003 年，该校食品科学与工程、轻化工程、艺术设计、工业设计 4 个专业被列为国家管理专业，同时由轻工类学科延伸的新兴学科也得到拓展，并且带动了其他学科的协调发展，从而推动了学校的全面进步和发展。

（二）挖掘学校优势

无论是哪所学校都有自己的优势，哪怕是最差的学校也能在学校的某个方面或某个环节找出自己的相对优势，可以说，学校好坏差异的存在关键在于学校是否科学有效地利用了其自身的优势或借助其他力量来发展学校的优势。但是某些学校的优势并不是一目了然，而是需要挖掘的。挖掘学校优势是创建学校特色的基础，也是学校重新对自己进行认识、评价、优化的过程（方志刚、杨政、李丹青，2005）。要发展学校的特色首先要做的就是挖掘学校的优势。学校进行自我分析是挖掘学校特色必不可少的环节，只有从实际出发，充分、深入地认识学校状况后，才能有针对性地、科学合理地采取措施发展学校特色。学校进行自我分析主要可以从以下几个方面着手：

1. 自身定位分析

学校首先应该清楚地知道自己在当地、在国内甚至国际上处于一个什么样的位置，了解这一点是学校发展的基础之一，也是学校对自己定位的前提。拿高校举例来说，一是学校的声誉，即在当地、在国内的声誉如何，它包括学校的知名度和美誉度等；二是影响力，即要分析学校对当地经济、政治、文化等领域有何影响，在国内外是否具有影响力，这跟学校学生毕业去向、师资力量以及科研成果等有着密切关系；三是专业，学校是否有重点专业，是省重点专业还是国家级重点专业，学校的学科专业在全国的排名如何等。对这三点有了详细的了解后，就能大概知道学校整体水平在当地、在国内甚至国际上是一个什么样的位置，有利于从整体上把握学校优势的大方向。

2. 学校资源分析

学校的资源一般来讲包括人力资源、物力资源、财力资源三大类,这三种资源都是学校发展不可或缺的因素,其中最为重要的是人力资源,人力资源具有的极大潜力能对学校的发展产生巨大的推动力(华炜、李莉,2001)。因而,学校首先要对所拥有的师资力量进行分析,如教师的专业和数量结构、学历和资历结构比例、职称评定情况、教研活动情况、承担或参与各级课题及相关项目的情况,以及教师的进修和培训情况、调配和流动情况等;其次就是要分析其生源状况,如学生的生源地、学习成果、毕业去向等;再次,要分析学校领导层对学校发展所持的思想战略,特别是校长,作为学校发展的领头人,其办事风格、学术特长、人格与素质等都对学校的发展有举足轻重的影响(王红利,2010)。这些都是学校的软件,对学校发展具有很大的弹性作用,也就是说同样的人力资源在不同的学校会产生不同的效果,在同一所学校的不同时期也会有不同的效果。所以,人力资源一直是学校管理中最具挑战性的部分,但也是发展最有潜力的部分。

居于人力资源之后的是学校财力资源,这是学校发展的成本,学校需要支付教职工的薪酬,需要一定的资金作科研费用,需要购置基本设施设备以及实验器材等(鲁美娟,2005)。学校投入的是人力、物力、财力,产出是学生的知识、能力以及素质等方面的提高,其投入与产出在一定程度上是相辅相成的。一所好的学校其资源必定是丰富的,因为其良好的硬件设施可以吸引优秀的师资和生源,而优秀的师资和学生可以促进学校在教学与研究上的发展与壮大(方志刚、杨政、李丹青,2005);在发展上处于一般或者劣势的学校,很大程度上是因为资金不够充足、硬件设施不够齐备和优良所导致的。我国学校发展存在着东、中、西部的差异,一定程度上也反映出了这个问题。但是财力终究只是影响学校发展的因素之一,并不是学校发展优劣的唯一决定性因素,它必须配合学校其他资源的发展才能相得益彰。学校需要分析其财力资源的现状,掌握财力"进"和"出"的渠道和去向,并根据学校的实际情况来分析其财力资源的规模、分配与支出等是否合理。

3. 学校当地发展分析

学校的发展与当地的政治、经济、文化等各个领域都有着密切的关系,学校的发展可以在一定程度上促进当地政治、经济、文化等方面的发展,同时当地的政治、经济、文化等各方面的发展又推动着学校的发展,特别是学校文化往往是继承、弘扬甚至超越当地的文化特色,可以说学校的发展是以当地的发展为依托,并与当地的发展相互促进。所以,学校应该在国家当前教育政策这一大方向的前提下,结合当地政府的发展现状来制定发展规划。例如长安大学，充分利用了我国实施西部大开发战略和发展西部交通事业这一契机，审时度势，十分重视对高等级公路和特殊地区公路建设重大课题和关键技术的研究，并集中优势力量，加强对公路快速运输系统的前沿理论、关键技术等研究，为我国公路运输实现现代化提供支持和保障的同时，也使得学校在国内公路交通研究领域保持了领先地位，发挥了学校在公路交通学科建设上的行业领头示范作用（周绪红，2005）。

（三）用SWOT分析来剖析学校优势

学校的内外部环境分析是学校决策的重要依据，目前使用比较多的是SWOT分析法，所谓SWOT分析，也叫态势分析、知己知彼战略，就是将与研究对象密切相关的各种主要内部优势因素（Strengths）、弱点因素（Weaknesses）、机会因素（Opportunities）和威胁因素（Threats）通过调查罗列出来，并依据一定的次序按矩阵形式排列出来，然后运用系统分析思想将各种因素相互匹配加以分析，从中得出一系列相应的结论或对策（施静如，2009）。

表8-1　某学校SWOT分析矩阵中学校内部资源优势

因素	学校内部资源分析（Strengths）
行政与教师资源	1. 班级数为73个，人才资源多元而丰富 2. 教师年龄多介于30—40岁之间，人力资源稳定而充足 3. 教师学历为硕博士及以上者超过七成
学生学习	1. 教师具有高度的热忱，修养高且关心学生，致力于学生学习活动 2. 学生天真坦率、活泼外向，创意丰富 3. 爱校爱同学，认同学校，积极参与学校各类活动 4. 乐于与人分享，资质潜能丰富，后劲十足
资源	家长会、校友会、教育基金会、社区各级对学校在经费、人力及教材上的捐助与协助

比如苏州太仓市经济开发区一所全日制初级中学，其优势在于：① 开发区管委会的大力支持，这使得学校的硬件设施尤其是信息化硬件设施在同类学校中处于领先水平；② 学校重视信息化的发展，将信息化作为学校的亮点工程；③ 教师信息化素质较高，教学、办公基本实现了无纸化。由于充分利用了这些优势资源，学校先后通过了苏州市教育信息化先进学校、示范学校的验收，并于2006年被评为苏州市教育信息化先进单位。不难看出学校是以信息化为载体，凭借区政府的大力支持来发展其信息化方面的优势，进而将其发展为学校的特色，最终使学校赢得了更好的发展（费佳玉，2007）。

学校的环境包括外部环境和内部环境，外部环境主要体现在：

（1）政策规划，包括政府政策、国家政策中关于学校的发展计划以及教学计划等；

（2）经费情况，包括总经费、公用经费、人头经费、择校费等；

（3）区位，包括乡镇、街道环境和交通消费环境等；

（4）生源状况，主要有直升、借读、走读等情况。

学校的内部优势一般体现在以下方面（可能只是一方面，也可能是多方面）：

（1）校级领导

① 结构情况，如年龄结构、学历结构、学科结构；

② 资格与培训情况，如校级领导是否都参加过岗位资格培训，现在是否有参加培训的，参加的是什么样的培训；

③ 校长的办学思路；

④ 领导班子集体工作状况，如领导班子之间是否团结，工作氛围是否和谐融洽，工作是否扎实、积极，分工是否合理，是否能以身作则等。

（2）学校管理

① 部门设置及其结构关系，一般学校的部门设置都是分为这几个部分：校长室，教导处，总务处，党支部，工会，教代会；

② 主要规章制度建设、执行成效及存在的问题；

③ 教育、教学管理突出特点；

④ 教师聘任制和激励机制以及其执行情况；

⑤ 后勤管理措施及其执行情况；

⑥ 学校资源利用与开发情况。

（3）教育教学情况

① 课程计划执行情况，主要是国家、地方课程科目能否满足家长和学生的需求，学科目标是否合理可行，有无调整，学校的课程方案对课程、课时有无调整；

② 课堂教学改革及取得的成绩，学校重点研究、改革和实验的项目有哪些，取得了什么样的成果，还存在什么问题（包括教学设计、课堂组织、教学方法、课堂评价、课程整合等方面）；

③ 有哪些优势学科，哪些学科还处于劣势，学校是如何改变这一现状的；

④ 校本课程，包括校本课程的开设情况，管理情况，保障情况（包括班级条件保障、课时条件保障和经费条件保障）；

⑤ 教研活动，包括教研活动的内容、方式、时间、交流平台等；

⑥ 承担或参与的各级课题及相关成果，参加国家级、市级、区级、校级课

题的人员和比例，课题管理渠道如何，取得了哪些成果，有何影响。

（4）师资情况

① 教职工结构，包括数量结构、职称结构、年龄结构、性别结构、学历结构、学科结构、教学能力结构等；

② 教师进修和培训情况，主要是指学校投入的进修和培训经费、方式、人数及比例；

③ 教师调配和流动情况，如调入和调出的人数、比例，有无支教或受支教的情况。

（5）学生发展状况

① 学习风气；

② 学生文体活动情况；

③ 学生社会实践情况；

④ 学生心理健康情况；

⑤ 学生家庭背景及开办家长会的情况；

⑥ 学生获奖情况；

⑦ 学生毕业流向。

除此之外，学校的内部优势还体现在很多方面，因为各学校的层次不一样，水平不一样，所以其内部环境和内部优势的体现都存在着差异，但是基本上都在上述这些方面得以体现（百度文库，2011）。在了解学校的内部优势后，对于如何发展学校特色也将有更进一步的认识。

三、苏南中小学学校办学特色研究

随着我国基础教育课程改革的全面实施，社会要求学校提供多层次、高质量的人才，而传统的办学模式却把升学当作唯一奋斗的目标，忽视了学生个性、能力的培养，这种教育与日新月异的社会发展相矛盾和脱节。同时，社会经济与文化的迅速发展、对人才需求的改变，皆加剧了学校间的竞争。对此，《中国教育改革和发展纲要》中明确提出要将全面提高基础教育质量的重点放在学校特色建设上。学校特色是学校产生核心竞争力的基础，特色的创建对学校各个方面的工作都有重要的积极意义，因此，若要想在激烈的竞争中立于不败之地，学校就必须凝聚全体成员的力量，通过学校文化的建设展示学校个性化的特色，这是学校获得进一步发展的重要途径。

苏州位处我国长江三角洲经济发展的核心区域，在教育方面亦代表着国内较高的水平，在发展学校特色建设方面已经积累了一些成功的经验，具有一定的示范作用，值得借鉴。因此，本研究采用结构式访谈，选取苏州地区 10 所中小学的管理者作为访谈对象，包括 6 名校长、2 名副校长、1 名书记与 1 名教导主任。受访学校包括小学、初中各 3 所，高中 4 所，有市区和乡镇学校，也有农村学校。以了解目前苏州地区中小学学校特色的发展现状，为指导学校管理者构建学校特色与制定发展规划等提供参考与建议。

（一）中小学学校特色的表现

每一所学校都有自己的特色，因学校的规模、区位环境、目标定位等差异，学校特色的表现形式也存在差异，经访谈发现，以苏州地区中小学校为例，学校特色主要表现为以下方面：

1. 德育教育

访谈发现，约 40% 的学校特色为德育教育，这是学校在开展德育教育工作中所形成的特殊风格。《中国教育改革和发展纲要》中明确提出中小学教育由应试教育转向素质教育，素质教育的核心就是思想品德教育。基础教育承担着提高公民素质的重任，而德育教育可以说是学校基础教育的首要工作，因此，德育教育对提高全民族的素质具有关键而长远的影响。德育教育也可以作为学校的特色发展，其基本目标是使学生养成良好的行为习惯，受益终生，确保学校教育质量的稳步提升。而除了日常教学以外，学校也可以通过举办各式各样的活动来深化德育教育，如某学校通过学生家族文化、体验式教育和校园节日文化等活动，以帮助学生养成良好的行为习惯，并形成了良好的学校氛围。

2. 课程教学

课程教学特色是学校在特色创建过程中注重日常教学，打造和形成教学工作的特殊风格，其表现形式主要有：课程的编制；教材的选用；教学手段和方法的选择；特色学科建设；教学组织形式（王建华，2003）。教育的目的是培养学生的创新精神和实践能力，实施教育的主体是学校，教育的主要手段就是课程教学，通过对课程教学的开发可以有效地提升教学效率，更有利于提高学生学习效率和学生发展，也可以作为学校的特色发展。访谈中约 40% 的学校特色体现为课程教学，如某学校借鉴了大学教育体制中的导师制并将其发展为学校的特色，实行小班化教学，平均每个教师辅导 3 至 4 个学生。同时，学校以校内课题的形式对导师制在实行过程中遇到的问题进行研究，形成了导师制日常管理制度，该校长表示这一制度取得了很好的效果。

3. 组织管理

突出组织管理为特色的学校约占受访学校的 10%，这类学校中领导运用科学的管理方法对校内的人、财、物、时间、空间、信息等进行计划、组织、协调、控制，并形成了特殊的工作风格（葛路谊，2008）。通过访谈发现，拥有组织管理特色的学校能以先进的管理理念指导校领导的行为，并制定了适合学校发展的规章制度，能够极大地调动起教师与学生的主观能动性。某省重点中学的校长将教育看作一项工程，提出了“教育工程学”的办学理念，将工程学管理理念运用到学校管理中，率先实行自主式学习，采取一系列措施激发学生内在的学习动力。同时，该校长表示，优质的生源便于学校的管理，能够确保学校的教育质量。

4. 教学科研

科研能够兴校已经成为校领导的共识，以教学科研为特色的学校约占受访学校的10%，他们通常把在日常教育教学过程中遇到的短期内难以解决的问题，以课题的形式立项，号召教师参与研究，以找出解决问题的方案。但学校要真正形成教学科研特色有一定的困难，只有具备了优秀的教师团队才能确保课题的顺利实施，保证科研成果的顺利推广。如某实验小学积极推广“小学校研究大教育”的科研理念，在日常教学实践中首先通过校内课题去研究、发现并积累规律，以达到进一步指导实践的目的，使得学校的发展紧贴学生与社会的需求。

5. 文化建设

校园文化建设为学校特色提供了生存的土壤和发展的空间，渗透在学校教育的各个方面，通过师生的价值取向、期望与态度来体现并影响其行为（李鹏程，1994）。有研究者认为学校特色集中表现为校园文化的特色（王葵红，2009）。本研究发现，10%的受访学校将文化建设作为学校的特色。如某学校因与莲花有着渊源，于是该校长致力于营造“莲”文化的学校氛围，形成“传承莲花思想，凝聚莲花精神，缔造莲花品质”校园文化精神，同时辅以举办书法与阅读竞赛等活动，巧借文化的力量推动学校特色的发展。

综上所述，苏州地区中小学学校特色主要表现为文化建设、德育教育、课程教学、组织管理、教学科研等几方面。其中，以德育教育、课程教学为特色的学校占多数，因为德育教育和课程教学既满足了新课程改革的要求，又不耽误学生的学业，在一定程度上也能提高学生的学习效率，还符合《中国教育改革和发展纲要》中明确规定要面向全体学生，全面提高学生的思想道德、科学文化、劳动技能和身体心理素质，促进学生生动活泼地发展之要求（详见图8-1）。

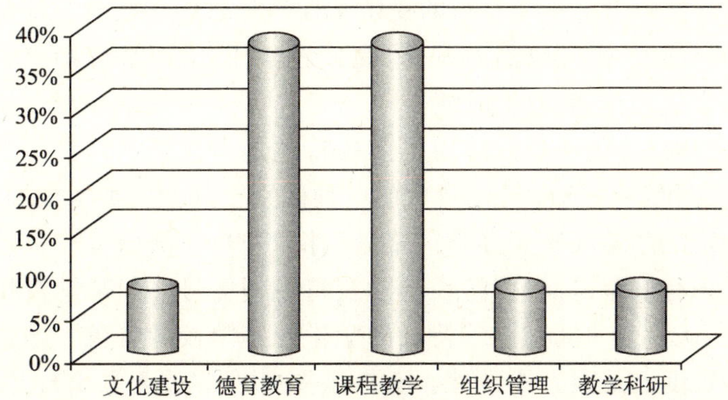

图 8-1　学校特色分布

（二）学校特色发展中的问题及解决方案

学校特色具有一种感召力，能够促使师生从内心产生自豪感，激发师生的进取心与创造力，有利于优化配置办学资源，形成核心竞争力，提高学校的综合实力。但是由于学校之间具体情况的差异，在特色构建的过程中难免出现各种问题。经过分析，苏州地区中小学特色发展主要存在两方面的问题：其中，内部问题包括教师认识的错位、成效显现的滞后性和时间分配不当；外部问题包括社会支持不够和经费不足等（详见图 8-2）。

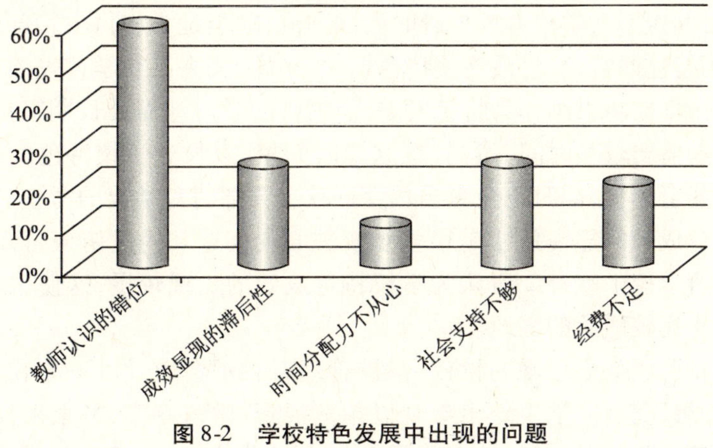

图 8-2　学校特色发展中出现的问题

1. 教师认识的错位

教师是学校特色发展的关键因素，学校要形成个性化的特色，就必须拥有一支与之相适应的、素质优秀的教师队伍。通过访谈发现，约 60% 的受访学校在特色发展过程中存在教师对特色认识错位的现象，具体表现为：

第一，对自身责任认识的错位。教师不仅是教学者，还应是学生思想、行为的引导者与影响者。一半左右的受访学校教师认为学校对其评价归根结底是学生的考试成绩,教师只需教好课,完成教学任务,而学校特色的发展会干扰正常的教学活动,影响教学成绩。

第二,对学校特色认识的错位。学校特色是学校基于自身历史传统和实际情况,在长期办学实践中逐渐形成的一种区别于其他同类学校的独特、优质而且相对稳定的办学气质和办学风格(王伟,2009)。部分学校教师与领导对学校特色认识有偏差,将学校特长与学校特色划等号。如某学校将篮球看做是学校特色,认为有一批有篮球特长的学生便是学校的特色。导致这一问题的原因某种程度上是因为外界对学校的要求,明令学校要办出自己的特色,且将参赛人数多寡、成绩显著与否、获奖层次等作为学校特色的评价标准。

针对教师认识错位的问题,研究者通过访谈发现,大部分学校选择通过宣传办学理念、办学目标以提高教师对校长教育思想、教育哲学的认同度。有的学校采用举办活动、征集意见等形式让教师参与学校的特色建设过程中,增强其主人翁意识;同时,也有学校邀请专家讲座以加强教师的理论学习;或组织参观特色学校,让教师感受特色建设对学校发展的重要性;还有学校以校内课题的形式探讨学校特色建设过程中出现的问题,研究其科学的解决方式。

2. 成效显现的滞后性

学校特色成效的显现是一个过程,甚至是历经一代代校长传承积淀而成的,需要时间积累。学校若为追赶时尚和潮流,甚至是为应付主管部门的命令或检查,为特色而特色,将最终使特色弱化、平庸,失去其在学校发展中应有的作用。不少学校将书画作为特色发展,但书画的学习却需要长期坚持,其学习效果的显现需要较长时间,然而,在这段时间里,家长对学校特色的认可度与支持度可能会降低,同时也会影响教育行政主管部门对学校的考核。因此,如何提高特色成效的显现效率是很多学校关心的问题。经过访谈得知,存在该问题的3所学校中就有2所认为学校特色成效的显现较慢,这使得学校的特色发展处于比较尴尬的境地。

对于特色成效显现慢的学校,学校管理者表示会通过以下方式来实现特色发展,如组织教师、学生外出参观以拓宽视野;邀请专家、名家来校讲课,传授学习技巧;鼓励师生参与校内课题研究、制定校本课程;积极改进教学方法,以提高学习效率。

3. 时间分配力不从心

义务教育阶段学校的课程体系通常包括国家课程、地方课程与校本课程。国家课程是国家教育行政管理部门规定的统一课程,体现国家意志。地方课程是在国家所规定的各个教育阶段的课程计划内,由省一级教育行政主管部门或其授权的地方教育部门依据当地的政治、经济、文化、民族等发展需要而开发的课程。校本课程则是以学校教师为主体，在实施国家课程和地方课程的前提下，通过对本校学生需求的评估，在学校的办学思想指导下，充分利用学校或当地资源而开发的课程。显然，国家课程和地方课程是学校必须完成的教学任务，教师仅有自由设置校本课程的权力，后者是学校发展特色的关键环节。但有学校表示，在发展特色时难免会影响国家课程与地方课程教学任务的完成，尤其在时间的分配上显得力不从心。

研究者通过访谈发现，存在该问题的学校选择解决的方法是：首先在全校普及和推广学校特色，经过一段时间的推广后，采用校内比赛的形式挑选出有潜力的学生，然后利用每天活动课、课后或放学后的时间对他们进行专业培训、指导，以达到学校办学个性化、从而彰显学校特色的目的。

4. 社会支持不够

社会支持可以从社会互动关系的角度理解，表现为人与人之间的亲密关系，而亲密关系是能在交往中被感知的，在与他人交流过程中被关心、被接纳、被爱、被给予帮助等即为社会支持（刘玉连、汪震，2008）。社会支持是影响学校发展的重要外部因素，学校的社会支持主要来自政府、社区、家长、专家。现阶段，社会、家长评价学校的标准主要是考试成绩、升学率，而教育行政主管部门评价学校的标准则是教育的本意，即培养德智体美劳全面发展、具有创新精神的现代人，这与社会、家长的评价标准存在一定的矛盾或冲突。访谈中有几所学校在特色建设过程中均出现外界对学校发展特色的误解，家长认为学校特色建设是多此一举，会影响孩子的正常学习。加之，有的学校领导者并不擅长学校特色建设，不清楚促进特色发展的着力点，若缺乏专家的专业指导，也难以建构适合学校发展的特色，这将更加导致社会对学校支持的缺失。

缺乏社会支持的问题只能在一定程度上改观。大部分学校通过积极参与社会公益活动，走出去，接受社会的检查，从而使得社会更加了解学校的发展现状。同时，在学校特色成果展示时邀请家长代表参加，让家长切实感觉到孩子综合素质的提升，提高家长对学校特色建设的支持。另外，也有学校通过与当地高等院校合作，以获得专业性的指导。

5. 经费不足

苏州经济发展位居全国前列，地方政府财力雄厚，对义务教育投资力度也很大，从上世纪90年代开始便在全国率先普及九年义务教育。随着经济的发展，学校现代化逐步实现，市民对教育的需求不断上升，尤其对学校硬件设施的要求在不断提高。为保障学校正常的教学秩序，校舍建设、教学设施维护等必须要有充足的经费作保证。若经费短缺，必然影响正常的教学计划，影响学校特色建设的进度。通过访谈发现，出现经费不足的学校都处于义务教育阶段，且均位于经济发展强劲的工业园区内。这可能是因为义务教育经费主要来源于财政拨款，具有一定的周期性，资金到位情况往往会被拖延。加之，工业园区内外企较多，学校招生对象包括不少外籍学生，家长对学校硬件设施要求普遍较高。

存在经费不足问题的学校都是通过加强与市政府、与教育行政主管部门的沟通，以解决经费缺口，然而，在沟通过程中学校发现政府及教育行政主管部门的反应较慢，等到经费落实至少需要半年的时间。因而有学校另辟蹊径，在加强与政府、教育行政主管部门的沟通的同时，吸引园区内大型跨国企业捐款，以民间力量来弥补政府教育经费投入的不足，激活教育资源配置机制，拓宽经费来源的渠道。

（三）学校特色建设的策略

通过对苏州地区中小学学校特色、特色发展过程中遇到的问题及解决方案的研究，更能有针对性地指导学校特色的建设，有利于学校的发展。但是学校特色的进一步发展还需要教师、学生、家长、社会、政府尤其是校长的努力。根据研究结果，本研究提出下列建议：

1. 学校结合自身实际确定特色内容

校长在确定学校特色内容时应结合办学历史、现有条件、发展方向等，充分考虑各方面的因素，选择最合适的学校特色。同时，也应关注文化建设、组织管理，尤其是教学科研的作用，以科研特色为先导，将教学过程中发现的问题作为研究对象，探寻最佳的解决方案，并以成文的制度来保障解决方案的实施，这不失为一种有效的方式。

2. 重视提升教师专业素养

教师是学校特色发展的主体和重要的内部支持系统，教师对学校特色的认同度是决定特色发展之路顺利与否的重要因素。学校应加强办学理念、办学思想、办学目标的宣传教育，提高教师对组织管理、组织文化等的认同度与归属感。同时，也要通过进修、对外交流、学历提升等方式提高教师的专业素养，走教师专业化发展之路，以提高教师解决教育问题的能力。

3. 积极拓宽教育资源获得渠道

学校领导不仅要积极加强与政府、与教育行政主管部门的交流和沟通，以及时了解教育方针政策与动向；也要充分团结兄弟院校，通过多样化的活动相互交流和学习；同时也要充分利用校友这一特定的关系群体，吸引校友为母校作贡献。另外，可以通过建立学校资源与社区资源的互化与共享机制，吸引社区内企业捐款，使学校特色发展与社区规划发展相协调。这样，学校通过拓展和利用多方面的优势资源，保障学校特色建设的顺利而有效地进行。

第九章　苏南中小学校长领导能力、组织文化与学校发展探析

校长领导能力与学校组织文化都是学校发展的重要内容，与学校的发展规划、人力资源管理、组织的运行等息息相关。校长作为学校的领导者，其领导能力对于学校的发展起着至关重要的作用；而组织文化对教师间的亲密合作与团结信任、对学校发展起促进作用。本章首先介绍校长领导能力、学校组织文化与学校发展及各因素之间的关系以及对学校发展的预测力，然后分别探讨中小学学校发展的影响因素与组织文化的影响因素，从而为学校管理者有针对性地提高领导能力、营造良好组织文化、促进学校发展提供参考。

一、苏南中小学校长领导能力、组织文化与学校发展的关系

随着经济社会的迅速发展，人才的需求与竞争日益激烈，而学校作为人才培养的重要基地，近年来，它的发展已成为社会关注的焦点。校长是学校的灵魂人物，是学校的管理者、决策者和领导者，在学校发展中扮演着极为重要的角色（Leithwood & Montgomery，1982），因而人们在重视学校发展的同时，校长领导效能亦备受关注。同时，组织文化作为学校的精神指标，是学校成员共享的基本假设、规范、价值和文化产物，对学校成员的价值观与行为存在重要影响（Maslowski，2001），可见，优秀的校长与良好的组织文化是学校发挥高效能、获得长足发展的必备条件。

目前，对校长领导能力、学校组织文化与学校发展的研究主要集中在理论探讨与案例分析方面，鲜有通过实证研究了解三者之间关系的。同时，苏南地区作为我国经济最发达地区之一，其教育在全国具有代表性，所以在校长领导能力、学校组织文化与学校发展方面具有可借鉴性。因此，本研究立足于区域，通过对苏州地区中小学领导者的访谈与教师的问卷调查，了解中小学校长领导能力、学校组织文化与学校发展的现状，进而探讨三者之间关系，以期为学校实现高效的管理效能及良好的发展提供参考。

（一）中小学校长领导能力、组织文化与学校发展之间相关分析

经皮尔逊积差相关分析发现，校长领导能力总量表与各维度之间存在显

著相关,相关系数介于0.950~0.957之间,且学校组织文化整体量表也与其三个维度之间呈高度显著正相关,相关系数介于0.851~0.970之间。学校发展总量表与三个分量表之间存在高度显著正相关,相关系数介于0.895~0.939之间。同时,校长领导能力、学校组织文化与学校发展三个量表之间也均存在显著正相关,相关系数介于0.730~0.875之间,可见,三者之间关系密切,若校方欲做好学校发展规划,则不得不同时提升校长领导能力及学校组织文化(详见表9-1)。

表9-1　校长领导能力、组织文化以及学校发展的相关系数

研究变项	1	2	3	4	5	6	7	8	9	10	11	12
1. 校长领导能力总量表	1											
2. 校长专业能力	.96**	1										
3. 校长管理能力	.96**	.87**	1									
4. 校长人际关系	.95**	.86**	.86**	1								
5. 组织文化总量表	.73**	.69**	.72**	.68**	1							
6. 组织氛围	.74**	.70**	.73**	.70**	.97**	1						
7. 组织凝聚力	.54**	.49**	.57**	.49**	.86**	.75**	1					
8. 组织承诺	.65**	.64*	.63**	.60**	.85**	.79**	.61**	1				
9. 学校发展总量表	.77**	.73**	.73**	.74**	.88**	.89**	.68**	.73**	1			
10. 学校发展规划	.77**	.75**	.73**	.73**	.78**	.80**	.59**	.67**	.94**	1		
11. 人力资源管理	.71**	.65**	.67**	.69**	.86**	.88**	.67**	.69**	.94**	.80**	1	
12. 组织运作	.63**	.59**	.61**	.61**	.80**	.80**	.64**	.68**	.90**	.77**	.80**	1

注:** $p<0.01$,p 为机率值(Prob-value)。

由上表可知,苏南中小学校长领导能力、学校组织文化与学校发展之间皆存在显著正相关。

优秀的校长会获得更多的支持,能为教师和学生的发展营造良好的组织氛围(Ubben & Hughes,1992),激发教师的主人翁意识,使其自觉调整态度与行为(Kelley & Robert,2005),提升教师的组织承诺水平,增强组织凝聚力。由此可见,校长的领导能力对学校组织文化的形成和发展起着至关重要的作用。

校长领导能力、学校组织文化与学校发展皆存在显著正相关,表明优秀学校的形成与发展必须依托强有力的领导和良好的组织文化。校长的专业能力、管理能力及人际关系会影响与教师沟通的有效性、教师的决策参与度及学校氛围的开放性(Kelley & Robert,2005);组织承诺与成员行为存在显著正相关,较高的组织承诺有助于教师的行为与组织发展目标保持一致(Anit & Ronit,2002)。教师的组织承诺一旦形成,其态度和行为都会表现出对组织强烈的忠诚感、认同感,并全方位的投入工作,最终形成坚不可摧的凝聚力。因此,良好的组织文化有益于教师间的亲密合作、团结信任,形成群体的规范,增强团队的凝聚力，促进学校发展（田宝，赵志航，2006；陈忠卫，贾培蕊，2004）。

（二）校长领导能力与组织文化对学校发展的预测力分析

本研究以校长领导能力及学校组织文化的各维度为自变量、学校发展量表的总平均数为因变量，进行复回归分析，得出其进入回归方程式的显著变量为组织氛围、校长专业能力、校长人际关系，其多元回归系数为 0.909，调整后决定系数为 0.823，F 值为 268.255（$p<0.01$），表示 3 个预测变量能预测学校发展 82.3% 的变异量，这已达高度预测力。标准化回归系数可显示出各自变量对因变量的影响力，标准化回归系数愈大，其影响力愈高，表示自变量在解释因变量的变异量时重要性愈高。就个别变项的标准化回归系数来看，组织氛围在标准化回归系数中最大，表示其对学校发展具有最大的影响力，其次是校长人际关系，而校长专业能力在 3 个预测变量中影响力最小（详见表 9-2）。

表 9-2　校长领导能力与组织文化对学校发展的复回归分析表

进入变项	R	R^2	F	B	β	t
	0.909	0.823	268.255***			
组织氛围				0.619	0.676	13.624***
组织凝聚力				0.048	0.046	1.334
组织承诺				0.020	0.020	0.517
校长专业能力				0.124	0.124	2.344*
校长管理能力				-0.059	-0.060	-1.093
校长人际关系				0.156	0.177	3.498***

注：$^{*}p<0.05$，$***p<0.001$，p 为机率值（Prob-value）。

通过分析发现，组织氛围、校长专业能力、校长人际关系皆能显著预测学校发展。在学校组织文化对学校发展的预测中，只有组织氛围能显著预测学校发展。组织氛围能在潜移默化中影响学校的发展，对学生而言，良好的学校风气能促进学生的身心健康与学习成绩的提高；对老师而言，良好的组织氛围不仅能提高教师和管理者的工作效率，也有利于教师的专业发展。教师决策参与有利于树立主人翁意识，提高教师对学校和校长领导的认同感。大多数教师希望校长能经常给予其支持和鼓励，理解教师的需求和感受、公平公正地处理事务。在良好的组织氛围中，师生能健康成长与自我实现，从而推动学校的可持续发展。

校长专业能力对学校发展有着深远的影响力，只有具备较硬的专业能力，才能够应对复杂而快速变化的外界环境，才能够高瞻远瞩，洞悉学校发展趋势，进而营造良好的组织文化以提高教职员工与学生的积极性（Ubben &

Hughes,1992),提升教师工作满意度及学生的幸福感。

校长人际关系对学校发展也具有显著影响力,这既包括与学校内部群体(如教师、学生)的人际关系,也包括与学校外部主体(如教育主管部门、社区、家长)的关系。校长若具备敏锐的观察力、良好的沟通和表达能力与同情心,将有助于他们与学校发展的相关人士进行沟通,为学校营造和谐的内外部环境,赢得更丰富的资源以促进学校发展。

综上可知,苏南中小学校长领导能力、组织文化与学校发展之间皆成显著正相关,表明其中任一因素提高时,另两者的发展也会相应提高;教师所认知的组织氛围、校长人际关系与专业能力皆能显著预测学校发展,且皆具有正向预测力,其中以组织氛围的预测力最高,而以校长专业能力的预测力最弱。

二、苏南中小学学校发展的影响因素分析

中小学作为教育的基础阶段,其发展显得尤为重要,学校各方也在寻求多种途径努力提高学校管理效能。校长领导能力、学校组织文化作为影响学校发展的核心因素,始终受到教育管理者与研究者的关注。优秀的校长有助于教师间互帮互助并共建学习共同体,有助于形成良好的学校组织文化,构建学校可持续发展模式。学校发展涉及学校组织的方方面面,是一个持续、多维、动态的过程,旨在达成学校自我分析与革新的相互关联、系统规划和起支持作用的努力(富兰,2004)。范国睿(2002a)运用系统论的方法分析了影响学校发展的要素,主要包括校长、教师和学生、教学子系统、学校组织文化等。而成员的价值观、渴望和行为及组织的策略、结构、系统是影响组织变革的重要因素(Peter,2009),所以优秀的领导与和谐的组织文化是提升学校效能、实现学校可持续发展的必要条件。

目前,学术界对于学校发展的研究大多集中在理论探讨与案例分析,鲜有通过实证研究探讨学校发展的影响因素。因此,本研究通过对苏州地区中小学领导者的访谈与教师的问卷调查,从校长领导能力与学校组织文化的角度,探讨其对学校发展的影响路径,研究结果有助于学校领导者有针对性地提高自身领导能力、关注学校特殊群体,营造良好的组织氛围,增强学校凝聚力和教师的责任感,进而促进学校发展。

(一)问题提出

本研究主要探讨校长领导能力及学校组织文化对学校发展的影响路径,进而建构模型。所以在校长领导能力、学校组织文化及学校发展等三方面作文献分析与理论探讨。

校长作为学校的领导者,其领导能力的强弱对于学校的发展起着至关重要的作用。关于校长领导能力的研究主要有领导特质论、领导行为论和权变领导论等理论。领导特质论认为领导者的特质是天生的，是一个人能否成为领导者的根本因素，作为一名有效的领导者必须至少具有三个特征，分别为人际关系因素、认知因素与行政管理因素（Hackman & Johnson, 2000）；领导行为理论认为领导能力是可以后天培养的（Horner,2004），该理论更关注领导者的作风或领导行为，对领导形态有比较明确的分类；权变领导理论则认为不存在普遍适用、唯一正确的领导方式，有效的领导应该是领导者、被领导者以及环境相互作用的结果。其中以领导特质论的兴起为最早，至今仍被作为领导者提高其领导能力的重要依据。

校长是学校文化的主要构建者，是学校文化的灵魂人物。校长对学校信誉、氛围和仪式等方面的影响，是决定学校组织文化的一个主要因素，不管学校组织文化是否受到行政权力的干预，都会受到校长领导能力的影响，校长的人格特质及领导风格与行为都会对学校组织文化产生一定影响（Kets de Vries & Miller,1986）。本研究通过前期访谈发现，在具有亲和力的校长领导下，教师更愿意表达自己的意见，与校长的关系也较亲近；同时，在具有丰富教学经验、良好人际沟通、管理有方的校长领导之下，学校都能发展出自己的特色。显然，不论是学校组织文化的建构，还是学校效能的提高，都离不开强而有力的校长领导。

学校组织文化是全体师生知与行的结合（张庆勋,2006），能够体现校长的领导能力以及学校的办学理念，是促进学校发展的深层动力。从不同的角度探讨学校组织文化的构成得到的结论也存在差异，根据文化的主体不同，学校组织文化包括教师文化、学生文化、课程文化（牛志娟,2008）；而按照由浅入深、由表及里的标准，也可将学校组织文化分为物质文化、行为文化、制度文化和精神文化（赵中建,2004）。学校组织文化在增强学校组织效能的过程中扮演着极为重要的角色，关于组织文化与组织效能之间关系的研究，大致形成了以下三个理论：（1）强势文化理论——组织文化与组织效能间有显著正相关，且这种正相关是有条件的，有利于保持组织目标的一致性（Kotter & Eleskett, 1992）；（2）文化特质理论——某些文化特质对组织效能具有积极的促进作用，主要包括投入、一致性、适应性和使命等关系（Saffold,1988）；（3）适应型文化理论——关注外部环境变化对组织效能的影响，要求组织文化能够及时对外部环境变化作出反应，以保证组织效能（Gordon & DiTomaso,1992）。

优秀的学校组织文化中，教职员工能够充分参与学校的发展决策、学校成员之间能够有效沟通、考核机制能够保证公正合理（Kelley & Robert,2005），这样的学校组织其体现出的教学能力、适应力及灵活性都优于其他学校（郑燕祥,2005c）。因组织文化的建构与变革大多是从上而下进行，所以校长的领导能力是影响学校组织文化发展内容与方向的关键因素。具有长远战略眼光和敏锐洞察力的校长能够挖掘并提炼出学校组织文化的特色，为师生树立榜样（陈天红，2006），在这个过程中，校长的人格特质、专业能力、管理能力和人际关系都会通过其对外界的主观感知而影响学校组织文化的建设。同时有研究表明，在良好的组织文化中，教师的工作满意度能够得到显著提高（Natarajan，2001），当教师对其工作的环境及同事关系感到满意时，他们的工作积极性便会显著增加，学校组织效能必然会提升。故学校组织文化主要受校长领导能力的影响，同时在增强学校组织效能中扮演着极为重要的角色，是学校发展与改革成功的重要因素之一。

学校是有计划、有组织地进行系统教育的组织，其目的是为社会提供教育服务，从而影响受教育者的身心发展，为社会发展提供人才。学校效能则是学校在特定的条件下，适应内在及外在的限制，并持续达到学校相关人士所追求目标的能力（郑燕祥，2002b）。在提高学校效能及教育质量已成为许多国家教育改革所追求目标的形势下，从影响学校效能的因素出发探讨学校发展是一种有效的方式。

影响学校效能的因素众多，从内外部因素的角度而言，强势的行政领导、良好的学校组织文化、教师有效的教学技能等皆是影响学校效能的主要内部因素（Edmonds，1979；Purkey & Smith，1983；郑燕祥，1986a；吴清山，1998b）。具体而言，主要是校长的愿景和教育教学理念；学校的组织文化、组织结构；教学内容和教学方式；学校个体的专业发展和组织的专业发展等因素影响着学校发展（张兆芹，2005），而这些因素是校长领导能力和学校组织文化的主要内容，可见，校长领导能力与学校组织文化是影响学校发展的核心因素，通过提高校长领导能力、构建良好的学校组织文化，能显著增强学校组织交能、促进学校发展。同时，学校发展规划、教师也是影响学校组织效能的重要因素，其中，学校发展规划作为支持学校工作与生活各方面活动与发展的文件，能有效预测或设定学校的发展方向和目标，有利于学校的持续稳定发展（Aruhu，2010）。教师作为学校发展的重要主体，对其管理是学校人力资源管理的主要内容，也是校长领导与组织文化影响学校发展的重要中介因素，校长有重大责任和权限帮助教师学习（Drago-Severson & Pinto，2006），为教师提供安全、舒适的工作环境，促进教师的专业发展，进而促进学校的发展；组织文化通过影响人力资源的管理实践来影响组织气氛，进而影响员工的工作态度、行为以及对组织的奉献精神，并最终影响组织效能（Schneider，2002）。

由上可知，校长领导能力、组织文化、发展规划、人力资源管理、组织运作等因素与学校发展存在密切相关，都是影响学校发展的重要因素，对学校发展存在直接或间接的影响。故本研究主要通过对校长领导能力与组织文化的探讨,以建构学校发展的影响模型。

(二) 研究假设

为全面考察学校发展的影响因素,本研究通过前期访谈结果及相关文献发现,校长领导能力及学校组织文化会影响学校发展,且校长领导能力也会影响学校组织文化。因此,本研究主要探讨校长领导能力与学校组织文化两者影响学校发展的机制,并进一步分析它们之间可能的影响途径。

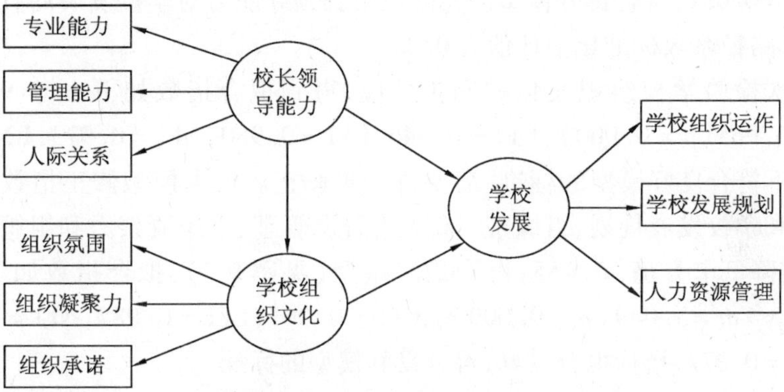

图 9-1 研究假设模型 M

本研究预期:校长领导能力会影响学校发展,同时学校组织文化则可能起到中介变量的作用,进而影响学校发展。因此提出以下假设——假设 1:校长领导能力会对学校发展产生正面的影响;假设 2:学校组织文化会正向影响学校发展;假设 3:校长领导能力会正向影响学校组织文化;假设 4:校长领导能力以学校组织文化为中介正向影响学校发展(详见图 9-1)。

(三) 学校发展影响因素路径模型分析

为探讨校长领导能力、学校组织文化对学校发展的影响路径,故进行路径分析。根据 Baron 和 Kenny (1986)提出的中介效应检验程序,检验须满足四个条件:第一,预测变量必须与结果变量显著相关;第二,预测变量必须与中介变量显著相关;第三,中介变量应该与结果变量显著相关;第四,在控制了中介变量的作用后,预测变量与结果变量的关系减弱或不显著。由前文相关分析可知,校长领导能力、学校组织文化与学校发展之间均存在显著相关。考虑到文化一般承担着中介性的作用(徐建培,2004),因此,在研究分析之前,可以这样预测:学校组织文化是校长领导能力与学校发展之间的中介变量。

本研究中的校长领导能力、学校组织文化和学校发展都是潜在变量,按照量表本身的维度归属模式，将各潜在变量的观测变量设置如下：专业能力、管理能力、人际关系三个观测变量构成校长领导能力；组织氛围、组织凝聚力、组织承诺作为观测变量构成学校组织文化；学校组织运作、学校发展规划、人力资源管理三个观测变量构成学校发展。可见，测量模型包括九个观测变量和三个潜在变量。

首先检测校长领导能力对学校发展的直接效应模型，得到拟合指数为：$x^2=11.463$，$x^2/df=1.911(p=0.075)$，TLI = 0.994，CFI = 0.997，NFI = 0.995，RMSEA = 0.051，符合良好模型的标准。校长领导能力对学校发展的直接效应显著，其路径系数标准化估计值为 0.82。

其次检验学校组织文化的间接效应，得到拟合指数如下：$x^2=91.186$，$x^2/df=3.965(p=0.000)$，GFI = 0.946，CFI = 0.980，NFI = 0.973，RMSEA = 0.093，不符合良好模型的标准，需要进一步修正。根据模型修正指数增加专业能力和学校发展规划、组织氛围和人力资源管理、组织凝聚力和组织承诺的共变，将降低卡方值 27.155，得到最终模型（见图 9-2），拟合指数如下：$x^2=64.031$，$x^2/df=3.049(p=0.000)$，GFI = 0.961，CFI = 0.987，NFI = 0.981，RMSEA = 0.077，指标拟合良好，符合良好模型的标准。

由图 9-2 可知，增加组织文化变量后，校长领导能力对学校发展的影响力明显减弱，其效应系数由 0.82 降至 0.18，且校长领导能力通过组织文化能显著影响学校发展，效应系数为 0.62（0.79 × 0.79）。因此，组织文化在校长领导能力与学校发展之间的中介效应显著。由学校发展影响模型可知，组织文化对学校发展的直接影响最大，其次是校长领导能力以组织文化为中介对学校发展的间接影响，而以校长领导能力对学校发展的直接影响最小。另外，校长领导能力对组织文化具有相当的影响力，其效应系数为 0.79。

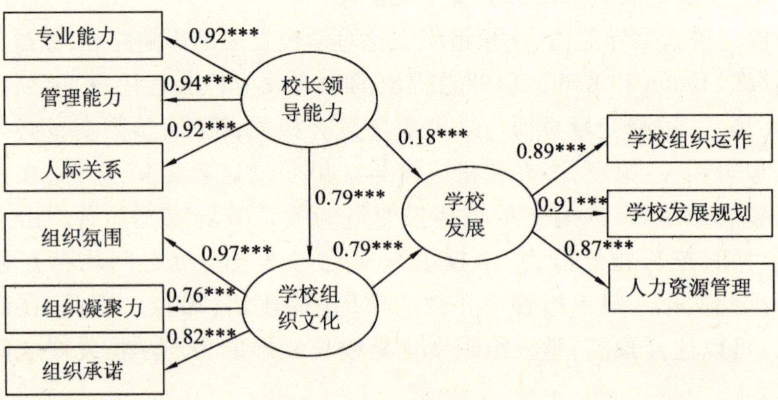

图 9-2　输出模型 M-1

（四）讨论

1. 校长领导能力对学校发展的影响

校长领导能力直接影响学校发展，影响系数为0.18。校长是学校里具有决策功能的关键人物（葛金国，2003），校长的管理思想、工作作风是决定学校能否持续发展的主导因素。在学校发展过程中，校长的支持行为更能够让教师产生主人翁意识，更能够促进教师之间的专业合作与交流，教师之间亲密合作、团结信任则有利于形成群体的规范，增强团队的凝聚力（田宝、赵志航，2006；赵必华、王广、张翔，2008），具有高度凝聚力的教师团队必然能为学校的快速发展提供巨大的推力。领导是激励、促进组织中的成员并与其一起工作的过程（Knezevich，1984），在这个过程中，领导的行为是与创造和管理组织文化相联系的（Schein，1985）。学校也是如此，校长在领导学校发展的过程中，运用各种手段激励教师，营造和谐的学校组织文化，以提升教师工作满意度、促进学校的发展。因此，学校发展是判断校长领导能力的重要指标之一。

在校长领导能力影响学校发展的因素中，校长的管理能力是最主要部分，对校长领导能力的影响系数达到0.94。校长的组织管理能力直接影响其胜任力（李大健，2000），胜任力是绩优者所具备的知识、技能、能力和特质，是领导管理能力的切实体现。校长能否积极推动校务、构建和谐的学校组织文化，能否从整体立场客观的分析与解决学校问题，都可体现校长的胜任力，展现校长的领导能力。

专业能力对校长领导能力的影响系数为0.92。校长的专业能力主要包括专业精神、专业知识、专业伦理、自我专业意识等（褚宏启、杨海燕，2002），在提高校长领导能力中起着重要的作用。校长能否不断进修以提高其专业知识，能否清廉自持、公平公正处理问题，能否把握时代潮流适时创新等，都直接关系到学校未来的发展，是提升校长领导能力的必要前提。

校长的人际关系对校长领导能力的影响系数为0.92。人际关系是在社会交往中形成的个体间的心理联系（郑全全、俞国良，2005），是心理上的相容。校长的人际关系表现为校长与教师之间工作上相互支持、帮助。虽然校长的人际关系对其领导能力影响最低（见图2），但是良好的校长人际关系能在校内营造出一种心理融洽的气氛，有利于调动教师的工作积极性，鼓舞士气，提高工作效率和满意度，实现校长的教育思想和办学理念。

由研究结果可知，校长需要加强自主学习的意识，提升教育管理相关知识的学习与实践，尊重教师，关注教师的发展需求，提高沟通能力，建立和谐的人际关系，以带领学校突破现状，寻求持续性发展。

2. 学校组织文化对学校发展的影响

学校组织文化是把学校各因素组织在一起的纽带，由学校全体成员共享的信念、期望、价值和行为准则组成，具有比行政权威更大的作用，是一种软约束力。学校组织文化的产生来自于学校内外各种力量的共同作用，在学校管理活动中能起到黏合剂的作用（Hanson，1996），也是一个学校区别于其他学校的内部特征，并能够影响学校成员的行为（Hoy & Miskel，2005）。学校组织文化建设的目的就是集中并挖掘各种资源潜力，有力地促进学生的个性得到充分、自由、全面、和谐的发展（达林，2002），通过学生的发展带动教师及整个学校的发展。

学校组织文化直接影响学校发展，影响系数为0.79。学校组织文化对学校发展具有稳定、导向、凝聚、激励、规范和教育等功能。良好的学校组织文化能够为学校提供稳定、团结、和谐的内部环境，激励师生朝着校长的教育哲学、办学理念所指引的方向发展，于潜移默化中影响全校师生的行为。

学校组织文化中以组织氛围的影响最大，其影响系数达0.97。组织成员对良好的组织氛围的感受会引起满意度、生产率的提高和员工离职率的降低（Tagiuri，1968），教师在学校服务是否有安全感，学校行政与教师的合作是否顺利，学校是否鼓励教师提出创新想法与建议等，都将影响教师对学校氛围的感知。因此，学校可以从这些方面着手，为全校师生营造良好的组织氛围，调动教师的积极性和创造性。

组织承诺对学校组织文化的影响系数为0.82。组织承诺是连接学校与教师的心理纽带（Szilagyi & Wallace，1998），是建立学校与教师关系的首要环节（宋爱红、蔡永红，2005），与教师的工作态度、工作表现和去留倾向等关系密切，能够预测教师的努力程度和离职倾向等。学校组织层级与职位划分是否明确，行政组织结构是否完整，权责归属是否明确，直接关系到教师的组织承诺与归属感，并影响学校效能。

组织凝聚力对学校组织文化的影响系数为0.76。组织凝聚力是一个动态过程，体现为组织成员在工作中保持一体性的趋势（Carron，Widmeyer & Brawley，1985），目的是为了实现组织的目标（Siebold，1999），学校组织凝聚力的目标就是为了促进师生的发展，培养出适应社会发展的人才。若教师在教学活动中具有高度的合作精神，乐于分享教学经验，为了学校的发展而努力奋斗；同时，学校领导也能够与教师积极、主动且频繁地沟通，营造校内和谐的氛围，将有利于组织凝聚力的培育，真正实现学校组织文化的凝聚功能。

所以，学校应改善教师的工作环境，有针对性地提高组织氛围，增强组织凝聚力，提升组织承诺，提高团队绩效，促进深层次组织文化的改善，最终达到通过学校组织文化推动学校发展的目的。

3. 校长领导能力对学校组织文化的影响

校长领导能力对学校组织文化具有直接影响,其影响系数为0.79。说明校长领导能力直接影响学校组织文化的构建,校长的角色与地位决定了其肩负着倡导、塑造、管理与变革学校组织文化的重任。校长对学校组织文化的作用不在于具体怎么做,而在于决定文化发展的方向和内容,校长的知识、学识、胆识和办学理念决定着学校组织文化品位的高低,校长的精神状态、人格魅力和工作作风决定着学校组织文化根基的深浅。因此,校长是学校组织文化建构成败的关键。

同时,学校组织文化是判断校长领导能力的重要指标之一,校长是否能与师生有效地沟通、教师是否拥护、教职员工参与学校的发展决策状况、评价机制是否公正合理都会对组织文化产生影响(Kelley & Robert,2005)。校长对学校组织文化的建设不仅仅存在积极的作用,也存在消极的影响。如果校长不重视学校组织文化的建设,学校发展状况必然会落后于具有优秀组织文化的学校(Ubben & Hughes,1992)。因此,领导能力强的校长能够也必须为学校发展营造良好的环境,构建有效的组织文化。

4. 学校组织文化对学校发展的中介作用

校长领导能力以学校组织文化为中介对学校发展产生正向影响,路径系数为0.62(0.79×0.79)。领导者合理的远景规划和良好的个人魅力,可使组织形成富有独特个性的价值观,并解决组织内部整合和外部适应的问题(Bennis & Nanus,1985; Schein,1992),而采取魅力领导或文化领导的校长能改变学校现状,建构学校独有的文化,统领并带动全体师生达到学校目标(Bass,1985)。钟启泉(1999a)基于Leithwood等人的实证分析指出,校长可以通过一种或数种领导风格来实现学校文化的建构,加强学校组织文化建设、促进广大师生员工对学校的认同,其根本目的在于促进学校发展(石中英,2006)。与此同时,因为组织文化的变革关乎其成员的价值观,只有高层的管理者才具有改变价值观和组织深层结构的权力,尤其是学校组织面临变革的情况下,校长作为变革者的角色更显重要。所以,学校组织文化为校长施展领导能力提供了平台,有利于促进校长领导能力的不断成熟和完善,即良好的学校组织文化培养出优秀的校长,而优秀的校长自然又会引领学校成员建设出更有利于学校发展的文化氛围。由此可见,校长的专业能力、人际关系、管理能力等也会成为学校组织文化的某种符号,成为学校实力的象征,而学校效能便在此循环过程中得以提升。

(五) 结论

本研究对345名教师关于校长领导能力、学校组织文化、学校发展的测量和分析,结果发现:校长领导能力、学校组织文化与学校发展存在显著关联,且校长领导能力与学校组织文化对学校发展具有重要的解释度。其中校长领导能力主要包括专业能力、管理能力及人际关系,学校组织文化主要包括组织氛围、组织凝聚力及组织承诺。通过最后模型的路径系数可以看出:① 校长领导能力对组织文化与学校发展有直接影响;② 学校组织文化对学校发展有直接影响;③ 校长领导能力可以通过学校组织文化间接影响学校发展。其中,学校组织文化对学校发展的影响最大,校长领导能力以学校组织文化为中介变量对学校发展的影响也较大。可见,校长领导能力能够通过学校组织文化促进学校发展。

虽然本研究未能从全国范围内选取样本,这可能一定程度上影响到结论的推广,但是考虑到苏南地区重要的经济、变化、地理位置与教育发展特性,本研究结果对于学校发展仍具有重要启示。从校长角度而言,应提升自身的领导能力,尤其是管理能力与人际关系,同时,学校应制定科学合理的发展规划,以引导学校有序发展,并重视鼓励教师参与学校决策,以营造良好的组织氛围,促进学校发展。

三、苏南地区中小学学校组织文化的影响因素探究

学校组织文化是学校发展的精神指标,是学校内部成员共同遵循的行为准则与价值体系,对学校组织成员具有强烈的感召力,决定学校是否成熟(Peters & Waterman,1982;季苹,2004),积极的组织文化能调节和控制组织行为,是促进学校发展的深层动力(吴增强,2003)。在学校,教职员工能否充分参与关于学校发展的决策,学校是否具备公正合理的考核机制,教师与校长能否有效沟通等,是影响学校组织文化建设的关键(Kelley & Robert,2005)。

教师作为学校发展的重要主体,其性别、职位、学历、工作年限等都会影响学校组织文化的建构(Hofstede,1990)。不同性别的教师对校长的领导能力及学校组织文化的认知存在显著差异(罗锦财,2001),且男性在校长人际关系、学校变革、组织氛围等方面的认知高于女性(孙岚,2009);组织中处于不同职位的员工对校长的领导能力与组织文化的认知存在显著差异,担任行政职务教师对这两者的总体满意感最高(孙建萍、孙建红、安寸然,2006);不同学历的员工对校长的领导能力与组织文化的认知表现出显著差异(孙岚,2009);随着员工在职时间的增长,员工对领导的能力与组织文化的认同度会逐渐增强。相关内容在第二章已述及,下文还将作详细分析。

作为教师的领导者,校长担任着多重角色,其领导能力直接影响学校组织文化的塑造及组织的发展(Schein,1985; Sergiovanni,1999;钟启泉,1999a;Newman,2001;Waters,2004)。校长的知识、学识、胆识和办学理念决定学校组织文化品位的高低;校长的精神状态、人格魅力和工作能力决定学校文化根基的深浅(赵中建,2004)。具有亲和力的校长,易与教师沟通,了解教师意愿,而魅力型或文化型校长有利于学校建构独特的组织文化,统领并带动全体师生去实现学校发展目标(Bass,1985)。

目前,对校长领导能力、学校组织文化的研究主要集中在理论探讨与案例分析,鲜有通过实证研究建构影响因素模型的。苏南地区作为我国经济最发达地区之一,其教育代表着国内的先进水平,因而在校长领导能力、学校组织文化方面具有可借鉴性。因此,本研究立足于区域,通过对中小学教师的问卷调查建构影响因素模型,以探讨不同背景的教师与校长领导能力对学校组织文化的影响。

(一) 问题提出

组织文化不仅受到领导者领导能力的影响(Tierney,1988; Clark,1990; Hoy & Tarter,2000),教师的背景变量、学校的类型、规模、历史、地理位置等因素皆会影响到学校组织文化的建构(郑彩凤,1996;林淑芬,2001;罗锦财,2001;李剑萍、张涛,2006),其中,教师的背景变量是最重要的影响因素,其背景变量包括性别、职位、年龄、学历、工作年限等(Hofstede,1990)。教师作为学校发展的重要主体,其背景变量对于学校组织文化的建设拥有重大的影响。

就性别方面而言,男性教师更倾向于关注学校组织文化建设、发展战略方向等宏观方面的内容,对学校整体发展感受比较强烈,而女性教师情感较为细腻,更多关注诸如学校教学是否以学生、家长为导向等细节方面的内容。另外,在教师晋升行政管理人员的过程中,男性教师更容易得到晋升的机会,学校管理层也是以男性教师居多,他们更多地参与了学校活动与决策,对组织有更深刻的认识,行动更加自主。可见在对领导能力与组织文化的认知上,性别差异显著(罗锦财,2001),且男性在校长人际关系、学校变革、组织氛围等方面的认知显著高于女性(林淑芬,2001;翟常秀,2006;霍江涛,2006;孙岚,2009)。可见,性别因素对校长领导能力与学校组织文化存在显著影响。

就职位方面而言,学校中担任行政职务的教师因在教学与科研上的任务较小,在校内地位较高,并深入参与学校行政工作,所以对学校领导及组织文化的认同度较高。相关研究也发现,在工作满意度上,担任行政职务的教师总体满意感最高,而一般教师最低(孙建萍、孙建红、安寸然,2006)。此外实证研究也证明,组织中处于不同职位的员工对校长的领导能力与组织文化的认知必然存在差异,普通员工对组织氛围的认知低于行政人员(谢衡晓,2007;孙岚,2009),对领导人际关系的感知,担任行政职务的员工显著高于一般员工(孙利平,2008)。显然,教师担任行政职务与否对校长领导能力与学校组织文化的认知具有相当影响力。

就学历方面而言,高等教育的普及使得组织成员的学历进一步提高,也加深了其对校长领导能力与组织文化的感知能力。学历往往作为员工入职的必要条件,尤其是从事教师职业,虽然学历不能完全反映个人的工作能力,但是能够一定程度上反映出其能否胜任工作的能力。在背景变量中,学历是重要的背景因素,员工的学历与对校长的领导能力及组织文化的认知关系均达显著(翟常秀,2006;霍江涛,2006;谢衡晓,2007;孙岚,2009),只是由于组织性质的不同,这种关系达到显著时所对应的学历也不同。可见,教师的学历水平对校长领导能力与学校组织文化有显著的影响。

就工作年限方面而言,作为新进员工对组织的环境、规章制度以及人员等不够熟悉,在工作过程中难免会有与以往的工作经验不同之处,所以员工在这一阶段对组织的评价会相对偏低,而随着他们对新环境的了解逐渐深入,与同事交往增多,慢慢地融入组织,并建立起归属感,对组织的评价也会随之提高。在学校工作时间较长的老教师,对工作环境、组织氛围、学校组织文化等都较熟悉,并有着较深的感情,相应的对组织会有较高的认同感。所以,员工工作时间的长短能够影响其对组织的认同度,随着员工在职时间的增长,员工对校长的领导能力与组织文化的认同度会逐渐增强(孙岚,2009),可见教师工作年限能够对校长领导能力与学校组织文化产生显著影响。

综上所述,教师的背景变量会影响其对校长领导能力与学校组织文化的认知,学校应该关注不同背景教师的需求。同时,学校组织文化为校长领导行为提供了施展的平台,在构建学校组织文化的过程中校长可通过加强与教师的沟通,倾听教师的心声,以提高教师工作满意度与归属感,增强校内凝聚力。因此,校长领导能力是影响学校组织文化发展的重要因素。故本研究从教师背景变量与校长领导能力关系的角度探讨来建构学校组织文化的影响因素模型。

(二) 研究假设

为了全面考察学校组织文化的影响因素,本研究通过前期访谈及相关文献发现,教师的背景因素会影响学校组织文化,故选取教师的性别、职位、学历、工作年限等背景变量探讨其对校长领导能力与学校组织文化的认知;同时从文献中也发现,校长领导能力会影响学校组织文化。因此,本研究将了解教师背景因素及校长领导能力对学校组织文化的影响,并进一步分析它们之间可能的影响途径。

本研究预期:教师背景变量会影响学校组织文化,同时校长的领导能力则可能起到中介变量的作用,进而影响学校组织文化。因此提出以下假设:假设1. 教师背景变量对校长领导能力具有正向的影响力;假设2. 教师背景变量对学校组织文化具有正向的影响力;假设3. 教师对校长领导能力的认知情况会直接影响其对学校组织文化的认知;假设4. 教师背景变量通过对校长领导能力的认知会间接影响其对学校组织文化的认知情况(详见图9-3)。

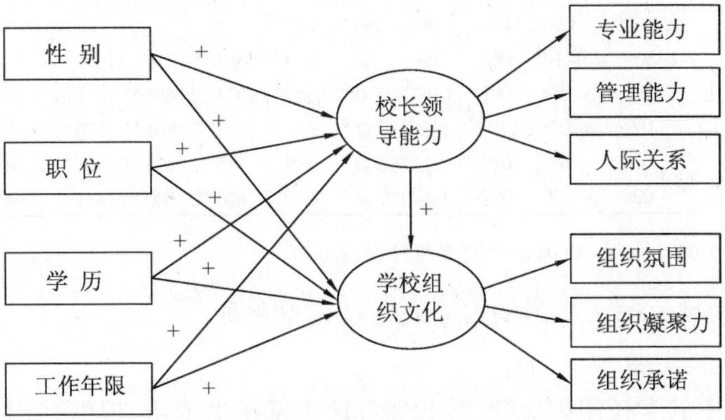

图9-3 假设模型 M2

(三) 教师背景变量、校长领导能力与学校组织文化的相关分析

本研究首先将教师背景变量的基本信息做虚拟变项转换(Dummy Variable)。探讨教师性别(转化为1个虚拟变量)、职位(转化为1个虚拟变量)、学历(转化为2个虚拟变量)、工作年限(转化为2个虚拟变量),校长领导能力总量表及三个分量表,学校组织文化总量表及三个分量表,共14个变量之间的相关。

根据皮尔逊相关分析结果得知,教师性别(男性)与教师学历(本科)呈显著负相关,而与校长领导能力量表呈显著正相关;教师职位(未兼任行政职务)与工作年限(1—5年)呈显著正相关,与校长领导能力量表呈显著负相关;教师学历(本科)与校长领导能力量表及学校组织氛围呈显著正相关;教师工作年限(1—5年)与学校组织文化量表呈显著正相关。

校长领导能力总量表与三个分量表之间呈高度相关,相关系数在0.950~0.957之间;学校组织文化与三个分量表之间呈高度相关,相关系数在0.851~0.970之间;校长领导能力总量表与学校组织文化总量表呈高度相关,相关系数为0.730,说明校长领导能力能够影响学校的组织文化,适合建立结构方程模型(见表9-3)。

表 9-3 教师背景变量、校长领导能力与学校组织文化的相关分析

	1	2	3	4	5	6	7	8	9	10	11	12
1. 男性	1											
2. 教师未兼行政	-.099	1										
3. 本科	-.158**	.020	1									
4. 1—5 年	.010	.110*	-.025	1								
5. 校长领导能力	.139**	-.134*	.125*	.098	1							
6. 专业能力	.117*	-.116*	.125*	.092	.957**	1						
7. 管理能力	.132*	-.128*	.144**	.085	.955**	.873**	1					
8. 人际关系	.150**	-.141**	.089	.104	.950**	.859**	.863**	1				
9. 学校组织文化	.059	-.034	.095	.151**	.730**	.685**	.724**	.681**	1			
10. 组织氛围	.072	-.073	.120*	.130*	.742**	.697**	.727**	.701**	.970**	1		
11. 组织凝聚力	.024	.068	.055	.157**	.540**	.489**	.565**	.493**	.861**	.746**	1	
12. 组织承诺	.026	-.072	.052	.136*	.654**	.638**	.634**	.600**	.851**	.794**	.608**	1

注：* $p<0.05$，** $p<0.01$，p 为机率值(Prob-value)。

（四）学校组织文化影响因素的路径模型分析

1. 测量模型拟合

本研究中的学校组织文化、校长领导能力都是潜变量，根据结构方程模型的建模要求，首先建构测量模型。按照量表本身的维度归属模式，各潜变量的观测变量设置如下：组织氛围、组织凝聚力、组织承诺构成学校组织文化；专业能力、管理能力、人际关系构成校长领导能力。此外，还包括性别(男性)、教师职位(未兼任行政职务)、学历(本科)、工作年限(1—5 年)四个背景变量。因此，测量模型就包括十个观测变量和两个潜变量。对测量模型的参数估计和检验采用协方差结构模型的极大似然法，得到拟合指数如下：x^2/df(59.267/33) = 1.796，RMSEA = 0.048，NFI = 0.977，CFI = 0.989，IFI = 0.990，TLI = 0.979。根据拟合良好模型的标准，即 x^2/df 小于 5，RMSEA 小于 0.08，NFI、CFI、IFI 和 TLI 都大于 0.90，该测量模型拟合基本良好，为进一步的模型检验提供了基础。

2. 对假设模型的修订

基于上述测量模型，采用协方差模型的极大似然法对假设模型 M2 进行估计和检验。模型 M 拟合指数 NFI、CFI、IFI 和 TLI 均大于 0.90，卡方与自由度之比小于 5，RMSEA = 0.048，但是进一步考察模型的参数估计值，发现"性别(男)→组织文化""职位(教师)→组织文化""工作年限(1—5 年)→组织文化""学历(本科)→组织文化"的路径系数皆不显著，故将其删除，得到最终模型(如图 9-4)，得到拟合指数如下：x^2 = 31.016，x^2/df = 1.193，p = 0.228，GFI = 0.982，CFI = 0.997，IFI = 0.998，RMR = 0.07，RMSEA = 0.024，根据拟合良好模型的标准，即 x^2/df 小于 5，RMSEA 小于 0.08，NFI、CFI、IFI 都大于 0.90(侯

杰泰、温忠麟、成子娟,2004),符合标准。

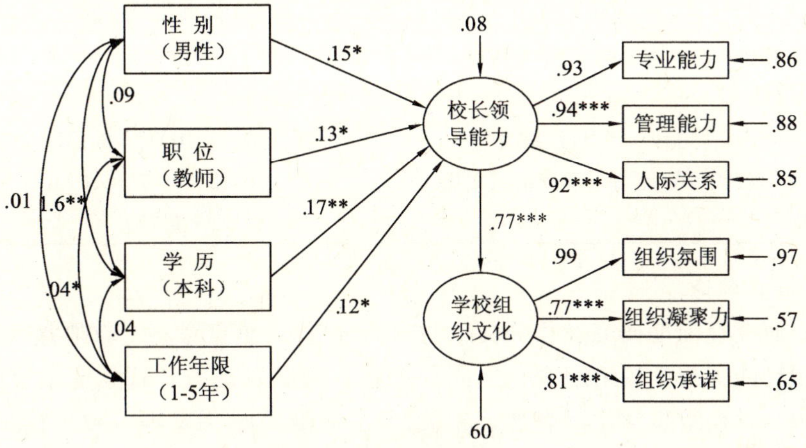

图 9-4　输出模型 M2-1

3. 学校组织文化模型的影响效应分析

由模型可知,教师背景变量对校长领导能力具有直接正向影响,性别(男性)、学历(本科)、工作年限(1—5 年)对校长领导能力的影响系数分别为 0.15、0.17、0.12,而教师职位(未兼行政)对校长领导能力具有直接负向影响,其影响系数为 -0.13;部分支持研究假设 1。教师背景变量对学校组织文化没有影响力,拒绝了研究假设 2。校长领导能力对学校组织文化的直接影响路径系数标准化估计值为 0.77,支持了研究假设 3。教师背景变量会经由校长领导能力间接影响学校组织文化。其中,教师性别(男性)、学历(本科)、工作年限(1—5 年)均以校长领导能力为中介正向影响学校组织文化,影响系数分别为 0.116、0.131 和 0.092,而教师职位(未兼任行政职务)会经由校长领导能力负向影响学校组织文化,影响系数为 -0.100;故部分支持研究假设 4。各路径效应大小见表 9-5。

表 9-5　校长领导能力对因变量学校组织文化的效应分解

影响路径	标准化效应值	比例
男性→校长领导能力	0.15	8.4%
教师未兼任行政职务→校长领导能力	-0.13	7.3%
本科→校长领导能力	0.17	9.6%
1—5 年→校长领导能力	0.12	6.7%
校长领导能力→学校组织文化	0.77	43.3%
男性→校长领导能力→学校组织文化	0.77 ×0.15 =0.116	6.5%

续表

影响路径	标准化效应值	比例
教师未兼任行政职务→校长领导能力→学校组织文化	(−0.13)×0.77=−0.100	5.6%
本科→校长领导能力→学校组织文化	0.17×0.77=0.131	7.4%
1—5年→校长领导能力→学校组织文化	0.12×0.77=0.092	5.2%
总效应	1.779	—

（五）讨论

本研究在前期研究及相关文献的归纳分析下，重点考察了教师背景变量、校长领导能力与学校组织文化之间的关系。结果发现教师背景变量、校长领导能力与学校组织文化都有显著相关，与文献研究结果基本一致。在测量模型符合模型检验要求的基础上，通过检验发现：教师背景变量不仅对校长领导能力有直接的影响，而且通过校长领导能力间接地影响学校组织文化。这表明，教师背景变量与校长领导能力会对学校组织文化产生影响，教师作为学校的人才库，不仅影响学校的文化，还体现和影响着校长领导能力，并会通过校长领导能力间接影响学校组织文化。这些结果对于促进学校组织文化的建设具有重要的启示。

1. 不同背景的教师对学校组织文化的影响

本研究假设，教师背景变量对学校组织文化存在显著影响力，但经由路径模型分析后发现，没有显著性影响力存在，故拒绝了研究假设2。但这些背景变量会经由校长领导能力间接影响学校组织文化。

学校的人力资源是由教师与学生两大群体组成，而这两大群体最能够体会与展现一个学校组织文化的精神与内涵。学校组织文化的形成是由校长领导建构而成，不同领导风格的校长建构不同特色的学校，校长带领着全校师生共同书写学校的发展历史。虽然教师的背景因素不会直接影响其对学校组织文化的认同度，但因组织文化是由校长带领全校师生共同组成，所以教师对校长领导行为的认知会间接的影响其对学校组织文化的认同度。

2. 校长领导能力直接影响学校组织文化

教师所认知的校长领导能力会直接影响其所认知的组织文化，影响系数为0.77。校长是学校里具有决策功能的关键人物，校长的管理思想、工作作风是形成校风、教风、学风的主导因素（葛金国，2003），而这些风气是学校组织文化的重要组成部分，所以校长是决定学校组织文化走向的重要因素。学校组织文化是判断校长领导能力的重要指标之一，校长领导行为与学校组织文化之间紧密相关，校长是否能有效地沟通、教师是否拥护、教职员工参与学校的发展决策状况、评价机制是否公正合理等，这些都会对组织文化产生影响（Kelley & Robert，2005）。

在校长领导能力影响学校组织文化的因素中，管理能力是最主要的部分，其次为专业能力。校长能否积极推动校务并带动学校发展、能否从整体立场客观的分析与解决学校问题，都可彰显校长的领导能力。因此，校长要以自身的领导能力来推进学校的组织文化建设，以学校组织文化建设推动学校发展，形成学校特色，促进学校的可持续发展。

3. 校长领导能力对学校组织文化的中介作用

教师的背景因素中，性别（男性）、职位（教师未兼行政）、学历（本科）、工作年限（1—5 年）会经由校长领导能力对学校组织文化产生正向影响力，而未兼行政的教师会通过校长领导能力对学校组织文化产生负向影响力。具体如下：

男性教师相较于女性教师更会通过校长领导能力对学校组织文化产生影响力，说明男性教师的认同度总体高于女性教师。这可能是由性别特质的差异引起。一般而言，男性对公共领域事务的关注度皆高于女性，男性教师对学校的整体运作、领导者如何带领成员去达到组织目标、学校文化的建构与完成等的关注度都高于女性教师，所以男性老师对组织文化的认同也相对较高。

未兼行政职务的教师会通过校长领导能力对学校组织文化产生负向影响力，且未兼任行政职务的教师经由校长领导能力对学校组织文化的认同度低于兼任行政职务者。校长对学校组织文化尤其是组织氛围具有重要影响性，兼任行政职务的教师会因行政工作的缘故而与校长有更多的接触和了解，同时也会参与组织的相关决策，因而对组织文化的认同度高于未参与的教师。未兼任行政职务的教师因平时与校长的交流较少，加上教学压力大，对工作满意度普遍不高，进而影响其对组织文化的认同度。

拥有本科学历的教师会通过校长领导能力对学校组织文化产生影响力。本科学历的教师通过校长领导能力对学校组织文化的影响高于硕士及以上学历者。学历较高的教师自我定位较高，对工作成就的追求较高，因此其工作压力比学历较低的教师压力大，一定程度上将影响其与校长以及同事的人际关系。而本科学历教师占学校的多数，是学校的中坚分子，他们对职业成就的追求往往比较适中，更容易结成工作或生活联盟，容易与领导及同事建立和谐的人际关系，因此能通过对校长领导能力的认知而对学校组织文化有较高的认同度。

工作 1—5 年的教师通过校长领导能力对学校组织文化产生正向的影响

力。表明工作1—5年的教师通过校长领导能力对学校组织文化的认同度高于工作11年以上的教师。工作1—5年的教师属于新进教师，对于学校的工作不熟悉，这段时间内他们更关注如何尽快融入学校，如何与学校成员建立良好的关系以适应环境并取得成就，因此他们对组织氛围与组织承诺趋于较高认同度。而工作11年以上的教师大多为中老年教师，容易出现高原期现象，职业发展相对停滞，加上对校长领导能力的挑剔，极易导致集体凝聚力不高、组织承诺感低落等现象。

（六）结论

通过对345名教师的背景变量、校长领导能力与学校组织文化的测量和分析，结果发现：教师的性别、职位、学历、工作年限及校长领导能力与学校组织文化之间存在显著关联，且教师的背景变量及其对校长领导能力的认知这二者对学校组织文化具有重要的解释度。其中校长领导能力主要包括专业能力、管理能力及人际关系，学校组织文化主要包括组织氛围、组织凝聚力及组织承诺。通过最后模型的路径系数可以看出：① 教师的性别（男性）、职位（未兼任行政职务）、学历（本科）、工作年限（1—5年）对校长领导能力的认知有直接影响；② 教师的性别（男性）、职位（未兼任行政职务）、学历（本科）、工作年限（1—5年）对学校组织文化的认知没有直接影响；③ 校长领导能力对学校组织文化有直接影响力；④ 教师的性别（男性）、职位（未兼任行政职务）、学历（本科）、工作年限（1—5年）会通过校长领导能力对学校组织文化产生影响力。其中，本科学历教师以校长领导能力为中介对学校组织文化的影响最强，工作1—5年的教师以校长领导能力为中介对学校组织文化的影响最弱。而未兼任行政职务的教师对校长领导能力为负向影响力，其余皆为正向影响力。整体而言，本研究透过教师背景变量、校长领导能力，较好地建构了学校组织文化影响因素的模型。

（七）建议

优秀的校长领导与良好的组织文化是促进学校发展的重要因素。本研究未从全国范围内选取样本，这可能影响到结论推广的程度，但是考虑到苏南地区重要的经济、文化地理地位与教育发展的特性，以下根据结论所提的建议对于中小学校长领导、学校组织文化与学校整体发展都普遍具有重要的启示。

1. 提高校长的沟通能力

校长人际关系是影响学校发展、组织氛围与组织承诺的重要因素。一位与学校教师人际关系不良的校长很难及时达成管理目标，也就影响教师的工作绩效，降低其对学校的承诺，更容易导致教师产生离职意向。所以校长应该积极与教师沟通，多了解教师的需求和感受、认真听取教师的意见和建议，积极参与学校的活动，起到良好的带头作用。其次，学校应该为教师的交流提供良好的环境，增加教师、学生、管理者之间的交流和沟通渠道，如经常举办各种文体活动，设置集体办公室，建立网上交流平台，等等，通过增加交流的机会和条件以帮助教师和学生以及管理者树立起归属感与主人翁意识，同时也为教师营造了良好的工作氛围。

2. 营造良好的组织氛围

研究发现，学校组织氛围是影响学校组织文化乃至学校发展至关重要的因素。一方面，校长应努力塑造众望所归的愿景，行政部门应与教师建立良好的合作关系，鼓励教师提出创新想法与建议等，这些都将有助于管理者与教师之间建立通畅有效的沟通，从而保证学校高效地管理与运作；另一方面，学校应该让教师具有相当的自主权，制定各种奖励措施鼓励教师，提供各种进修机会等，让教师觉得在学校服务很有安全感和成就感，更愿意为学校投入和付出，提高其工作的积极性和主动性，亦能促进学校的有效发展。

3. 重视不同教师的需求

经分析得知，女性、未兼任行政职务、具有硕士及以上学历、工作11年以上的教师对校长领导能力与学校组织文化认同度较低。因而学校管理者在进行管理与决策时应特别重视这部分教师对学校的满意度。女性教师相对男性教师，受“男主外、女主内”传统思想的影响，女性教师不仅要做好教学工作，同时需要花较多的时间与精力照顾家庭；而未兼任行政职务的教师则容易因职业发展与教学负担而面临较大的工作压力。因此学校应多关注女性教师与未兼任行政职务的教师，给予其更多的沟通与关怀，了解其需求，帮助其成长与减少压力。

尽管高学历与工作年限长的教师群体所占比例较低，但其对校长领导能力与组织文化亦具有相当的影响。因此学校应及时了解并解决这部分教师在生活与工作中的问题，提供多种渠道帮助其舒缓压力，鼓励其多参与学校集体活动以调动其积极性，增强教师间的沟通与交流，努力提高其工作满意度，如此这般，教师对组织文化的认同度自然而然地会提升。

4. 塑造学校的办学特色

与办学特色不明显的学校相比，在特色明显的学校工作的教师会有更强的归属感与自豪感，亦会对学校作出较高的承诺，在工作中倾向于表现出较高的满意度。学校特色的形成需要校长有明确的办学理念，准确把握特色的定义，对学校塑造办学特色的环境有清晰的了解，所以应该对学校的发展进行分析评估。另外，校长尤其要重视学校发展的文化环境，因为文化的特色一旦形成，其影响往往极为深远。

第十章　学校经营管理

随着我国市场经济体制的日益完善,如何与时俱进地促进学校的发展成为了值得学者和学校管理者探讨的问题。随着我国经济体制的转型以及加入了世贸组织,市场经济的发展促使学校的管理逐渐转向市场化运作,我国的教育开始向产业化转变,许多学校也进入了市场化的运作模式。因此,在学校管理战略上,由管理学校的观念转变为经营管理学校的观念,这得到了越来越多学者与学校管理者的认可与支持。本章通过对国内外学校经营管理理论研究进程与现状的说明,详细介绍我国中小学经营管理的多元化与全球化发展趋势,最后指出中小学经营管理的实现方式,为中小学领导者的经营管理提供相关参考。

一、学校经营管理概述

(一)学校经营管理的涵义

经营管理原本是一种企业管理理论,是指企业应该以质量为中心,以全员参与为基础,从而实现长远成功的管理途径,最终目的在于让企业的顾客满意并让企业所有成员及社会从中受益(张晶,2008)。学校的经营管理活动,是一个由若干部分构成的开放的、复杂的有机系统,是一个运行于学校经营管理环境之中的经营管理活动系统(陶大德,2003)。学校并不是作为一个追求利润的经济实体而产生的,只是在时代的发展和变化下被赋予了经营的色彩,教育成为一种产业。

关于学校经营管理的定义,北京师范大学著名学者靳希斌认为,学校经营管理是指学校组织从自身行为特征的实际出发,以提高学校资源效率和效益为根本目的,以学校资源多层次优化配置、整合为基本途径所实施的学校经营管理环境分析、学校经营管理思想确立、学校经营管理目标确定、学校经营管理策略选择以及学校经营管理操作方式等一系列的筹划和经营活动(靳希斌、任建华,2002)。陶大德(2003)认为,学校经营管理,亦即学校经营管理活动,是学校经营管理者以学校整体为对象,为了保证实现学校与环境之间的动态平衡,以“学校教育商品”市场为导向而进行的具有全局性、整体性、前瞻性的系统筹谋与调控活动的总称。学校经营管理的项目包括学校教育商品的生产和流通、资产经营管理、人力资本经营管理、生活与学习物质资料的经营管理、信息资源经营管理等。

（二）国内外学校经营的研究进展

1. 国外有关学校经营的研究

国外有关学校经营的发展阶段与企业管理理论的划分基本一致，但又非一一对应的关系。学校经营与企业经营管理并不完全相同，因为学校经营是以学校存在为前提、以学校教育为起点，其形成与演进路线不能完全亦步亦趋于企业的经营管理，也不能简单的加以复制或翻版，而是结合学校的本质和特点，在选择、改造、融合中走自身的实践路径（方学礼，2006）。西方国家对学校经营的研究可分为三个阶段：

第一阶段：始于19世纪末20世纪初，照搬科学管理理论，是学校经营的开始，主要是崇拜效率。

美国学者泰罗科学管理理论的效率运动（Efficiency Movement）标志着学校经营管理的开始。随着19世纪末20世纪初工业的迅速发展，学校规模的日益扩大，教育投入大幅度增加，公民赋税负担增重，学校受到普遍的关注。而此时的学校管理方式过时，经济效率低下（陈如平，2004a）。在这种情况下，泰罗提出科学管理理论，他强调用科学而标准化的方法来提高企业生产效率，引发了管理界的革命，并且他的管理思想已经超越了企业管理领域，对学校管理也产生了深远的影响（Campell，1989）。在此阶段，一些学校管理者将科学管理理论运用于实践，降低了学校成本，提高了学校经营效率（陈如平，2004a）。

此后，许多教育专家开始重视科学管理理论在学校管理中的运用。美国新泽西州牛顿市督学 Frank E. Spaulding 尝试性的将泰罗管理理论运用到牛顿公立学校中；芝加哥大学教育管理讲师 Franklin Bobbitt 则企图在学校管理中全面彻底地贯彻泰罗管理理论；美国印第安纳州北部的葛雷制学校则在学校管理中最大限度地利用学校全部设备并尽可能降低学校成本。同时学者们也大力提倡科学管理理论。1907年，要素主义教育家威廉·钱德勒·巴格莱（William Bagley）出版的《课堂管理》一书曾指出学校应像工厂、商家一样追求效率。美国教育学界领袖人物克伯雷也曾将学校描述成“一所将原材料制成各种产品以满足各种生活需要的工厂”。

第二阶段：始于20世纪60年代，是学校经营的发展阶段，主要为了追求效能。

20世纪60年代初，由 James Coleman 主持就教育机会均等问题的一项大规模调查结果在美国引起极大反响,与家庭背景和社会经济地位相比较,学校对学生的学业成就没有明显影响,由此引发了人们对学校效能的关注、重视与研究。对于学校经营发展而言,对效能的追求,根据不同研究重点、视角、方法可分为三个阶段(方学礼,2006):

(1) 学校效能研究的初期是在20世纪60年代末到70年代中期,侧重于运用生产函数法探讨学校投入与产出的关系,以充分利用教育资源。生产函数法就是从生产单位的角度研究在一定的投入水平下,如何获得最优的产出。而学校也是生产某种产品或服务的生产者,因此可以利用此法研究如何获得教育的最大资源(杜育红,2004)。

(2) 20世纪70年代中后期到80年代是学校效能研究的盛行阶段。在这一时期,研究者开始使用定量与定性相结合的方法,从对学校的投入产出分析逐渐转向学校内部微观层次的教育教学管理研究。如美国学者 Edmonds 等人提出有效学校的五种特征强势的教学领导、有助于学习的学校气氛、对儿童成绩的高期望、监控学生表现清晰的教学目标、重视基本技能教学(Edmonds, 1979),而且有效学校的研究成果也开始运用于学校改进实践中。如1982—1983年美国肯塔基州(Kentucky)杰弗逊郡(Jefferson County)87所小学中10所参与了"有效学校实验方案"(Effective School Project)并取得显著的成绩(Stephen K, Miller, Sheliey R. Cohen, etc, 1994)。

(3) 20世纪80年代后期至今,对学校效能的关注已从发达国家逐步延伸到发展中国家。在这一时期,出现了一系列的学校改进项目,如英国有"提高全民教育质量"计划、"高信度学校项目"等改进项目;澳大利亚有"出色学校战略";荷兰有"荷兰全国学校改进项目"等。

第三阶段:始于20世纪80年代,由市场力量的介入而展开的学校重建运动。

学校重建强调从教育理念、制度、学校运行方式等领域全方位地彻底性变革,以多样化或市场化为主旨,以优质学校教育和教育系统的效率及适应能力为目标,综合新公共管理、新制度经济学、有限政府等理论的基本思想,致使学校更加具有开放性、自主性、专业性、特色性、多元性、灵活性,能更好地改进服务、降低成本、满足社会的需求(贺保月,2008)。而学校的重建运动以美、英两国最具代表性。

在美国,学校改革大致经历了三次浪潮:① 由上至下,强调加强控制、标准化,但未能收到实效;② 由下至上,重视放权、专业化等;③ 以去规章和高利害考试为手段,寻求学校由内至外的自我革新。总的来说,美国的学校改革是重构中心与边缘的关系,把公立学校看成中小型企业,并用企业的管理方式进行自主管理,力求学校质量和效能的提升。其具体方式有教育券制、特许学校、择校等,这些都是学校重建运动的具体表现(贺保月,2008)。在英国,撒切尔夫人上台之后,对学校变革实行的是优胜劣汰、两极分化的激进式变革模式(Rust & Blakemore, 1990)。布莱尔政府执政后平衡了传统左派教育改革与新右派教育改革,在平衡中实现教育的平等、质量与效率的统一(贺保月,2008)。美国学者斯蒂芬·J. 鲍尔(Stephen J. Ball)著的《教育改革——批判和后结构主义视角》一书及英国学者 Whitty Geoff · Sally Boyle 和 David Halpin 等人著的《教育中的放权与择校:学校、政府与市场》一书,都对市场机制介入后的学校经营管理进行认识、反思,并指出市场机制对学校经营管理的负面影响。

总之,西方国家对学校经营划分的三个阶段并非没有任何联系,而是内容相互交叉联系、彼此渗透影响的,三个阶段共同推进了学校经营的发展。

2. 国内有关学校经营的研究

随着我国经济体制从计划经济逐步过渡到市场经济,以政府办学为主体、社会共同参与的新的办学体制也逐步确立起来。民办学校、合作的混合学校等多元办学模式开始兴起。传统的公立学校在日益激烈的竞争环境中,同样也显现出追求提高公共资源利用率、提升服务品质、树立良好社会形象等趋势。有项调查表明,学校办学的社会认可度、学校在一定范围内有影响力、校长在教育决策中有一定发言权、历史文化积淀以及毕业生质量是名校的标准,这也证明了经营观念在学校管理中的作用(朱小蔓,2005)。

我国的学校经营管理受到来自国内外各方面因素的影响,具有时代的必然性。

首先,我国学校经营管理受国际化改革的影响。自 20 世纪 80 年代以来,世界各国为了追求更平等、更普及、高质量、高标准的教育,一些新的理论开始兴起,如新公共管理理论、公共选择理论、新自由主义理论等开始在教育管理改革领域兴起。学校被视为一个企业,开始引入市场竞争机制,被赋予更多的财政、人事等方面的权力,同时学校教育也承担起参与竞争、提供多元教育供给、满足多样教育需求等责任。因此,如何在质量、效益、经济价值和社会价值等之间寻求平衡点,成为当今世界学校经营管理中所面临的共同问题,而中国在全球化的进程中,世界性的"学校重建运动"大潮不可避免地对其产生同化作用。

其次,国内体制转轨促进了我国学校的经营管理。我国市场经济体制改革的深入和完善及社会的转型使得我国的教育体制也发生深刻的变化。一方面,教育产业、教育服务、教育成本等概念的提出和探讨,为学校内部经营观念的适时转换奠定了基础;另一方面,在市场机制介入的条件下,学校的自主性增加，将逐步转变成为像中小型企业那样自主经营、自我约束、自主决策、自我发展的组织机构，学校的管理逐渐向服务型管理转变。

再次，教育领域自身发展的需要刺激了我国学校经营管理的发展。一方面，长期以来，我国教育资源配置带有浓厚的计划经济色彩，教育经费由政府拨款、国家全包，学校既然无破产压力，则资源浪费严重、效率极低。为提高学校效率，突破教育困境，加速教育发展，应建立多元的办学体制和成本分担机制，如按市场规律，建立投入—产出、质量—效率机制，这就产生了学校经营管理；另一方面，教育领域内部，市场因素日渐渗透，教育体制改革不断深化，学校管理过程中出现了许多新的情况和要求，办学体制呈多元化，民办学校、公立学校、转制学校等不同经营模式同台竞争。学校只有不断更新办学理念、应用企业管理的观念，才能在激烈的竞争中有一席之地。

（三）学校经营与管理的关系

在计划经济时代，学校的发展与运行直接由上级决定，在经费、任务、人员等方面学校很少有决定权。自从市场经济开始兴起以后，学校受到市场规律与教育规律的双重制约，校长的职责也发生了改变，不仅要管理学校，更要懂得经营学校。管理学校是要提高学校工作者的工作效率，完成学校的目标和任务；经营学校侧重于经济效益，学校要通过提高其社会和经济效益来谋求生存发展，同时要实现资本增值。两者的区别在于：

学校管理追求的是如何提高学校工作者的工作效率，指向的是完成学校任务和目标；而学校经营追求的是如何提高学校的经济效益，指向的是通过提高学校的社会和经济地位来谋求学校的生存和发展。

学校管理中，校长无法根据市场进行定位，也没有自行确定学校服务对象、区域和层次的权力，这种管理只着眼于学校内部，是封闭的办学方式；经营学校，校长必须根据经济规律和教育规律对学校进行准确的定位，必须随时关注市场、关注教师、家长、学生以及社会多方面的需求，因此必须实行开放式的办学。

学校管理中，校长重视的是上级的评价和学校的形象，因为校长只是照章办事，只是贯彻、落实、执行，有什么困难可以寻求上级支持，由上级帮助解决问题，因此，校长主要是向上负责，让上级领导满意；而学校的经营，校长重视的是教育质量和学生家长的满意度，校长必须从学校的实际情况出发，靠学校的服务去竞争和生存，遇到困难时需要分析自身的竞争优势及市场情况，寻找机会主动谋求发展，因此经营学校主要是向下负责，让教师、学生和家长满意。

与此同时，学校管理与学校经营也是相辅相成的，学校管理是学校经营的基础，它为学校经营完成了一些内部的基本目标和任务；学校经营是学校管理发展的最终趋势或者结果，学校经营的成功能够帮助学校管理顺利进行，并且无论是学校管理还是学校经营，两者最终的共同目标都是推动学校的发展。

二、中小学学校经营管理的多元化、全球化发展

（一）学校经营的多元化战略

多元化战略又叫多角化战略，是指企业同时经营两种以上基本经济用途不同的产品或服务的一种发展战略。多元化战略于20世纪50年代由著名的经营战略家H.伊戈尔·安索夫（Ansoff. H. I）在其《战略管理》一书中提出，二十世纪六七十年代被美国、日本和欧洲的许多大公司所采用，并一度掀起热潮，20世纪90年代在我国企业界流行。

多元化战略是相对专业化经营而言的，包括产品多元化、市场多元化、投资领域多元化和资本多元化。

多元化战略对学校发展来说有利有弊，可能产生两种截然不同的结果：一种结果是学校利用充足的现有资源来开展多元化战略，可以更好地实现资源共享，给学校带来经济效益的同时又有利于扩大学校规模，赢得机会进一步发展壮大；另一种结果是由于多元化战略的实施，可能造成人、财、物等资源分散，加大学校的管理难度，降低学校管理的效率，增添了学校发展的风险，反而使学校陷入了"多元化的陷阱"。

多元化作为一种经营战略和方式，其本身并无优劣之分，学校多元化战略的成功与否，关键在于对学校的发展现状有一个全面、科学、合理的分析和了解，只有充分了解学校的内外部优势，才能合理设置课程与安排教师、合理分配资源，提高有限资源的利用率。同时，多元化经营也能够为校长创造一个协调管理不同岗位教师的机会，提高校长的领导能力，有利于形成学校的核心竞争力。为了有效地促进学校的发展，有效实施多元化战略，学校必须首先理清多元化与核心竞争力的关系。

1. 多元化与核心竞争力的关系

对于企业来说，核心竞争力是其获得长期竞争优势的源泉，在短期内，公司竞争力来源于现有产品的价格和性能，但是在长期内，竞争力则来源于比竞争对手以更低的成本和更快的速率构建核心竞争力的能力。所以说企业的核心竞争力与企业的多元化战略是相互影响、相互制约的，CK. Prahalad和Gray Hamel用"树型"理论表示两者的关系（李南文，2010）。"树型"理论认为，多元化企业就像是一棵大树，树干和主枝是核心产品，分支是业务单元，树叶和果实是最终产品，提供养分并且维持生命的树根的是核心竞争力（孟卫兵，2007）。对于学校来说，学校的优势就是学校的竞争力，把这一优势打造成学校的核心竞争力，在此基础上发展学校多元化，如管理多元化、教学多元化、教

师多元化、学生多元化等，由此组成树叶和果实，它们都由核心竞争力提供养分来维持生命，同时也促进核心竞争力的生长。

2. 学校发展的多元化道路

根据核心竞争力与多元化的关系，学校在实施多元化发展战略时可以借鉴企业多元化经营的思路，一方面可以利用核心竞争力推进多元化战略，另一方面可以通过多元化战略提高和发展核心竞争力。所以，学校要实施多元化战略可以参照以下程序：

（1）培育核心竞争力

一般认为核心竞争力是向某一个或几个方向集中，而多元化则是向外的扩张，故多元化战略的理性推进方式应该是在核心竞争力支撑下的相关多元化战略，学校如果在某方面已经具备了一定的竞争优势或核心竞争力，那么在进行新的发展项目时就可以把自身的核心竞争力逐渐融入其中，实现学校的多元化发展，无论学校实施何种形式的多元化发展战略，培养和加强核心竞争力都至关重要。稳定的、具有相当优势的核心竞争力是学校进一步发展的主要源泉和生存基础，是多元化战略实施的第一基础。

（2）在核心竞争力的基础上实现多元化

对于企业来说，其多元化的发展过程为：集中发展核心产品—相关多元化经营—非相关多元化经营。学校在发展其多元化战略时应该注意不能盲目地发展多元化，首先应该发展与学校最具优势、最具竞争力的项目或者具有最大相关的项目，在这一项目发展壮大的基础上再去发展其他的相关项目，就像滚雪球一样，先滚最近的那块地方的雪，再一步步向前后、向周边发展。其次，学校的多元化发展不能超出学校承受限度，如果学校多元化战略的发展并非建立在核心竞争力的基础之上，则其很难与学校的发展同步，甚至可能将影响学校的发展。

（3）通过多元化的发展将核心竞争力转化为持续的竞争优势

多元化战略的顺利实施使得学校的实力壮大，由此学校有更多的资源条件去发展其核心竞争力，核心竞争力的壮大进而促进多元化的不断扩大，由此在学校内部形成一个良性循环，多元化的发展巩固了核心竞争力，并使之逐渐转化为持续的竞争优势，成为学校发展的动力与保障。

学校的多元化还处于一个探索发展的阶段，在很多方面还是借鉴企业的多元化管理，且探讨大多集中在高等院校以及职业院校的多元化战略。几乎没有研究中小学的学校多元化发展战略的，因而在中小学的多元化发展战略上还有很多需研究探索之处。

(二) 学校的全球化战略

经济的全球化将社会的各个方面导向了全球化大潮,教育是关系到国家发展大计的重要一环,所以教育的全球化早已经随着经济的全球化而受到各界研究者的追捧,成为热门话题。教育的全球化一定程度上意味着知识的全球化,而学校作为知识传播的重要载体,学校的全球化战略也就成了不可避免的话题。当前对学校全球化关注最多的是高校以及各类国内外联办学校的全球化,中小学的全球化发展研究相对较少,但目前我国中小学已有了一定程度的国际化。所以全球化对我国中小学有何影响、学校将如何应对全球化,成为教育工作者与研究者应考虑的问题。

1. 全球化对学校的影响

全球化对于我国来说,既是机遇也是挑战,对于我国的各类学校来说同样如此。全球化为我国学校带来的机遇表现在:

(1) 全球化推动教育资源的流动

全球化使得人才、资金、商品、知识、信息、技术、服务等各种资源实现了跨国流动,在全球范围内彼此交流、共享,这有利于发展中国家学习、引进发达国家的优势教育资源。

(2) 为学校发展提供更多、更广阔的平台

全球化扩大了学校的发展平台,学校的发展不再是地区与地区之间或省份与省份之间的比较,而是国与国之间的比较,学校可以借此机会重新定位、调整发展计划,在这个过程中学校也提升了自身的发展层次与水平。

(3) 缓解学校的压力

由于国外各种资源的进入,学校比以往有了更多的交流机会,以各种形式在各个领域进行交流。而国家和地区为应对全球化会采取一些向学校倾斜的相关政策,这在一定程度上可以缓解学校由于政策、体制等非自身因素所形成的竞争压力。

全球化在给学校带来机遇的同时,也带来了挑战,具体如下:

(1) 人才流失严重

全球化发展必然要求对外开放,对外开放则会加速人才的流动,这为许多追求更大发展空间的人才提供了契机,加上某些国外学校或企业在中国“挖墙脚”,抢夺人才,造成人才流失。

(2) 竞争愈发激烈

全球化使学校的竞争范围变大,竞争对手更多、更强大,可以说全球化背景下学校的竞争是全方位、多领域的。无论是学校的管理者还是教师甚至学生都面临着更大的挑战。

(3) 全球化导致对学校的要求提高

竞争的激烈,竞争对手的强大,使学校面临更大的压力,一方面,国家和地区对学校的期望和要求变高,对学校管理者和教师的思想观念、教学科研、管理水平等提出了更高的要求;另一方面,学校只有不断提高对自身的要求和标准,才能跟上国际学校的步伐,在全球化过程中得到长足的发展。

全球化对学校是一把双刃剑,既有收益也有风险,学校要善于抓住机遇,有所为有所不为,只有提高自己的实力,才能在竞争中处于优势地位。

2. 学校的应对策略

全球化不仅是经济的全球化,同时也关系到文化、政治等方面,到底学校在应对全球化时应该采取什么样的措施,才能在竞争中处于优势地位呢?可以从以下几点考虑:

(1) 坚守文化阵地

文化对一个民族、一个国家的影响是深远而重大的,学校作为文化的传承者,应该在文化的传承、发展与创新上发挥应有的积极作用。

首先,学校应该在全球化浪潮中担当起保护和弘扬民族文化的责任。我国几千年历史沉淀下来的卓越的民族精神、深厚的文化底蕴和优良的传统美德,需要以学校为载体加以传承和弘扬,因此在应对全球化时,学校应该坚守住自己的文化阵地,维护民族文化。

其次,要注意抵御外来思想的"侵略"。对于先进的、有益的外来思想我们应该学习,但是对于那些文化侵略我们应该坚决抵御。全球化的实质还是发达国家占主导地位,在文化上,借着全球化和国际化的名义进行文化并轨的情况应该被重视,这是一种隐蔽的侵略,因此,学校有义务在对学生进行爱国主义教育的同时,教给学生基本的历史与政治知识,培养学生的爱国情怀,帮助学生树立正确的价值观和信仰、靠巩固自身的民族文化意识,以此来抵御外来思想的侵蚀是最有效的。

最后,在做到以上两点的基础上将本土文化全球化。全球化是一个"和而不同"的发展进程,学校也应该"和而不同"。"和而不同"会导致两种结果:一种是殖民的或强势的文化及价值观扩张渗透到弱势地区或国家;二是发展中国家通过努力寻求富国强民之道,将本土文化与强势文化及观念抗争,进而渗透到强势文化及观念中,使本土文化全球化。事实上本土化不可能阻止全球化,全球化也无法取代本土化,而学校教育的全球化只有通过教育本土化的接受和实践才能得以实现(赵尊英、徐伟,2007)。

(2) 留住人才,培养人才

全球化带给学校最重要的挑战之一就是人才的流失,而人才又是国家发展、教育发展的重要力量,所以,学校应该尽一切力量培养人才、留住人才。学校应该加强爱国主义教育,从小培养学生的爱国精神,帮助学生树立“国之兴亡,匹夫有责”的意识,树立正确的人生观、价值观和世界观,培养其高尚的思想品质和道德情操;另一方面,对于有才能的人要重视和重用,尽量满足其物质需求、自我发展需求以及自我实现的需求,使其自身的发展与学校的发展融为一体,并促进学校的发展。学校还要不断地注入新鲜的血液,对于新进教师应该给予适当的鼓励和肯定,为其学习进步提供机会,只有不断的人才补给才是学校和国家发展的源泉。

(3) 加强创新意识

全球化的过程中,发达国家学校的优势是很明显的,在硬件和软件上都有很多值得我国学习的地方,但是我们不能总是靠学习别国的东西来发展自己,自己创造的才是最可靠的,所以学校应该加强创新意识,在管理理念和管理体制、硬件设施设备、教师培养和发展方式、学生教育等方面都应该多探索多尝试,寻找最适合、最有效的发展途径,创造最具特色、最有优势的学校,培养国家最需要的、最优秀人才。

除此之外,学校应该加强与国外学校的交流学习以及资源共享,在追求自主创新的同时,应该将眼光放在全球范围内,提高对自身的要求,适当引进适合中国发展的先进理论和技术。总之,学校全球化发展不能闭门造车,但也不能全盘吸收,只有理性选择、理性对待,才能在全球化过程中站得高、站得稳。

三、学校经营管理的实现方式

学校经营管理是对学校的整体筹划与管理,是以向社会提供优秀人才为目的的系统化运作。产品、服务、效益、成本、品牌是经营学校所必须具备的基本理念,是办学理念和行为方式转换的前提,而学校质量管理、学校资源经营、学校营销管理则是实现学校发展目标,使学校办学理念富有可操作性的具体手段和实现途径。

(一) 学校质量管理 (School Quality Management)

“教育质量”(Educational Quality)是学校经营管理的生命线,是学校生存和发展的根本,是衡量学校好坏的根本标准,是一切工作的焦点和重心(刘志华,2009)。因此,持续提高教育质量、追求卓越是学校经营管理的目标。依据现代管理理论,对教学质量的理解与把握可以从两个方面去认识:第一,从教学质量的文字内涵理解,形成所谓狭义的教学质量;第二,从教学质量外延理解,形成所谓广义的教学质量(刘广第,2003)。传统的教育质量观以成绩、升学率为学校教育的评价指标,把学生成绩作为衡量学校教育质量的唯一指标。而随着企业经营管理理论深入到学校经营管理中,学校被看成一个企业,学校教育质量不仅仅是学生的学校成绩，应当全面考虑，包括满足或超越顾客的需要和期望。而顾客则包括了学生、家长、社区人员、政府等。教育质量不仅体现在学生认知能力的提高，还应包括获得作为一个社会人应具备的其他素质，如工作态度、合作、竞争意识、敬业精神、道德修养、环境适应能力等（魏群敏，2009）。

组织提供产品或服务的质量是组织成功的关键，所以，质量管理（Quality Management）就成为了组织竞争的要点。质量管理可分为质量检验、质量控制和全面质量管理三个阶段，而全面质量管理是质量管理在当代的发展，是一种新的质量管理理念、方法和模式（方学礼，2003）。按照国际标准化组织的界定，全面质量管理（Total Quality Management）是指一个组织以质量为中心，以全员参与为基础，目的在于通过让顾客满意和本组织所有成员以及社会受益而达到长期成功的管理途径。在20世纪60年代开始于企业界的时候，全面质量管理即很受重视。自20世纪80年代后期起，西方发达国家将全面质量管理逐渐引入教育领域，并视其为改造传统学校管理模式、提高教育质量和效益的有效手段。于是，学校经营管理强调追求持续提高教育质量，把学生、家长、社会视为顾客并不断满足其需求。这与全面质量管理所倡导的理念相一致。在学校经营管理中，以全面质量管理理论为基础实现学校经营目标，其有效策略和途径包括了解顾客、组织结构革新、过程管理和持续改进等方法，具体情况如下：

1. 了解顾客

以顾客为中心和追求质量持续提高的理念，是质量管理在学校经营过程中的具体体现，是推行学校质量管理的基础。为使全校人员都能牢固树立质量意识，充分掌握和运用质量管理理论，首先必须进行培训和教育，而真正了解学生需求，探求使其得到满足或超越的方式和途径，是学校质量管理的首要工作。

关注顾客、顾客满意度、顾客价值、服务质量等对组织的发展非常重要，但是，了解顾客的需求并非易事，不同顾客之间存在较大差异，对学校而言，最基本的应该是学生的需求。根据J. S. Renzulli和S. M. Reis的主张，从学习能力、兴趣、风格偏好三方面获得学生的全面信息，能较为准确地了解学生及其需要，并得出有效的工作框架（Renzulli & Reis，2000）。除此之外，要深入、全面地把握顾客的需求，可采取多种策略，如通过在学校的走廊设立意见箱、公布电子邮箱、开通校园服务热线等方式，接受学生的投诉或建议；用问卷或访谈的形式收集学生的看法和意见，关注家长选择或评价学校的因素等，进而确定学生的需求，并采取措施消除现状与目标之间的差距。此外，学校为吸引更多的生源,仅仅满足学生的基本需求是不够的,还要超越当前的想法和学生及家长的预期,采用向优秀学校学习等做法,寻找更好的服务方式,使学生及家长满意。

2. 组织结构革新

传统的组织结构由于层次多、沟通时间长,无法有效应对顾客需求,这就要求进行组织结构革新,组织结构的革新是以全面质量管理为基础的,要求贴近顾客,提高满足顾客需求的效率和准确性。为在整个学校经营管理过程中以质量的理念经营学校,领导者必须带头转变观念和领导方式,建立共同愿景,培育质量文化,成为学校质量持续发展的有力推动者、引导者和支持者。另外,学校要授权给教师,让他们通过承担责任来关注学校教育质量,充分发挥潜能,提高顾客的满意度。同时,学校要通过建设有效的管理团队、课程团队、项目团队等来提高士气与决策速度,增强教师的归属感、责任感和参与感,从而提高学校管理质量。

3. 过程管理

全面质量管理强调过程管理,强调的是一系列的过程。学校经营管理存在着"输入—转换—输出"的过程。输入端:对不同的学生、人、财、物等资源进行分析调节,对教与学的过程、学生后勤服务过程、资源经营过程等一系列环节予以监督检查,及时发现问题加以纠正和改进;输出端:对学生、教师、学校的发展状况给予合理评价和指导等,达到不断提高教育质量和效益的目的。西方国家始于20世纪60年代的学校效能运动,正是对学校经营管理中教学过程管理的研究,其探究的输入如师生比、资源投入等对学生认知能力提高的影响,还有学校内部管理过程中,有效领导和学校氛围等要素对学生学业成绩、社会技能成果等的作用,等等,这些都对我国教育质量的提高有较大的启示作用。

4. 持续改进

戴明认为,持续改进就是无止境地追求高质量的产品和高水平的服务。持续改进的过程就是计划(Plan)、实施(Do)、检查(Check)和行动(Act)等过程的循环,简称PDCA循环周期(David Weller, 2004)。可见,学校经营管理是一个动态过程,它随着社会环境的改变和顾客需求的变化而变化,需要对学校已有的或已发现的问题不断改进,对良好的方面继续保持,在不断改进中促进学校管理。因此,持续改进必须发生在学校经营管理的各个环节、各个层次。其实,质量改进循环(PDCA)并不是新事物,有效的改进课堂教学循环周期每天都会发生(方学礼,2006),如课前准备授课内容即进行计划过程,课堂授课即实施过程,对学生学习效果进行评价即检查过程,再教育或者知识和技能的新教法即行动过程。

（二）学校资源经营管理（School Resource Management）

学校的经营管理离不开各类资源，学校本身就是一个多种资源互动存在的共同体。通常情况下，学校资源是指人力、物力、财力资源，但随着社会发展、科技进步，信息、时间、社区、品牌等资源也逐渐成为学校资源的重要组成部分（华炜、李莉，2001）。为清晰认识日益复杂的学校资源系统，必须先弄清楚学校资源的不同分类，按内容不同，学校资源可分为人力资源、物力资源、财力资源、信息资源、时间资源、社区资源等；按存在形式不同，学校资源可分为有形资源（人、财、物等）与无形资源（学校声誉、形象等）；按系统结构不同，学校资源可分为内部资源和外部资源；按利用情况不同，可分为现实资源和潜在资源；按可控程度不同，可分为专有资源（校舍、教师等）和共享资源（科技馆、青少年活动中心等）。

学校的经营管理是为了使学校资源得到充分有效、合理的运用与配置，使资源能够产出最大化效益。对学校经营管理来说，任何资源包括学校形象、声誉、品牌等无形资源都可以利用，本文欲参考方学礼（2006）对学校资源经营管理的理论分析，从人力资源、财力资源和物力资源三方面对学校经营管理进行分析。

学校的人力资源经营主要指运用现代化的科学方法，对人力资源进行合理规划、配置、培训、使用、评价、激励，使个人能力和素质得以形成、发展和提高，充分发挥人的主观能动性，真正做到人尽其才，最终提高办学效益，实现学校目标（秦殿启，2006），它包括学校人力资源的规划、人力资源的招募与选择、人力资源的任免与开发、人力资源的激励与评价等方面。

学校的财力资源经营主要指投入到学校办学中的货币或可以用货币单位表示的价值，包括一切物质资源的货币形态和支付给员工的工资报酬等。学校财力资源是人力、物力等资源的基础，也是人力资源、物力资源等的货币表现（教育部，2004）。加强学校财力资源经营意识和行为，对改善目前学校内部资金管理混乱及严重浪费等现象、对规范运作和提高资源使用效率及增强学校竞争力，都具有十分重要的意义。学校的财力资源管理主要包括：财力资源的合理分配、经营管理的成本核算和财务分析等。

学校物力资源是指学校各种物质资料的总和，包括土地、建筑物、仪器设备、图书资料以及水、电等，其可分为固定资产与低值易耗品两个类型（华炜、李莉，2001；孙家悦，2001）。物力资源是学校经营管理的物质条件，是保证学校顺利实现经营目标的物质基础。“在对高绩效学校的综合调查研究中，有两项调查结果与物质资源和设施管理有关”，合理的物质资源配置有助于教学及课程成效的改进，且优秀学校的内外环境总是清洁而又具有吸引力的（Ubben，2004）。可见，物质资源配置和学校内外环境对学校效能有显著的影响。经营学校物力资源，首先需要分析学校现有资源的利用率。其次要建立管理制度，规范管理。学校物力资源的优化配置，必须建立一套健全、合理、严格的规章制度，如采购报批制度、换岗交接手续制度、维修制度、每学期或学年清产核资制度等。切实做到有物有账、账账相符、账实相符，不断提高学校物力资源的经营水平，尽量避免资源浪费、流失。最后，将科学的经营管理理念贯穿学校物力资源配置使用全过程，逐步提高科学化、规范化的程度。

（三）学校营销管理（School Marketing Management ）

菲利普·科特勒指出，营销是对那些精心设计的产品（项目）所进行的分析、计划、执行和控制，这些产品（项目）可以促进组织与其目标市场之间自发的价值交换，最终实现组织的目标（科特勒，1999）。英国教育专家艾文思给学校营销的定义是：以一种可持续的方式来确定并满足顾客和社会需求的管理过程（王方华，2001）。因此，营销也是一个管理过程，目的在于满足顾客的需求。汉森（2005）指出公立学校必须解决与大部分私营组织相同的问题，如声誉的建立、资源的利用、人员的雇佣、项目的开发、用户的满意、社区的亲善以及公共政治的支持。为了能够获取足够的资源，使学生和家长等顾客满意，学校也要开展一系列的营销活动。

正确认识营销概念，并学习在经营管理中系统运用营销策略和方法，对纠正部分学校片面依赖打广告、做宣传、想方设法增加经济收益和获取暂时发展而忽视整体规划的做法有积极的作用，也能强化学校满足学生、家长和社会需求的理念。因此，学校营销管理作为学校经营管理的有机组成部分，是改革学校传统管理的重要方式，是学校为适应市场环境、重新定位、不断提高经营水平所采用的新手段，也是以提升学校服务质量和顾客满意度为核心所启动的循环过程（这一过程包括信息收集、环境分析、目标市场确定、产品的改进与开发、学校整体声誉的宣传与推广等），还是学校经营管理中内层质量管理、中层资源经营更好地与外部衔接、回应及展示自我的必要途径。根据学校的特点，学校营销管理主要是在以提供优质教育服务、满足学生终生需要和个性化发展需求的核心理念指导下，所采取的市场策略和促销策略。（如图 10-1）

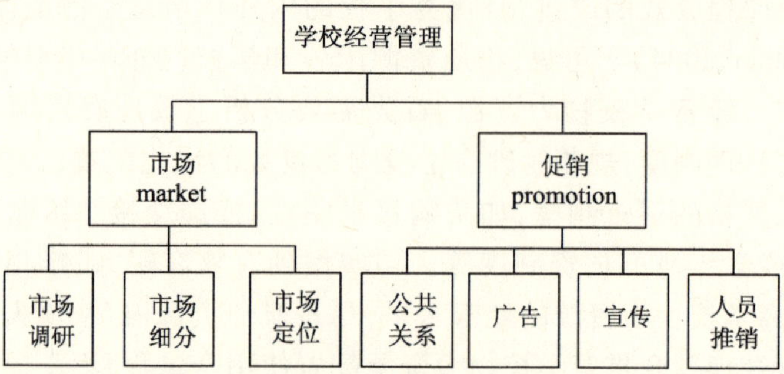

图 10-1　学校营销管理（转引自方学礼，2006）

1. 市场策略

科特勒和安德里森强调营销不是现代组织的边缘性活动，而是由现代组织本质探求而产生的有效地服务于社会某些需要领域的一种活动。为了生存和成功，组织必须了解其市场（汉森，2005）。学校作为一个现代组织，为了适应市场需要，其管理者也应重视市场策略，包括：市场调研、市场细分和市场定位等一系列策略。

市场调研就是为了考察学校使命、市场表现、组织结构、内部沟通、资源、成本效益，明确学校的生存环境、组织现状、优劣势、市场需求等，收集学校组织成员的信息，确定问题的本质等。市场细分是为了满足不同顾客的需求，如根据地处城市、农村或城乡结合部的地理位置分析其所在地区的教育需求、根据居民收入分析教育的偏好等，学校可以细分市场，不同的学校也可根据自己的实际情况选择不同的细分方法，以便了解市场，做出最佳的营销。市场定位就是指学校在经营中铸造鲜明的个性特征，在目标市场的消费者心目中占有的独特的、受重视的位置，如"某某地区最优秀的学校""拥有最佳英语教学法的学校"等。在市场定位中，学校形象对学校的市场定位非常重要。学校形象是指社会公众按照一定的标准和要求，经过主观分析，对某个学校所形成和表现出来的形象特征所持的整体看法、最终印象和综合评价（陈丽，2005）。学校经营者应当明确学校在顾客心目中的形象，并分析此形象与学校定位所要传达的理念是否一致，是否符合顾客的需要，切实制定出一套提升学校形象的方案，只有在不断地改进和提升学校形象的过程中，才能提高学校在市场中的地位。

2. 促销策略

学校经营管理不仅需要了解市场、进行市场定位，还必须与外界不断地进行沟通，满足顾客的需求，吸引潜在学生、增加顾客的忠诚度和支持度、提升和保持学校的形象，这就是学校的促销策略。在这个过程中最常用的沟通工具就是广告、宣传、公共关系、人员推销等。

广告(Advertising),即通过大众媒体宣传学校的经营理念和服务。这种大众媒体主要包括报纸、电视、广播、杂志、广告牌等。公立中小学中使用公告栏、网络宣传等广告的方法已经十分常见。通过广告可发以广泛宣传学校,扩大学校的知名度。宣传可以通过学校的宣传资料如宣传单、招生宣传册等的发放或直邮(将学校宣传册、信、回执等直接邮寄给潜在的学生)向潜在的学生或资助学校者传播学校的信息,这一手段目前已被普遍使用。宣传还可以通过媒介进行的有益的免费宣传,即新闻,此方法比广告更具有可信度和吸引力。公共关系(Public Relations)是一个社会组织在运行中,为了使自己与公众相互了解、相互合作而进行的传播活动及采取的行为方式(姜晓宁,2009)。公共关系主要可采取密切与新闻界关系、运用报纸、电视等及时传播学校信息,用海报、宣传单等书面材料进行沟通,妥善处理好突发事件,开通免费的电话服务(如"家庭作业热线"),及时解决学生或家长的困难疑惑等手段。人员推销,它是通过推销员以谈话的方式向消费者宣传介绍产品,以达成销售的目的(杜跃东,2006),如家长在决定是否选择某所学校之前,学校职员引导其参观学校、向其解说学校的各种情况,这便是人员推销的一种形式。

学校经营管理是一个立体的、系统的、全方位的体系,是基于现代办学实践行为解读、省思基础上的对学校运营的一种整体性的理论架构,是一个丰富的命题。它突破了传统的学校管理思维和行为方式,结合国内外成功办学的经验,把握企业发展的精髓,融合多门学科的理论,遵循教育的自身规律,积极筹划,以优化、整合各类教育资源,提高办学效益,提升教育品质,追求教育理想的实现,具有较强的实践和理论创新价值。

第十一章　学校效能与校本管理

近年来,我国基础教育不断地进行改革,在这一过程中,学校效能逐渐备受重视,校本管理日益风行,新课程改革等也逐步被提上学校改革与发展的日程。从关注学校功能到注重学校效能的转变是现代教育的特点之一。在学校发展过程中,求取动态效能以及发挥最大学校效能是学校的必然选择(周湘林,2008)。长期以来,在我国基础教育中占主导地位的"外控式"管理制约着学校效能的提升,因其存在些许弊端,诸如权利过分集中,影响科学决策;办学模式单一,基础教育供给不足;学校资源与师生需求不匹配;等等。因我国基础教育效益低下,使得我国基础教育改革势在必行,而权变理论、以人为本的理念、教育产业化及高绩效理论等为我国的基础教育改革提供了理论基础,校本管理作为"外控式"管理的对立面而成为我国基础教育改革的合理选择(李向皇,2004)。研究表明,"校本管理如何发展,成为帮助学校长远追求多元动态效能的必要条件"(周湘林,2008)。以学校为本、以学生为本等思想的提倡,使各学校意识到扩大学校发展自主权、实施校本管理是提高学校效能的重要途径。

因此,本章在介绍学校效能的基础上分析校本管理的特点、运行机制、优势以及管理原则,同时,着重深入分析校本管理下的两个重要内容:教师发展与课程改革。

一、学校效能

目前,国内中小学学校的评价主要由教育行政主管部门来实施,教育行政主管部门对不同类型、不同发展水平的学校进行督导评估大多采用统一标准,是一种带有奖惩色彩的鉴定性督导评估,但是这对学校往往是一种不客观、不全面的评价。学校间出现差距并非完全由学校管理不力、教师教学能力不高所造成,而有可能是学生入学时基础较差或原学校教育投入的严重不足等原因所造成,将各种外界客观原因造成的学校办学质量上的不平等简单地归咎于学校,容易引起校长对评价标准和方法的不满意。此外,教育行政主管部门的总结性评价标准通常是学校的预设目标,若目标脱离实际或难以量化检测,就会直接影响总结性评价的可靠性；同时，该评价又是被动的，学校只能作为被评价对象，而不能成为评价的主体，这与现代教育评价提倡评价主体的多元化相违背。另外，对学校评价的唯分数论、不注重学生的全面发展；只注重学生、不注重教师的发展以及学校的发展，这都会造成评价的不全面、不客观。显然，这样的教育督导评估已不能适应素质教育的要求，不利于促进学校的主动发展。尤其是在我国加入 WTO 之后，我国学校的教育服务质量面临着全球性的竞争挑战，学校必须自主、有效地经营管理自己，才能不被淘汰。因此，在进行校本管理之前，需要对学校效能进行全面而系统的研究。

（一）学校效能的定义

如何对学校效能进行简洁、清晰的定义将直接影响研究对象与方法的选择，影响到对不同学校效能研究成果的理解与应用（奚斌，2007）。但纵观已有的研究，却发现理论界对学校效能的基本概念并没有形成一致的看法。

吴清山（1998b）对学校效能的看法是：有效能的学校是指智育成绩优良的学校，并以阅读（reading）和数学（mathematics）两科成绩为代表。后来，有研究发现有效能的学校不单只是具有较高的智育成绩（阅读、数学）的单一特征，而是具有普遍而共同的多元特征，如校长领导、学校气氛等（奚斌，2007）。可见，学校效能应受到多方面因素影响，因此不同学者对学校效能有不同的看法，但主要集中于以下几个方面：

吴清山（2002c）在《学校效能研究》一书中提到学校效能是指一所学校在各方面均有良好的绩效，包括学生的学业成就、校长的领导、学校的气氛、学习技巧和策略、学校文化和价值以及教职员工的发展等，因而能够达成学校所预订的目标。

陈欣（2003）也认为学校效能是指学校对学生所产生的教学影响的程度，主要评价指标是学生的学业成就。

张煜等认为，学校效能（School Effectiveness）指学校对学生所产生的教学影响的程度。

谌启标（2001a）也认为学校效能就是学校在学生的身心发展中有没有起到作用、起到了多大的作用，作用越大，学校的效能就越高。

王新如、郑文（1997）认为学校效能就是指充分发挥人和物两个层面的各方面的作用，使其均产生良好的绩效，有效进行教育产出，以达成学校预期目标。

通过探讨已有文献对学校效能的定义，可以发现学校效能概念的界定是从学校内部效能的角度进行的（主要是学校有良好的绩效），或者从学生学习成效的角度定义，这些定义仅考虑到学校内部效能却忽视其外部效能，仅考虑到学校本身而忽略学校其他主体,仅考虑到学生学业却忽视学生其他方面,仅考虑到学校现在的效能却忽视其未来的效能。综上所述,本书将学校效能定义为:学校合理利用教育资源,实现教育目标,并能不断满足学校内外相关群体的要求,进而使学校和其成员及社会得到相应发展的特性与有效作用。

(二) 学校效能的内容

学校作为人才培养的摇篮,需要一定的人、财、物、时间、空间、信息等,这样学校的教育目标才能得以实现,进而促进学校发展,提高学校效能。学校效能主要包括两方面的内容:一方面为情境因素,另一方面为人的因素(包括学校管理者、教职工、学生、社会相关人士)。学校中人的主要活动(教学、学习、管理等)与学校内外情景相互作用、相互影响,体现学校效能。学校效能的高低是这些因素相互作用、相互影响的结果(王清平,2003)。各因素之间的关系如图 11-1 所示:

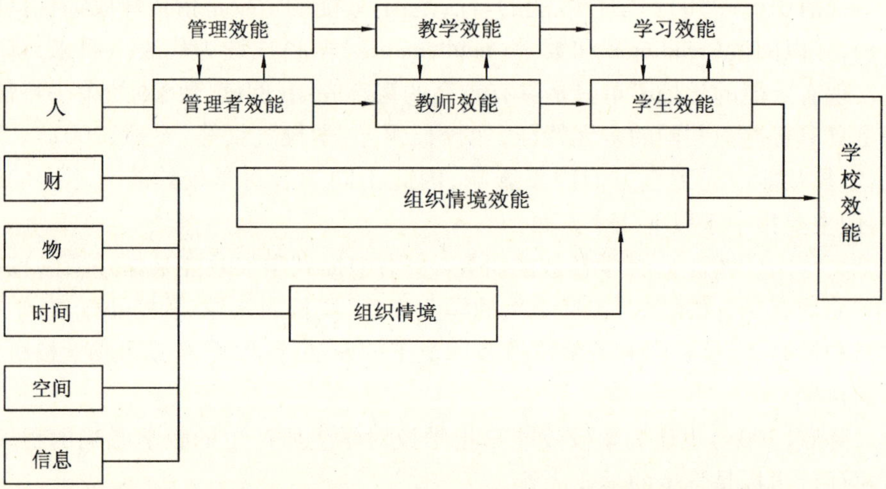

图 11-1 影响学校效能各因素之间的关系(转引自奚斌,2007)

由图可知,学校效能是情境效能与管理者的管理效能、教师的教学效能、学生的学习效能相互作用的结果。管理者的管理效能、教师的教学效能、学生的学习效能是学校效能中人的因素;组织情境效能是学校效能中的情境因素,在两者影响下学校效能得以体现。

(三) 国内外学校效能的研究现状

目前,从国内外现有文献资料中可以看出,介绍有关学校效能的资料,大多是从学校效能的概念内涵、分类、模式等方面对其进行阐述和研究的。

1. 国外研究

学校效能研究起源于 1966 年美国 James Coleman 及其同事所作的《教育

机会均等报告》。其后,有关学校效能的研究便风靡于美、英、荷等发达国家,进而成为当代国际教育界十分关注的重要课题之一(陈春光,2007)。

(1) 美国

美国学者关于学校效能的研究分为三个分支:效果研究、有效学校研究和学校改进研究。每个分支都有较长时间的研究区段,以这三个分支出现的时间为基础,美国有关学校效能的研究又可以划分为四个阶段(Charles & David,2000)。

第一阶段(60 年代中期—70 年代初):以经济学"投入—产出理论"为基础的研究占主导,被称为教育效果研究时期,这一时期主要关注学校人力与物质资源对学校产出的影响,这一理论研究的主要代表是科尔曼;

第二阶段(70 年代初—70 年代末):被称为有效学校研究时期,在此阶段众多学者为反驳 Coleman 的成果开展了大量的研究。这一时期强调学校能对学生产生的影响,主要探讨在教育社会经济背景较差的学生这一方面表现突出的学校。在学校产出部分,这些研究把学生的态度和行为也作为学校的产出指标;

第三阶段(70 年代末期—80 年代中期):被称为学校改进研究时期,这是在前两个阶段的基础上产生出的新的学校效能评价阶段,增加了"改进"变量,主要确定那些有效学校研究理论中的有效因素,在改进方案中是否有效、是否能提高学校效能。最早进行学校改进尝试的人是埃德蒙兹(Edmonds, 1979),他提出了有效学校的 5 个改进因素。此后,学校改进研究在美国流行了 20 多年。

第四阶段(80 年代末至今):在此阶段增加了学校背景对学校效能的影响,被称为学校背景研究时期。它开始于首次采用背景敏感的学校效能研究设计,探讨中产阶级学校、城郊学校中促使学校产生更大效能的因素。研究并不只关注特定的学校背景,而且探讨了不同背景的学校在效能上的差异,其中涉及到的背景变量包括:学生群体的社会经济地位、年级水平结构(如小学、中学)、社区类型(如农村、城郊和城市)等(蔡永红,2005)。

(2) 英国

英国 Plowden 的研究指出家庭和社区比学校对学生的影响更大,从而引发关于什么样的学校才是有效学校、有效学校的特征及有效学校的影响因素等的讨论(王学兰、古珊,2007)。但是有效学校到底是怎样的并没有定论。英国学者对学校效能的研究成果中指出学校效能涉及以下几个方面:学校对学生的影响及程度;学校对学生发展不同方面的影响;学校在一段时间内的有效性以及有效学校的组织特征(谷珊,2007)。英国学者鲁特尔研究发现决定高效能的一些重要校内因素有:学习能力较强和学习能力较差的学生在学校中的平衡,奖惩机制,学校环境,等等。Mortimore 于 1988 年研究得出了许多学校在学术和社会领域的有效特征:校长对全体职工强有力的领导,副校长的参与,有秩序的生活,有挑战性的智力教学,以学习为中心的环境,学期主题突出,教师与学生充分的交流,详细的记录,家长的参与,向上的氛围等(谷珊,2007)。

(3) 国际相关研究组织

经济合作与发展组织(OECD):该组织以查普曼为代表,其研究者认为有效学校在考虑学生社会经济地位、家庭背景和先前学习的同时,应在广义的智力、社会和情感的成熟上促进学生的进步(谷珊,2007)。该组织 1983 年的研究结果表明学校是否高效能,不仅与学校物质特征或硬件设施有关,还与教学的组织性、学习时间的有效性、学校氛围、激励、校长领导力、家长参与等因素的相关很大(赵晖,2005)。

国际学校效能研究计划(International School Effectiveness Research Project,简称 ISERP):该研究计划采用了多层次、多因素探析学校效能,突破了以往学校效能研究的局限,研究结果有助于了解在不同文化环境中,影响学校效能的因素(赵晖,2005;谷珊,2007)。该计划中采用的多层次包括宏观层次、学校层次和教师层次,这种多层次的方法拓展了学校效能的研究方法,对学校效能的研究有很大的帮助。

亚太经济合作组织(APEC):该组织于 1999 年在上海召开,在"高效能学校:通过测量改进学校管理"合作研究项目的启动仪式及研讨会上,各学校校长对有效效能的有效影响因素做了一些探讨并作了总结,一共概括出了 11 个有效因素,如校长有自主权,科学民主的管理,高素质、科研意识强的教师队伍,良好的校风、学风,学生学习的积极性高等(唐晓杰,2008)。

2. 国内研究

中国对学校效能的探讨始于二十世纪八九十年代。

20 世纪 80 年代香港地区开始关注学校的教育质量,但是起初对学校效能的研究较少(汤林春,2005)。香港教育学院的郑燕祥对学校效能做过多项专题研究,并出版《学校效能与校本管理:一种发展的机制》一书,对改进学校效能及学生学习产出如何有效,如何选用策略实施校本管理等问题作了探讨与思考。郑燕祥基于学校功能将学校效能定义为学校在固定输入下可以表现出来的功能的程度。基于学校的五种功能将学校效能分为技术/经济效能、人际/社会效能、政治效能、文化效能及教育效能五类;基于学校功能的五个层面将学校效能分为个人、机构、社区、社会及国际层面,五类别与五层面结合可界定出 25 种学校效能(郑燕祥,2002b)。

我国台湾地区对学校效能的研究最早的内容是关于教师效能与学校效能的研究(奚斌,2007)。但这类研究均是与外国研究者合作的结果,如台湾地区研究者与研究者哈罗德·斯蒂文森等人共同开展的对台湾地区、日本与美国的学校效能进行比较研究的项目(屠大华,2002)。此外台湾地区对学校效能的研究大多属于学位论文,大多是研究学校效能与有关因素的关系,但因受到人力、物力、财力等的影响,研究结果受到很大限制,研究价值有限(谷珊,2007)。

我国内地相对香港和台湾地区对学校效能的研究起步较晚,在20世纪90年代初才出现直接进行学校效能的研究。

我国作为研究成员国参加了由荷兰、英国、美国等国家共同开展的"国际学校效能比较研究"的项目。1999年,上海市教育科学研究院智力研究所参与联合国教科文组织"高效能学校"的课题研究(柳海民,2002)。这些研究的开展激发了我国大陆研究人员对学校效能研究的兴趣,并对学校效能展开了一系列的研究。其中以介绍国外研究成果为主,限于描述性研究,多以论文形式出现,如蔡永红的《美国学校效能研究的回顾与反思》、谌启标的《英国学校效能研究与教师教育政策》、陈丰伟的《国外学校效能研究述评》等。但关于学校效能方面的专著鲜见,在教育管理或学校管理方面的书籍中偶尔会有章节涉及学校效能方面的研究,如冯大鸣著的《美、英、澳教育管理前沿图景》一书中对学校效能与改进的研究作了简要评述(谷珊,2007)。目前我国学者越来越关注学校效能实践方面的研究,如上海市教育科学研究所在《学校效能指标与校本决策》的研究中提出适合我国新时期教育改革的学校效能的五个评价指标,即办学条件、师资队伍、教育教学管理、教育教学质量、办学特色(唐晓杰,2008)。

可见,我国对学校效能的研究起步较晚,主要是介绍国外已有的研究理论成果,而自主进行的创新性、拓展性研究十分少见。

(四)已有的学校效能研究存在的问题

至今为止,已有的研究对学校效能做了大量的探讨,但是在研究中还存在着一些问题,通过文献探讨发现,已有的学校效能研究存在以下几个方面的问题:

1. 理论方面

尽管学校效能研究已经取得了一些成果,并且积累了对学生成就决定因素的一些有价值的判断,但它依然缺乏强有力的理论核心,对学校效能的理解偏于狭隘,仅关注学校功能如学生的学业成就等有限方面(陈丰伟,2003)。同时,对学校效能的研究太过于注重应对政府的政策,失去了其真正的学术研究地位(孙燕,2010)。由于对学校效能的关注,政府开始运用学校效能研究的成果制定促使学校改进与发展的政策,极力推行学校效能研究,并掌握着研究的发展方向,这实质上是对学校的进一步控制,而学校效能研究者只得在“政府政治的驱动下”开展工作(谌启标,2007c)。

2. 实践方面

一些学者认为学校效能研究中常存在样本偏差、结果测量局限等问题(孙燕,2010)。对大部分研究者来说,在对学校效能进行测量时往往采集数据的范围过窄,一般是取自某所学校一年的数据,从而导致结果测量的无效性和局限性。同时,学校效能评价所应用的多水平分析模型(MLWin 或 HML)对研究人员的技术要求较高,操作复杂,在一定程度上影响了其在实践中的广泛应用(谷珊,2007)。此外,由于对学校效能概念理解的过于狭隘,研究者只看重学生的学习成绩,并将之作为对学校效能评价的唯一标准,而忽视了学生在认知、情感、行为等方面的测量,从而使学校效能的评价标准偏于狭隘。

3. 研究内容方面

在研究学校效能时研究者更多的是对有效学校的特征进行分析,学校效能的评估内容局限于学校资源投入对学生受益的贡献程度,而对学校其他受益方——学校本身和学校外部其他系统极少关注(孙燕,2010)。若对学校资源投入匹配不合理或资源要素组合不科学将导致学校产出的不同,因此要对学校资源投入进行合理的匹配,运用恰当的评估内容对学校效能进行评价,不仅要考虑到学生的受益程度,也要考虑学校及学校外部系统等的受益程度,这才能体现学校效能的有效性和全面性。

二、校本管理

校本管理起源于20世纪60年代中后期的澳大利亚,随后逐渐在欧美等国家和地区盛行,成为当前学校管理改革的世界潮流(陈云龙、卞艺杰、王红,2009)。倡导校本管理,已然成为教育管理体系改革的一股国际性浪潮。这股浪潮所带来的,不仅是制度与组织的更替,而且还包含教育管理理念的调整与教育权力结构的改造(李岩,2007)。随着教育改革的不断深化、素质教育的全面推进、课程改革的广泛实施,学校管理如何适应新的教育形势的需要,就成了校长必须思考的问题(周积宁,2006)。

(一) 校本管理的特点

1. 众人参与学校决策

校本管理需要更多合适的人来参与学校决策。在学校内部,不仅是校长等领导,而且包括专业教师也需要参与学校管理;在学校外部,学生家长、社区成员甚至是社会各界人士对学校发展都有一定的发言权。

2. 积极推进教师队伍的专业化

教师作为学校内部的一员，不仅要参与校本管理，更要进行校本课程的开发以及校本研究。在这一过程中教师要不断提高自己的专业能力，促进自己的专业发展，提升自身的专业素养。学校对于教师的专业发展也要做出整体计划，如打算接受什么培训，如何接受培训，谁去接受培训等，努力使教师的专业化发展始终处于不间断的状态，保持学校工作持续向前推进。

3. 保持参与者决策的科学化

传统学校管理体系的信息渠道较为单一，与此相反，校本管理的信息流通渠道较广。在校内，教师是收集和分散各方面信息的中介，教师作为中介，保持信息通畅，可以保证学校管理的参与者在充分掌握信息的基础上进行决策，使决策更为明智和科学。

4. 建立合理的激励机制

合理的激励机制在校本管理中起着重要的作用。在完成学校管理目标的过程中，对表现良好的教师给予激励不仅能够使其表现出更加积极的工作姿态，而且能够激励其他教师向他们学习，共同为达成学校的目标而努力。激励可以是日常的鼓励也可以是制度化的奖励，或者两者的相互配合与互补，无论是哪种激励方式都是对教师成绩的肯定，同时都会成为他们进一步努力的动力。

5. 校长是教师的服务者和支持者

校长作为学校的领导者，在校本管理中责任重大，因此校长应具有卓越的领导才能。对学校内部而言，校长应善于制定学校总体规划，营造良好的学校氛围，为教师提供适宜的工作环境，使他们感觉到自己是学校的主人；对学校外部而言，校长应与外界人士建立良好的人际关系，为学校发展创立良好的外部环境，同时为学校树立良好的社会形象。

6. 选取课程和教学改革的良好导向

校本管理要以人为本，课程和教学改革也要体现学生的要求，因此良好的课程改革导向就起到了极为关键的作用。课程和教学改革是校本管理的落脚点，校本管理是否有效将体现在课程和教学改革的效果上，最终体现在学生的变化上。

（二）校本管理的运行机制

随着教育体制改革和现代学校制度的建立以及学校在市场竞争中主体地位的加强，校本管理亦成为我国学校管理改革的一种新趋向（李岩，2007）。通过对以往理论研究文献的探讨发现，在校本管理运行中需要注意以下问题：

1. 提高学校组织成员的能力，培养组织凝聚力

校本管理不仅需要校长合理的统筹规划和较出色的领导能力，同时需要

教师更加积极主动地投入工作,并且不断提升自身的专业素养;不仅学校内部成员要尽心尽力,也需要家长、社区及社会人士贡献每一份力量,积极参与校内决策、支持决策,将学校发展视为自己的一份责任。同时,校长应与学校外部人员建立良好的人际关系,扩大学校信息的来源,获得他人对学校工作的理解和支持,培养学校的凝聚力。

2. 结合校长负责制,强调学校决策过程的民主化

在传统的校长负责制的实践过程中,学校未从根本上摆脱外控式的管理,并且由于民主管理、民主监督机制的不健全,教职工的权利得不到保障(高亨亮,2006)。但是校本管理并不是抛弃校长负责制的管理模式,因为校长负责制是与我国国情相适应的。校本管理要在结合校长负责制的基础上强调决策过程的民主化。校本管理的民主化就是将自主管理权授予学校的教育人员,因为他们是最了解教育目标和教学过程的,只有将自主管理权授予他们,才能做出更为合理的专业决定(李岩,2007)。强调学校决策过程的民主化,不仅学校的教育人员可以参与决策,校长、学生、家长和社区人士等都可参与、支持学校决策,提升学校决策的合理性。要注重教与学的管理,体现教育公平,强调学校决策过程的民主化。

3. 要注重增进学校、教师及学生等的竞争意识

正如上文所言,校本管理所带来的不只是制度与组织的更张,还包含教育管理理念的调整与教育权力结构的改造,并且加强了大学组织管理者的认知与竞争预见能力、期望水平、善用资源的能力、创新能力等(李岩,2007)。校本管理强调学校之间的公平,强调有较高成就的学校能获得较多的奖励和较多的成功机会。同时,增进学校教师和学生的竞争意识,可以提高他们的专业知识和技能,调动其工作和学习的积极主动性,进而提升学校的教育品质。

(三) 校本管理的优势

校本管理的发展历程虽然仅短短二十几年,但因为其有着不可否定的优势,已经成为学校管理改革中的世界性潮流。其优势主要表现在以下几个方面:

1. 提高管理决策的科学化水平

与传统的学校管理模式相比,校本管理强调权力下放和决策参与,是一种内控式管理模式,促进了学校管理从外控向内控的转换(肖铖,2005)。学校的管理决策权从上级教育主管部门下放到学校,学校内部成员(如校长、教师、学生等)及外部成员(如家长、社区成员等)能够根据本校的实际情况制定适合本校发展特点的教育目标、发展规划等。因为他们比上级教育主管部门更全面了解本校的实际状况,他们参与决策能够集思广益,有助于提高决策的合理

性和有效性,提高学校管理决策的科学化水平。

2. 提高学校教育及管理的有效性

学校教育及管理的有效性表现在学校的教育教学质量、管理效率和效益的提高以及各种相关利益者满意度的增加等方面(夏新斌,2003)。学校权力下放,学校成员有了更多的职权,这样能更好地发挥他们的积极性和主动性,使他们以主人翁的态度来挖掘各种教育资源以实现学校的办学目标,这种积极性是发自内心的,因而更强烈更持久(刘志春,2005)。在这种情况下,教职工对工作充满热情、积极性较高的同时,对学校的满意度也较高,因此这有利于提高学校教育和管理的有效性。

3. 促进学校组织和成员的发展

在传统外控管理理论中,学校是执行“标准教育任务”的工厂,教师是学校的雇员,学生是交由“工厂”加工的原材料,学生要在学校这个“加工厂”里由“雇员”们“加工”成“产品”(傅树京,2003)。而校本管理则强调学校是一个独立主体,有自己的办学思想、信念和发展目标,因而校本管理能促进学校组织的发展。校本管理强调以人为本,学校教职工是学校的主人,学校是他们工作、生活、学习和发展的地方。校本管理注重教师的专业发展、提升教师的专业素养,因此校本管理有助于培养教师的专业水平,有助于促进教师进一步发展。同时,学生是学校的主体,学校也注重培养学生,促进学生的发展。总之,校本管理能够促进学校成员的发展。

4. 增强学校的应变能力和创新能力

许多研究表明保证学校有效改革的动力来自学校内部,而非上级教育行政主管部门(黄崴,2007)。外控管理模式下,传统的集权化使学校不能根据外界环境的变化而适时地调整自己的方针、政策。随着社会的加速发展与变化,各种教育问题不断出现,这种管理模式已不能适应外界变化的要求。而校本管理模式出现后,通过权力下放,使学校能够对外界环境的变化作出相应的调整,从而提高学校反应的灵活性,创造性地解决学校管理中所遇到的各种新情况与新问题。

(四) 校本管理的管理原则

校本管理具有非常明显的优势和作用,那么,在进行校本管理的过程中,应该遵循什么样的原则呢?有研究者对校本管理的原则进行了研究(苏天高,2007;肖铖,2005),概括出以下几点:

1. 质的原则

传统的学校管理倾向于强调标准化的程序和组织的稳定性及教育上量的发展。而校本管理追求教育上质的变化,认为教育目标是多元化的,教育环境是复杂多变的，为了适应不断变化的外在环境，提高学校的绩效，达到教育的目标，教育追求质的变化至关重要。

2. 放权的原则

传统的学校管理是由上级教育行政管理部门精心控制，学校自主作出决策的空间小，自由施展拳脚的范围受限，因此在学校遇到问题时并不能及时解决。校本管理理论认为，在学校管理和教师的教育教学活动中不可避免地会遇到问题，应赋予学校权力和职责去尽可能有效地解决发生的问题，而不是由上级解决这些问题。在实践中，校本管理正是强调由学校发现问题所在并自主解决问题。

3. 差异性原则

传统的学校管理理论强调学校的结构和标准程序的作用，主张通过标准化的程序去实现学校的管理目标，学校管理的方法主要是依赖外在的检查。而校本管理的差异性原则认为，在管理中有许多不同的方法能够实现学校的教育目标，为此应强调管理过程的灵活性，同时，差异性原则主张学校可以根据自己的特殊情况自己管理，以使学校有较大的空间开发，并在实践中探索、总结有效进行学校管理的策略。

4. 人本原则

传统的学校管理理论认为，学校的目标和任务都已被上级教育行政主管部门所限定，如果组织出现了问题导致学校目标未能实现，都归结为组织结构和外在控制出现了问题，而与个人无关，这导致学校成员失去了勇于担当、主动进取的精神。校本管理理论认为人的因素在组织的绩效中起着关键作用，人是组织中最为宝贵的资源，所以在学校管理中重要的工作就是开发具有主动性的人力资源；认为校本管理的目标应建立在学校成员广泛参与和开发其潜能的基础上，因此应该充分调动学校成员的积极性。

5. 自我管理原则

传统的学校管理理论不仅认为应由上级教育行政主管部门规定学校管理工作的框架，而且认为应由上级教育行政主管部门规定学校管理工作的细则，因为在其看来实现教育教学目标的方法和途径是相似的，甚至是完全相同的。校本管理理论认为学校实现教育政策规定目标的方法有很多，学校只有在一些主要政策的制定和结构的确定上成为一个完善的自我管理系统，并依据自身条件在开发教学目标、确定管理战略、分配人力资源、解决实际问题和实现预定目标等方面拥有更多的自主权，这样才能主动去履行自己应该承担的责任。

三、校本管理中的教师发展

校本管理赋予了教师更多的职权,因此对教师的要求也越来越高,教师的素养关乎新一代的基本素质,这已经是教育界的共识,教师的科学素养对学生的影响已经发挥着不可替代的作用。所以,如何给教师角色定位、如何提升教师的人文素养,成为校本管理的重要内容之一。

(一) 校本管理中教师角色定位

校本管理在实践中受办学条件、校长素质、教师素质等一系列因素的影响,有着不同的运作模式,与此相对应的,教师所扮演的角色也不同,因此需要予以不同的定位(祝溧,2006)。其中以下两类尤其值得我们关注:

1. 校长决策下的教师角色定位

在以校长做决策的校本管理模式中,为了能够为学生提供更多的学校资源,使资源发挥最大的作用,校长可以向教师、家长、学生或者社区代表咨询,征求他们的建议。在这种模式中,教师作为参与者的角色,积极配合学校的决策,一方面,教师不能为了迎合校长的权威而唯命是从;另一方面,教师也不能因为事不关己,而漠不关心或乱说一通。教师应当客观、公正、负责地提出自己的想法,为校长提供建议。如果教师不能客观公正地参与学校决策,校本管理就有可能出现校长专权的现象,学校就完全变成了“校长负责制”。因此,在校长做决策的校本管理中,教师应当扮演一个积极参与者的角色。

2. 教师决策下的教师角色定位

教师控制的校本管理模式的目标是,教师在课程指导、就业指导、教材和仪器的选购、图书馆建设、学校产业的监督等方面的决策(杜宏,2011)。这些方面的决策权赋予教师,使其可以充分利用自己的专业知识,提高决策的科学性。同时因为教师充分参与整个决策过程,可以提高他们对执行所做出决策的承诺,即认可度和支持度。在这种校本管理模式中,由家长、学生、教师、管理部门等组成的学校委员会拥有决策制定权,其中教师所占的人数比例是最大的,因此教师不再是较为被动的被咨询者,而是较为主动的决策者。但是这种管理模式易出现两种极端:一是教师的确能够充分利用自己的专业知识做出有利于学校发展的正确决策;另一种是教师也可能会专断独行,忽视民主化的存在,使得决策缺乏合理性。因此,对学校委员会的监督显得尤为重要。

(二) 校本管理中提升教师人文素养的途径

校本管理中教师作为学校决策的参与者和管理者,能够利用自身的专业优势提升管理决策的科学化水平,因此教师的地位在校本管理中非常重要。提升教师的个人素养不仅限于对学生的教育和影响,在学校管理方面体现出来的价值也同样值得探究(杜惠荣,2007)。

1. 立足课堂，树立以人为本的素质教育观

课堂，是实施教育教学的主阵地，是推进素质教育的主渠道(陈蕾,2006)。传统的课堂教学，形式单一，气氛沉闷，忽视了学生的主体地位。正如爱因斯坦所说，这种教育使学生“可以成为一种有用的机器，但不能成为一个和谐发展的人”(刘荣秀、伍燕平,2007)。因为通过这种教学形式传授给学生的知识是有限的，随着时代的发展，有些知识会逐渐被淘汰。因此，课堂上仅对学生进行专业知识教育是不够的，“授之以鱼不如授之以渔”，所以教授学生正确的思维方法、使其保持好奇和质疑的态度等才是教师的职责所在，而这也是体现教师人文素养的一个方面。教师要把学校的教育工作从“知识中心”和“应试中心”转到以学生发展为中心上来，培养学生的自主意识和创新能力。在实施素质教育的过程中，教师要树立一种以人为本的素质教育观，即重视学生的身心和谐发展。在课堂教学中，学生是主体，是教育的承受者，教师教学的内容、方法必须考虑学生的实际，课堂教学活动要围绕学生的需求来展开，教师要以学生的活动为中心，根据学生的求知特点，指导学生在活动中寻找到适合自己的学习方法，进而使他们以现有的生活经验为基础，帮助他们在生活中求知(文冬、杨九民,2002)。

2. 尊重学生的人格，建立平等民主的学生观

教师和学生虽然参与教育进程的权利和义务不同，但在人格上应该是平等的。这是由于人的尊严是超越年龄、知识、能力和经验水平的，它只取决于人之所以作为人的内在本质(郑红东,2005)。校本管理中教师要改变传统的学生观，建立平等民主的学生观。首先，教师要学会放下“教师”的身份，从传统的“训导者”转为学生的知心人，以朋友的身份和学生相处，和他们沟通、交流，为成长中的学生解决他们的烦恼和困难。此外，教师要转变传统的控制和操作学生的观念，要尊重学生的人格和权益，把相信每个学生都能成才作为教育的基本信念。只有这样，教师才能建立平等民主的学生观，才能在校本管理中提升自己的人文素养。

3. 整合知识结构，加大学习人文学科知识的力度

一个优秀的教师不仅要有丰富的专业知识、较强的业务能力，而且还要有广泛的人文科学知识。教师具有广博的文化修养，是现代教育的需要，也是学校培养教师人文素养的基础(陈全英,2002)。现代教育各学科之间的联系、渗透较强，学习人文学科，有助于继承人类优秀文化遗产，有助于加强各学科之间的整合，易唤起学生的求知欲，激发学生的探索精神(杜惠荣,2007)。作为一名教师，仅靠单一学科的知识无法满足学生的求知欲，要想让学生踩着自己的肩膀攀登知识的高峰，需要更广泛的学识修养，因此教师应广泛阅读，拓展

自己的知识领域，同时，应树立终身学习的观念，努力追求新知，不断充实自己。

四、校本管理中的课程改革

要提高教育素质，学校管理应依据本校的实际情况，认真分析自身的各种问题，立足于学校实际从事管理活动，而不是简单的照搬照抄其他学校模式，因此，校本管理近年来越来越受到人们的高度重视（林东富，朱于新，2006）。新课程理念体现了时代精神，学校应当结合自己的实际对这些新理念加以校本化的消化吸收，把理论的力量转化为实践的力量，转化为自身发展的资源和动力来推动课程改革（苏建华，2004）。

（一）校本管理在新课改中的作用

1. 校本课程的建设依赖于校本管理

所谓校本课程指的是学校根据自己的教育理念，在对学生的需求进行系统评估的基础上，充分利用当地社区和学校的课程资源，通过自行研讨、设计或与专业研究人员及其他力量合作等方式而编制出的多样性的、可供学生选择的课程（李志宏，2003）。校本课程的开发不仅仅是一门门课程的开发，也不是一本本教材的编写，而主要是对学校资源的开发。新课程的改革是以学校资源为基础的改革，包括学校环境的开发，课堂建设和校本教材建设（叶熙钊、朱于新，2006）。其中学校环境开发主要是营造良好的学校环境，尤其是能够体现教书育人的环境课程；课堂建设是校本课程的核心，建设良好的课堂教学是校本建设的主要内容；校本教材建设主要是根据学生身心发展的特点及自身的优势和潜能而开发的有利于学生发展，也能促使学生发展的教材。这些校本课程的建设都是在学校资源的基础上进行的，没有学校资源，新课改就无法达到目标，学校也就失去了存在的价值（叶熙钊、朱于新，2006）。而校本管理的实施又能促进学校内外资源的使用，如果没有校本管理就无法充分利用学校资源，校本课程的开发也就无法落实和实施。

2. 教师的专业化发展依赖校本管理的支撑

教师专业发展指的是教师以自身专业素质包括知识、技能和情意等方面的提高与完善为基础的专业成长、专业成熟的过程 ，是由非专业人员转向专业人员的过程（朱新卓，2002）。传统的教学模式下，教师是照本宣科地传授知识，形成一种“填鸭式”的教学，而教师这个职业也就变成了只要有知识就能做的行当。而在新课程改革的背景下，教师不仅需要丰富的专业知识，而且需要在专业技能等方面表现突出，如创造性地处理教材，能动地生成课程，不断地研究和解决教育教学中的实际问题，使教师的日常教学工作、教学研究和自身的专业成长融为一体，形成在研究状态下工作的职业生活方式（张学忠、李森，

2003)。在这个过程中,教师不仅要增强研究意识,而且要养成良好的实践反思的习惯,提高在研究和实际教学中解决问题的能力,提高课程开发和建设的能力,促进自身的专业化发展。而校本管理为教师的专业化发展提供了肥沃土壤,因此,教师的专业化发展需依赖于校本管理的支撑。

3. 校本教研的开展需要校本管理的协调

校本教研的开展对推进新课程的改革具有重要意义。校本教研就意味着要以学校为中心开展教学研究,学校作为研究中心,教室作为研究场所,而教师就是研究者。从校本教研的实施经验来看,深入开展校本教研的关键仍在于实行校本管理(叶熙钊、朱于新,2006)。没有校本管理,校本教研就不能对学校有实际的认识和把握,教研内容就无法根据学生的个性特点和实际需要来开展,也无法从传统的课堂教学转入新课程改革教学。只有在校本管理的协调下,校本教研才能从学校的实际情况出发,形成学校自己的教育办学特色。在校本管理的协调下,校本研究不只是将研究任务集中在教师身上,还可以让学生家长、社区人员等参加教研,增加了学校教研的人力、物力和财力,充分调动各种学校资源,为校本研究服务。

(二) 校长在新课改中的作用

在新课改中,校长作为第一责任人对于学校教育思想的引领是实施教学领导的根本,因此校长要要清醒地看到新课改课题的研究意味着创新、意味着对传统的突破(田树林,2009)。校长不仅要有良好的知识素养,现代化管理经验和能力,还要有超人的战略眼光和改革创新的胆识;不仅要给教师更多的自主权,还要营造教师自主创新的氛围,鼓励并尊重他们,开发教师创造的潜能,从而提高学校课程建设的水平(苏建华,2004;计建国,2006)。因此,校长在新课改中起着重要的作用。

1. 变以物为本为以人为本

课改课题的研究是一个探索创新的过程,只有调动和发挥人的主动性、独立性、创造性,才能推进课程改革,因此,校长在管理中要摒弃以物为本、以权为本,而注重以人为本,尊重人、关爱人、依靠人、发展人(苏建华,2004)。美国著名教育家阿瑟·W. 库姆斯认为,在"以人为本"思想的指导下,学校领导者的工作在很大程度上是对人际关系的处理,这种人际关系涉及到教师、学生、行政管理人员、学生家长以及社会其他成员等方面(谷丽洁、彭虹斌,2003)。在新课改的实施中,校长要处理好各方面的人际关系。首先,教师处于课程改革的第一线,对新课程实施过程中,出现的矛盾最了解,最有发言权。因此校长要尊重并虚心接受教师的意见和建议,倾听教师的心声,尽可能提供条件去解决课改中出现的问题。此外,要处理好学校与学生家长之间的关系,解除家长的担忧。在传统的以升学率和学生的考试成绩为尺度的教学模式的影响下,家长对新课程改革会表现出一定的担忧,担心课程改革会影响孩子的学习成绩。而校长要做好与家长的沟通工作,耐心的为家长解说新课改的理念。新课程不仅重视学生的“双基”,而且重视对学生情感、态度、价值观、实践能力的培养,对学生的长远发展是有利的(谷丽洁、彭虹斌,2003)。

2. 促进课程改革和校本管理的同步发展

新课程改革的目的是促进学生的发展、教师的发展、学校的发展,同时也为校本管理的发展提供了新的契机(王少非,2005)。校长是校本管理的设计师,承担着领导全校师生实施新课改的任务,因此,更要不断地学习、思考、探究,以更新学校管理理念,创造性地制订学校发展计划,积极投身教育教学的管理中(谷丽洁、彭虹斌,2003)。校长要更新学校管理理念,强化校本管理机制,建立“以人为本”的管理思想,在校本管理理念中进行新课程改革。同时校长要精心研究校本管理策略,身体力行地将其策略落实到具体的管理行为上去,使其在新课改中发挥主导作用。

3. 带领学校往学习型组织发展

彼得·圣吉(Peter Senge)在《第五项修炼:学习型组织的艺术与实务》一书中指出学习型组织是一个“不断创新、进步的组织,在其中,大家得以不断突破自己的能力上限,创造真心向往的结果,培养全新、前瞻而开阔的思考方式,全力实现共同的抱负,以及不断一起学习如何共同学习”(Peter Senge,1998)。王珏(2009)指出“学习型组织”的建立必须基于五种技能的培养,Peter Senge教授称之为“五项修炼”:改善心智模式(Improving Mental Models)、自我超越(Personal Mastery)、建立共同愿景(Building Shared Vision)、团体学习(Team Learning)和系统思考(Systems Thinking)。学习型组织的建立,有利于课程改革的顺利实施(谷丽洁、彭虹斌,2003)。校长在学校建立学习型组织的过程中发挥着重大作用。在学习型组织之中,领导者负责建立一种组织,能够让其他人不断增进了解复杂性、理清愿景和改善共同心智模式,也就是领导者要对组织的学习负责(Peter Senge,1998)。校长不仅要给师生创造一个良好的工作和学习的环境,鼓励教师不断学习、不断总结经验,而且校长也要起带动作用,不断加强自身学习,只有这样才能保证课程改革的顺利实施。

第十二章　中小学学校的改革与发展

“百年大计，教育为本”，强国必先从教育抓起，发展教育是民族振兴、社会进步的基础，是提高国民素质、促进国家全面发展的根本途径。改革开放以来，我国教育按照“面向现代化、面向世界、面向未来”的要求，坚持育人为本，完善素质教育，推动教育事业的不断发展，加快从教育大国向教育强国、从人力资源大国向人力资源强国迈进。基础教育是科教兴国的奠基工程，对提高中华民族素质、培养各级各类人才、促进社会主义现代化建设，具有全局性、基础性和先导性的作用(国家中长期教育改革和发展规划纲要，2010)。因此，我国基础教育一直以改革为主旋律，如校长责任制的实施、教师绩效考核的试行、素质教育的倡导以及校本管理的运行等。本章在前文研究结果的基础上，以苏南地区为范例，介绍中小学校改革与发展的趋势，并提出建议以期更好地实现学校的变革与发展。

一、中小学学校发展规划的方向与趋势

学校要发展，要形成特色，必须走学校管理创新变革之路。只有通过学校管理的变革和创新，才会有随之而来的教育观念的更新，教学方法、教学内容的更新，教育结构、师资结构的更新以及人才培养模式的更新，更主要的是通过学校发展规划的制定以实现学校的经营目标，建立具有科学性、民主性及特色性的学校现代化。

(一) 中小学发展的方向

21 世纪是信息化时代，人们已经敏锐地捕捉到了信息时代对学校的要求和压力，并且进行了一系列代表未来社会前进方向的学校改革，世界范围内的学校发展变革在努力方向和实践上呈现出了共同的特点(张翼，2006；沈惠，2007；王星霞，2007)，而这些特点将有利于学校发展规划的制定，并引领学校朝向人性化、科技化及特色化道路进行。

1. 打造数字化校园

为了适应现代信息发展的需要，以数字化、网络化、智能化和多媒体化为特点的信息化正逐渐成为学校教育发展的必然趋势，越来越多的学校提倡无

纸化办公，建立校园网站、数字化图书馆，实现多媒体教学。然而，建设数字化校园环境的过程，不仅仅是一个简单的硬件加软件的建设过程，更要注重应用于教育的研究。数字化的校园要考虑学生如何在信息环境中受益、家长如何在信息环境中受益以及教师如何在信息环境中受益，这应该是教育信息化今后继续研究和努力的方向，也是数字化校园建设最根本的目的（吴李旦，2011）。

2. 学校更加开放和社会化

科技信息的发展以及更新速度的加快极大地改变了人们的学习与生活，人们生活水平提升后开始追求更高更广层面的学习与发展，进入全球化发展后，学校系统由固定的、封闭的场所向开放的、不固定的、多媒介的机构发展和演变，最主要的特征是开放性，不仅对网络、媒体开放，而且对社区、社会的开放，对任何年龄段的任何个人都开放。学校发展的开放性特征又影响着学校发展的社会化，学校对个人或者相关机构越开放，与社会的融合度越高，意味着其社会化程度越高，这种社会化包括社会对教育的支持度，如政策规定及资金投入等。此外，学校社会化将增强社会各群体的连结，换一种角度而言，即社会学校化。总之，教育是整个社会的事情，学校的发展也与社会的发展紧密相连，因此，社会的开放性决定了学校的开放性和社会化。

3. 办学模式渐趋多元化

科技与信息的发展，虽然某种程度上，虽然极大地促进了现代社会生活的发展，却使得社会的经济、教育、自然、文化等面临严峻的挑战。就学校而言，传统的学校发展模式认为学校是知识的生产者和普及者，学校垄断了知识。而今，知识和信息的传播媒介已趋于多元化，传播与更新的速度更快，传播的范围愈加广阔，已然打破了学校的垄断，也撼动了学校的唯一地位，教师的专业权威逐渐被解构。另一方面，在多元文化的背景下，人们对学校的需求和期待都发生了改变，开始追求理想中能与时俱进的、符合时代变革的学校（王星霞，2007）。因此，时代对中小学教育的要求进入了一个崭新的阶段，办学多元化成为未来探索与发展的趋势。

4. 学校组织结构的优化

由于传统的学校组织结构肥大臃肿，或者重复设置机构，导致学校管理成本上升，管理效率低下，权力集中在上层，下层员工参与度低等问题，这种组织结构渐渐被学校管理层所抛弃。随着时代的发展，学校组织结构将呈现为混合式，既抓住层级制所带来的集权和协调性的好处，可以根据各个层级对学校组织系统要求的不同，动态地对学校组织进行变革；同时又能尝试利用更加分权的组织结构的优点，较好地克服传统的理性官僚组织机制的缺陷，对学校组织系统进行相应的改进和优化(蒋园园,2009)。

5. 民主公平追求的深化

民主意识的增强使得人们越来越倡导教育的公平与均等,这种公平与均等一方面指任何公民都有进入学校就读的权利,另一方面提倡教师与学生之间应该是平等民主的关系。此外,在学校经营管理活动中,教师与学校之间也应是平等的,教师是学校的主体,有权参与学校的决策规划。

1990 年,联合国教科文组织举行的“世界全民教育大会”,提议在全球范围内实施全民教育,强调教育是人的基本权利,必须普及基础教育和促进教育平等,创造和提供条件满足所有人的学习需求,尤其必须关注处境不利和家庭贫困的儿童,为他们提供平等的受教育机会。之后,世界各国在追求教育平等方面都做出了一定的努力,如保证国家在教育方面投入足够的经费,国家财政每年都对教育有特别拨款,政府对教育经费的实际投入逐步加大,用政府公共经费承担义务教育(张翼,2006)。

6. 国际化与本土化特征并存

信息时代里,无论是在物质、信息方面,还是在资金、知识、人员等方面,人们的交流都日益频繁,与全球化的时代特征相对应的是,学校呈现出国际化特征。在这种国际化的趋势中,经济和科技走向全球一体化的基础上,学校之间相互影响、相互渗透、相互融合,其文化走上互相自觉学习的过程。学校的国际化主要表现在:一是学校更注重与世界各国的相互交流、研讨与合作,如互派留学生增多;二是学校开设外语课程和多元文化知识的课程,以增强学生的国际观念和国际意识;三是学校教育开始关注一些国际性的问题,如和平问题、环境问题、道德问题等。

与全球化相伴而生的是本土化的兴起,学校的本土行动就是指学校要传承、弘扬、创新本国和本民族及本地区的文化,要适应国情和民情,要为本国、本民族和本地区的经济、社会发展服务。国际化与本土化并存是指世界各国的学校都在努力把握和弘扬本土文化精华之际,充分借鉴和吸收他国文化传统的精义,添其新质,为我所用,相互促进,扬长避短,以求达到交融互动、相得益彰的效果。

(二) 学校发展规划的方向

中小学学校发展规划在制定以后,只有在实际调查的基础上,结合已有规划的长处与不足进行修改,才能形成更符合学校发展的规划。本研究者通过深入访谈与学校发展规划直接相关的校长、副校长或书记等学校领导,根据所得资料进行分析,发现目前苏南地区中小学学校发展规划良好,对学校如何发展有清晰的认识,部分学校已经通过校本课程而形成学校特色;并且重视教师规划,注重教师幸福感建设;校园发展表现出现代化与江南古典文化相结合的区域特色。虽然如此,但苏南地区中小学学校发展规划中存在的问题也不容忽视。优缺点并存的情况下,苏南地区中小学学校发展规划有了新的挑战,如何修正缺点,或转化优点成为经营特色,成为各校规划的方向和目标。

1. 立足现状,重视调查

学校发展规划的制定是帮助学校稳扎稳打、步步为营、健康发展的重要手段。制定规划的过程应该是各级干部和师生在校长的领导下各司其职共同完成的,所有的组织成员通过调查研究、数据处理、现状分析、综合归纳等过程,正确把握自身条件,看到自己的长处,找出自身的不足,明确学校的发展方向,落实切实可行的措施(侯怀银,2007),最终实现学校发展。本研究经由质性研究结果发现,苏南地区部分中小学学校觉得学校发展规划与现实不匹配,规划制定后尚未实施,就因前期实际调查工作不完善而需对规划作进一步修改。此外,还有校长认为虽然学校发展规划的大方向并未改变,但具体实施的阶段性方案需要根据实际条件不断进行修改,这同样体现出调查研究的重要性。

学校除了需要通过前期调查、立足实际来制定学校发展规划外,但也不能不考虑实施过程的实际情况,随时修正操作方式,克服实施过程中的困难与问题,以实践学校的中长期发展计划。

2. 创立特色,快速发展

一个学校要想快速发展并形成自己的独特优势,创立学校特色是必不可少的,而如何创办特色学校就成了校长制定规划时遇到的重要问题。所谓特色学校,指学校在长期办学过程中,所表现出有别于其他学校的独特的办学风格、独到的教育思想、先进的教学手段(侯怀银,2007)。特色学校不是自然形成的,需要全面而科学地规划和有计划地建设。学校特色建设是一个整体系统,由学校组织内外相互依存、相互影响、相互制约、相互作用的各要素共同构成。唯有建立特色,才能突破目前苏南地区中小学学校发展的不均衡性问题,使某些处于劣势的学校形成独特的发展,助其异军突起,并在竞争激烈的外在环境下,走出适合自己的道路。

3. 保障实施,完善监督

本研究结果发现目前苏南地区大部分中小学学校对于制定学校发展规划有清醒的认识,能够科学、合理地制定与调整。但是,制定学校发展规划,最重要的不只是建立发展计划本身而已,而是计划的每一个实施过程与环节。学校发展规划更强调规划的执行过程,通过执行过程可以提高学生的学习成效和教师的教学效能,提升学校的整体教育质量。因此,在规划执行过程中的监控和评价就显得格外重要,它有助于规划目标的逐步修订与完善。可见,学校为了保证发展规划的有效实行，监督体系的实施已成为必然发展的趋势。

二、中小学校长领导能力发展的方向与趋势

中小学校长的领导能力是一系列行为能力的组合，加强中小学校长的领导能力，有利于增强其执政能力，进而稳定与壮大教师队伍，提高学生素质，提升教育水平。可见提升中小学校长的领导能力有助于学校发展规划与实施。本研究结果显示，苏南地区中小学教师对其校长领导能力的认同感相当高，特别是在专业能力方面，且不同性别、职位、学历与工作年限的校长，其领导能力差异较大。在国家对教育投入更大关注，教育体系不断完善、教育体制改革不断深化的情况下，中小学学校校长领导能力将在现有基础上有更好的发展。

1. 注重道德教育

“德才兼备”是新时期对校长能力提出的更高要求。校长在领导学校发展时能够符合社会道德标准，办事公正、公平，且能够支持教师成长和使学校各部门关系协调，将会使校长这一职位转换为一种“感召力”，获得教师与学生们的尊敬和爱戴（吴晓霞，2007），使他们愿意投入到校长制定的发展规划中去，共同促进学校发展，并能使校长的领导能力得到增强。本研究结果显示苏南地区中小学校长领导能力虽然得到广大教师肯定，但主要集中在专业层面，教师对校长人际交往层面的认同度较低。可见，提升校长的道德水平，做一个道德高尚的校长，站在学生和教师的角度考虑问题，这样的校长其人际关系能力将会更为教师所认同。

2. 提升专业能力

校长是学校的“灵魂”，是“牵一发而动全身”的关键所在，其专业能力的高低，往往直接关系到学校发展的成败。没有良好专业能力的校长是无法促进学校发展的，因此，校长专业能力是校长领导能力的关键。目前研究发现，教师对校长专业能力的认同度最高，但社会的发展将要求校长专业能力的进一步加强。可见，继续提高校长的专业能力，做一个专业能力与时俱进的校长，更有利于促使学校在专业方面发展保持良好势头。

3. 重视教师参与

本研究发现，不同学校类别、性别、学历的教师以及对学校办学特色认知不同的教师，对校长领导能力的认知存在显著差异。其中女性、硕士学历者对校长领导能力的认同度较低，可见不同类型教师对校长领导能力的认知不同。为了减少这种情况的发生，校长必须更加重视教师参与决策，实现民主管理，采集教师的集体智慧而做出更好的决策。现代中小学校长虽然对学校管理与教学工作全权负责，但绝不意味着校长可以对学校所有问题独断处理，而应该坚持民主原则，重视教师参与决策（吴春燕，2008）。另一方面，对教师而言，参

与决策能够调动他们的积极性，让其真正发挥参与者的作用，不仅使决策更为科学、合理，而且也能增加教师对决策结果和对校长领导能力的认同感，有利于决策的推行，同时这也是校长领导能力得到加强的一种信心体现（吴晓霞，2010）。

4. 实施项目管理

项目管理方法的实行，将有助于校长借助教师能力的提高而提高自身的领导能力。学校项目管理是指将学校的一些工作作为项目让教师进行申报认领，增加教师在自己项目上的自主管理权，充分体现“以人为本”的理念，并根据这一理念对组织形式进行有效设计，采用开放的系统模式，通过制度培养来规范组织行为，确定组织的功能和目标，从而提高项目组织的工作效率（吴晓霞，2007）。这种管理形式不仅降低了管理成本，又为每位参与的老师提供了发挥个人特长的机会，有利于培养年轻的干部队伍，为教师的发展提供广阔的空间（陈发军，2005）。实施这种管理方法，同样能使校长安心处理一些更为重要、更为关键的全局性事件，提高自己的领导能力，并能够改善校长的人际交往关系，增进与他人之间的了解。

5. 提升人格魅力

学校是培养人的地方，教师是育人的人，而这一切的领导者——校长，应该是学校所有人的楷模。校长的人格魅力，主要来自于非权力的良好的个人素质（陈先同，2010）。校长要以个人的人格力量影响师生，赢得师生的爱戴，就必须做到尊重教师，要有兼容并蓄的精神，要真诚正直，要成为教师的楷模；要热爱学生，热爱工作，务实务本，为学生服务；要有容人之量，善于听取不同意见，凡事为大家着想。校长只有做到这些，才能拉近与师生的关系，得到各阶层教师的认同以及学生的爱戴，最终获得全校师生的一致肯定。本研究结果所显示的中小学校长在不同类型的教师眼中认同度相差较大，其中部分原因就是由于校长自身的人格魅力不够，难以服众，可见提升校长人格魅力对增强校长领导能力来说意义重大。

6. 增强教育经营能力

在市场经济条件下，校长仅仅具备教育科研能力、教育管理能力等是不够的，还需具备教育经营能力。在市场经济条件下，校长教育管理权限下移，决策权、人事权、经济权纷纷出现，其责任不仅是管理好教育教学，学校经营业绩也成为衡量校长领导能力的重要标准。校长如若不善于经营教育，将严重影响学校发展。只有提高了校长的教育经营能力，学校才能在激烈的市场竞争中得以生存发展，校长领导能力才能获得更大范围的认同。

三、中小学学校组织文化发展的方向与趋势

文化治校,这已逐步成为学校管理者的共识。正如上海建平中学校长程红兵所言:“学校应该由工具性存在转换为文化存在,学校应该成为自主发展的文化主体。”(程红兵,2007)当权威管理屡遭诟病、制度管理又使人感到不足的时候,文化管理便成为了所谓一流学校管理的代名词(朱炜,2009)。在这种背景下,学校组织文化显得越来越重要,它比传统的经济手段、技术措施有更好的管理效果(姜娜,2008)。经研究调查得出,苏南地区中小学教师对学校组织文化的认知呈较高水平,其中,教师对组织承诺的认同度最低,对组织氛围的认同度最高。且高中教师对组织文化的认同度最高,小学教师最低。此外,不同年龄、学历、学校特色的教师对学校组织文化的认知存在显著性差异。在知识经济和信息化的今天,建设优秀的学校组织文化对学校发展意义重大。

1. 发挥校长的先锋带头作用

一所学校的发展,在某种程度上就是校长智慧、能力的集中体现。优秀的组织文化往往建立在校长远见卓识的基础上,体现他的教育观、管理观。校长自建校之初,其价值观、行为方式、管理方式便会深刻影响学校环境的建立以及学校组织文化的发展。当今社会大环境下,学校校长理应成为学校组织文化的设计者、示范者、引导者和维持者,在学校组织文化建设中起带头作用。他应当立足现实,集思广益,在把握学校发展愿景和时代发展要求的基础上,深入了解学校的传统与历史,密切关注师生的利益与愿望;他应当以身作则,率先垂范,在思想上、在工作和生活中处处体现、维护本校的组织文化;他应当坦诚民主,科学管理,在积极宣传、推广学校组织文化理念的同时,充分调动广大师生员工参与学校组织文化建设的积极性,进而引领师生员工共同构建合乎时代要求、富有个性特色的学校组织文化(黄龙卫,2008)。

2. 营造良好的校园环境

加强学校文化建设,形成良好的学校组织文化,必须进一步营造良好的学校环境,创建有利于学校组织文化建构的物质环境。学校物质环境是学校组织文化的重要部分,是学校组织文化中最具体的部分,也是较易改变的,对教育、教学和学生成长有着直接的影响,所以创建学校的物质环境非常重要(黄龙卫,2008)。学校的物质文化是校园文化中“看得见,摸得着”的(比如校园的建筑),它们蕴含着人们的某些思想、情感等精神因素,也能对人们的精神世界产生着潜移默化的影响(叶天莲,2008)。本研究发现,苏南地区中小学教师对于学校组织文化各因素中认同度最高的便是组织氛围,而良好的学校物质环境将使组织氛围更为融洽,可见在学校不断发展的趋势下,学校物质环境能够得到也必须得到进一步提升。

3. 加强规章制度的保障

制度化的本质，是通过制度创新来实现与提高师生员工对制度的认同，继而达到最大限度地挖掘师生员工潜能的目的（叶天莲，2008）。学校制度是学校根据自身特点和学校现状制定出的具有约束性的规定，能够保证学校各项活动的顺利进行和有效开展，保障教职工在享受权利范围内有着极大的热情去工作（黄龙卫，2008）。组织承诺是组织文化中十分重要的一部分，它要求学校工作制度化；要求各岗位权责归属明确；要求学校行政组织结构完整；要求学校组织层级与职位划分明确；等等。本研究结果表明，教师对学校组织文化的认同度较高，但对组织承诺普遍认同度较低，这不利于学校组织文化的整体发展，可见加强规章制度在学校组织文化中的保障作用显得至关重要。

4. 重视教师的作用

教师在教育实践活动中通过教学工作的各个环节影响学校组织文化，并对学生的学风、校风、教学与人才培养的质量等方面构成了重要影响，表明教师在学校发展中的重要作用（夏臻，2008）。关注教师作用，积极引导，重点培养，拉近教师与学校的关系，形成教师的主人翁精神，可提高教师对学校组织氛围、组织凝聚力及组织承诺的认同度。

5. 健全组织文化的心理机制

组织文化周围微观的文化氛围构了组织内部的心理环镜，影响和制约着组织成员的理想、追求、道德、感情和行为，良好的组织文化氛围发挥着凝聚、规范和导向作用（黄龙卫，2008）。学校组织文化建设从理念到具体的过程，其关键在于教师们能否充分理解与认同，并能顺利在日常工作中执行。但一旦学校组织文化的建设涉及教师价值观念、态度和情感等，其变革将十分艰难。这需要健全学校组织文化的心理机制，提高教师对学校方针的认同，使教师从心理上真正接受并执行。学校应考虑每一个教职工的心理需求，结合学校的发展现状，给予教职工人文关怀，最大限度地满足每一位职工的合理要求，提高其工作成就感和主人公地位，从而使其主动为学校服务，这样，学校的组织承诺及组织凝聚力便大大提升。

6. 凝聚学校特色，塑造品牌印象

特色是学校的形象代表之一，是学校组织文化的重要组成部分，对学校办学特色的认同亦即对组织文化的认同、对校长领导的认同、对学校的认同。本研究也发现，当学校老师认为学校不具有特色时，则其对本学校组织文化各维度的认同度均较低。“特色兴校”是增强学校核心竞争力的重要途径，是贯彻落实“中国教育改革与发展纲要”的重要举措。随着教育现代化进程的逐步加快，素质教育和课程改革的不断深入，办学的特色化成为学校的必然选择。

四、苏南中小学学校发展的政府策略

中小学学校的发展单靠学校内部提升校长领导能力,完善学校组织文化建设以及加强学校发展规划的制定等是不够的,政府层面的鼓励与改革将在更大范围、更高层次来推动中小学学校发展。以苏南地区为例,该地区中小学的发展主要还存在以下问题:教育体系和结构不够完善,教育管理体制改革有待深化;教育投入相对不足,部分学校办学条件仍需改善;现代教育思想未能全面确立,深入推进素质教育任重道远。对于这些问题和差距,必须保持更为清醒的认识(鲍寅初,2007)。对此,针对苏南地区中小学学校发展的现状,政府可以考虑实施以下策略:

(一)优先发展教育,确保教育投入

教育投入是支撑国家长远发展的基础性、战略性投资和物质保障是教育事业发展的基础(刘延东,2011)。苏南地区作为国内经济发达地区,在教育投入上虽然较其他地区力度更大,但仍然存在苦难家庭子女上学贵、外来务工人员子女上学难以及城乡子女教育不公平等问题。政府应该明确问题所在,优先发展教育,确保教育投入,切实完成《国家中长期教育改革与发展规划纲要(2010—2020年)》所确定的在2012年实现国家财政性教育经费支出占国内生产总值比例过到4%的目标,并积极采取措施筹措教育经费,协助、配合地税部门征足、征好教育费附加、地方教育费附加、地方教育基金、职教基金;加强对基建、修缮等建设项目全过程的审计和监管,提高资金使用效益;进一步落实义务教育各项免费策;加大对弱势群体教育的投入,确保困难家庭子女、外来务工人员子女、失地农民子女接受公平的教育;进一步提高教师待遇,确保教师年均收入增长10%(鲍寅初,2007)。

(二)坚持城乡统筹,促进协调发展

教育公平是社会公平的起点。农村教育是苏南教育现代化建设中的“软肋”,无法与城镇教育并驾齐驱,共同发展,特别是农村教育发展滞后于农村经济发展,出现许多亟待解决的问题。目前,苏南地区城乡教育的差距具体表现为两者在经费投入、物质条件和硬件建设、师资力量等方面严重失衡(唐彪,2011),可见加大农村教育投入,实现城乡教育统筹发展仍是基础教育改革与发展所面临的重要问题。坚持城乡统筹,协调发展,在协调发展的基础上加快发展,在更高的水平上统筹发展(杨同玲,2011)。要发挥城镇教育对农村教育的带动作用,统筹城市和农村教育的规划、学校建设、教师配置,采取优质学校与薄弱学校整合、重组、资源共享等方式,改造农村薄弱学校。积极实施扶贫助学工程,把义务教育工作的重心进一步落实到办好每一所学校和关注每一个孩子的健康成长上来,逐步实现义务教育的均衡发展(江苏基础教育网,2006)。

（三）深化素质教育，鼓励全面发展

素质教育是21世纪人才质量观的标志，是21世纪教育思想、教育观念的核心内容，现代社会需要建立完备的教育体系，完善的素质教育（张树斌，2010）。深化素质教育，鼓励人的全面发展应该成为现阶段学校发展的主体，促使苏南地区全面树立现代教育思想。要建立完善的由教育职能部门、社会、学校与家庭等组成的素质教育体系；要让学校领导与教师树立正确的素质教育理念；要建立适应中小学素质教育的课程体系；要建立适应中小学素质教育成效的评价方案制度（林振宇，2010），最终达到深化素质教育的目标，培养更多的高素质人才，实现学生的全面发展。

（四）提升教师水平，加强师德建设

人才是立教之基，强教之本。要加快推进"师表工程"和教师职业道德建设，继续实施"名教师名校长行动计划"和"千名教育硕士研究生培养计划"及"农村教师素质提升计划"，强化"双师型"教师培养力度，造就一支以特级教师、学科带头人为骨干的教师队伍，要进一步加强教师培训机构建设，注重发挥教研、科研机构在教师教育中的作用，为苏南教育的跨越式发展积蓄雄厚的人才资源（鲍寅初，2007）。同时，进一步加强师德建设，将师德教育始终摆在师资队伍建设的首要位置，开展各种形式的师德教育。组织开展师德典型的重点宣传和优秀教师报告团活动，广泛宣传模范教师的先进事迹（江苏基础教育网，2006）。

"问渠那得清如许，为有源头活水来"，只有设计好学校发展规划这个"源头活水"，立足现实，吸取教训，确立正确的发展方向，才能在如今的教育教学改革中不至于漠视学校的基本现状，摒弃片面追求快速见效或是没有实践基础的改革项目，才能为学校校长领导能力的增强、组织文化的传承以及学校的可持续发展奠定坚定的基础。

参考文献

中文部分

1. 艾克柔. 办学理念的理性思考与实践探索. 成都教育学院学报,2004,7:1.

2. 百度百科. 领导行为理论. 取自 http://baike. baidu. com/view/1108358. htm

3. 百度文库. 论中小学管理体制改革的若干问题. 2010-09-16. 引自 http://wenku. baidu. com/view/fde88875f46527d3240ce000. html

4. 百度文库. 初中学校发展规划工作用表. 2011-01-30. 引自 http://wenku. baidu. com/view/346dae170b4e767f5acfce27. html

5. 白同平. 高校校园文化论. 北京:中国林业出版社,2000.

6. 鲍寅初. 苏州教育迈向现代化的实践与思考. 人民教育,2007,13:17-20.

7. 北大哲学系外哲史教研室编译. 西方哲学原著选读(下卷). 北京:商务印书馆,1982:427-429.

8. 彼得·诺思豪斯著,吴荣先等译. 领导学:理论与实践. 南京:江苏教育出版社.

9. 彼德·圣吉著,郭进隆译. 第五项修炼——学习型组织的艺术与实务. 上海:三联书店,1998.

10. 卞其春. 从大众文化视角看当代中学生叛逆行为的形成以及解决途径. 硕士学位论文. 苏州大学,2009.

11. 卞小娟. 教师特色·课堂特色·学校特色. 课堂内外,2010,8:68-69.

12. 波·达林著,范国睿主译. 理论与战略——国际视野中的学校发展. 北京:教育科学出版社.

13. 伯蒂·埃弗拉德、吉弗里·莫里斯、伊恩·威尔逊著,杨天平译. 有效学校管理.重庆:重庆大学出版社,2007.

14. 蔡怡嘉,黄子杰.我国高校制定发展规划的问题与思考.福建医科大学学报(社会科学版),2006,6:33-37.

15. 蔡永红.对教师绩效评估研究的回顾与反思.高等师范教育研究,2001,13(3):73-76.

16. 常利平.试析新形势下校长思想观念的转变.中小学教师培训,2004,5:30-32.

17. 陈春光.学校效能研究新进展.教育发展研究,2007,10:23-26.

18. 陈发军.坚持以人为本,改进领导行为——浅谈中小学校长领导行为的改进.当代教育论坛,2005,3:30-31.

19. 陈斐.教师专业成长中的"高原状态"之质性研究.教育探索,2009,6:83-85.

20. 陈丰伟.国外学校效能研究述评.江西教育科研,2003,10:33-34.

21. 陈海东,陈亚丽,木子.站在新的历史起点上实现江苏基础教育又快又好的发展——访江苏省教育厅副厅长周稽裘同志.基础教育参考,2006,3:4-5.

22. 陈虎强,杨思.中小学教师工作满意度及其激励策略.教育测量与评价,2009,12:20-24.

23. 陈红云.简论中小学学校特色的内涵及基本特点.当代教育论坛,2004,5:36-37.

24. 陈红,冯文锋,黄希庭.青少年理想身体自我量表编制.心理科学,2006,29(5):1190-1193.

25. 陈建华.西方中小学校本发展规划研究及其启示.中英甘肃基础教育项目学校发展计划国际研讨会论文集,2004:79.

26. 陈建华.如何制定学校的发展规划——西方教育发达国家的 SDP 项目及启示.全球教育展望,2004,(4):61-65.

27. 陈蕾.浅议和谐课堂教学之构建.当代教育论坛,2006,4:54-55.

28. 陈丽.试析中小学学校发展策划的内涵.教育科学研究,2004,1:9-11.

29. 陈力坤.农村中小学布局调整背景下富余教师安置问题研究.硕士学位论文.东北师范大学,2009.

30. 陈玫.我国基本公共服务均等化的标准框架探讨.硕士学位论文.厦门大学,2009.

31. 陈全英.现代教师课堂教学素养浅析.宁波教育学院学报,2002,4

(3):5－7.

32. 陈如平. 效率与民主——美国现代教育管理思想研究. 北京:教育科学出版社,2004.

33. 陈如平. 如何提出和提炼学校的办学理念. 中小学管理,2006,10:4－6.

34. 陈天红. 学校组织文化建设研究——以K校为个案. 硕士学位论文. 南京师范大学,2006.

35. 陈先同. 中小学校长领导能力建设浅谈. 资治文摘(管理版),2010,3:160.

36. 陈向阳. 学校发展规划:校本管理实施的关键. 当代教育, 2007,21:47－48.

37. 陈伟骏. 基础教育课程改革背景下的中小学校长专业化和专业发展. 硕士学位论文. 华东师范大学,2005.

38. 陈维政,余凯成. 人力资源管理与开发高级教程. 北京:高等教育出版社,2004.

39. 陈文海. 学校组织文化的探索与实践. 硕士学位论文. 华中师范大学,2008.

40. 陈廷柱. 学校发展规划与管理创新. 高等教育研究,2005,4:61－63.

41. 陈欣. 学校效能的多维透视. 教学与管理,2003,19:15－17.

42. 陈玉琨. 校长专业化与校长培训. 教育发展研究,2005,9:15－19.

43. 陈云龙,卞艺杰,王红. 校本管理的实践与探索. 现代中小学教育,2009,7:80－81.

44. 陈玉云. 学校发展规划制定中存在的问题及规避措施. 教学与管理,2006,12:8－10.

45. 陈忠卫,贾培蕊. 基于心理契约的高层管理团队凝聚力问题研究. 管理科学,2004,5:46－52.

46. 程晋宽. 美国有效学校的理论与实践. 外国教育资料,1994,3:58－63.

47. 程奇. 基于组织特征的组织学习研究. 硕士学位论文. 中国科学院研究生院(文献情报中心),2004.

48. 程振响,刘五驹. 学校管理新视野. 南京:南京师范大学出版社,2005.

49. 楚江亭. 关于制定学校发展规划有关问题的思考. 教育理论与实践,2006,5:24－26.

50. 楚江亭. 学校发展规划:内涵、特征及模式转变. 教育研究,2008,2:81－85.

51. 次珍. 西藏民族地区中学学校组织文化研究. 硕士学位论文. 西藏大学,2009.

52. 丛冬旭. 教师绩效管理——基于组织目标和教师专业发展. 黑龙江教育学院学报,2007,26(7):34－36.

53. 大卫·维尔等著,杨英等译. 学校人力资源领导——中小学校长手册. 北京:中国轻工业出版社,2004.

54. 丹尼斯·朗著,郑明哲译. 权力论. 北京:中国社会科学出版社,2001.

55. 丁凤琴. 基础教育课程改革中的教师心态探析——中小学教师职业压力与心理健康. 教育探索,2006,12:113－115.

56. 窦贵君. 现代校长应具备的学校领导能力. 中国教育学刊,2007,9:48－50.

57. 杜复平. 论校本管理理念与校长角色的转变. 教育探索,2007,195(9):19－20.

58. 杜宏. 浅谈中职学校校本管理中教师的角色定位. 卫生职业教育,2011,29(8):38－39.

59. 杜惠荣. 校本管理中提升教师人文素养的几点思考. 天津市教科院学报, 2007,3:56－58.

60. 杜娟,米加宁. 西方领导学研究回顾与前瞻. 哈尔滨工业大学学报(社会科学版),2005, 7:4.

61. 杜育红. 学校效率:研究的概念框架与计量方法的进展. 教育与经济,2004,4:29－33.

62. 杜跃东. 谈促销中的人员推销. 商场现代化,2006,6:108－109.

63. 杜云英, 谷信茹. 中小学办学理念缺失的现状分析. 教学月刊(中学版),2007,1:5－8.

64. 杜增杰. 我国组织文化构建研究. 硕士学位论文,山东大学,2008.

65. 凡勇昆. 中小学制定学校发展规划的个案研究. 现代教育论丛,2009,1:39－42.

66. 范国睿. 多元与融合:多维视野中的学校发展. 北京:教育科学出版社,2002.

67. 范国睿. 学校管理的理论与实务. 上海:华东师范大学出版社,2003.

68. 房林玉. 学校"工厂意象"的评判与超越. 现代教育管理,2010,1:35－38.

69. 方学礼. 学校经营——现代学校管理的解读与重构. 硕士学位论文. 浙江师范大学,2006.

70. 方志刚,杨政,李丹青. 转型期高校学科建设的思考与实践. 国家教育行政学院学报,2005,3:73 -78.

71. 冯海志. 中小学校长权力的本质、障碍因素及运用. 肇庆学院学报,2005,26(4):82 -85.

72. 冯廷勇, 苏缇, 胡兴旺, 李红. 大学生学习适应量表的编制. 心理学报,2006,38(5):762 -769.

73. 费佳玉. 学校的优势分析与目前存在的困难及需解决的问题. 引自 http://cache. baidu. com/

74. 菲利普·科特勒. 营销管理(第九版). 上海:上海人民出版社,1999:591 -663.

75. 傅树京. 校本管理的理念及其有效性分析. 教育探索,2003,9:51 -53.

76. 甘鹏. 校长自我管理之浅见. 广西教育,2006,12:19.

77. 高亨亮. 校本管理运行机制的构建探析. 硕士学位论文. 福建师范大学,2006.

78. 高思. 提高高等学校本科教学质量的重大举措. 中国大学教学,2007,2:5 -10.

79. 高校发展战略规划研究课题组. 制定和实施发展规划推进学校跨越式发展. 高等教育研究, 2005,4:55 -57.

80. 高霞, 张俊娟. 浅析组织文化主要理论对组织行为的影响. 绥化师专学报,2004,24(2):33 -36.

81. 高耀丽. 从比较的角度看“校本管理”与“校长负责制”. 教育与管理,2001,10:18 -21.

82. 高焰. 从人民币理财产品看商业银行的个人理财业务. 金融经济(理论版), 2006,10:23 -34.

83. 高志朋. 浅谈中西方管理哲学的异同. 牡丹江教育学院学报, 2006,6:38 -39.

84. 高翔. 高校战略性人力资源管理研究. 硕士学位论文. 青岛大学,2008.

85. 葛金国. 校园文化建设导论. 合肥:安徽大学出版社,2003.

86. 葛路谊. 我国中小学特色发展战略研究. 硕士学位论文. 华中师范大学,2003.

87. 耿勇. 再城市化趋势下中国农村基础教育研究. 硕士学位论文. 哈尔滨工程大学,2010.

88. 龚彩福. 校长与教师人际关系的构建及其对校长决策的影响. 当代教育论坛:宏观教育研究, 2005,11:84 -85.

89. 谷丽洁,彭虹斌. 新课改中的校长领导. 广州广播电视大学学报,2003,3(8):26-28.

90. 谷珊. 学校效能评价:对某市高中的实证研究. 硕士学位论文. 天津师范大学,2007.

91. 关鸿羽. 现代中小学教育管理理论与实践. 北京:教育科学出版社,2003.

92. 广东省中长期教育改革和发展规划纲要. 广东教育, 2010,10,4-20.

93. 眭依凡. 简论教育理念. 江西教育科研,2000,8:6-9.

94. 郭景扬. 中小学校长管理与培训. 天津:天津古籍出版社,2001.

95. 郭文. 贵州省高等教育大众化的经济基础及基本情况分析. 贵州师范学院学报,2010, 26(1):46-50.

96. 郭秀琴. 我国现行的高等教育质量研究. 吉林:东北师范大学,2007.

97. 国家中长期教育改革和发展规划纲要(2010-2020年). 2010-07-29.

98. 海存福. 大力加强重点学科建设,努力提升新建本科院校的办学水平和核心竞争力. 甘肃高师学报,2008,1:85-90.

99. 汉语大辞典编辑委员会. 汉语大辞典普及本. 上海:汉语大辞典出版社,2000.

100. 韩延明. 大学理念论纲. 北京:人民教育出版社,2003.

101. 赫伯特·A. 西蒙著,杨砾等译. 管理行为. 北京:北京经济学院出版社,1998.

102. 贺保月. 公立高校由传统管理模式向经营管理模式转变的必然性. 南都学坛(人文社会科学学报), 2008,28(1):127-132.

103. 何冲. 关于校长领导力提升策略的研究. 成都中医药大学学报(教育科学版),2010, 12(1):43-44.

104. 何敏,叶澜. 关于"我国中小学教育改革状态"的调查研究报告. 华东师范大学学报(教育科学版),2002, 1:26-44.

105. 何明辉. 中等职业学校人力资源管理问题研究. 硕士学位论文. 首都经济贸易大学,2009.

106. 和飞. 地方大学办学理念研究. 北京:高等教育出版社,2005.

107. 侯杰泰, 温忠麟, 成子娟. 结构方程模型及其应用. 北京:教育科学出版社,2004.

108. 胡春森. 独立学院人力资源开发与管理研究——以湖北工业大学商贸学院为例. 硕士学位论文. 南昌大学,2008.

109. 胡静. 中小学校园文化建设的问题及对策研究. 硕士学位论文. 南京师范大学,2008.

110. 胡琳. 职业技术学院教师人力资源管理的改进研究. 硕士学位论文. 兰州大学,2010.

111. 胡咏梅. 中学教师工作满意度及其影响因素的实证研究，教育学报，2007, 10:37 -52.

112. 华炜,李莉. 浅谈学校物力资源的配置与管理. 教学与管理，2001,1:16 -17.

113. 黄颖. 和谐城市与城市领导力建设. 领导科学,2006, 3:40 -41.

114. 黄崴. 校本管理:理念与模式. 当代教育科学,2007,3:27.

115. 黄香琴,梁荣桓,林国健. 中小学校长领导力发展的研究综述. 南方论刊,2010,11:82 -84.

116. 霍江涛. 医院组织文化与员工工作满意度的构成及其相关性研究. 硕士学位论文. 第三军医大学,2006.

117. 季诚钧，肖美良. 中外学校组织文化研究之比较. 教育研究,2006,3:83 -87.

118. 季苹. 学校组织文化自我诊断. 北京:教育科学出版社,2004.

119. 计建国. 新课改中的校本管理. 文教资料,2006,32:81 -82.

120. 贾春风. 中国教育现代化的经济分析. 金融经济(理论版),2006,10:28.

121. 贾慧. 论课程领导与学校发展. 全球教育展望,2006,3:15 -17.

122. 贾瑞磊. 高校领导行为研究. 硕士学位论文. 山东师范大学,2009.

123. 姜超民. 民办学校发展离不开特色. 中国教育报,2006,9:7.

124. 姜红. 绩效评估在教师职业发展中的应用. 教育探索,2005,4:114 -115.

125. 姜娜，秦勇. 学校组织文化对学校管理的启示. 现代商贸工业,2008,11:288 -289.

126. 姜晓宁. 浅述公共关系在企业管理中的作用. 商场现代化,2009,1:56.

127. 姜园,闫金磊. 以学校管理变革促进学校健康发展. 科教文汇，2009,2:1.

128. 蒋竞莹. 我国课堂教学评价标准的反思与重建. 当代教育科学,2004,8:41 -42.

129. 蒋园园. 对教育变革再思考——一种新的混合型学校组织结构的视

角. 现代教育管理, 2009,2:44 -48.

130. 江培. 基于人本管理的高校教师人力资源管理研究. 硕士学位论文. 大连理工大学,2008.

131. 江苏基础教育网. 2005-05-28. 引自 http://jcjy. jsjyt. edu. cn/Html/Article/159/

132. 江苏教育, 2011-07-15. 引自 http://www. ec. js. edu. cn/jygl/index. shtml

133. 教育部人事司组织编写. 管理创新与学校发展. 西安:陕西师范大学出版社,2004.

134. 杰拉尔德·C·厄本恩等著. 校长论:有效学校的创新型领导(黄威等译). 重庆:重庆大学出版社,2004.

135. 金绍荣,肖前玲. 自我诊断:学校管理的有效途径. 长江工程职业技术学院学报, 2006,1:4 -5.

136. 坎贝尔著,袁锐锷译. 现代美国教育管理. 广州:广东高等教育出版社,1989.

137. 克莱德·克鲁克洪著,高佳等译. 文化与个人. 浙江:浙江人民出版社,1986.

138. 课堂内外:教师版(初等教育). 吹响建设人力资源强国的进军号——2010 年全国教育工作会议纪要. 2010,8:4 -13.

139. 兰祖利、里斯著,华华等译. 丰富教学模式:一本关于优质教育的指导书. 上海:华东师范大学出版社,2000.

140. 劳凯声. 重新界定学校的功能. 教育研究,2000, 8:3 -5.

141. 雷丽珍. 中小学校长专业发展的影响因素研究. 硕士学位论文. 华南师范大学,2004.

142. 李保强. 学校特色建设的理论思考. 中国教育学刊,1996,5:32.

143. 李昌明. 领导力与造就优秀企业人才. 经济论坛,2005, 6:75 -76.

144. 李大健. 21 世纪中小学校长述职结构研究. 广西教育学院学报, 2000,2:1 -9.

145. 李芬芳. 人力资源管理理论探源及其实践. 硕士学位论文. 东南大学, 2004.

146. 李继业. 苏州教育信息化"十一五"发展展望. 网络技术时代,2007, 7:8 -10.

147. 李家成. 论学校发展规划在学校变革中的价值实现. 当代教育科学, 2004,16, 28 -30.

148. 李剑萍. 校长领导与学校效能的实证研究. 济南:山东人民出版社,2005.

149. 李剑萍,张涛. 山东省普通高中校长领导行为的调查研究. 当代教育科学,2006,16:14-19.

150. 李敏文. 中小学管理变革的着眼点和变革策略. 教育科学研究,2001,8:29-31.

151. 李明德. 企业现代管理方法. 成都:四川科学技术出版社,1987.

152. 李南文. 多元化战略在提升企业核心竞争力中的作用. 衡阳师范学院学报,2010,5(31):64-66.

153. 李向皇. 校本管理理论在我国基础教育管理改革中应用的思考. 硕士学位论文. 国防科技大学,2004.

154. 李鹏程. 当代文化哲学沉思. 北京:人民出版社,1994,240.

155. 李莉萍,黄巧香. 教师工作满意度与教师激励. 湖南师范大学教育科学学报,2004,3(4):90-93.

156. 李·S. 舒尔曼著,王幼真、刘捷编译. 理论、实践与教育的专业化. 比较教育研究,1999,3:38.

157. 李松林,李燕,王伟. 学校特色发展的四大问题. 江苏教育研究,2010,3:15-17.

158. 李小红. 农村社区参与学校发展计划研究——以甘肃省临夏回族自治州东乡县为例. 硕士学位论文. 西北师范大学,2005.

159. 李琼瑶, 肖俊一. 办学思想与学校可持续发展的辩证思考. 新疆职业大学学报,2007,9:59.

160. 李益. 人力资源管理的基本精神对学校人力资源管理的影响. 教育理论研究,2010,27:210-212.

161. 李岩. "校本管理"中应注意的几个问题. 辽宁教育研究,2007,5:119.

162. 李艳娜. 学校实施全面质量管理的关键性问题. 当代教育科学,2003,13:49-50.

163. 李燕萍. 人力资源管理. 武汉:武汉人学出版社,2002.

164. 李生滨. 校长要站在学术前沿和道德高地上. 人民教育,2010,21:20-21.

165. 李志宏. 校长与校本课程开发. 当代教育论坛,2003,2:63-65.

166. 李镇西. 学校管理的民主追求. 人民教育,2010,2:26-28.

167. 李芹. 学校组织文化实质探析. 现代教育论丛,2003,3:32-35.

168. 李玉芳. 论校长领导力及其开发. 硕士学位论文. 华东师范大学,2009.

169. 梁崇科. 论和谐社会视野下的和谐教育. 教育探索,2006,1:1－3.

170. 梁陆卿. 论图书馆先进组织文化的构建. 湖南人文科技学院学报,2005,5:144－147.

171. 林东富,朱于新. 新课程改革需要校本管理的支撑. 现代教育科学,2006,3:102－104.

172. 林振宇. 推进中学素质教育的几点思考. 南方论坛,2010,10:107－108.

173. 林淑芬. 竞值架构在国中校长领导行为及学校组织文化应用之研究. 博士学位论文. 国立1174. 暨南国际大学教育政策与行政研究所,2001.

174. 凌利,曾凡奇. 浅谈校长的办学理念. 中国教育学刊,2005,4:54－55.

175. 廖哲勋,田慧生. 课程新论. 北京:教育科学出版社,2003.

176. 刘广第. 质量管理学. 北京:清华大学出版社,2003.

177. 刘明辉. 论构建社会主义和谐社会的领导力. 中共福建省委党校学报,2005,12:20－23.

178. 刘晓磊. e-life之庞大的虚拟学校. 中国高新技术企业,2005,21:58.

179. 刘砚秋. 学校发展规划的理论与实践探讨. 硕士学位论文. 北京师范大学,2005.

180. 刘玉连,汪震. 社会支持内涵的新思考. 科教文汇,2008,5:97.

181. 刘雅春. 学校组织中的协调与教育效果. 外国教育研究,1996,3:18－21.

182. 刘志春. 实施校本管理的意义及其评价. 新乡师范高等专科学校学报,2005,19(5):145－146.

183. 刘志华. 公约式评教理论与实践研究. 硕士学位论文. 山东师范大学,2009.

184. 刘在洲,张应强. 多学科视野中的高校特色化理论分析. 现代大学教育,2004,3:20－23.

185. 刘荣秀,伍燕平. 高职学生人文素质的缺失及其归因与影响. 湖南冶金职业技术学院学报,2007,7(2):64－66.

186. 柳海民. 全面提高质量:新世纪中国基础教育发展的时代主题. 松辽学刊(人文社会科学版),2002,4:7－11.

187. 卢春香. 试论现行教师绩效评估中存在的问题与对策. 新乡教育学院学报,2003,16(1):1－3.

188. 鲁美娟. 关于作业成本法在高校教育成本核算中应用的思考. 特区经济,2005,6:371 –372.

189. 罗伯特 · G · 欧文斯著,窦文霖等译. 教育组织行为学. 上海:华东师范大学出版社,2001.

190. 罗伯特 · N · 罗瑟尔、克里斯托夫 · F · 阿川著,史锐、杨玉明译. 领导力教程——理论、应用与技能培养. 北京:清华大学出版社,2008.

191. 罗锦财. 国民中学领导角色与学校组织文化之竞值途径研究——以桃园县市为例. 博士学位论文. 台北:台湾师范大学,2001.

192. 罗明丽. 中小学教师激励问题与对策研究. 科技广场,2008, 11:155 –156.

193. 马克 · 汉森著,冯大鸣译. 教育管理与组织行为. 上海:上海教育出版社,2005:317 –319.

194. 马杏芳. 关于学校特色建设的思考与实践. 人民教育,2008,21:58.

195. 马云献. 高校组织气氛的初步研究. 管理工程师,2010,2:31 –33.

196. 迈克尔 · 富兰. 变革的力量:透视教育改革. 北京:教育科学出版社,2004.

197. 毛国涛. 浅析学校管理的"以人为本". 南昌教育学院学报,2005,20(1), 31 –35.

198. 孟卫兵. 企业核心竞争力与多元化战略. 商业现代化,2007,515:74 –75.

199. 农村教育调研报告. 农村教育喜忧录, 2008 –09 –21. 引自 http://www.sxggcx.com/news_view.asp? newsid =1023

200. 牛志娟. 转变性变革背景下学校组织文化的转型与重建. 硕士学位论文. 华东师范大学,2008.

201. 欧仕益, 傅亮, 汪勇, 唐书泽, 黄雪松. 校企联合培养硕士研究生的认识与实践. 高等理科教育, 2005,4, 39 –41.

202. 欧阳伦四. 高校发展规划制定的问题研究. 硕士学位论文. 云南师范大学,2006.

203. 钱松龄,解月光,孙艳. 美国基础教育信息化最新进展述评. 中国电化教,2006,9:84 –88.

204. 秦殿启. 图书馆人力资源管理模式研究. 图书情报工作,2006, 50(5):60 –63.

205. 切斯特 · 巴纳德著,曾琳,赵青译. 组织与管理. 北京:中国人民大学出版社,2009.

206. 邱雯. 企业人力资源管理模式研究. 硕士学位论文. 厦门大学,2002.

207. 邱心玫. 论中小学校长领导力的提升. 当代教育论坛,2007,12:23-25.

208. 靳希斌,任建华. 论学校经营,北京师范大学学报,2002,4:43-50.

209. 全国教育科学规划领导小组办公室. 2009 改革开放 30 年我国中小学教师队伍建设取得卓越成就,2009-01-08. 引自 http://onsgep.moe.edu.cn/edoas2/website7/level3.jsp? id=1231397051968424

210. 任光升. 人本化的组织管理系统的构建——基于改善学校组织结构的实践探索. 当代教育科学,2008,8:31-33.

211. 人教网. 义务教育课改由实验进入推广阶段. 2003-12-11.

212. 单中惠,范海思. "为社会服务"的大学理念简论. 合肥师范学院学报,2008,1:24-28.

213. 谌启标. 学校效能论. 江西教育科研,2001,6:25.

214. 谌启标. 英国学校效能研究与教师教育政策. 湖南师范大学教育科学学报,2005,2:107-110.

215. 谌启标. 学校效能研究与学校重建. 教育发展研究,2007,10:14-18.

216. 谌启标,柳国辉. 国外"学校有效性"研究发展述评. 教学与管理,2001,3:77.

217. 堪新民. 人力资源管理. 北京:中央编译出版社,2002.

218. 申继亮,李永鑫,张娜. 教师人格特征和组织认同感与工作倦怠的关系. 心理科学,2009,4:32.

219. 沈正元. 试论特色学校的内涵、特征、因素以及创建策略. 江苏教育研究,2005,10:13-19.

220. 盛亚男. 高等职业教育教学质量评估若干问题研究. 硕士学位论文. 天津大学,2004.

221. 史兰萍. 论乡镇中学校园文化建设——以溧阳市为例. 硕士学位论文. 南京师范大学,2010.

222. 史静寰. 以人为本的改进项目. 北京基础教育论坛报告,2004,2:2-10.

223. 施静如. 我国饭店业绿色营销的 SWOT 分析. 管理观察,2009,3:80-82.

224. 石中英. 学校文化、学校认同与学习发展. 中国教师,2006,12:4-6.

225. 斯蒂芬·P. 罗宾斯著,孙建敏、李原等译. 组织行为学. 北京:中国人民大学出版社,1997.

226. 宋爱红,蔡永红. 教师组织承诺结构的验证性因素分析. 心理发展与教育,2005,2:48－51.

227. 苏鸿. 基础教育课程改革与学校文化重建. 课程. 教材. 教法,2003,7:10－11.

228. 苏建华. 以课题研究为龙头大力推进课程改革——融校本科研、校本培训、校本教研、校本管理为一体的探索. 江西教育科研,2004,8:8－17.

229. 苏天高. 校本管理的理论及运作模式. 湖北经济学院学报(人文社会科学版),2007, 4(8):51－52.

230. 孙建萍,孙建红,安寸然. 高校教师工作满意度调查与分析. 教育探索,2006,9:78－80.

231. 孙军. 谈校长处理校内人际关系的几个层次. 上海教育科研,2006,1:78.

232. 孙家悦. 高等学校物力资源管理体制与效益的研究. 实验技术与管理, 2001,18(6):140－142.

233. 孙利平. 企业组织德行领导的内容结构及其相关研究. 硕士学位论文. 暨南大学,2008.

234. 孙岚. 组织文化对员工组织认同影响研究. 硕士学位论文. 西南大学,2009.

235. 孙燕. 国内外学校效能研究比较分析. 太原师范学院学报（社会科学版),2010,9（4):131－133.

236. 孙扎懿. 学校特色论. 北京:人民教育出版社,1998.

237. 孙泽平, 漆新贵. 论地方本科院校校长办学理念的锤炼. 中国高教研究,2009,7:64.

238. 宋继东. 科学制定发展规划,促进学校持续发展. 学校管理,2009,7:20－21.

239. 唐彪. 浅析我国基础教育管理体制的改革. 淮南职业技术学院学报,2011,4:50－53.

240. 唐晓杰. 学校效能指标与校本决策,2008. 引自 http://www.elab.org.cn/home/worldwide/schooldeve/schooldeve_05.htm

241. 汤林春. 学校效能评价研究. 博士学位论文. 华东师范大学,2005.

242. 陶大德. 试论学校经营与管理. 四川教育学院学报,2003,3:14－16.

243. 陶剑灵. 国际教育外援视野中的学校发展计划. 外国中小学教育,2011, 9:43－48.

244. 田宝,赵志航. 学校组织气氛对教师组织承诺的预测效应. 心理发展与教育,2006,3:87－92.

245. 田宝,李灵.学校组织气氛对教师工作倦怠的影响.心理科学,2006,1:189－193.

246. 田树林.教育思想引领新课改中的课堂教学.基础教育参考,2009,2:53－54.

247. 童康.学校发展规划研究.硕士学位论文.华东师范大学,2004.

248. 屠大华.现代教育理论.武汉:华中科技大学出版社,2002.

249. 托马斯·J.萨乔万尼著,张虹译,冯大鸣校.校长学:一种反思性实践观.上海:上海教育出版社,2004:132.

250. 托马斯·彼得斯、小罗伯特·沃特曼著,戴春平译.追求卓越.北京:中国编译出版社,2003.

251. 童中贤.领导力:领导活动中最重要的功能性范畴.领导与管理,2002,4:95－97.

252. 王春花.学校组织内部变革的动因和思路.上海教育科研,2007,7:62－63.

253. 王澄.组织诊断.硕士学位论文.厦门大学,2001.

254. 王方华.市场营销学.上海:复旦大学出版社,2001.

255. 王红,陈纯槿.美国校长领导力与学生成就关系三十年研究.教育学术月刊,2010,10:77－79.

256. 王红利.现代校长管理理念及心理学视角的剖析.校长参考,2010,7:56－57.

257. 王火生.发展之基　和谐之本——中国教育改革30年回顾与思考.教育学术月刊,2009,2:31－37.

258. 王俭,叶军.略论研究型课程的价值及其开发取向.教育发展研究,2001,2:42－44

259. 王俊霞."学校发展规划"的实施及其效果研究——以积石山县农村小学为个案.硕士学位论文.西北师范大学,2005.

260. 王继红.学生行为习惯养成教育模式初探.唐山学院学报,2003,3:53.

261. 王建华.学校特色建设的思考与探索.硕士学位论文.湖南师范大学,2003.

262. 王莉萍.陕西省中学校长领导效能及其影响因素研究.硕士学位论文.山西大学,2006.

263. 王开屏.教师心理健康水平与青少年发展.当代青年研究,2005,9:10－12.

264. 王葵红. 校园文化建设:学校发展必取之径. 中国教育学刊,2009,10:37 -39.

265. 王立林. 教师职业价值取向研究. 硕士学位论文. 山东师范大学,2009.

266. 万力维. 控制与分筹——权力视角下的大学学科制度的理论研究. 博士学位论文. 南京师范大学,2005.

267. 王俏华. 英国中小学学校发展规划的内容研究. 外国中小学教育,2008,6:18 -20.

268. 王清平. 学校组织结构与学校效能初探. 江汉大学学报(社科版),2003, 6:66 -70.

269. 王千. 我国成人高校办学理念创新研究. 硕士学位论文. 曲阜师范大学,2009.

270. 王少非. 新课程背景下的教师专业发. 上海:华东师范大学出版社,2005:48 -50.

271. 王帅. 北京择校费平均超 2 万 重点校将其当教师福利. 2011-04-11. 引自 http://www.ingrow.com.cn/templet/default/ShowArticle.jsp? id =1571

272. 王铁军. 学校特色和校本发展策略. 江苏教育学院学报,2002,1:3.

273. 王铁军. 校长角色的再认识和再定位. 中国教育报,2004:4.

274. 王铁军. 校长领导力:学校发展的核心元素, 新教育, 2007,6:6.

275. 王伟斌. 基于行动导向的网络教学模式研究与分析. 金华职业技术学院学报,2009,3:4 -5.

276. 王伟. 学校特色发展:内涵、条件、问题与途径. 中国教育学刊,2009,6:31 -32.

277. 王歆. 苏州初中教育信息化现状调查分析与对策思考——以苏州某中学为例. 硕士学位论文. 苏州大学,2009.

278. 王新如, 郑文. 谈学校组织文化与学校效能. 教育科学, 1997,3:53 -57.

279. 王学兰,古珊. 校长视野中的学校效能构成要素. 天津市教科院学报,2007,1:39 -41.

280. 王秀云,季苹. 如何进行学校发展自我诊断? ——学校发展自我诊断的现场实践. 中小学管理, 2003,8:7 -9.

281. 王珏. 高校学习型班级构建模式探析. 高等教育与学术研究,2009,7:23 -25.

282. 魏隽如. 教学与科研. 历史教学,2000,11:49.

283. 魏群敏. 构建基于 IS09001 的高职院教学质量管理体系研究. 硕士学位论文. 中南大学,2009.

284. 文冬,杨九民. 基于人本主义学习理论的教学设计原则. 电化教育研究,2002,12:58 -60.

285. 翁伟斌. 教师绩效评估失效的制度分析. 当代教育科学,2006,1:11 -13.

286. 吴恒山. 学校领导者成功之道. 北京:新华出版社,2005.

287. 吴春燕. 如何提升中小学校长的领导能力. 教改研究,2008, 23:17 -18.

288. 吴清山. 学校效能研究. 台北:五南图书出版公司,1992.

289. 吴清山. 学校效能研究. 台北:五南图书出版公司,1998.

290. 吴清山. 学校效能研究. 台北:五南图书出版公司,2002.

291. 吴永满. 浅谈高校校园文化建设的领导. 延安大学学报(社会科学版),2009,31(1):122 -125.

292. 吴秀娟. 领导哲学与办学策略. 辽宁:辽宁人民出版社,1999.

293. 吴晓霞,章立早. 加强中小学校长领导能力培养的思考. 当代教育论坛,2007, 3:50 -53.

294. 吴志宏,孙锦明. 改革开放 30 年:学校管理改革与实践述评. 中小学管理, 2008,11:3 -15.

295. 吴志宏,谢旭红,周彬. 中小学校长领导权力问题之调查. 教育评论,1999, 4:21 -24.

296. 吴增强. 积极的组织文化:学校发展的深层动力. 上海教育科研,2003,9:19 -23.

297. 乌家培. 论管理科学的发展. 南开管理评论,2000,6:6 -8.

298. 武立勋,李汉邦,徐枞巍. 对大学组织特性及行政与学术权力关系的思考. 山西大学学报(哲学社会科学版),2004,27(3):34 -36.

299. 武艳霞. 论提升校长领导力的实践途径. 沈阳教育学院学报,2009,11:99.

300. 西奥多·舒尔茨. 论人力资本投资. 北京:经济学院出版社,1992.

301. 奚斌. 普通中学效能评价探究. 硕士学位论文. 苏州大学,2007.

302. 夏新斌. 校本管理理论述评. 外国教育研究, 2003,30(7):35 -38.

303. 夏永明. 中小学校长专业化培训面临的问题与对策研究. 硕士学位论文. 苏州大学,2007.

304. 夏臻, 孙擘. 优秀学校组织文化的建设. 中国科技创新导刊,2008,19:239 -241.

305. 肖铖. 校本管理:民办中小学管理制度探索. 硕士学位论文. 天津大学,2005.

306. 现代管理词典编委会. 现代管理词典. 武汉:武汉大学出版社,2006.

307. 谢衡晓. 诚信领导的内容结构及其相关研究. 硕士学位论文. 暨南大学,2007.

308. 谢翌. 关于学校文化的几个基本问题. 外国教育研究,2005, 4:20 - 24.

309. 谢鸣凤. 国民小学学习型组织与学校组织气氛关系之研究. 硕士学位论文. 台湾地区新竹师范学院学校行政研究所,2001.

310. 谢逸. 中国中小学校长的角色演变. 硕士学位论文. 苏州大学,2001.

311. 谢翌, 马云鹏. 重建学校文化:优质学校建构的主要任务. 华东师范大学学报,2005, (1):7 - 15.

312. 徐敦楷. 高等学校发展规划的战略思考. 中国高教研究,2003, 4:18.

313. 徐辉,黎万和. 建设大学校园文化,塑造大学生健全人格. 经济与社会发展,2006, 4(3):213 - 215.

314. 徐浩特. 高等学校要牢固树立以人为本的教育理念. 辽宁教育研究,2005, 2:40 - 42.

315. 徐建培. 论学校组织文化建设. 当代教育科学,2004, 12:7 - 9.

316. 徐吉志. 浅谈现代学校管理创新的新趋势. 辽宁教育,2009,1:44 - 46.

317. 徐兴. 论学校组织文化. 科教导刊. 2010, 9:202 - 235.

318. 徐玉斌,刘筠,陈友全. 21 世纪中国教育发展的十大趋势. 河南教育学院学报,2001, 2:5 - 8.

319. 徐宗品. 超现实主义绘画的幻想式创作方法对现代广告图形创意的影响. 硕士学位论文. 合肥工业大学,2007.

320. 薛海平, 丁小浩. 中国城镇学生教育补习研究. 教育研究,2009, 1:39.

321. 邢真. 学校特色不等于特色学校. 中小学管理, 1999,1:31.

322. 姚美琴. 学校发展规划在实践中的问题与对策分析. 江西教育,2005, 7:53 - 55.

323. 阎德明. 现代学校管理学. 北京:人民教育出版社,1999.

324. 颜海珍. 高校教师绩效考核的难点和对策. 现代经济信息,2010:179 - 180.

325. 杨凤英,邵彩玲. 我国教师绩效评估中的问题、影响和对策. 河北师范大学学报(教育科学版), 2010,12(8):10 - 14.

326. 杨海燕. 中小学校长专业发展的影响因素. 教育理论与实践,2003,3:4-19.

327. 杨海燕. 盘点校长专业化——我国校长专业化理论及实践的进展. 中小学管理,2006, 9:4-7.

328. 杨素珍. 关于制定学校发展规划的思考. 山西教育,2004, 23:24-25.

329. 杨同玲, 帅相志. 新世纪基础教育管理体制改革探析. 科学与管理,2011, 1:74-77.

330. 姚金霞. 西部少数民族地区农村行政执法研究——以义务教育行政执法为例. 硕士学位论文. 兰州大学,2009.

331. 叶熙钊,朱于新. 校本管理在新课程改革中的作用. 基础教育研究,2003,9:12-14.

332. 叶文梓. 论中小学校长的办学理念. 教育研究,2007,4:5-89.

333. 叶天莲, 罗良针. 学校组织文化建设中的问题、成因及策略. 教学与管理,2008, 1:25-27.

334. 伊莉. 以能为本的中小学人力资源管理新探. 硕士学位论文. 华中师范大学,2007.

335. 易凌峰. 组织学习理论及其对教师专业化实践的启示. 教育发展研究,2004, 8:32-34.

336. 佚名. 各具特色的国外素质教育. 辅导员下旬刊(教学研究),2010, 1:11.

337. 佚名. 夯实基础——办学条件现代化. 人民教育, 2007,14:30-33.

338. 尹后庆,吴增强. 社会变迁中的学校改革——上海地区学校改革问题的调查报告. 上海教育科研, 2002,9:21-24.

339. 尹明明. 教学型高校教师绩效评估存在的问题与改进. 山东师范大学学报(人文社会科学版), 2010,55(3):78-81.

340. 殷小川,薛祖梅. 竞技运动项目教练员工作倦怠量表编制. 心理学报,2009, 41(6):45-556.

341. 应俊峰,王洪斌,胡伶. 名校长素质特征的研究. 教育发展研究,2004,12:13-18.

342. 英配昌. 学校发展中的校长领导力——兼谈校长领导力理解的误区. 教育科学研究, 2009,12:28-31.

343. 俞伟娟. 学校发展规划与学校发展的个案研究. 硕士学位论文. 华东师范大学,2008.

344. 于洪兴. 转型期高校教师人力资源管理:现状、问题与对策——以地方性本科高校为例. 硕士学位论文. 苏州大学,2008.

345. 于显洋. 组织社会学. 北京:中国人民大学出版社,2001:396-400.

346. 于家太. 中小学质量管理研究. 博士学位论文. 华东师范大学,2005.

347. 苑承伟. 国小教师的制控信念、学校组织氛围与工作满意度——以台东县国小教师为例. 硕士学位论文. 台湾地区台东大学教育研究所,2005.

348. 约翰·杜威著,王承绪译. 民主主义与教育. 北京:人民教育出版社,2001:348-350.

349. 约翰·P. 科特著,方云军等译. 变革的力量:领导与管理的差异. 北京:华夏出版社,1997.

350. 颜一. 流变、理念与实体——希腊本体论的三个方向. 北京:中国人民大学出版社,1997:93-94.

351. 翟常秀. 高校组织文化与教师工作满意度关系研究. 硕士学位论文. 贵州师范大学,2006.

352. 张凤山. 编制学校发展规划的原则. 山西教育,2008,6:21-23.

353. 张敏. 适应性绩效:教师绩效结构的新发展. 高等工程教育研究,2007,2:103-106.

354. 张建兵. 中小学校长的角色整合. 教学与管理,2007,11:18-20.

355. 张文贤. 人力资源管理总监. 上海:复旦大学出版社,2005.

356. 张爽. 校长领导力:背景、内涵及实践. 中国教育学刊,2007,9:45.

357. 张水玲. 社会转型时期我国公立中小学组织变革研究. 硕士学位论文. 浙江师范大学,2005.

358. 张庆勋. 学校组织文化与领导. 台北:五南图书出版股份有限公司,2006.

359. 张晶. 现代学校的经营管理. 当代教育论坛,2008,4:24-26.

360. 张金昌. 国际竞争力评价的理论和方法. 北京:经济科学出版社,2002.

361. 张福建. 论当代中小学办学理念的特点. 当代教育科学,2003,13:48-50.

362. 张树斌. 加强素质教育,完善教育创新. 人力资源管理,2010,4:90.

363. 张雪艳. 我国需要什么样的教师培训——农村教师培训需求研究. 硕士学位论文. 华中师范大学,2009.

364. 张煜,孟鸿伟. 学校效能研究与教育过程评价. 教育研究,1996,7:59-64.

365. 张英姿. 学校组织文化初探. 硕士学位论文. 首都师范大学,2007.

366．张小娟. 打造卓越的领导力. 领导科学，2005，18：37.

367．张兆芹. 学校变革与发展的理论和策略分析. 教育发展研究，2004，11：9－13.

368．张兆芹. 影响学校发展的内在因素探析. 外国教育研究，2005，9：7－11.

369．张兆勤. 和政县学校发展规划研究. 硕士学位论文. 西北师范大学，2004.

370．张兆勤，白天佑，胡文斌. 学校发展规划指南. 北京：教育科学出版社，2008.

371．张新平，李金杰. 杜威的学校组织观及其当代意义. 江西教育科研，2006，3：7－47.

372．张学忠，李森. 校本教研：特点、内容与方式. 当代教育科学，2003，15：33－35.

373．张仲庆. 学校经营理念与特色学校品牌发展的策略选择——以广州市第109中学为例. 教育导刊，2010，10：49－51.

374．赵欢君，陶李刚. 试析学校组织文化的构成及其形成机制. 嘉兴学院学报，2001，1：94－96.

375．赵中建. 学校组织文化. 上海：华东师范大学出版社，2004.

376．赵志国. 我国小学学校特色教育建设模式的思考——以青岛市莱芜一路小学为例. 硕士学位论文. 山东师范大学，2008.

377．赵尊英，徐伟. 全球化对学校教育的影响与对策. 唐山师范学院学报，2007，1：123－124.

378．赵晖. 普通初级中学学校效能评价研究初探. 硕士学位论文. 上海师范大学，2005.

379．赵颖. 学校发展校长先行. 中国教育报，2004－12－14：7.

380．赵江. 高校如何科学制定和实施规划中国高等教育. 中国高等教育，2005，3/4：60－61.

381．中共中央关于推进农村改革发展若干重大问题的决定. 2008－10－19. 引自 http://www.gov.cn/jrzg/2008－10/19/content_1125094.htm

382．中国学校效能指标研究课题组. 中国学校效能指标研究. 教育督导，2003，12：25－28.

383．中国网. 2008年中国教育发展报告，2009-05-06. 引自 http://www.china.com.cn/news/zhuanti/09jylps/2009－05/06/content_17732008_2.htm

384．中华人民共和国教育部. 2010-12-31.

385. 周存生.科学发展观的民生论研究.硕士学位论文.广西大学,2010.
386. 周三多.管理学.北京:高等教育出版社,2005.
387. 周湘林.以人为本的校本管理理论模式探讨.课程·教材·教法,2008,4:17-24.
388. 周绪红.强化办学特色,发挥科技优势,服务地域经济建设,促进学校跨越式发展.高等教育发展研究,2005,3:44-47.
389. 周瑜杰,曾霁.高校教师的绩效评估与绩效管理.中国高新技术企业,2010,25:163-164.
390. 周积宁.校本管理:学校长足发展的话题.基础教育研究,2006,1:15-17.
391. 周海根.学校课程管理运作过程研究.硕士学位论文.山东师范大学,2008.
392. 褚福靖.枣庄市重点高中学校组织文化与组织效能关系的研究.硕士学位论文.山东师范大学,2003.
393. 褚宏启,杨海燕.校长专业化及其制度保障.教育理论与实践,2002,22:20-26.
394. 朱国云.沙因的组织文化理论.江海学刊,1997,2:50-54.
395. 朱炜.西方学校组织文化与学校效能研究评析.外国中小学教育,2009,10:18-22.
396. 朱红霞.学校发展规划的人员角色问题及其对策——兼谈上海市实验性示范高中规划的评审工作.硕士学位论文.华东师范大学,2005.
397. 朱琨.优化学校资源创建学校特色——用比较优势理论看学校特色创建.太原科技大学学报,2008,2,113-115.
398. 朱小蔓.学校品牌管理:一种道德模式.教育发展研究,2005,5:78.
399. 朱新卓."教师专业发展"观批判.教育理论与实践,2002,22(8):32-36.
400. 朱梅.教师绩效评估中的问题分析与对策研究.山东教育学院学报,2007,4:37-40.
401. 朱颜杰.学校管理论.沈阳:辽宁教育出版社,1988.
402. 朱自强,高占祥.中国文化大百科全书.长春:长春出版社,1994.
403. 祝溧.校本管理中的教师角色定位.江西教育,2006,6:25-26.
404. 郑红东.尊重学生满足学生心理的需要.素质教育大参考,2005,12:61-62.
405. 郑金洲.办学特色之文化简释.中国教育学刊,1995,5:35-37.

406. 郑彩凤. 竞值途径应用在高中职校长领导角色、学校组织文化与组织效能关系之研究. 博士学位论文. 高雄师范大学教育学系,1996.

407. 郑赤建. 学校人力资源管理研究. 长沙:湖南人民出版社,2007.

408. 郑国洪. 论优先发展教育. 社会科学论坛,2008, 4:4 – 8.

409. 郑全全,俞国良. 人际关系心理学. 北京:人民教育出版社,2005.

410. 郑燕祥. 教育的功能与效能. 香港:广角镜出版社有限公司,1986.

411. 郑燕祥. 学校效能与校本管理:一种发展的机制. 上海:上海人民出版社,2002.

412. 郑燕祥. 教育领导与改革新范式. 上海:上海教育出版社,2005.

413. 郑宗桂. 试论学校特色与特色学校的创建. 现代校长与管理艺术,2009, 1:32 – 34.

414. 邹敏. 高校人力资源研究. 西安:西安交通大学出版社,2004.

415. 邹枫,李昊. 浅析领导风格的类型. 边疆经济与文化,2010, 7:68 – 69.

416. 钟启泉. 校长领导风格与学校组织文化的创造. 教育参考,2002, 5:35 – 38.

417. 钟启泉. 新课程师资培训精要. 北京:北京大学出版社,2002.

418. 资讯. 河北教育(综合版),2009, 1:15.

英文部分

1. Allen, N. J., & Mayer, J. P. (1990). The measurement and antecedents of affective, continuance and normative commitment to the organization. Journal of Occupational Psychology, 63 (1), 1 – 18.

2. Anit, S., & Ronit, B. (2002). Antecedents and consequences of teacher organizational and professional commitment. Educational Administration Quarterly, 38 (4), 555 – 577.

3. Aruhu, S. C. (2010). School Planning: An investigation into the factors that influence school planning in community high schools in the Solomon Islands from the principal's perspective (Unpublished Master's thesis). University of Waikato, Hamilton, New Zealand.

4. Baron, R. M., &Kenny, D. A. (1986). The moderator-mediator variable distinction in social psychological research: Conceptual, strategic, a statistical considerations. Journal of Personality and Social Psychology, 51, 1173 – 1182.

5. Bass, B. M. (1985). Leadership performance beyond expectations. New York: Academic Press.

6. Beck, K., & Wilson, C. (2001). Have we studied, should we study, and can we study the development of commitment? Methodological issues and the development study of work-related commitment. Human Resource Management Review, 11 (3): 257 - 278.

7. Bennis, W. G.,& Nanus, B. (1985). Leaders: The strategies for taking charge. New York: Harper Row.

8. Block, L. (2003). The leadership-culture connection: An explanatory investigation. Leadership & Organization Development Journal, 24 (6), 318 - 334.

9. Bolman, L., & Deal, T. (1991). Reframing organizations: Artistry, choice and leadership. San Francisco: Jossey & Bass.

10. Carron, A. V., Widmeyer, W. N., & Brawley, L. R. (1985). The development of an instrument to assess cohesion in sport teams: The group environment questionnaire. Journal of Sport Psychology, 7,244 - 266.

11. Charles, T., & David, R. (2000). The international handbook of school effectiveness research. New York: Falmer Press.

12. Clark, B. R. (1990). The distinctive college. New Brunswick: Transaction Publishers.

13. Davis, H. (1972). Human behavior at Work. New York: McGraw-Hill Book Company.

14. Deal, E. T. (1995). Schools as cultural arenas: Symbols and symbolic arenas. California: Corwin Press.

15. Dellar, G. B.,& Giddings, G. J. (1991, 4). School organizational climate and school improvement. Paper presented at the Annual meeting of the American Educational Research Association (AERA), Chicago.

16. Denison, D. R., & Mishra, A. K. (1995). Toward a theory of organizational culture and effectiveness. Organization Science, 6 (2), 204 - 223.

17. Dennis. (2001). Why change is so challenging for schools? An interview with Peter Senge. Journal of Staff Development, 22 (3), 42 - 47.

18. Drago-Severson, E., & Pinto, K. C. (2006). School leadership for reducing teacher isolation: Drawing from the well of human resources. International Journal of Leadership in Education, 2, 129 - 155.

19. Drysdale, L., Ford, P., Gurr, D.,& Swann, R. (2005). Successful

school leadership: An Australian perspective. Journal of Educational Administration, 43 (6), 539 -551

20. Edmonds, R. (1979). Effective schools for the urban poor. Educational Leadership. 37, 15 -24.

21. Everard, M., & Wilson. (2007). Definition, assessment and treatment of wheezing disorders in preschool children: An evidence-based approach. European Respiratory Journal, 32, 1096 -1110.

22. Flowers, T. T. (2004). Why do public school teachers leave their profession? (Unpublished doctoral dissertation). University of Capella, Minneapolis.

23. Fullan, M. (1993). Change forces: Probing the depths of educational reform. London: Falmer Press.

24. Gibb, C. A. (1969). Leadership Baltimore. London: Penguin Books.

25. Gordon, G. G., & Ditomaso, N. (1992). Predicting corporate performance from organizational culture. Journal of Management Studies, 29, 783 -794.

26. Greenleaf, K. R., & Spears, C. L. (1970). The power of servant leadership. San Francisco: Berrett-Koehler Publishers.

27. Hackman, M. Z., & Johnson, C. E. (2000). Leadership: A communication perspective. Prospect Heights, IL: Waveland Press.

28. Haimann, T., & Scott, W. G. (1974). Management in the modern organization. Boston: Houghton Mifflin Company.

29. Halpin, A. W., & Croft, D. B. (1963). The organizational climate of schools. Chicago: Midwest Administration Center of the University of Chicago.

30. Hanson, M. (1996). Educational administration and organizational behavior. Massachusetts: Needham Heights.

31. Hemphill, J. K., & Coons, A. E. (1957). Leadership behavior prescription. Ohio State: Ohio State University Research Foundation.

32. Herman, D. V., & Marlowe, M. (2005). Modeling meaning in life: The teacher as servant leader. Reclaiming children and youth, 3, 175 178.

33. Hersey, P., & Blanchard, K. H. (1974). "What's missing in MBO?" Management Review, 63, 25 -32.

34. Hofstede, G. B., & Neuijen (1990). Measuring organizational cultures: A qualitative and quantitative study across twenty cases. Administrative Science Quarterly, 35 (2), 286 -316.

35. Horner, M. (2004). Leadership theory reviewed. In N. Bennett, M.

Crawford & M. Cartwright (Eds.), Effective educational leadership. London: Open University.

36. Hoy, W. K., Tarter, C. J., & Kottkamp, R. (1991). Open schools, healthy schools: Measuring organizational climate. Michigan: Sage Publications.

37. Hoy, W., & Tarter, C. (2000). Open Schools, Healthy Schools: Measuring organizational climate. Arlington: Arlington Business Writers.

38. Hoy, W., & Miskel, C. (2005). Education administration: Theory, research, and practice. New York: McGraw-Hill.

39. Jacobs, T. O., & Jaques, E. (1990). Military executive leadership. In K. E. Clark & M. B. Clark (Eds.), Measures of leadership West Orange (pp. 281-295), N. J.: Library of America.

40. Jones, A. (1987). Leadership for tomorrow's schools. Oxford: Basil Blackwell.

41. Katz, D., & Kahn, R. L. (1978). The social psychology of organization. New York: John Wiley.

42. Kelley & Robert, C. (2005). Relationships between measures of leadership and school climate. Education, 126, 17.

43. Kets de vries, M. F. R., & Miller, D. (1986). Personality, culture, and organization. Academy of Management Review, 11, 266-279.

44. Knezevich, S. J. (1984). Administration of public education. New York: Harper & Row.

45. Koontz, H., & O'Donnell, C. (1979). Principles of Management. New York: McGraw-Hill Book Company.

46. Kotter, J. P., & Eleskett, J. L. (1992). Corporate culture and performance. New York: Free Press.

47. Kouzes, J. J., & Posner, B. Z. (1995). The leadership challenge: How to keep getting extraordinary. San Francisco: Jossey-Bass.

48. Lee, S. (2000). Sharing the Lead. Northwest Education. 5 (3), 2-10.

49. Leithwood, K. A., & Montgomery, D. J. (1982). The Role of the Elementary School Principal in Program Improvement. Review of Educational Research, 52 (3), 309-339.

50. Lewin, K., Lippitt, R., & White, R. (1939). Patterns of aggressive behavior in experimentally controlled "social climates". Journal of Social Psychology,

10, 271 299.

51. Xiao-Ming, L. ,& Dong-Mei, L. (2005). The relationship between intention to quit and burnout of the teachers in elementary and middle schools. Chinese Mental Health Journal, 19 (9), 615 - 617.

52. Lord (1986). A Meta-analysis of the relationship between personality trait and leadership perception: An application of validity generalization procedures. Journal of Applied Psychology, 72, 402 - 410.

53. Mann. (1998). Leadership, managerial performance and 360-degree feedback. Applied Psychology: An International Review, 47, 481 - 496.

54. Masland, A. T. (1985). Organizational culture in the study of higher education. The Review of Higher Education, 8 (2), 157 - 168.

55. Maslowski, R. (2001). School Culture and School Performance: An Explorative Study into the Organizational Culture of Secondary Schools and their Effects. Twenty University Press.

56. McClelland, D. C. (1973). Testing for competence rather than for intell igence. American Psychologist, 8 (1), 1 - 14.

57. Natarajan, R. (2001). School organizational climate and job satisfaction of teachers. Journal of Indian Education, 2, 139 - 145.

58. Newman, B. (2001). The perceptions of elementary principals regarding the relationship between leadership and school culture (Unpublished doctoral dissertation). Saint Louis University, St. Louis.

59. Peters. T. J. ,& Waterman, R. (1982). In search of excellence. New York: Harper and Row.

60. Prahalad, C. K. , & Hamel, G. (1990). The core competence of corporation. Harvard Business Review, 3, 79 - 90.

61. Purkey, S. C. ,& Smith, M. S. (1983). Effective school: A review. Elementary School Journal, 4, 427 - 452.

62. Rauch, C. F. ,& Behling, O. (1984). Functionalism: Basis for an alternate approach to the study of leadership. In H. G. James (Ed.), Leaders and managers: International perspectives on managerial behavior and leadership. New York: Pergamon Press.

63. Robbins, A. P. (1993). Organizational Behavior. Boston: Prentice Hall Press.

64. Rust, V. D. , & Blakemore, K. (1990). Educational Reform in Norway

and in England and Wales: a Corporatist Interpretation. Comparative Education Review, 34 (4), 500.

65. Saffold, G. S. (1988). Culture traits, strength, and organizational performance: Moving beyond strong culture. Academy of Management Review, 13 (4), 546 - 551.

66. Schein, E. H. (1985). Organization culture and leadership: A dynamic view. San Francisco: Jossey-Bass.

67. Schein, E. H. (1992). Organizational culture and leadership. San Francisco: Jossey-Bass.

68. Scott, T. M. (1994). The chronic crisis in psychological measurement and assessment. A historical Survey. California: Academic Press.

69. Sergiovanni, T. (1984). Leadership and excellence in schooling. Educational Leadership, 41 (5), 4 - 13.

70. Sergiovanni, T. J. (1999). Educational governance and administration. Boston: Prentice Hall.

71. Sergiovanni, T. J. (2004). The Life world of leadership: Creating culture, community, and personal meaning in our schools. San Francisco: Jossey-Bass.

72. Sergiovanni, T. J. (2006). The principal ship: A reflective practice perspective. New York: Pearson Education.

73. Siebold, G. L. (1999). The evolution of the measurement of cohesion. Military Psychology, 11 (1), 5 - 26.

74. Stogdill. (1962). New leader behavior description subscales. Journal of Psychology, 54, 259 - 269.

75. Szilagyi & Wallace. (1998). Effects of quality of life in secondary schools on commitment and sense of efficacy. School Effectiveness and School Improvement, 9 (1), 1 - 27.

76. Stephen, K., Miller, S. R., & Cohen (1994). Gains using the effective schools model. Educational Leadership, 42 (6), 38 - 42.

77. Tagiuri, R. (1968). The concept of organizational climate. In R. Tagiuri & G. H. Litwin (Eds.), Organizational climate: Exploration of a concept (pp. 11 - 32), Boston: Harvard University Press.

78. Tannenbaum, R. T., Weschler, I. R., & Massarik, F. (1961). Leadership and organization: A behavior science approach. New York: McGraw-Hill.

79. Tierney, W. G. (1988). Organizational culture in higher education: Defining the essentials. Journal of Higher Education,59, 2 –20.

80. Taylor & Francis. (1994). A critical analysis of current trait theory. Psychological inquiry,2 (5), 103 –113.

81. Ubben, G. ,& Hughes, L. (1992). The principal: Creative leadership for effective schools. MA: Allyn and Bacon.

82. Warren, B. (2003). Why Leaders Can't Lead. San Francisco: Jossey-Bass.

83. Waters. T. , Marzano, R. , & McNulty, B. (2004). Leadership that sparks learning. Educational Leadership, 61 (7), 48 –52.

84. Weber, A. , Weltle, E. ,& Lederer, P. (2005). Ill health and early retirement among school principals in Bavaria. International Archives of Occupational & Environmental Health,7 (4), 325 –331.

85. Welko, T. ,& Elvira, T. (2008). Existential fulfillment and burnout among principals and teachers. Journal of Beliefs & Values,29 (1), 11 27.

86. Yulk, G. , & VanFleet, D. D. (1992). Theory and research on leadership in organizations. In M. D. Dunnette & L. M. Hough (Eds.), Handbook of industrial and organizational psychology (pp. 147 – 198), Palo Alto, California: Consulting Psychologists Press.

后记

改革开放至今,我国的基础教育不乏创新与改革之举,然而人才培养的重要性致使政府教育部门、学校管理者以及教育研究者等各界人士一直在积极寻求学校改革发展的有效之道。无论是学校文化、办学理念、办学特色等,抑或是教师人力资源管理、学校发展规划、校长领导力,其中某一方面的改革与突破都将极大地激发学校效能的发挥,促进学校的发展。本书的完成可谓历经艰辛,尤其是前期的访谈工作,由于受访校长大多事务繁忙,部分访谈都是几经周折后才得以顺利进行的。

本书尽管是我们团队的劳动成果,但也参阅了大量的相关著作和论文,参照和吸收了许多学者的观点与论述,以及许多教育工作者的实践经验。在此对他们深表谢意!同时对协助本书的学校表示感谢,这些学校有:苏州市第一中学、苏州大学附属第一中学、觅渡中学、苏州中学、苏州市实验小学、新区第二中学、木渎实验中学、苏州园区第一中学、三元实验小学、春申中学、跨塘小学、南环中学、苏州市第二十四中学、角直中学、江阴中学、周庄小学、太仓双凤新湖小学、横泾中心小学、苏州工业园区第二实验小学、西安交通大学苏州附属中学等。

本书的出版得到了苏州大学"211 工程":生态型区域(苏南)经济与社会治理研究——苏南学校发展分析课题经费的支持,在此一并感谢。

由于研究条件有限,本书调查范围不尽全面,故个别观点可能具有某些局限性,尚有待更深层次的探讨,但希望团队所付诸其中的辛苦能为学校的管理者及教育相关工作者尽微薄之力。敬请同行不吝赐教,读者批评指正,真诚地提出您的宝贵意见。

陈羿君

2012 年 2 月 15 日

于苏州大学